Uwe Schimank · Ute Volkmann (Hrsg.)

Soziologische Gegenwartsdiagnosen I

Uwe Schimank
Ute Volkmann (Hrsg.)

Soziologische Gegenwarts- diagnosen I

Eine Bestandsaufnahme

2. Auflage

VS VERLAG FÜR SOZIALWISSENSCHAFTEN

Bibliografische Information Der Deutschen Nationalbibliothek
Die Deutsche Nationalbibliothek verzeichnet diese Publikation in der
Deutschen Nationalbibliografie; detaillierte bibliografische Daten sind im Internet über
<http://dnb.d-nb.de> abrufbar.

2. Auflage 2007

Alle Rechte vorbehalten
© VS Verlag für Sozialwissenschaften | GWV Fachverlage GmbH, Wiesbaden 2007

Lektorat: Frank Engelhardt

Der VS Verlag für Sozialwissenschaften ist ein Unternehmen von Springer Science+Business Media.
www.vs-verlag.de

Umschlaggestaltung: KünkelLopka Medienentwicklung, Heidelberg
Druck und buchbinderische Verarbeitung: Krips b.v., Meppel
Gedruckt auf säurefreiem und chlorfrei gebleichtem Papier
Printed in the Netherlands

ISBN 978-3-531-14779-6

Inhalt

IV USA

UWE SCHIMANK

Soziologische Gegenwartsdiagnosen –
Zur Einführung

Zum Thema

Ziel dieses Buches ist es, eine Reihe wichtiger soziologischer Gegenwartsdiagnosen, die in den achtziger und neunziger Jahren des 20. Jahrhunderts in Deutschland, Frankreich, Großbritannien und den Vereinigten Staaten vorgelegt worden sind, je für sich hinsichtlich ihrer zentralen Thesen darzustellen – ohne kritische Bewertungen und ohne Vergleiche untereinander. Dies ist eine notwendige Vorarbeit, um – in einem späteren Schritt – die verschiedenen Gegenwartsdiagnosen dann untereinander ins Gespräch zu bringen und sie auch vor dem Hintergrund genereller soziologischer Theorieperspektiven auf die moderne Gesellschaft zu beurteilen.[1]

Bevor im nächsten Abschnitt soziologische Gegenwartsdiagnosen als ein besonderes Genre der soziologischen Literatur genauer charakterisiert werden, soll zunächst die Auswahl der hier einbezogenen Analysen etwas näher begründet werden. Jede zeitliche und räumliche Eingrenzung ist immer ein Stück weit arbiträr; und selbst innerhalb des so gesetzten Rahmens ist weder Vollständigkeit noch eine repräsentative Auswahl – was immer das hier heißen könnte! – angestrebt worden.

Zunächst zum Zeitraum: Als Stichjahr wurde *1980* festgelegt. Gegenwartsdiagnosen, die vor diesem Zeitpunkt veröffentlicht wurden, sind nicht einbezogen worden. Hinter dieser Entscheidung steht zum einen die Absicht, nur solche Gegenwartsdiagnosen zu betrachten, die noch eine hinreichende Aktualität aufweisen. Es geht um Untersuchungen des Hier-und-heute – aus der Sicht der gerade geschehenen Jahrtausendwende. In mancherlei Hinsicht können zwar etliche klassische soziologische Zeitdiagnosen weiterhin Aktualität in dem Sinne beanspruchen, dass ihre Leitmotive sich nicht erledigt haben – wovon gerade auch zeugt, dass heutige Gegenwartsdiagnosen diese

1 Vorbereitet wurden etliche der hier vorgelegten Beiträge in einem Kolloquium des Instituts für Soziologie der FernUniversität Hagen. Den hier nicht als Autoren vertretenen Kolloquiumsteilnehmern ist für ihre Diskussionsbeiträge zu danken. Im Übrigen verantwortet natürlich jeder Autor seine Darstellung einer Gegenwartsdiagnose selbst.

Leitmotive explizit oder implizit aufgreifen. Beispiele wären etwa Max Webers Analyse der „bürokratischen Herrschaft", die auch in James Colemans
Betrachtung der „asymmetrischen Gesellschaft" anklingt, Emile Durkheims
Konzept der „Anomie", das sich bei den von Wilhelm Heitmeyer zusammen-
geführten Analysen zur Integrationsgefährdung heutiger Gesellschaften wiederfindet, oder Georg Simmels Betrachtung der Individualisierung, die unter
anderem in Ulrich Becks Konzept der „Risikogesellschaft" weitergeführt
wird. Trotz thematischer Kontinuitäten ist allerdings klar, dass Webers,
Durkheims und Simmels Deutungen in vielerlei Hinsichten nicht länger auf
dem heutigen Stand sind. Sie können es einfach nicht sein, weil sich die moderne Gesellschaft seit dem Anfang des 20. Jahrhunderts nachhaltig gewandelt hat.

In weniger starkem Maße, aber doch unübersehbar, gilt diese zwangsläu-
fige Inaktualität auch für soziologische Zeitdiagnosen aus den sechziger oder
siebziger Jahren des 20. Jahrhunderts – etwa für Anton Zijdervelds (1970)
Portrait der „abstrakten Gesellschaft" oder Jürgen Habermas' (1973) Analyse
der „Legitimationsprobleme im Spätkapitalismus". Diese Betrachtungen
sind, wie auch die der Klassiker, nach wie vor mit großem Gewinn zu lesen.
Doch man stößt an zahlreichen Punkten darauf, dass bestimmte, mittlerweile
wichtig gewordene Phänomene noch gar nicht oder nur am Rande erwähnt
werden – so etwa die ökologische Selbstgefährdung der modernen Gesellschaft in Habermas' gerade erwähnter Analyse (Habermas 1973: 61-63).
Umgekehrt stellt sich mit dem zeitlichen Abstand von fünfzehn bis zwanzig
Jahren heraus, dass Phänomene, die in den Zeitdiagnosen von gestern stark
in den Vordergrund gerückt worden waren, doch nicht die ihnen damals zu-
gesprochene Bedeutung erlangt haben oder sogar fast völlig in der Versen-
kung verschwunden sind.[2] Die „Haltbarkeitsdauer" soziologischer Gegenwartsdiagnosen kann also durchaus begrenzt sein.[3] Sie bleiben aber oft zumindest partiell weiterhin aktuell, weil einige ihrer Leitmotive von späteren
Gegenwartsdiagnosen weitergetragen werden, was allerdings starke Umak-
zentuierungen nicht ausschließt.

Aus heutiger Sicht stellt der Übergang von den siebziger zu den achtziger
Jahren des 20. Jahrhunderts in der Tat eine Wende auch in dem Sinne dar,

---

2 Solche Wandlungen der gesellschaftlichen Selbstbeobachtung mittels soziologischer
   Zeitdiagnosen lassen sich am besten an jenen Soziologen aufzeigen, die sowohl gestern
   als auch heute Zeitdiagnosen vorgelegt haben. So wäre es äußerst lohnend, den Weg
   Amitai Etzionis von der „aktiven Gesellschaft" zum Kommunitarismus nachzuzeichnen
   oder bei Jürgen Habermas aufzuspüren, was sich von den „Legitimationsproblemen im
   Spätkapitalismus" in der später formulierten These einer „Kolonialisierung der Lebenswelt" durch systemische Zwänge und Dynamiken wiederfinden lässt, und was nicht.
3 Gerhard Schulze (1996: 53) behauptet das sogar für die Soziologie allgemein: „Es gibt
   keine langfristigen sicheren soziologischen Erkenntnisse. Die Soziologie bewegt sich
   von Gegenwartsdiagnose zu Gegenwartsdiagnose."

dass sich zumindest die kollektive Stimmungslage spürbar gewandelt hat; und man könnte zweifellos auch eine Reihe von strukturellen Veränderungen in verschiedenen gesellschaftlichen Teilbereichen – Wirtschaft, Politik, Wissenschaft, Kunst, Familie, Bildung usw. – aufzeigen, die diesem Stimmungsumschwung korrespondieren. Da diese Veränderungen im Übergang zu den achtziger Jahren für etliche der im Weiteren vorgestellten Gegenwartsdiagnosen einen wichtigen Ausgangspunkt bilden, soll der Darstellung hier nicht vorgegriffen werden. Soviel lässt sich immerhin in aller Diffusität sagen: Die Gesellschaft ist seit Anfang der achtziger Jahre offenbar wieder konflikthafter, „kälter", unbehaglicher geworden; anstelle von Überfluss und Wohlfahrt sind Knappheiten und Risiken ins Bild gerückt; und eine im Grundsatz überwiegend optimistische Zukunftserwartung ist einer eher pessimistisch getönten gewichen. All dies wäre vielfältig zu differenzieren und ist im Detail zweifellos auch bestreitbar. Ob seit Anfang der achtziger Jahre tatsächlich eine „andere Moderne", wie dies nicht nur Beck behauptet, begonnen hat, mag man durchaus in Zweifel ziehen – jedenfalls wenn damit ein radikaler Bruch gesellschaftlicher Dynamik suggeriert werden soll. Aber dafür, dass sich gewissermaßen die Tönung des Bildes der modernen Gesellschaft erkennbar verdunkelt hat, ließe sich im Einzelnen vieles anführen.

Die zeitliche Eingrenzung der hier in Betracht gezogenen Gegenwartsdiagnosen lässt sich somit sachlich recht gut plausibilisieren – was, wie gesagt, bei deren Darstellung an vielen Stellen noch deutlich werden wird. Räumlich sind Gegenwartsdiagnosen aus vier Ländern berücksichtigt worden: aus *Deutschland*, *Frankreich*, *Großbritannien* und den *Vereinigten Staaten*. Dies sind in vielerlei Hinsichten die wichtigsten Nationen des hochentwickelten Westens der modernen „Weltgesellschaft". Aus dieser Einstufung geht mehreres hervor:

- Es wurden keine soziologischen Gegenwartsdiagnosen berücksichtigt, die im betrachteten Zeitraum in Ländern der Dritten Welt vorgelegt wurden – wobei dieses geographisch und hinsichtlich der Bevölkerungszahlen weitaus größte Segment der „Weltgesellschaft" extrem heterogen ist, wenn man nur beispielhaft Brasilien, Äthiopien, China und den Iran herausgreift.
- Nicht berücksichtigt wurden ferner soziologische Gegenwartsdiagnosen aus den ehemals sozialistischen Ländern Mittel- und Osteuropas.
- Schließlich fällt auch Japan in seiner eigenartigen kulturellen Zwischenposition – zweifellos ein hochentwickeltes, aber in vielen wichtigen Hinsichten auch ein noch immer stark traditional, jedenfalls nicht durch Charakterzüge der westlichen Moderne gekennzeichnetes Land – als Ursprungsort hier berücksichtigter soziologischer Gegenwartsdiagnosen heraus.

All diese Eingrenzungen bedeuten selbstverständlich nicht, dass in diesen Regionen der „Weltgesellschaft" keine soziologischen Gegenwartsdiagnosen vorgelegt wurden, oder dass diese per se unwichtig wären. Aber zum einen stieße eine Einbeziehung von Analysen aus diesen Ländern schlicht auf sprachliche Grenzen. Zum anderen hätte auch ohne diese Beschränkung der erforderliche Suchaufwand, um soziologische Gegenwartsdiagnosen aus den genannten Gruppen von Ländern ausfindig zu machen, den Rahmen des hier in Angriff genommenen Projekts gesprengt. Ausgeschlossen ist dabei im Übrigen keineswegs, dass aus den vier ausgewählten Ländern stammende Gegenwartsdiagnosen auch die anderen Regionen der „Weltgesellschaft" in ihre Betrachtung einbeziehen – sei es explizit, sei es als implizite Behauptung, über die heutige und zukünftige Moderne insgesamt zu sprechen.

Neben den bereits angesprochenen nicht berücksichtigten möglichen Ursprungsorten soziologischer Gegenwartsdiagnosen muss weiterhin konstatiert werden, dass auch Gegenwartsdiagnosen beispielsweise aus den Niederlanden, aus Kanada, aus Australien oder aus Italien hier nicht einbezogen wurden. Dies sind weitere Länder des hochentwickelten Westens. Abgesehen von auch hier teilweise existierenden Sprachbarrieren sind dafür hauptsächlich Kapazitätsgründe maßgeblich gewesen. Man kann darüber hinaus zumindest eine gewisse sachliche Rechtfertigung der hier vorgenommenen räumlichen Eingrenzung geben, wenn man mit Richard Münch (1986) davon ausgeht, mit Deutschland, Frankreich, Großbritannien und den Vereinigten Staaten die vier zentralen nationalen Varianten der „Kultur der Moderne" erfasst zu haben – was hoffentlich in den hier nicht berücksichtigten Ländern nicht als Arroganz missverstanden wird.

Wenn es dann schließlich um die Auswahl der tatsächlich im weiteren behandelten Gegenwartsdiagnosen geht, muss der Verweis auf Kapazitätsgrenzen und Blickfeldbeschränkungen noch deutlicher werden. Dies wird an der folgenden, chronologisch geordneten Auflistung unübersehbar:

- *Deutschland*:
  Ulrich Beck: *Risikogesellschaft* (1986)
  Richard Münch: *Dialektik der Kommunikationsgesellschaft* (1991) sowie: *Dynamik der Kommunikationsgesellschaft* (1995)
  Jürgen Habermas: *Faktizität und Geltung* (1992)
  Gerhard Schulze: *Die Erlebnisgesellschaft* (1992)
  Peter Gross: *Die Multioptionsgesellschaft* (1994)
  Wilhelm Heitmeyer (Hrsg.): *Was treibt die Gesellschaft auseinander?* (1997a) sowie: *Was hält die Gesellschaft zusammen?* (1997b)
  Niklas Luhmann: *Die Gesellschaft der Gesellschaft* (1997)

- *Frankreich*:
  Jean Baudrillard: *L'échange symbolique et la mort* (Der symbolische Tausch und der Tod) (1976)[4]

---

4 Da die Rezeption und Diskussion von Baudrillards Ideen zumindest in Deutschland erst in den achtziger Jahren breiter einsetzte und er in diesem Zeitraum auch weitere gegenwartsdiagnostische Essays publizierte, ist er hier berücksichtigt worden.

Bruno Latour: *Nous n'avons jamais été modernes* (Wir sind nie modern gewesen) (1991)

Alain Touraine: *Critique de la modernité* (Critique of modernity) (1992)

Pierre Bourdieu et al.: *La misère du monde* (Das Elend der Welt) (1993)

- *Großbritannien:*

  Anthony Giddens: *Consequences of Modernity* (Konsequenzen der Moderne) (1990)

  Zygmunt Bauman: *Modernity and Ambivalence* (Moderne und Ambivalenz) (1991)

  Ralf Dahrendorf: *The Modern Social Conflict* (Der moderne soziale Konflikt) (1992)

- *Vereinigte Staaten:*

  James Coleman: *The Asymmetric Society* (Die asymmetrische Gesellschaft) (1982)

  Amitai Etzioni: *The Spirit of Community* (Die Entdeckung des Gemeinwesens) (1993) sowie: *The New Golden Rule* (Die Verantwortungsgesellschaft) (1997)

  George Ritzer: *The McDonaldization of Society* (Die McDonaldisierung der Gesellschaft) (1993)

  Samuel P. Huntington: *The Clash of Civilizations and the Remaking of World Orders* (Der Kampf der Kulturen. Die Neugestaltung der Weltpolitik im 21. Jahrhundert) (1996)

  Richard Sennett: *The Corrosion of Character* (Der flexible Mensch) (1998)

Jedem, der die Soziologie dieser vier Länder kennt, fallen sogleich einige Namen ein, die in dieser Auflistung fehlen. Vielleicht ist sogar eine wichtige aus Deutschland stammende soziologische Gegenwartsdiagnose übersehen worden.[5] Die vorgestellte Liste soll offen bleiben für weitere Ergänzungen – nicht zuletzt für Neuerscheinungen. Dies ist also nur ein Anfang, von dem sich allerdings zumindest sagen lässt, dass er nichts Zweitrangiges enthält.

Die einzelnen Gegenwartsdiagnosen werden hier nach Ländern, und innerhalb der Länder chronologisch geordnet. Wir starten also mit den deutschen Gegenwartsdiagnosen, gehen dann nach Frankreich, Großbritannien und den Vereinigten Staaten über.

---

5 Im Übrigen ist auch klar, dass nicht alle der behandelten Autoren von ihrer disziplinären Herkunft her Soziologen sind. Ausschlaggebend für die Einbeziehung einer Gegenwartsdiagnose ist deren soziologischer Gehalt gewesen.

Konturen des Genres

Zeitdiagnosen werden von ganz verschiedenen Arten von Beobachtern der gesellschaftlichen Zustände erstellt. Literaten, Philosophen, Politiker, Theologen, Journalisten, Künstler und eben auch Sozialwissenschaftler versuchen sich darin. Die Soziologie hat keineswegs ein Monopol darauf, den Puls der Zeit zu fühlen. Soziologen konkurrieren mit anderen Zeitdiagnostikern und müssen sich in dieser Konkurrenz behaupten.

Mehr noch: Soziologen konkurrieren in diesem Geschäft auch untereinander. Selbst wenn man von allen nicht-soziologischen Zeitdiagnosen absieht, findet sich zu einem bestimmten Zeitpunkt niemals bloß eine einzige Lesart des Hier-und-jetzt. Die Soziologie spricht in diesem Genre ebenso wenig wie in ihren anderen Betätigungsfeldern mit einer Zunge. Die Pluralität soziologischer Perspektiven auf soziale Wirklichkeit spiegelt sich auch in zeitdiagnostischen Schriften wider. Man mag das als unverbesserliche Unreife dieser Disziplin einstufen und entsprechend wenig auf sie geben. Aber vielleicht ist die Perspektivenvielfalt ja auch die einzig adäquate Reaktion auf die immense Komplexität sozialer Wirklichkeit, die sich analytisch einfach nicht in eine einzige Sicht der Dinge hineinpressen lässt.

Will man genauer herausarbeiten, welche Merkmale soziologische Gegenwartsdiagnosen im Unterschied zu anderen Arten soziologischer Literatur aufweisen, kann man in vielem auf Beobachtungen zurückgreifen, die Walter Reese-Schäfer (1996) festgehalten hat. Klar ist zunächst, dass Gegenwartsdiagnosen sich mit *Gesellschaft* befassen – also nicht bloß mit bestimmten gesellschaftlichen Teilbereichen und schon gar nicht mit sozialen Gebilden unterhalb der Gesellschaftsebene, also etwa Organisationen oder Interaktionen. Das heißt freilich keineswegs, dass diese anderen Ebenen von Sozialität nicht thematisiert würden. So richtet Coleman in seiner Analyse der „asymmetrischen Gesellschaft" den Blick stark auf die Organisationsebene, und die meisten der in Schulzes Betrachtung der „Erlebnisgesellschaft" angesprochenen Phänomene finden auf der Interaktionsebene statt. Ebenso gibt es soziologische Gegenwartsdiagnosen, die ihren Ausgang nur bei einem bestimmten gesellschaftlichen Teilsystem oder bei lediglich zwei oder drei Teilsystemen nehmen. So konzentriert sich zum Beispiel Bruno Latour in seiner Analyse der Moderne vorrangig auf Wissenschaft und Technik. Genau genommen findet sich überhaupt keine soziologische Gegenwartsdiagnose, die flächendeckend mit gleichbleibender Aufmerksamkeit sämtliche Gesellschaftsbereiche behandelt. Dennoch gilt für alle diese Betrachtungen, dass ihr analytischer Bezugspunkt letztlich die Gesellschaft als Ganze ist. So betreibt Coleman eben keine Organisationssoziologie; sondern er behauptet, dass das Überhandnehmen bürokratischer Großorganisationen eine zentrale gesellschaftliche Entwicklungsdynamik darstellt, die schon heute und erst recht in Zukunft große Probleme aufwirft. Ähnlich argumentiert Latour, dass die in der Moderne entstandene Art und Weise des wissenschaftlich-technischen Umgangs mit der Natur weitreichende und problematische gesellschaftliche Folgewirkungen nach sich zieht, mit denen wir heute zunehmend konfrontiert werden. In soziologischen Gegenwartsdiagnosen können also die Analysen gesellschaftlicher Teilbereiche und anderer Ebenen von Sozialität kein Eigenrecht beanspruchen, sondern dienen nur dazu, die Gesellschaft insgesamt zu charakterisieren.

Wenn es somit um die Gesellschaft als Ganze geht, kann man Gegenwartsdiagnosen im nächsten Schritt hinsichtlich ihres *Abstraktionsniveaus* in der Mitte zwischen zwei anderen Arten soziologischer Gesellschaftsanalysen einordnen. Soziologische Gegenwartsdiagnosen sind einerseits abstrakter angelegt als Analysen, die sich auf bestimmte nationale Gesellschaften und dabei möglicherweise noch auf spezifische Schlüsselereignisse und zeitlich eng umgrenzte Phasen beziehen. Andererseits sind soziologische Gegenwartsdiagnosen weniger abstrakt als generelle soziologische Gesellschaftstheorien oder auch generelle Theorien der modernen Gesellschaft.

In der erstgenannten Richtung grenzen sich soziologische Gegenwartsdiagnosen also von Arbeiten ab, die beispielsweise das „Modell Deutschland" oder Frankreich als „blockierte Gesellschaft" thematisieren; und ebenso gehören Arbeiten, die die Auswirkungen der deutschen Wiedervereinigung oder die „Ära Kohl" behandeln, nicht zu den hier gemeinten Gegenwartsdiagnosen. Es geht vielmehr nur um solche Gesellschaftsanalysen, deren Beschreibungs- und Erklärungsanspruch über bestimmte nationale Gesellschaften hinausreicht, also zumindest die entwickelten westlichen Gesellschaften, wenn nicht gar die „Weltgesellschaft" im Blick hat. Das schließt nicht aus, dass eine bestimmte nationale Gesellschaft als empirischer Ausgangspunkt gewählt wird – wenn etwa George Ritzer seine These der „McDonaldisierung der Gesellschaft" im Wesentlichen an den Vereinigten Staaten illustriert. Auch bei einem solchen Vorgehen wird allerdings behauptet, dass sich vergleichbare Phänomene und Entwicklungen in anderen Nationen mindestens als Tendenz vorfinden lassen.

In der zweiten Richtung grenzen sich Gegenwartsdiagnosen etwa von Theorien gesellschaftlicher Differenzierung oder von Norbert Elias' „Zivilisationstheorie" oder auch von der soziologischen Modernisierungstheorie ab. Diese Gesellschaftstheorien bemühen sich darum, Analysekategorien und -modelle für die Moderne insgesamt bereitzustellen, womit ein sehr viel weiterer historischer Bogen geschlagen wird. Es geht ihnen eben nicht nur um das Hier-und-jetzt und die sich daraus ergebenden zukünftigen Chancen und Gefährdungen. Manche Gesellschaftstheorien, wie etwa die differenzierungstheoretische Perspektive, beanspruchen sogar, für die gesamte Spanne der Menschheitsgeschichte von den archaischen Stammesgesellschaften bis heute zuständig zu sein. Dieses Abstraktionsniveau streben Gegenwartsdiagnosen erst recht nicht an. Wiederum heißt das allerdings nicht, dass Gegenwartsdiagnosen ihre Aufmerksamkeit nicht auch auf historisch längst zurückliegende Vorgänge richten können. Sie tun dies dann allerdings immer nur, weil sie davon ausgehen, dass die Wurzeln der gegenwärtigen Situation beispielsweise bis in die Frühmoderne zurückreichen – siehe etwa Alain Touraines historisch weit ausholende „Critique of Modernity", die aber eindeutig auf ein Verständnis des Heute zielt.

Soziologische Gegenwartsdiagnosen sind also analytisch abstrakter als Untersuchungen einzelner Gesellschaften, aber konkreter als generelle Gesellschaftstheorien. In ihrer Nutzung des analytischen Instrumentariums genereller Gesellschaftstheorien verhalten sich Gegenwartsdiagnosen ganz unterschiedlich. Es gibt solche, die sehr eng in bestimmte generelle Gesellschaftstheorien eingebettet sind – bis hin zur gleichsam deduktiven Ableitung gegenwartsdiagnostischer Aussagen aus den generellen Theorien. Dies gilt beispielsweise für Richard Münchs Analysen der „Kommunikationsgesellschaft" oder für Niklas Luhmanns gegenwartsdiagnostische Bemühungen. In beiden Fällen wird eine differenzierungstheoretische Gesellschaftsbetrachtung zu Grunde gelegt. Am anderen Pol finden sich Gegenwartsdiagnosen, die eher induktiv, also von bestimmten ins Auge fallenden empirischen Phänomenen ausgehend angelegt sind und sich allenfalls eklektizistisch aus dem Reservoir genereller soziologischer Gesellschaftstheorien bedienen. So ist die Mehrzahl der Gegenwartsdiagnosen angelegt. Richard Sennetts Analyse des „flexiblen Menschen" ist dafür ebenso wie Peter Gross' Betrachtung der „Multioptionsgesellschaft" ein Beispiel. In manchen Fällen bleibt eine Einbettung in generelle Gesellschaftstheorien auch diffus und implizit, ist aber bei näherem Hinsehen unverkennbar. Dies gilt etwa für Becks Analyse der „Risikogesellschaft", die unausgesprochen stark differenzierungstheoretisch angelegt ist, oder für Pierre Bourdieus Untersuchungen des „Elends der Welt", bei denen immer wieder ein letztlich marxistisch geprägtes Gesellschaftsverständnis durchschimmert. Reese-Schäfer (1996: 379) spricht mit einem Anflug von Kritik davon, dass soziologische Zeitdiagnosen immer schon in der Mehrzahl eine „gewisse Theoriezurückhaltung" gezeigt haben.

Schaut man nun auf die *empirische Basis* der Gegenwartsdiagnosen, zeigt sich ein ähnliches Bild. Nur sehr wenige beruhen auf eigenen empirischen Untersuchungen. Beispiele für solche Ausnahmen wären etwa Schulzes Untersuchung zur „Erlebnisgesellschaft", die groß angelegte standardisierte Befragungen nutzte, oder Bourdieus gerade erwähnte Analyse, die mit qualitativen Interviews arbeitete. Teilweise bedienen sich soziologische Gegenwartsdiagnosen auch einer Sekundärauswertung vorhandener empirischer Befunde, wie dies etwa Beck zur Individualisierung in der „Risikogesellschaft" getan hat.[6] Das Gros der soziologischen Gegenwartsdiagnosen weist allerdings einen unver-

---

6 Wobei er allerdings hinsichtlich seiner Interpretation der verfügbaren Daten auf heftigen Widerspruch gestoßen ist.

kennbaren spekulativen Überhang auf, bezieht also seine Überzeugungskraft letztlich eher aus theoretischen Plausibilisierungen und Extrapolationen. Manche Kritiker gegenwartsdiagnostischer Bemühungen sehen darin einen Generaleinwand, da die Soziologie schließlich eine Erfahrungswissenschaft sei beziehungsweise sein solle. Doch auch wenn man diese Ausrichtung des Faches prinzipiell für richtig hält, kann man mit Reese-Schäfer (1996: 386) darauf beharren, dass empirische Abgesichertheit kein essentielles Qualitätskriterium soziologischer Gegenwartsdiagnosen ist. Dieses Genre soziologischer Literatur soll und will gerade der Spekulation Raum geben. Worauf es ankommt, ist lediglich, ob spekulative Einschätzungen durch theoretische Plausibilitäten kontrolliert werden. Wildwüchsige Phantasmen sind sicherlich nicht gefragt, finden sich aber auch nur selten in diesen Untersuchungen.

Damit ist man bereits bei der spezifischen Funktion soziologischer Gegenwartsdiagnosen im Zusammenspiel mit anderen Arten soziologischer Literatur angelangt. Die Gegenwartsdiagnosen leisten einen wichtigen Beitrag zur „soziologischen Aufklärung" der Gesellschaft über sich selbst. Dabei ist klar, dass den Gesellschaftsmitgliedern kein soziologisches Rezeptwissen, schon gar nicht in Form von direkt implementierbaren „Sozialtechnologien", an die Hand gegeben wird, was die Soziologie in anderen Zusammenhängen ja durchaus nicht ohne Erfolg getan hat und auch weiter tun wird. Rezeptwissen, wie man mit spezifischen sozialen Situationen erfolgversprechend umgeht, stellt den einen Pol „soziologischer Aufklärung" dar. Den anderen Pol dieses Kontinuums bildet generelles Orientierungswissen, das die Soziologie den Gesellschaftsmitgliedern zur Deutung gesellschaftlicher Phänomene offeriert. An diesem Pol sind die Gegenwartsdiagnosen anzusiedeln. Sie stellen *Lesarten des Heute und Morgen* dar und konkurrieren diesbezüglich, wie bereits eingangs angesprochen, mit anderen Sozialwissenschaften ebenso wie mit journalistischen Reflexionen oder politischen Programmschriften. Soziologische Gegenwartsdiagnosen tragen also im Konzert mit solchen anderen Deutungsangeboten dazu bei, dass die gesellschaftliche Selbstverständigung darüber, wo wir mittlerweile angekommen sind und wohin es mit uns noch führen kann, nicht abreißt.

Risse sie ab, unterläge die gesellschaftliche Dynamik allenfalls noch einem kurzsichtigen und scheuklappenbehafteten Inkrementalismus des „Sich-Durchwurstelns". Jeder täte nur noch das, was seine gegenwärtige Lage ihm gerade abverlangt. Die Gesellschaftsdynamik bestünde aus fragmentierten Anpassungsbewegungen, die sich „hinter dem Rücken" der Gesellschaftsmitglieder zu transintentionalen Struktureffekten verdichteten. Der für die Moderne konstitutive Anspruch der Gesellschaftsmitglieder darauf, die gesellschaftlichen Verhältnisse im konzertierten Zusammenwirken zumindest partiell zu gestalten, setzt demgegenüber solche kontinuierlichen Selbstverständigungsdebatten voraus, zu denen die soziologischen Gegenwartsdiagnosen einen zunehmend wichtig gewordenen Beitrag beisteuern.

Da es den Gegenwartsdiagnosen letztlich um das Durchdenken gesellschaftlicher Gestaltungsmöglichkeiten und -erfordernisse geht, nimmt es
nicht Wunder, dass ihre Generalbehauptung stets lautet, auf einen *kritischen
Moment* gesellschaftlicher Entwicklung aufmerksam zu machen. Für das jeweilige Hier-und-Jetzt wird diagnostiziert, dass sich ein historischer Bruch
vollzieht oder er zumindest unmittelbar bevorsteht. Es wird und kann nicht
so weitergehen wie bisher: Das wollen Gegenwartsdiagnosen signalisieren.
Teils nehmen sie dabei Phänomene in den Blick, die die nicht-soziologische
Gesellschaftsbeobachtung ebenfalls schon erkannt hat. Dann muss die soziologische Gegenwartsdiagnose, um mehr als eine bloße Verdopplung dessen
zu sein, den Phänomenen wichtige neue, noch unerkannte Seiten abgewin-
nen. Teils machen soziologische Gegenwartsdiagnosen aber auch auf unter-
gründige, noch kaum oder gar nicht bemerkte Tendenzen und Probleme aufmerksam. Überwiegend geht es dabei um aktuelle oder drohende Krisen –
wenn etwa Amitai Etzioni der Gegenwartsgesellschaft einen gefährlichen,
langfristig desaströsen Gemeinschaftsverlust attestiert oder Luhmann auf ö-
kologische Gefährdungspotentiale hinweist. Einige Gegenwartsdiagnosen
zeigen aber auch Chancen auf, die gesellschaftlich ergriffen werden können
oder bereits ergriffen worden sind. Schulzes Konzept der „Erlebnisgesellschaft" gehört in diese Kategorie. Manchmal wird auch eine gemischte Bilanz gezogen – siehe etwa Becks Einschätzung der Individualisierungsten-
denz, die dem Einzelnen sowohl neue Freiheiten bringe als auch neue Risiken auferlege.

Dieses Bemühen von Gegenwartsdiagnosen, historische Standortbestim-
mungen in kritischen Momenten vorzunehmen, bedingt natürlich auch die Ver-
gänglichkeit derartiger Analysen. Die gesellschaftliche Dynamik schreitet über
sie hinweg. Im schlechten Falle geschieht dies in der Weise, dass die Gegenwartsdiagnose keinerlei gesellschaftliche Wirkungen erzielt hat. Dann kann es
sein, dass die Gefährdungen, vor denen gewarnt wurde, tatsächlich eintreten,
oder die Chancen, auf die hingewiesen wurde, nicht ergriffen wurden. In diesen
Fällen war die Diagnose zwar richtig, konnte aber – warum auch immer – keine
sich selbst widerlegende beziehungsweise sich selbst erfüllende Prophezeiung
werden. In anderen Fällen geht die gesellschaftliche Dynamik deshalb über die
Gegenwartsdiagnose hinweg, weil diese sich als unzutreffend erweist. Neben
diesen Varianten von Wirkungslosigkeit gibt es aber auch den Fall, dass die gesellschaftliche Dynamik im positiven Sinne über die Gegenwartsdiagnose hin-
weggeht, nämlich von ihr gelenkt voranschreitet. So lässt sich sicher behaupten,
dass beispielsweise Becks und Luhmanns Betrachtungen der ökologischen Gefährdungen das Denken und die Programmatik der Ökologiebewegung und der
Grünen sowie auch von Teilen anderer politischer Gruppierungen mitgeprägt
haben; und in dem Maße, wie diese sozialen Träger des Gedankenguts bestimmter soziologischer Gegenwartsdiagnosen politisch einflussreich sind, gewinnt das soziologische Orientierungswissen auch an gesellschaftlicher Rele-

vanz. Dies vollzieht sich natürlich zumeist über sehr viele Stationen und längere Zeiträume, wodurch sich die ursprünglichen Sinngehalte auch mehr oder weniger stark verändern können. Doch das ist kein Spezifikum der Diffusion soziologischer Gegenwartsdiagnosen in die Gesellschaft hinein, sondern gilt für die Diffusion von Orientierungswissen – ob wissenschaftlicher oder nicht-wissenschaftlicher Herkunft – generell.

Der spekulative Charakter soziologischer Gegenwartsdiagnosen birgt natürlich Irrtumsrisiken. In sachlicher Hinsicht ist jede Gegenwartsdiagnose eine starke *Vereinseitigung*. So behauptet etwa Beck, wir lebten in einer „Risikogesellschaft"; Schulze wähnt uns in der „Erlebnisgesellschaft"; Ritzer sieht uns in einer „McDonaldisierten" Gesellschaft; und Coleman meint, dass wir uns im Würgegriff bürokratischer Großorganisationen befinden. Bei genauerem Hinsehen wird klar, dass diese Perspektiven einander teilweise widersprechen, teilweise aber auch ergänzen. Sie widersprechen einander freilich frontal darin, dass das jeweils von einer bestimmten Gegenwartsdiagnose hervorgehobene Merkmal für das zentrale, alle weiteren sozusagen zu Nebensachen erklärende Merkmal der Gegenwartsgesellschaft gehalten wird.

Welche sachliche Vereinseitigung eine Gegenwartsdiagnose trifft, hängt nicht nur, aber auch davon ab, welche *Werturteile* in sozialer Hinsicht in die Analyse eingehen. Natürlich sollten Gegenwartsdiagnosen, wie alle anderen Arten von sozialwissenschaftlicher Literatur auch, sich um Werturteilsfreiheit bemühen – jedenfalls im diagnostischen Teil der Gesellschaftsbetrachtung. Aber gerade weil hinter soziologischen Gegenwartsdiagnosen häufig auch eine intensive persönliche Betroffenheit steht, man zum Beispiel vor gravierenden gesellschaftlichen Fehlentwicklungen warnen will, unterlaufen einem besonders leicht Wertungen, die dann die Analyse verzerren können. Reese-Schäfer (1996: 379) sieht als Extremfall dieser Problematik solche soziologischen Gegenwartsdiagnosen an, die reine politische Programmschriften sind und denen ein wissenschaftlicher Anstrich nur noch zusätzliche Überzeugungskraft verleihen soll.

In zeitlicher Hinsicht schließlich folgt aus der Einseitigkeit und Werturteilsbehaftetheit soziologischer Gegenwartsdiagnosen, dass sie für alle von Karl Popper (1957) herausgestellten Gefahren des „Historizismus" anfällig sind. Das wertgetriebene Engagement läuft oft auf eine Überdramatisierung der herausgestellten Entwicklungen mit ihren Gefährdungspotenzialen oder Chancen hinaus – nach dem Motto: Jetzt muss gehandelt werden, will man den historischen Moment nicht unwiderruflich verpassen. Die Gegenwartsdiagnosen setzen also diejenigen Akteure, die die Gesellschaft gestalten wollen, unter einen extremen *Zeitdruck*. Zugleich wird aufgrund des stark vereinseitigten Bildes der gesellschaftlichen Situation mehr Ordnung suggeriert, als tatsächlich vorhanden ist (Müller 1996: 40/41). Ordnung ermöglicht aber, sofern man nur die richtigen Hebel zu fassen bekommt, eine zielgenau berechenbare Gestaltbarkeit der gesellschaftlichen Dynamik. Dabei werden regelmäßig die zahllosen und zum größeren Teil überhaupt nicht voraussagbaren *historischen Koinzidenzen* unterschlagen, die die gesellschaftliche Dynamik unübersehbar mitbestimmen. Spätestens dann, wenn wieder einmal beste Gestaltungsabsichten in großen Enttäuschungen geendet sind, rächt und offenbart sich die Überschätzung des kausalen Zusammenhangs zwischen den von der betreffenden Gegenwartsdiagnose herausgestellten Faktoren und die Unterschätzung zahlloser weiterer relevanter Kausalfaktoren.

Diese Arten von Irrtumsquellen gibt es bei jeglicher wissenschaftlichen Theoriebildung, nicht nur in der Soziologie. Dagegen hilft letztlich allein die Konfrontation mit der Empirie und mit konkurrierenden Theorien. Bei soziologischen Gegenwartsdiagnosen, deren Irrtumsanfälligkeit aus den genannten Gründen besonders hoch ist, müssen diese beiden Korrektive entsprechend intensiviert werden. Die Spekulationen müssen erstens empirisch nachgearbeitet werden. Dies braucht keineswegs auf eine Überfrachtung der empirischen Forschung mit abstrusen Hypothesen hinauslaufen: Empirische Forschung kann sich durch Gegenwartsdiagnosen auch auf sehr sinnvolle Weise in ihren Fragestellungen inspirieren lassen. Zweitens muss das *Gespräch zwischen den verschiedenen soziologischen Gegenwartsdiagnosen* initiiert und aufrecht erhalten werden, so dass diese einander gegenseitig anregen, korrigieren und ergänzen können. Man kann sich dies so vorstellen, wie mehrere Menschen gemeinsam ein sehr großes Puzzle zusammenfügen. Der eine findet diesen, der andere jenen passenden Stein; der eine beginnt links oben, der andere kümmert sich um den Ausschnitt rechts unten; und wenn der eine bei sich überhaupt nicht mehr weiterkommt, schaut der andere vielleicht einmal dorthin und entdeckt den fehlenden Stein. Wie jede Analogie hat freilich auch diese ihre Grenzen: Man wird nicht erwarten dürfen, dass die verschiedenen soziologischen und auch außersoziologischen Sichtweisen auf die moderne Gesellschaft sich jemals zu einem in sich geschlossenen Bild zusammenfügen werden.

Aber wenn die bisherigen Überlegungen zutreffen, dürfte eines sehr klar sein: Eine *sekundäranalytische Verknüpfung möglichst vieler und möglichst heterogener soziologischer Gegenwartsdiagnosen* verspricht erhebliche, vielleicht sogar sprunghafte Erkenntnisgewinne. Genau diese Hoffnung liegt dem mit diesem Sammelband begonnenen theoretischen Forschungsprojekt zu Grunde. In einem ersten Schritt, der hier vorgelegt wird, wird eine Reihe von wichtigen Gegenwartsdiagnosen, die von deutschen, französischen, britischen und amerikanischen Soziologen in den achtziger und neunziger Jahren des 20. Jahrhunderts vorgelegt worden sind, je für sich in ihren Hauptaussagen resümiert. Kritische Bewertungen, etwa auf der Basis vorliegender empirischer Befunde, und Vergleiche mit anderen Gegenwartsdiagnosen werden in diesem ersten Schritt noch nicht vorgenommen. Diese Inventarisierung des kognitiven Bestandes an gegenwartsdiagnostischem Gedankengut in der zeitgenössischen Soziologie ist die Grundlage für sekundäranalytische Verknüpfungen im zweiten Schritt (Volkmann/Schimank 2002). Im Vordergrund des zweiten Bandes zu soziologischen Gegenwartsdiagnosen steht die Frage, wie sich verschiedene Gegenwartsdiagnosen zueinander in Beziehung setzen lassen. Wo gibt es Widersprüche derart, dass nur eine der beiden Sichtweisen richtig sein kann? Wo existieren kognitive Antagonismen derart, dass miteinander unvereinbare theoretische Aussagen dennoch koexistieren können, weil sie zwei Seiten einer Medaille beleuchten? Wo ergänzen Gegenwartsdiagnosen einander in dem Sinn, dass sie miteinander kombinierbar sind? Und wo liegt eine Arbeitsteilung derart vor, dass verschiedene Ausschnitte der gesellschaftlichen Wirklichkeit hervorgehoben werden, die man nebeneinander stehen lassen kann, weil sie hinsichtlich kausaler Interdependenzen nur „loosely coupled" sind?

An dieser Stelle sollte eine Vorrede zum Schluss kommen und nun endlich den einzelnen Diagnosen selbst die Bühne frei machen. Es gilt jetzt, zunächst einmal jeder der Stimmen ihr Recht zu geben, das zu sagen, was sie zu sagen hat. Wenn das geschehen ist, kann man damit beginnen, sie miteinander ins Gespräch zu bringen.

Literatur

Baudrillard, Jean, 1976: Der symbolische Tausch und der Tod. München 1991: Matthes & Seitz.

Bauman, Zygmunt, 1991: Moderne und Ambivalenz. Das Ende der Eindeutigkeit. Hamburg 1992: Junius.

Beck, Ulrich, 1986: Risikogesellschaft. Auf dem Weg in eine andere Moderne. Frankfurt/M.: Suhrkamp.

Bourdieu, Pierre et al., 1993: Das Elend der Welt. Zeugnisse und Diagnosen alltäglichen Leidens an der Gesellschaft. Konstanz 1997: UVK.

Bourdieu, Pierre, 1998: Gegenfeuer. Wortmeldungen im Dienste des Widerstands gegen die neoliberale Invasion. Konstanz: UVK.

Coleman, James S., 1982: Die asymmetrische Gesellschaft. Vom Aufwachsen mit unpersönlichen Systemen. Weinheim 1986: Beltz.

Dahrendorf, Ralf, 1992: Der moderne soziale Konflikt. Essay zur Politik der Freiheit. Stuttgart: Deutsche Verlags-Anstalt.

Etzioni, Amitai, 1993: Die Entdeckung des Gemeinwesens. Ansprüche, Verantwortlichkeiten und das Programm des Kommunitarismus. Frankfurt/M. 1998: Fischer.

Etzioni, Amitai, 1996: Die Verantwortungsgesellschaft. Individualismus und Moral in der heutigen Demokratie. Frankfurt/M., New York 1997: Campus.

Giddens, Anthony, 1990: Konsequenzen der Moderne. Frankfurt/M. 1995: Suhrkamp.

Gross, Peter, 1994: Die Multioptionsgesellschaft. Frankfurt/M.: Suhrkamp.

Habermas, Jürgen, 1973: Legitimationsprozesse im Spätkapitalismus. Frankfurt/M.: Suhrkamp.

Habermas, Jürgen, 1992: Faktizität und Geltung. Beiträge zur Diskurstheorie des
    Rechts und des demokratischen Rechtsstaats. Frankfurt/M.: Suhrkamp.
Heitmeyer, Wilhelm (Hrsg.), 1997a: Was treibt die Gesellschaft auseinander? Bun-
    desrepublik Deutschland: Auf dem Weg von der Konsens- zur Konfliktgesell-
    schaft. Bd. 1, Frankfurt/M.: Suhrkamp.
Heitmeyer, Wilhelm (Hrsg.), 1997b: Was hält die Gesellschaft zusammen? Bundesre-
    publik Deutschland: Auf dem Weg von der Konsens- zur Konfliktgesellschaft. Bd.
    2, Frankfurt/M.: Suhrkamp.
Huntington, Samuel P., 1996: Der Kampf der Kulturen. Die Neugestaltung der Welt-
    politik im 21. Jahrhundert. München, Wien: Europaverlag.
Latour, Bruno, 1991: Wir sind nie modern gewesen. Versuch einer symmetrischen
    Anthropologie. Berlin 1995: Akademie-Verlag.
Luhmann, Niklas, 1986: Ökologische Kommunikation. Kann die moderne Gesell-
    schaft sich auf ökologische Gefährdungen einstellen? Opladen: Westdeutscher
    Verlag.
Luhmann, Niklas, 1997: Die Gesellschaft der Gesellschaft. Frankfurt/M.: Suhrkamp.
Müller, Hans-Peter, 1996: Störenfried mit mittlerer Reichweite. In: Joachim Fritz-Van-
    nahme (Hrsg.), Wozu heute noch Soziologie? Opladen: Leske + Budrich, 37-42.
Münch, Richard, 1986: Die Kultur der Moderne. Frankfurt/M.: Suhrkamp.
Münch, Richard, 1991: Dialektik der Kommunikationsgesellschaft. Frankfurt/M.:
    Suhrkamp.
Münch, Richard, 1995: Dynamik der Kommunikationsgesellschaft. Frankfurt/M.:
    Suhrkamp.
Popper, Karl R., 1965: Das Elend des Historizismus. Tübingen: Mohr.
Reese-Schäfer, Walter, 1996: Zeitdiagnose als wissenschaftliche Aufgabe. In: Berli-
    ner Journal für Soziologie 6, 377-390.
Ritzer, George, 1993: Die McDonaldisierung der Gesellschaft. Frankfurt/M. 1995: S.
    Fischer.
Schimank, Uwe, 1999: Funktionale Differenzierung und Systemintegration der mo-
    dernen Gesellschaft. In: Jürgen Friedrichs/Wolfgang Jagodzinski (Hrsg.), Soziale
    Integration. Sonderheft 39 der Kölner Zeitschrift für Soziologie und Sozialpsycho-
    logie, Westdeutscher Verlag: Opladen, 47-65.
Schulze, Gerhard, 1992: Die Erlebnisgesellschaft. Kultursoziologie der Gegenwart.
    Frankfurt/M., New York: Campus.
Schulze, Gerhard, 1996: Der Film des Soziologen. In: Joachim Fritz-Vannahme
    (Hrsg.), Wozu heute noch Soziologie? Opladen: Leske + Budrich, 51-58.
Sennett, Richard, 1998: Der flexible Mensch. Die Kultur des neuen Kapitalismus.
    Berlin: Berlin-Verlag.
Touraine, Alain, 1992: Critique of Modernity. Oxford 1995: Blackwell.
Volkmann, Ute/Schimank, Uwe (Hrsg.), 2002: Soziologische Gegenwartsdiagnosen
    II. Vergleichende Sekundäranalysen. Opladen: Leske + Budrich
Zijderveld, Anton, 1970: The Abstract Society. A Cultural Analysis of Our Time.
    Garden City, N.Y.: Doubleday.

UTE VOLKMANN

Das schwierige Leben in der „Zweiten Moderne" – Ulrich Becks „Risikogesellschaft"

Ulrich Beck wurde 1944 geboren. Er promovierte 1972 zum Dr. phil. an der Universität München. Ab 1973 war er dort im DFG-Sonderforschungsbereich „Theoretische Grundlagen Sozialwissenschaftlicher Berufs- und Arbeitskräfteforschung" tätig. Privatdozent für Soziologie wurde er 1979 an der Universität München. Nach Professuren für Soziologie in Münster und Bamberg ist er heute Professor an der Universität München. Darüber hinaus hat er einen Lehrstuhl an der London School of Economics. Seit der Veröffentlichung des Buches „Risikogesellschaft" (1986) hat er großen Einfluss auf die öffentliche Debatte über die gesellschaftliche Zukunft gewonnen – nicht nur in Deutschland. Das zeigt sich u.a. an der von Beck im Suhrkamp Verlag herausgegebenen Buchreihe zur „Zweiten Moderne". Weitere wichtige Publikationen: „Gegengifte" (1988), „Die Erfindung des Politischen" (1993), „Reflexive Modernization" (1994, zusammen mit Anthony Giddens und Scott Lash) und „Schöne neue Arbeitswelt" (1999).

Als es im April 1986 in einem der vier Blöcke des ukrainischen Atomkraftwerks Tschernobyl zur Explosion kam, hatte Ulrich Beck die „*Risikogesellschaft*" bereits verfasst.[1] Erklärtes Ziel seiner Ausführungen war es, „gegen die *noch* vorherrschende Vergangenheit die sich heute schon *abzeichnende Zukunft* ins Blickfeld zu heben." (12) Mit der Reaktorkatastrophe rückte die bundesrepublikanische Gesellschaft dieser Zukunft ein großes Stück näher: „Vieles, das im Schreiben noch argumentativ erkämpft wurde", so Beck (10/11) aus gegebenem Anlass, „liest sich nach Tschernobyl wie eine platte Beschreibung der Gegenwart." Auch wenn die Ökologieproblematik einen zentralen Ausgangspunkt für Becks Überlegungen seit Mitte der achtziger Jahre darstellt, wäre es verkürzt, den zeitdiagnostischen Begriff *Risikogesellschaft* nur auf diese Thematik zu beziehen. Becks Gegenwartsdiagnose ist weitaus komplexer, wie im Folgenden aufgezeigt werden soll.

---

1 Wenn nicht anders angegeben, beziehen sich die Seitenzahlen auf dieses Werk.

Die Latenz der Risikogesellschaft

Für Beck resultiert die Risikogesellschaft aus der Eigendynamik der Industriegesellschaft. Fortschreitende Modernisierung führt geradezu zwangsläufig in eine „andere Moderne", eine Zweite Moderne, die sich wesentlich von der vorangegangenen Stufe gesellschaftlicher Entwicklung, der Ersten Moderne, unterscheidet. Unter der Ersten Moderne ist die industriegesellschaftliche Moderne zu verstehen, welche in einem Prozess einfacher Modernisierung aus der Agrargesellschaft hervorgegangen ist. Demgegenüber bezeichnet Beck den Wandel von der Ersten zur Zweiten Moderne, also den Übergang in die Risikogesellschaft, als reflexive Modernisierung.

Die einfache Modernisierung war von einer allgemeinen wissenschaftlich-technischen Fortschrittseuphorie begleitet und wurde dementsprechend positiv bewertet. Die Entwicklung vollzog sich durchaus als eine bewusste und auch gewollte Abkehr von der Tradition. Schließlich erhoffte man sich die Überwindung materiellen Mangels. Beim Übergang von der Industrie- zur Risikogesellschaft liegt der Sachverhalt nun völlig anders. Die Moderne steht hier nicht einer als ungenügend erlebten Tradition gegenüber, sondern die „fortschrittliche" Industriegesellschaft wird aufgrund der latenten Nebenfolgen beziehungsweise Modernisierungsrisiken, die sie produziert, mit sich selbst konfrontiert. „Der Modernisierungsprozeß wird ‚*reflexiv*', sich selbst zum Thema und Problem." (26) Reflexivität im Beckschen Sinne meint also Selbstkonfrontation:

> Der Übergang von der Industrie- zur Risikoepoche der Moderne vollzieht sich ungewollt, ungesehen, zwanghaft im Zuge der verselbständigten Modernisierungsdynamik nach dem Muster der latenten Nebenfolgen. ... Die Risikogesellschaft ist keine Option, die im Zuge politischer Auseinandersetzungen gewählt oder verworfen werden könnte. Sie entsteht im Selbstlauf verselbständigter, folgenblinder, gefahrentauber Modernisierungsprozesse. (Beck 1993: 36, Hervorh. weggel.)

Demnach handelt es sich bei der Risikogesellschaft nicht um die gezielte Überwindung einer vorigen Stufe der gesellschaftlichen Entwicklung, sondern um einen eigendynamisch verlaufenden Prozess, der den wissenschaftlich-technischen Fortschritt immer weiter vorantreibt. Im Unterschied zur vorangegangenen Entwicklungsstufe vollzieht sich dieser zweite Modernisierungsschub latent, d.h. im Verborgenen.

Von zentraler Bedeutung für Modernisierung insgesamt sind die Wissenschaften. Zum einen wäre ohne naturwissenschaftliche Forschung der technische Fortschritt der Ersten Moderne nicht möglich gewesen. Zum anderen kann erst dann von Risikogesellschaft gesprochen werden, wenn Risiken als solche erkannt und definiert sind. Und dazu bedarf es ebenfalls wissenschaftlicher Analyseverfahren. Welche Konsequenzen sich daraus ergeben, sei erst einmal dahingestellt. Festzuhalten ist, dass der wissenschaftliche Un-

tersuchungsgegenstand im Zuge des Modernisierungsprozesses eine Veränderung erfährt. Bildete in der Ersten Moderne ausschließlich „die ‚vorgegebene' Welt von Natur, Mensch und Gesellschaft" den Bezugspunkt wissenschaftlicher Forschung, so ändert sich dies im Zuge des Übergangs von der
Industrie- zur Risikogesellschaft. In dieser Phase der gesellschaftlichen Entwicklung „sind die Wissenschaften bereits mit ihren eigenen Produkten,
Mängeln, Folgeproblemen konfrontiert" (254). Von daher unterscheidet
Beck auch hinsichtlich der Wissenschaften zwischen einfacher und reflexiver
Verwissenschaftlichung. Erst das Reflexivwerden von Wissenschaft stellt
somit den gesellschaftlichen Wendepunkt dar:

> Zentral ist vielmehr, daß die gesellschaftlichen Rahmenbedingungen im Zuge re-
> flexiver Modernisierungsprozesse radikal verändert werden: mit der Verwissen-
> schaftlichung der Modernisierungsrisiken wird ihre Latenz aufgehoben. ... Ent-
> sprechend können auch die Naturzerstörungen nicht länger auf die „Umwelt" ab-
> gewälzt werden, sondern werden mit ihrer industriellen Universalisierung zu sys-
> temimmanenten sozialen, politischen, ökonomischen und kulturellen Widersprü-
> chen. (252)

Jedoch wird die Grundüberzeugung der industriegesellschaftlichen Moderne,
jegliches Problem letztlich wissenschaftlich-technisch lösen zu können, auch
in der Risikogesellschaft beibehalten. Wissenschaftliche Technikfolgenabschätzung sowie die Umwelttechnik sind Beispiele dafür:

> Die Konstellationen der Risikogesellschaft werden erzeugt, weil im Denken und
> Handeln der Menschen und Institutionen die Selbstverständlichkeiten der Indust-
> riegesellschaft (der Fortschrittskonsens, die Abstraktion von ökologischen Fol-
> gen und Gefahren, der Kontrolloptimismus) dominieren. (Beck 1993: 36, Her-
> vorh. weggel.)

Gerade weil die gesellschaftlichen Akteure – anders als bei der einfachen
Modernisierung – dem „alten" Gesellschaftsmodell und damit auch der Utopie wissenschaftlich-technischer Allmacht kognitiv verhaftet bleiben, können
sich risikogesellschaftliche Strukturen überhaupt nur entwickeln. Die Ursache für dieses „Immer-weiter-so" liegt Beck zufolge in den unterschiedlichen
Rationalitäten der gesellschaftlichen Teilsysteme begründet, allen voran Wissenschaft, Wirtschaft und Politik. Doch bevor auf das daraus resultierende
Dilemma näher eingegangen wird, sollen zuerst einige wesentliche Unterschiede zwischen den zwei Modernen herausgestellt werden, um so ein besseres Verständnis dessen zu vermitteln, was Beck unter Risikogesellschaft
versteht.

Die Strukturen der Risikogesellschaft

Um die Erste von der Zweiten Moderne analytisch abzugrenzen, führt Beck die beiden Kategorien *Reichtum* und *Risiken* ein. Unter Reichtum subsumiert er generell „erstrebenswerte Knappheiten" wie Bildung, Einkommen, Konsumgüter etc., Risiken sind demgegenüber ein „Modernisierungs*bei*produkt von *verhinderungswertem Überfluß."* (35) Die Risiken in der Risikogesellschaft haben moderne Ursachen; es sind *Modernisierungsrisiken* und nicht etwa Gefährdungen natürlichen Ursprungs wie Erdbeben, Wirbelstürme o.ä.

- Wird die Aneignung von Reichtum allgemein als erstrebenswert angesehen, so stellen Modernisierungsrisiken demgegenüber eine Bedrohung dar, deren Realisierung möglichst vermieden werden soll. „Der *positiven Aneignungslogik* steht also eine *negative Logik des Wegverteilens* ... gegenüber." (35)
- In der Industriegesellschaft sind Risiken im Großen und Ganzen umgekehrt proportional zu Reichtum verteilt, d.h. am stärksten sind diejenigen von Gesundheitsrisiken, Arbeitslosigkeit, Hunger o.ä. bedroht, die in der gesellschaftlichen Hierarchie ganz unten stehen. Dieses Verteilungsprinzip hat sich in der Risikogesellschaft gelockert: „Not ist hierarchisch, Smog ist demokratisch." (48) D.h., „Modernisierungsrisiken erwischen früher oder später auch die, die sie produzieren oder von ihnen profitieren." (30)
- Legt man die beiden genannten Verteilungsprinzipien zugrunde, dominiert in der Industriegesellschaft die Logik der Reichtumsproduktion. In der Risikogesellschaft existiert diese Dominanz nicht mehr. Im Zuge der für alle immer bedrohlicher werdenden Risiken hat sich parallel zur Logik der Reichtumsproduktion die Logik der Risikoproduktion etabliert, so dass beide Logiken jetzt miteinander um gesellschaftliche Relevanz konkurrieren.
- Eine ähnliche Form der Verschiebung lässt sich hinsichtlich der Ursachen gesellschaftlicher Konflikte konstatieren. Entzünden sich diese in der Industriegesellschaft an der ungleichen Verteilung materieller Güter, so sind es in der Risikogesellschaft die negativen Folgen der materiellen Güterproduktion, die ein hohes Konfliktpotential beinhalten. Dem Gleichheitspostulat der Industriegesellschaft steht in der Risikogesellschaft die Forderung nach Sicherheit gegenüber.
- Folglich entsprechen der industriegesellschaftlichen Reichtumsverteilung Klassenlagen, während die Risikogesellschaft durch Gefährdungs- beziehungsweise Risikolagen charakterisiert ist, die durchaus auch quer zu den Strukturen gesellschaftlicher Ungleichheiten liegen können.

Modernisierungsrisiken werden also nicht anstelle von, sondern neben materiellem Wohlstand zunehmend zu einen charakteristischen Strukturmerkmal der Gegenwartsgesellschaft. Mit dieser Diagnose bezieht sich Beck keinesfalls nur auf die Bundesrepublik Deutschland. Die Risikogesellschaft ist nicht national begrenzt; von daher spricht Beck auch von *Weltrisikogesellschaft*.[2] Nationale Grenzen werden von Modernisierungsrisiken gewissermaßen ignoriert. Ökologische Gefährdungen sind ihrer Dynamik nach global, wie die klimatischen Veränderungen durch das Abholzen tropischer Regenwälder, die Schadstoffbelastung der Flüsse und Meere oder die Freisetzung radioaktiver Stoffe durch die militärische und zivile Nutzung der Atomenergie illustrieren. Hinzu kommt, dass technischer Fortschritt weltweit zum einzigen Modell avanciert ist und überall die industrielle Produktion vorangetrieben wird, so dass sich zunehmend auch die „armen Länder des Südens" an der Produktion von Modernisierungsrisiken aktiv beteiligen. Aber noch unter einem anderen Aspekt sind die Nebenfolgen der industriellen Produktionsweise global: sie bedrohen – anders als natürliche Katastrophen – alles Leben auf diesem Planeten.

Doch gerade weil es sich bei Risiken um potentielle Gefährdungen handelt und damit um mögliche Ereignisse, die eintreten könnten, aber keinesfalls mit Sicherheit eintreten werden, haftet ihnen ein großes Maß an Irrealität an:

> In der Risikogesellschaft verliert die Vergangenheit die Determinationskraft für die Gegenwart. An ihre Stelle tritt die Zukunft, damit aber etwas Nichtexistentes, Konstruiertes, Fiktives als „Ursache" gegenwärtigen Erlebens und Handelns. (44)

Diese Latenz von Modernisierungsrisiken stellt Akteure folglich vor Probleme, die unter den strukturellen Bedingungen der Ersten Moderne völlig unbekannt waren. Die Logik der Reichtumsproduktion gab den Menschen eine klare Orientierung vor, Risiken hingegen „sagen, was *nicht* zu tun ist, nicht aber, *was* zu tun ist. ... Wer die Welt als Risiko entwirft, wird letztlich handlungsunfähig." (Beck 1993: 48) Denn es kann im Hinblick auf Modernisierungsrisiken letztendlich immer nur darum gehen, deren Eintreten zu vermeiden. Dies kann entweder dadurch geschehen, dass im Vorhinein beziehungsweise im Nachhinein daran gearbeitet wird, riskante Nebenfolgen gar nicht erst entstehen zu lassen oder die Gefährdungen zu minimieren. Oder aber – und dies ist die andere Möglichkeit von Vermeidung – man wirkt darauf hin, dass Risiken verbal nicht thematisiert werden.

Denn noch ein anderes Problem ergibt sich aus der Latenz von Modernisierungsrisiken: sie überhaupt zu erkennen. Die gesundheitlichen Gefährdungen beziehungsweise Schädigungen, denen die Menschen sowohl vor Ort als auch in der weit entfernten Bundesrepublik Deutschland durch die Freisetzung von Radioaktivität nach dem Reaktorunfall in Tschernobyl ausgesetzt waren beziehungsweise immer noch sind, liegen jenseits unmittelbarer menschlicher Wahrnehmungsfähigkeiten. Modernisierungsrisiken müssen,

---

2 Dabei bezieht Beck (1999) den Begriff Weltrisikogesellschaft nicht nur auf die ökologischen Risiken, sondern thematisiert zunehmend auch andere Risiken des wissenschaftlich-technischen Fortschritts, wie z.B. das steigende Risiko, von Arbeitslosigkeit betroffen zu werden.

um als solche wahrgenommen werden zu können, zuallererst einmal als solche definiert werden, d.h. ihre Latenz muss aufgebrochen werden. Und da es sich über die Tatsache ihrer „Unsichtbarkeit" hinaus zumeist um hochgradig vielschichtige Ursache-Wirkungs-Komplexe handelt, die jenseits des Alltagswissens liegen, verfügt allein die Wissenschaft über die Definitionsmacht im Hinblick auf Risiken. Diese Wissensabhängigkeit hat Konsequenzen:

- Betroffenheiten werden abhängig von wissenschaftlichen Definitionen. Ohne Experten weiß man gar nicht, ob man gefährdet ist oder nicht und in welchem Ausmaß man es gegebenenfalls ist. Andersherum erzeugt das Wissen um Risiken Betroffenheit.
- Betroffenheit und ein darauf basierendes Risikobewusstsein bleibt notwendigerweise immer ein abstraktes Wissen.
- Aufgrund der Tatsache, dass Risiken „sich also erst und nur im (wissenschaftlichen beziehungsweise antiwissenschaftlichen) *Wissen* um sie" herstellen, sind sie „im besonderen Maße *offen für soziale Definitionsprozesse.*" (30) Risiken können „objektiv" dargestellt, aber ebenso verharmlost beziehungsweise dramatisiert werden, ohne dass die Betroffenen irgendeine Möglichkeit der Kontrolle über das haben, was ihnen als „Wahrheit" vermittelt wird.
- Risiken sind zudem auf kommunikative Vermittlung angewiesen, d.h. auf Journalisten und Massenmedien, die das für den Laien unverständliche wissenschaftliche Wissen einerseits „übersetzen" und andererseits der Öffentlichkeit zugänglich machen.[3] Ohne Verbreitungsmedien verbleibt das Wissen um Risiken im Bereich der Wissenschaft.
- Aufgrund der Wissens- und Medienabhängigkeit „zeigen sich Gruppen betroffen, die besser ausgebildet sind und sich rege informieren." (69, Hervorh. weggel.) Auch wenn andere gesellschaftliche Gruppen womöglich den gleichen oder noch weitaus riskanteren Gefährdungen ausgesetzt sind, müssen sie sich deshalb nicht gleichermaßen betroffen fühlen.

Alle Akteure, die sich mit Modernisierungsrisiken auseinandersetzen, müssen sich folglich der Wissenschaft und der Massenmedien bedienen, unabhängig davon, welches spezifische Interesse jeweils handlungsleitend ist. Das gilt für Ingenieure ebenso wie für Manager, Juristen, Politiker, soziale Bewegungen oder Eltern betroffener Kinder. D.h., auch derjenige Akteur, der „in Sachen Gefahr gegen Wissenschaft argumentieren will, muß sich ihrer bedienen" (Beck 1988: 99) und zudem über die Fähigkeiten verfügen, die Aufmerksamkeit der

---

3 Diesbezüglich wirken sich nach wie vor soziale Ungleichheiten aus. Denn zum einen ist der Medienkonsum abhängig vom Bildungsgrad und von materiellen Lebensbedingungen. Zum anderen ist das Denken und Handeln von Menschen, die von Armut betroffen sind, primär auf die Sicherung des unmittelbaren Überlebens ausgerichtet. Angesichts erfahrbarer Existenzbedrohung kann ein Risikobewusstsein nicht praxisrelevant werden.

Journalisten zu erregen, um die Massenmedien für seine Interessen zu mobilisieren. Ohne die Medienkampagne, die Greenpeace 1995 initiierte, als die Öl-plattform „Brent Spar" im Nordatlantik versenkt werden sollte, wäre Shell nicht zu einem Rückzieher bereit gewesen. Darüber hinaus war der Öl-Multi zur diskursiven Rechtfertigung seines Vorhabens gezwungen und bedurfte dazu ebenfalls der massenmedialen Berichterstattung. „Damit werden Medien und Positionen der Risikodefinition zu gesellschaftlich-politischen Schlüsselstellungen." (30) „Die Risikogesellschaft ist in diesem Sinne auch die *Wissenschafts-, Medien- und Informationsgesellschaft.*" (62)

Doch das Wissen darum, dass Modernisierungsrisiken „hausgemacht" sind, wirft die Frage nach den Verantwortlichen der Misere auf. Die Antwort darauf gestaltet sich allerdings als äußerst schwierig.

Die institutionalisierte Nichtzuständigkeit

Da die Wissenschaften für den Modernisierungsprozess einen Dreh- und Angelpunkt darstellen, liegt es nahe, sich zuerst diesen gesellschaftlichen Bereich etwas genauer im Hinblick auf eine mögliche Verantwortung für Modernisierungsrisiken anzuschauen. Das gesellschaftliche Teilsystem Wissenschaft ist auf dreierlei Weise mit Risiken verknüpft:

- Wissenschaft *produziert* Risiken, indem ihre Erkenntnisse der Naturbeherrschung technisch-wirtschaftlich in der Industrie umgesetzt werden.
- Wissenschaft *definiert* Risiken und macht sie erst als solche sichtbar.
- Wissenschaft *bewältigt* Risiken, indem ihre Erkenntnisse über Kausalzusammenhänge zwischen technisch-wirtschaftlicher Produktion und deren Nebenfolgen in der sogenannten Umwelttechnologie umgesetzt werden.

Bei näherer Betrachtung der drei genannten Aspekte fällt auf, dass es sich bei zweien dezidiert um Schnittstellen zwischen Wissenschaft und Wirtschaft handelt. Und sowohl hinsichtlich der Risikoproduktion als auch hinsichtlich der Risikobewältigung ist stets die Wirtschaft derjenige gesellschaftliche Bereich, in dem das wissenschaftliche Wissen überhaupt erst zur technischen Anwendung kommt. In diesem Sinne ist die Wissenschaft also nicht direkt, sondern nur mittelbar an der Risikoproduktion beteiligt. Man könnte nun einwenden, dass gerade die in naturwissenschaftlichen Disziplinen häufigen Drittmittelprojekte in großem Maße durch die Interessen der wirtschaftlichen Geldgeber geprägt sind, denn die entscheiden schließlich, welche Forschungsprojekte sie finanzieren und welche nicht:

> Die Produktion von Risiken und ihre Verkennung hat also ihren ersten Grund in einer ökonomischen Einäugigkeit der naturwissenschaftlich-technischen Rationalität. Deren Blick ist auf die Produktivitätsvorteile gerichtet. Sie ist damit zugleich mit einer systematischen Risikoblindheit geschlagen. (80, Hervorh. weggel.)

Dieses an technischer Umsetzung ausgerichtete wissenschaftliche Erkenntnisinteresse potenziert die Risikoproduktion – die dann ihrerseits den Ausgangspunkt für reflexive Wissenschaft und die Branche der Umwelttechnik
bildet. Doch letztlich gilt auch für die von der Industrie finanzierte Drittmit-
telforschung das gleiche wie für jede Wissenschaft: Sie wendet die von ihr
produzierten Erkenntnisse nicht außerhalb der wissenschaftlichen Forschung
an. Kein Wissenschaftler ist zuständig dafür, was mit seinen Erkenntnissen
geschieht. Die Entscheidungen darüber, welche wissenschaftlichen Erkenntnisse in der Gesellschaft zur Anwendung kommen, werden nicht in der Wissenschaft getroffen. So betrachtet ist die Wissenschaft auch für Modernisierungsrisiken nicht zuständig.

Die Wirtschaft trifft demgegenüber sehr wohl Entscheidungen hinsichtlich
der Nutzung wissenschaftlicher Erkenntnisse. Und da Modernisierungsrisiken Nebenfolgen industrieller Produktion sind, ist das Wirtschaftssystem so
gesehen zuständig für die Risikoproduktion. Aber sind Wirtschaftsunterneh-
men deshalb auch verantwortlich für die Nebenfolgen ihrer Produktion?

Da technischer Fortschritt bis in siebziger Jahre des 20. Jahrhunderts hinein mit sozialem Fortschritt gleichgesetzt wurde, fand die wirtschaftliche Innovation breite Unterstützungsbereitschaft durch die Politik. Der Abbau sozialer Ungleichheiten durch die Erhöhung des materiellen Lebensstandards
für alle war politisches Programm. Allein dies legitimierte schon technischen
Fortschritt. Zudem behielt sich die Politik des Wohlfahrtsstaats begrenzte Interventionen in wirtschaftliche Entscheidungsprozesse vor. Jedoch „stößt der
Sozialstaat, je erfolgreicher er war, um so deutlicher, auf den Widerstand der
privaten Investoren, die die steigenden Lohn- und Lohnnebenkosten mit
schwindender Investitionsbereitschaft quittieren oder aber mit Rationalisierungen, die verstärkt Arbeitskräfte freisetzen." (309) Der staatliche Interventionismus verliert deshalb – und erst recht in Zeiten wirtschaftlicher Liberali-
sierung und Globalisierung seit den neunziger Jahren – mehr und mehr seine
Legitimität und das politische System damit an Einflussmöglichkeiten auf
wirtschaftliche Prozesse. Doch darin sieht Beck nicht die Hauptursache für
die Eigenmächtigkeit des Wirtschaftssystems. Denn generell werden die
Chancen gesellschaftlicher Steuerung durch das politische System völlig ü-
berschätzt: „Es wird ... vorgängig der Grundsachverhalt *verkannt, daß die
moderne Gesellschaft kein Steuerungszentrum hat.*" (368)

Dennoch fällt der Politik nach ihrem eigenen Selbstverständnis sowie
nach dem herrschenden demokratischen Grundverständnis der Bevölkerung
die Aufgabe zu, *jegliche* gesellschaftsverändernde Entscheidung – also auch
wirtschaftliche, wissenschaftliche oder andere Entscheidungen – *im nachhinein* zu legitimieren. Eben weil das politische System für die „Gestaltung und
Veränderung von Lebensverhältnissen" (311, Fußnote, Hervorh. weggel.)
zuständig ist, aber de facto keinen Einfluss auf wissenschaftlich-ökonomi-
sche Entscheidungen hat, bleibt als Ausweg nur noch, der Bevölkerung „Ent-

wicklungsrichtung und Ergebnis des technischen Wandels als Ausdruck unausweichlicher technisch-ökonomischer *Sachzwänge*" (301) zu „verkaufen".
Die auf naturwissenschaftlich-technischer Rationalität basierenden ökonomischen Investitionsentscheidungen sind es aber, welche den gesellschaftlichen Modernisierungsprozess immer weiter in Richtung Risikogesellschaft treiben. Das bedeutet:

> Die Entscheidungen, die die Gesellschaft verändern, haben keinen Ort, an dem sie hervortreten können, werden sprachlos und anonymisiert. In der Wirtschaft werden sie in Investitionsentscheidungen eingebunden, die das gesellschaftsverändernde Potential in die „ungesehene Nebenfolge" abdrängen. Die empirischanalytischen Wissenschaften, die die Neuerungen vordenken, bleiben in ihrem Selbstverständnis und ihrer institutionellen Einbindung von den technischen Folgen und den Folgen der Folgen, die diese haben, abgeschnitten. (305/306)

Die zukünftige Entwicklung der Gesellschaft ist damit von Entscheidungen abhängig, die Akteure in gänzlich unpolitischen – und damit von sozialer Legitimation entbundenen – Handlungszusammenhängen treffen. „Das Politische wird unpolitisch und das Unpolitische politisch." (305) Infolgedessen, dass es „letztlich keine fixierte, fixierbare Entscheidung" gibt (336), lassen sich auch für die Nebenwirkungen dieser „Nicht"-Entscheidung keine Verantwortlichen heranziehen:

> Der Nichtzuständigkeit der Wissenschaft entspricht eine Implizitzuständigkeit der Betriebe und die bloße Legitimationszuständigkeit der Politik. Fortschritt ist die in die Unzuständigkeit hineininstitutionalisierte Gesellschaftsveränderung. (345, Hervorh. weggel.)

Diese „Unzuständigkeit" lässt sich genauer fassen. Es sind nämlich sehr wohl Zuständigkeiten auszumachen, aber diese sind auf mehrere gesellschaftliche Teilsysteme verteilt. Modernisierungsrisiken sind nicht den Wissenschaften oder der Wirtschaft oder der Politik zuzuordnen, sondern stellen KoProduktionen dieser Teilsysteme dar. Auch darauf lässt sich der globale Charakter von Risiken beziehen:

> Es handelt sich also um ein weitverzweigtes Labyrinth-System, dessen Konstruktionsplan nicht etwa Unzuständigkeit oder Veranwortungslosigkeit ist, sondern die *Gleichzeitigkeit* von Zuständigkeit und Unzurechenbarkeit, genauer: Zuständigkeit *als* Unzurechenbarkeit oder: *organisierte Unverantwortlichkeit.* (Beck 1988: 100)

Beck sieht also in der zunehmenden gesellschaftlichen Differenzierung, aber vor allem in der damit verknüpften Internalisierung des Systemgedankens die Ursache für die *organisierte Unverantwortlichkeit* in der Moderne. Denn die Akteure denken, entscheiden und handeln immer nur teilsystemintern. Damit sind sie von jeglicher Verantwortung für alle Folgen ihres Handelns außerhalb „ihres" Teilsystems enthoben. Darüber hinaus lässt sich das Handeln selbst durch Systemzwänge legitimieren. „Man kann etwas tun und weitertun, ohne es persönlich verantworten zu müssen." (43)

Bereiche, Verhältnisse, Bedingungen, die alle prinzipiell veränderbar *wären*, werden von dieser Veränderungszumutung durch die Unterstellung von „System- zwängen", „Eigendynamiken" systematisch ausgeschlossen. (282)

Doch Differenzierung ist nicht nur auf gesellschaftlicher Ebene problema- tisch, sondern auch auf der Ebene des wissenschaftlichen Systems, denn „mit der Ausdifferenzierung der Wissenschaft (wächst) die unüberschaubar wer- dende Flut konditionaler, selbstungewisser, zusammenhangloser Detailergeb- nisse." (256) Die fortschreitende Binnendifferenzierung des Teilsystems in immer mehr wissenschaftliche Disziplinen und Teilgebiete erzeugt zum ei- nen eine heterogene Überkomplexität von wissenschaftlichen Wahrheiten. Für jedes Gutachten lässt sich ein Gegengutachten schreiben. Dieser Pluralis- mus von Interpretationsangeboten hat zur Folge, dass die Anwender wissen- schaftlicher Erkenntnisse auf sich selbst verwiesen sind; sie müssen ent- scheiden, welcher Variante wissenschaftlicher „Wahrheiten" sie Glauben schenken wollen. Im Hinblick auf Modernisierungsrisiken bedeutet das: „Wissenschaft wird immer *notwendiger*, zugleich aber auch immer *weniger hinreichend* für die gesellschaftlich verbindliche Definition von Wahrheit." (256) Zum anderen steht die Überspezialisierung der ausdifferenzierten Wis- senschaften der Analyse von komplexen Faktorenbündeln entgegen. Und be- sonders für Modernisierungsrisiken gilt, dass sie sich meist nicht auf isolier- bare Einzelursachen zurückführen lassen: „Risiken weisen ... einen *übergrei- fenden* Bezug auf. ... Durch das Sieb der Überspezialisierung fallen sie hin- durch. Sie sind das, was zwischen den Spezialisierungen liegt." (93) Noch nicht einmal das Wissenschaftssystem ist also augenscheinlich in der Lage, adäquat auf Modernisierungsrisiken zu reagieren.

Im Hinblick darauf, die Risikoproduktion einzudämmen, entwirft Beck ein äußerst pessimistisches Bild von der Gegenwartsgesellschaft. Angesichts der Zunahme von Gefährdungen und/oder der steigenden Sensibilität dafür, aber vor allem aufgrund des Wissens um die soziale Konstitution von Modernisie- rungsrisiken, wächst der politische Handlungsbedarf – aber:[4]

> Die institutionalisierten Antworten der Ersten Moderne – mehr und bessere Technik, mehr und besseres wirtschaftliches Wachstum, mehr und bessere Wis- senschaft, mehr und bessere funktionale Differenzierung – überzeugen und grei- fen nicht mehr. (Beck 1999: 26)

Beck fordert daher die „Erfindung des Politischen" (1993) jenseits der beste- henden institutionellen politischen Strukturen. Darin sieht er auch die einzige realistische Chance, ein weiteres Problem der Zweiten Moderne in den Griff zu bekommen: die soziale Integration der Gesellschaft. Risiken können dies- bezüglich zum Kristallisationskern werden:

---

4 Beck legt sich diesbezüglich nicht fest: „Es ist nie klar, ob sich die Risiken verschärft haben oder nur unser *Blick* für sie." (73)

Ein Zusammenbinden hochindividualisierter Gesellschaften ist – wenn überhaupt
– zum einen nur durch die Einsicht in genau diese Lage möglich; zum anderen,
wenn es gelingt, die Menschen für die Herausforderungen zu mobilisieren und zu
motivieren, die im Zentrum ihrer Lebensführung präsent sind (Arbeitslosigkeit,
Naturzerstörung usw.). ... Integration wird hier also dann möglich, wenn man
nicht versucht, den Aufbruch der Individuen zurückzudrängen – sondern wenn
man, im Gegenteil, bewußt daran anknüpft und aus den drängenden Zukunftsfra-
gen neue, politisch offene Bindungs- und Bündnisformen zu schmieden versucht:
projektive Integration. (Beck/BeckGernsheim 1994: 35)

Die Freisetzung der Individuen

Das Leben unter risikogesellschaftlichen Bedingungen ist nicht nur im Hinblick
auf die Bedrohung durch technische Nebenfolgen für alle Akteure riskant. E-
benso ambivalent wie die naturwissenschaftlich-technischen Innovationen, die
einerseits einen hohen materiellen Lebensstandard ermöglichen, andererseits
Modernisierungsrisiken erzeugen, ist für Beck ein anderes Charakteristikum
des Modernisierungsprozesses: die zunehmende Individualisierung:

> Der Individualisierungsprozeß wird theoretisch als Produkt der Reflexivität ge-
> dacht, in der der wohlfahrtsstaatlich abgesicherte Modernisierungsprozeß die in
> die Industriegesellschaft eingebauten Lebensformen *enttraditionalisiert.* (251)

Unter Individualisierung versteht Beck die Herauslösung der Menschen aus
den Sozialgebilden der Industriegesellschaft. Beck bezieht „traditional" also
nicht, wie Simmel und andere Klassiker, auf religiöse und ständische Bindungen vormoderner Gesellschaften, sondern auf die gesellschaftlichen Bedingungen der Ersten Moderne. Das Eingebundensein in Klassen, Familien
und Geschlechterrollen ist in der Zweiten Moderne bereits zur „veralteten"
Tradition geworden. Diese ehemals festen sozialen Strukturen, die Bindung
und Orientierung ermöglichten, werden im Zuge der reflexiven Modernisierung brüchig. Die Individuen sind dadurch mehr und mehr auf sich selbst gestellt und „werden innerhalb und außerhalb der Familie zum Akteur ihrer
marktvermittelten Existenzsicherung und der darauf bezogenen Biographie-
planung und -organisation." (119)
   Ausschlaggebend für diesen Freisetzungsprozeß war der wirtschaftlich-in-
dustrielle Aufschwung der fünfziger und sechziger Jahre des 20. Jahrhunderts.
Dieser führte zu einer Verbesserung der allgemeinen Lebensbedingungen. Die
Entwicklung dieser Jahre war gekennzeichnet durch „ein *kollektives Mehr* an
Einkommen, Bildung, Mobilität, Recht, Wissenschaft, Massenkonsum." (122)
Beck bezeichnet dies als *Fahrstuhl-Effekt* nach oben, denn „die Klassengesell-
schaft wird insgesamt eine Etage höher gefahren." (122, Hervorh. weggel.) Der
Fahrstuhl-Effekt ist daher keineswegs gleichzusetzen mit der Veränderung von
sozialen Ungleichheitsrelationen. Diese bleiben weitgehend konstant. Doch da

auch diejenigen, die weiter unten im gesellschaftlichen Schichtgefüge stehen, am Wohlstand partizipieren, haben die Verteilungskonflikte ihre prägende und damit soziale Klassen beziehungsweise Schichten ihre integrierende Wirkung im Alltagsleben der Menschen verloren. Aufgrund längerer Lebenszeiten, kürzerer Arbeitszeiten und höherer Einkommen steht zudem immer mehr Zeit und Geld jenseits der materiellen Lebenssicherung zur Verfügung:

> Die neuen materiellen und zeitlichen Entfaltungsmöglichkeiten treffen zusammen mit den Verlockungen des Massenkonsums und lassen die Konturen traditionaler Lebensformen und Sozialmilieus verschwinden. (124)

Wie verhält es sich nun diesbezüglich mit der Familie, dem zweiten „Standbein" der Industriegesellschaft? Von der Bildungsexpansion der sechziger Jahre des 20. Jahrhunderts haben besonders die Frauen profitiert. Sie haben mit den Männern gleichgezogen, doch am Arbeitsmarkt wird ihnen der gleichberechtigte Zutritt nach wie vor verwehrt. Einerseits hatte dies eine allgemeine Sensibilisierung – zumindest der Frauen – für geschlechtsspezifische Ungleichheiten zur Folge: „Die Ungleichheit zwischen Männern und Frauen ist *ab jetzt unauslöschbar sichtbar*." (129) Damit gerieten die traditionalen Geschlechterrollen auch in der Familie ins Wanken. Andererseits waren Frauen, besonders wenn ihnen doch ein erfolgreicher Einstieg ins Berufsleben gelang, immer weniger auf die Versorgung durch Ehemänner angewiesen, aber dafür den steigenden Mobilitätserfordernissen des Arbeitsmarktes ebenso unterworfen wie erwerbstätige Männer. Allein aus diesen strukturellen Bedingungen des Arbeitsmarktes resultiert eine abnehmende Synchronisation von Lebensläufen, und zwar für Männer und Frauen gleichermaßen. Partnerschaft und Familie werden so immer mehr zu Bindungen auf Zeit, weil diese Sozialformen der geforderten Flexibilität entgegenstehen. Die industriegesellschaftliche „Normalbiographie" wird immer weniger lebbar und zur „Bastelbiographie":

> Die wohlfahrtsstaatliche Aufschwungphase hat bei gleichbleibenden Ungleichheitsrelationen eine kulturelle Erosion und Evolution der Lebensbedingungen ausgelöst, die schließlich auch die Ungleichheiten zwischen Männern und Frauen hervortreten läßt. Dies ist die Dynamik des Individualisierungsprozesses, der im Zusammenwirken aller genannter Komponenten – mehr arbeitsfreie Zeit, mehr Geld, Mobilität, Bildung usw. – seine strukturverändernde Intensität entwickelt und die Lebenszusammenhänge von Klasse *und* Familie aufbricht. (130)

Auch im Hinblick auf die soziale Integration wird sich die Moderne also zum Problem. Die institutionellen Strukturen der entwickelten Industriegesellschaft sind es, die die Menschen einerseits in die Individualisierung drängen und sie zwingen, ihre sozialen Bindungen eigenständig immer wieder neu herzustellen, und die ihnen andererseits in Form neuer Abhängigkeitsverhältnisse gegenüberstehen:

Die freigesetzten Individuen werden arbeitsmarktabhängig und *damit* bildungs-
abhängig, konsumabhängig, abhängig von sozialrechtlichen Regelungen und
Versorgungen, von Verkehrsplanungen, Konsumangeboten, Möglichkeiten und
Moden in der medizinischen, psychologischen und pädagogischen Beratung und
Betreuung. (119)

Jedoch bieten die vielfältigen Institutionen der Zweiten Moderne den Menschen keine Sicherheiten auf Zeit mehr, weder im Hinblick auf soziale Bindungen noch hinsichtlich fester Orientierungsvorgaben. Der Vielzahl an
Wahlmöglichkeiten, die einerseits als Chancen erfahren werden, steht der
Zwang gegenüber, sich permanent für eine der Optionen entscheiden zu müssen: „Die Möglichkeit der Nichtentscheidung wird der Tendenz nach unmöglich." (190, Hervorh. weggel.) Individualisierung ist somit ein Prozess mit
ambivalenten Folgen. Der „Befreiung" aus vorgegebenen Formen der Existenz steht nun gleichermaßen der Zwang zur Autonomie gegenüber:

> Der Mensch wird (im radikalisierten Sinne Sartres) zur Wahl seiner Möglichkei-
> ten, zum homo optionis. Leben, Tod, Geschlecht, Körperlichkeit, Identität, Reli-
> gion, Ehe, Elternschaft, soziale Bindungen – alles wird sozusagen bis ins Klein-
> gedruckte hinein entscheidbar, muß, einmal zu Optionen zerschellt, entschieden
> werden. (Beck/Beck-Gernsheim 1994: 16/17)

Zwang zur Autonomie heißt aber auch, dass die Akteure für ihr eigenes Tun
verantwortlich sind. Da sie es sind, die sich für oder gegen etwas entscheiden
(müssen), haben sie auch alle Folgen ihres Tuns – seien sie positiv wie beruf-
licher Erfolg oder negativ wie Arbeitslosigkeit – selbst zu verantworten. Individualisierung erfordert daher eine konsequente Selbstbezogenheit der Akteure im Hinblick auf die gesamte Lebensführung:

> In der individualisierten Gesellschaft muß der einzelne ... lernen, sich selbst als
> Handlungszentrum, als Planungsbüro in bezug auf seinen eigenen Lebenslauf,
> seine Fähigkeiten, Orientierungen, Partnerschaften usw. zu begreifen. (217)

Und gerade in dieser Eigenverantwortlichkeit der Akteure im Hinblick auf
ihr Leben liegt letztlich die Chance, die Dynamik der Risikogesellschaft zu
durchbrechen.[5] Denn dadurch, dass die individualisierten Akteure in verschiedenen Teilsystemen agieren, ist ihre „Biographie ... – in Anknüpfung an
N. Luhmann formuliert – die *Summe der Teilsystemrationalitäten*" (219).
Damit liegen Individuallagen ebenso quer zu den Teilsystemen wie Modernisierungsrisiken. Um die organisierte Unverantwortlichkeit zu überwinden, ist
folglich ein Perspektivenwechsel erforderlich: von der System- zur Akteur-
perspektive. „Modernisierungsrisiken, für die in einem hochprofessionalisier-

---

5 Bei Beck findet sich diese Verknüpfung zwischen Risikoproduktion und Individualisierung nicht explizit; er weist jedoch im Zusammenhang mit der Erweiterung von „sub-
   politischen Gestaltungs- und Entscheidungsspielräume(n) in der Privatheit" (322) auf
   den begünstigenden Faktor „Individualisierung" hin.

ten System, in dem jeder seine Zuständigkeiten hat, sonst niemand zuständig ist" (81), können lediglich von risikobewussten Akteuren zu ihrer Sache erklärt werden.

Vom Sachzwang der Systeme zur Verantwortung der Akteure

Grundsätzlich setzt Risikobewusstsein also die Distanzierung von den teilsystemischen Rationalitäten voraus. Das Denken und Handeln muss sich statt dessen angesichts der Globalität der Bedrohungen an einer übergeordneten *sozialen Rationalität* orientieren: dem Überleben der Gesellschaft.[6] Beck bezeichnet dies als *zweite Stufe reflexiver Modernisierung*: Die Risikogesellschaft wird aufgrund des durchgesetzten Risikobewusstseins *reflexiv im Sinne dieses Bewusstseinsprozesses*. Neben einer teilsystemübergreifenden Perspektive setzt Risikobewusstsein zudem Akteure voraus, die ihr Leben gewissermaßen selbst in die Hand nehmen. Individualisierte Akteure müssen Ich-zentriert denken und handeln. Außerdem stehen sie unter ständigem Entscheidungsdruck. Doch dieser Zwang, für das eigene Leben eigenverantwortlich Entscheidungen treffen zu müssen, wird gerade im Hinblick auf Modernisierungsrisiken zu einer notwendigen Fähigkeit. Denn hinsichtlich der „wahren" Risikodefinition sowie des Umgangs mit den Bedrohungen sind die Akteure aufgrund der organisierten Unverantwortlichkeit der gesellschaftlichen Teilsysteme sich selbst überlassen. Und diese Erfahrung politisiert.

Um aus der riskanten Gegenwart in eine etwas sicherere Zukunft zu gelangen, bedarf es Beck zufolge auf der gesellschaftlichen Ebene einer *Entdifferenzierung*, einer „Spezialisierung auf den Zusammenhang" (258). Im Hinblick darauf, dass die organisierte Unverantwortlichkeit bezüglich der Modernisierungsrisiken maßgeblich auf gesellschaftlicher Differenzierung basiert, liegt diese Forderung auf der Hand:

> Die Bewältigung der Risiken zwingt zum Überblick, zur Zusammenarbeit über alle sorgfältig etablierten und gepflegten Grenzen hinweg. ... Insofern werden in der Risikogesellschaft die Entdifferenzierung der Subsysteme und Funktionsbereiche, die Neuvernetzung der Spezialisten, die risikoeindämmende Vereinigung der Arbeit das systemtheoretische und –organisatorische Kardinalproblem. (93, Hervorh. weggel.)

Die Frage, die sich nun unmittelbar stellt, lautet: Wie soll diese Entdifferenzierung erreicht werden? Becks Antwort: Über ein verändertes Selbstver-

---

6 Die Weltrisikogesellschaft erfordert sogar ein Handeln jenseits von Nationalstaatlichkeit. Beck (1999: 182) fordert daher – in Anlehnung an den Aufruf im „Manifest der kommunistischen Partei" von 1948 – programmatisch: „Weltbürger aller Länder – vereinigt euch!"

ständnis von Wissenschaft sowie über ein gewandeltes Politikverständnis im Sinne einer *Entgrenzung* von Politik aus dem alleinigen Zuständigkeitsbereich des politischen Systems in eine Gesellschaft mündiger politischer Bürger. In dieser *Erfindung des Politischen* sieht Beck den primären Schlüssel zu einem Ausweg aus der Risikogesellschaft. Der Wandel des wissenschaftlichen Selbstverständnisses kann demgegenüber erst infolge dieser Politisierung erfolgen.

Der Ausgangspunkt für diese Veränderungen liegt in der Risikoproduktion selbst. Wie beschrieben, müssen Risiken wissenschaftlich definiert sein, andernfalls existieren sie nicht. Das setzt aber voraus, dass sich wissenschaftliches Erkenntnisinteresse den Modernisierungsrisiken und damit gleichsam den technisch-industriellen Folgeerscheinungen wissenschaftlicher Erkenntnisse zuwendet. Doch das „Aufdecken von Risiken bisheriger Modernisierung sticht so zwangsläufig in das Wespennest der Konkurrenzbeziehungen zwischen den wissenschaftlichen Professionen" (262). Die Auseinandersetzung mit Modernisierungsrisiken erzeugt unweigerlich Spannungen innerhalb des wissenschaftlichen Systems. Zumal, wie ja auch schon erwähnt, Risiken Interdisziplinarität zwingend erfordern und nur über die wechselseitige Kritik verschiedener Disziplinen analysiert werden können. Da dies den ausdifferenzierten Teilzuständigkeiten zuwiderläuft, kann so gesehen gar kein wissenschaftliches Interesse an der Beschäftigung mit Risiken zustande kommen. Dazu bedarf es laut Beck einer kritischen Öffentlichkeit, die jegliche Verschleierung und Verharmlosung der technischen Nebenfolgen und die teilsystemischen Nichtzuständigkeitserklärungen von Wissenschaft, Wirtschaft und Politik nicht mehr hinnehmen will. Erst durch die *„öffentliche Sensibilität* gegenüber bestimmten problematischen Aspekten der Modernisierung" (262) kann „der Stein ins Rollen gebracht" werden:

> Modernisierungsrisiken können den Wissenschaften also nur von *außen*, auf dem Wege ihrer öffentlichen Anerkennung, „aufgedrückt", „in die Feder diktiert" werden. Sie beruhen *nicht* auf *innerwissenschaftlichen*, sondern auf *gesamtgesellschaftlichen Definitionen und Beziehungen* und entfalten auch innerwissenschaftlich ihre Wirksamkeit nur durch die treibende Kraft im Hintergrund: die gesellschaftsweite Tagesordnung. (262)

Die zunehmende öffentlich artikulierte Kritik zwingt den Wissenschaften die Beschäftigung mit Modernisierungsrisiken auf. Dadurch erst gerät das Wissenschaftssystem „als Quelle für Problemursachen ins Visier." (255, Hervorh. weggel.) Eine mit der reflexiven Verwissenschaftlichung einhergehende Selbstkritik setzt einen „Prozeß der *Demystifizierung* der Wissenschaften in Gang ..., in dessen Verlauf das Gefüge von Wissenschaft, Praxis und Öffentlichkeit einem grundlegenden Wandel unterworfen wird." (256) Dieser Verlust an Glaubwürdigkeit wird dadurch verstärkt, dass die wissenschaftlichen Deutungsangebote – neben anderen – immer vielschichtiger werden und parallel dazu die Menschen durch den fortschreitenden Individualisierungs-

prozess bei allen Entscheidungen in zunehmendem Maße auf sich selbst zu-
rückverwiesen sind. Und je größer die durch die Ausdifferenzierung des
Wissenschaftssystems erzeugte Unsicherheit im Hinblick auf „wahre" wissenschaftliche Erkenntnisse wird, desto mehr müssen die Individuen sich
selbst zu „wissenschaftlichen" Experten entwickeln.[7] Akteure in den verschie-
densten gesellschaftlichen Bereichen – in Wirtschaft, Politik, Verwaltung, Öffentlichkeit usw. – werden zunehmend „*mit* Wissenschaft *von* Wissenschaft
unabhängig" (287). Damit verschieben sich aber gleichsam der „Ort der Kontrolle und die Art der Kriterien ... : von innen nach außen, von der Methodolo-
gie zur Politik, von der Theorie zur gesellschaftlichen Akzeptanz" (273):

> Dies ist die Entwicklungslogik, in der Modernisierungsrisiken in einem span-
> nungsreichen Zusammenspiel von Wissenschaft, Praxis und Öffentlichkeit sozial
> konstituiert und in die Wissenschaften zurückgespielt werden, hier „Identitätskri-
> sen", neue Organisations- und Arbeitsformen, neue Theoriegrundlagen, neue Me-
> thodenentwicklungen usw. auslösend. (263)

Öffentliche Kritik, die sich an Modernisierungsrisiken entzündet, wird zu einer Aufforderung an den Wissenschaftsbetrieb, die durch immer weitergehende Spezialisierung erzeugte externe Unsicherheit zu reduzieren. Um dies
zu erreichen, sind laut Beck drei Aspekte zentral:

- Anstelle der bisher praktizierten „marktexpansive(n) Sekundärindustriali-
  sierung von Folgen und Symptomen" (291) müssen die Wissenschaften
  die Modernisierungsrisiken als empirische Herausforderung begreifen und
  an der Beseitigung der Ursachen arbeiten.
- Darüber hinaus müssen sie ihre praktische Lernfähigkeit zurückgewinnen,
  d.h. es bedarf der Möglichkeit, Fehlentscheidungen in der Technologieent-
  wicklung zu akzeptieren, anstatt sich auf wissenschaftliche „Irrtumslosig-
  keit" zu berufen. Grundsätzlich erfordert das allerdings wissenschaftlich-
  technische „Entwicklungsvarianten ..., die die Zukunft nicht verbauen und
  den Modernisierungsprozeß selbst in einen *Lernprozeß* verwandeln, in dem
  durch die Revidierbarkeit der Entscheidungen die Zurücknahme später er-
  kannter Nebenwirkungen immer möglich bleibt." (294)
- Die zersplitterten wissenschaftlichen Disziplinen müssen ihr Spezialwis-
  sen interdisziplinär anwenden. Nur durch diese *Spezialisierung auf den
  Zusammenhang* ist das wissenschaftliche System in der Lage, auf die ökologische Bedrohung adäquat zu reagieren.

Wie bereits erwähnt, kann dieser wissenschaftsimmanente Prozess nur von außen initiiert werden. Öffentliche Kritikfähigkeit setzt somit nicht nur wissen-

---

7 In der Risikogesellschaft muss jeder zum Experten werden: Akteure in Wirtschaft, Politik,
   Recht, Öffentlichkeit, aber auch die Bevölkerung. Es gibt für Modernisierungsrisiken nicht
   den Experten: „Denn technische Kalküle allein können niemals die Frage beantworten,
   welche Belastungen *noch*, welche *nicht mehr* hinnehmbar sind." (Beck 1995: 14)

schaftliche, sondern auch politische Mündigkeit gesellschaftlicher Akteure voraus. Für Beck liegt der Schlüssel zur Politisierung der Bevölkerung zum einen in einem Machtverlust des politischen Systems begründet. Denn mit der Durchsetzung des demokratischen Prinzips auf der Basis universalistischer Grundrechte wurden die strukturellen Voraussetzungen dafür geschaffen, dass sich eine neue politische Kultur in Gestalt von Bürgerinitiativen, sozialen Bewegungen oder anderen Formen etablieren konnte. Durch diese neuen politischen Akteure, die aktiv für ihre Belange eintreten, wird Politik aus den engen Grenzen des politischen Systems herausgehoben. Parallel dazu wird das Versagen der politischen Steuerungsfähigkeit in der Risikogesellschaft immer offensichtlicher. Von daher sind es zum anderen die drängender werdenden Probleme in Form von Modernisierungsrisiken, die die Entgrenzung von Politik hervorrufen. „Risiken werden zum Motor der *Selbstpolitisierung* ... – mehr noch: mit ihnen verändern sich *Begriff, Ort und Medien* von ‚*Politik*'" (300):

> Wo Modernisierungsrisiken einmal „anerkannt" sind ..., entwickeln sie eine beispiellose politische Dynamik. Sie büßen alles ein: ihre Latenz, ihre abwiegelnde „Nebenfolgenstruktur", ihre Unabwendbarkeit. Plötzlich stehen die Probleme rechtfertigungslos und als pure, explosive Handlungsaufforderung da. (103)

Die zentralen Orte und Formen dieser basisdemokratischen Politik sind die unabhängige Rechtsprechung und die Massenmedien. Die demokratischen Rechte sind einerseits Garantie für politische Partizipation der Gesellschaftsmitglieder. Andererseits gewinnen richterliche Urteile an Bedeutung auch im Hinblick auf die technologisch-ökonomischen Prozesse, denn: „In vielen zentralen Konfliktfeldern – insbesondere der Reaktortechnologie und bei Umweltfragen ... – stehen Experten und Gegenexperten in unversöhnlichem Meinungsstreit gegenüber." (319) Massenmedien fungieren demgegenüber in erster Linie als Verbreitungsmittel, um Risikoproduzenten öffentlich anzuklagen. Die Erzeugung von Öffentlichkeit zwingt nicht nur alle „partiell Zuständigen" zur diskursiven Auseinandersetzung, sondern kann darüber hinaus dazu dienen, bisher untätige Bürger zu mobilisieren und so einer Bürgerbewegung mehr politische Macht zu verleihen.

Resümiert man Becks Ausführungen zur Politik, wird klar: Die gesellschaftliche Politisierung basiert auf strukturellen Voraussetzungen fortgeschrittener Modernisierung. Der Modernisierungsprozess bringt also einerseits die Risiken hervor, schafft anderseits aber auch die Bedingungen zu ihrer Bewältigung:[8]

> Reflexive Modernisierung, die auf die Bedingungen hochentwickelter Demokratie und durchgesetzter Verwissenschaftlichung trifft, führt zu charakteristischen

---

8 Auch hier lässt sich eine Analogie zum „Kommunistischen Manifest" aufzeigen: „Mit der Entwicklung der großen Industrie wird also unter den Füßen der Bourgeoisie die Grundlage selbst hinweggezogen, worauf sie produziert und die Produkte sich aneignet." (Marx/Engels 1948: 59)

Entgrenzungen von Wissenschaft und Politik. Erkenntnis- und Veränderungsmonopole werden ausdifferenziert, wandern aus den dafür vorgesehenen Orten ab und werden in einem bestimmten, veränderten Sinne allgemeiner verfügbar. (253, Hervorh. weggel.)

Im politisch – und damit verantwortungsbewusst für die Gesellschaft – handelnden Bürger sieht Beck dann aber die einzige Chance, die monopolisierten Zuständigkeiten gesellschaftlicher Teilsysteme zu durchbrechen.[9] Sein Appell richtet sich somit nicht an die Systeme, sondern an die Individuen, die lernen müssen, sich selbst als gesellschaftliche Akteure wahrzunehmen. Sie müssen die Handlungsspielräume, die die moderne Gesellschaft ihnen bietet, erkennen und nutzen. So stellen das Bildungssystem und sicherlich auch die Massenmedien prinzipiell Möglichkeiten bereit, in vielerlei Hinsicht Kompetenzen zu erwerben. „Es herrschen keine Sachzwänge mehr, es sei denn, wir lassen und machen sie herrschen." (372)

Literatur

Beck, Ulrich, 1986: Risikogesellschaft. Auf dem Weg in eine andere Moderne. Frankfurt/M.: Suhrkamp.

Beck, Ulrich, 1988: Gegengifte. Die organisierte Unverantwortlichkeit. Frankfurt/M.: Suhrkamp.

Beck, Ulrich, 1993: Die Erfindung des Politischen. Frankfurt/M.: Suhrkamp.

Beck, Ulrich, 1995: Judo-Politik. Über die Entstehung supranationaler Öffentlichkeiten und die Chancen der Subpolitik, über Greenpeace als Agentur des inszenierten Konflikts und die neue Wichtigkeit politischer Symbole anhand der Affäre „Brent Spar". In: die tageszeitung vom 1./2.07.1995, 13/14.

Beck, Ulrich, 1999: Schöne neue Arbeitswelt. Vision: Weltbürgergesellschaft. Frankfurt/M., New York: Campus.

Beck, Ulrich/Elisabeth Beck-Gernsheim, 1994: Individualisierung in modernen Gesellschaften – Perspektiven und Kontroversen einer subjektorientierten Soziologie. In: Ulrich Beck/Elisabeth Beck-Gernsheim (Hrsg.), Riskante Freiheiten. Frankfurt/M.: Suhrkamp, 10-39.

Marx, Karl/Friedrich Engels, 1848: Manifest der kommunistischen Partei. Berlin 1986: Dietz.

---

9   Gleiches fordert Beck (1999) auch in seiner Studie, in der er ein Umdenken vom industriegesellschaftlichen Modell „Arbeitsgesellschaft" in Richtung einer „Bürgergesellschaft" fordert, da sich aufgrund neoliberaler Wirtschaftsstrukturen sowie der Globalisierung von Kapital weltweit „prekäre" Beschäftigungsverhältnisse durchsetzen. Im Zuge eines *Fahrstuhl-Effektes nach unten* entstehen Probleme sozialer Ordnung, materieller Existenzsicherung, der Identitätsbildung, der Finanzierung des Staatshaushalts usw. Diese Probleme ließen sich über freiwillige und selbstorganisierte „Bürgerarbeit" auffangen, deren Dienste besonders den Exkludierten zugute kommen sollen. Becks Vorschläge lassen hier Ähnlichkeiten zu kommunitaristischen Modellen erkennen.

THOMAS KRON

Explodierte Kommunikation, vernetzte Gesellschaft – Richard Münchs Analyse der Kommunikationsgesellschaft

Richard Münch wurde 1945 geboren. Er studierte Soziologie, Philosophie, Psychologie, Politologie und Theologie in Heidelberg, wo er sich 1971 promovierte. Bereits 1972 habilitierte er sich an der Universität Augsburg. Münch hatte Professuren in Köln und Düsseldorf inne; seit 1996 ist er Professor für Soziologie in Bamberg. Münchs theoretischer Ausgangspunkt ist die Fortbildung der Theorie von Talcott Parsons. Die theoretische Fundierung hat er in seinem Buch „Theorie des Handelns" (1982) vorgelegt und zur Analyse der Grundstruktur sowie der historisch-konkreten Entwicklung der Kulturmuster moderner Gesellschaften angewendet („Die Struktur der Moderne", 1984; „Die Kultur der Moderne", 1986). Diese Sichtweise der Moderne – exemplifiziert an einer historischen Entwicklung in „Das Projekt Europa" (1993) – wird in „Dialektik der Komunikationsgesellschaft" (1991) und „Dynamik der Kommunikationsgesellschaft" (1995) weiterentwickelt und in jüngster Zeit unter die Frage nach der Möglichkeit sozialer Integration gestellt („Globale Dynamik, lokale Lebenswelten", 1998).

Die Spannung zwischen Ideal und Wirklichkeit

Die moderne Gesellschaft wandelt sich unablässig – Richard Münch zufolge gegenwärtig von der Industrie- zur Kommunikationsgesellschaft. Im Zentrum des gesellschaftlichen Geschehens steht nicht länger die industrielle Produktion, sondern zunehmend die Verdichtung, Beschleunigung und Globalisierung der Kommunikation. Die Ursache für die zunehmende Durchdringung der Gesellschaft mit Kommunikation sieht Münch (1995: 15-27) in einem kulturellen Grundmuster, das auf einer mit dem Einsetzen aufklärerischer Ideale erzeugten Spannung beruht, die ihre Dynamik durch den permanenten Vergleich des Wirklichen mit dem Möglichen gewinnt. Die Aufklärer entwarfen auf Vernunft begründete, abstrakte Gesellschaftsmodelle, die zu erreichen als Ideal gilt. In der Moderne entspricht die Wirklichkeit niemals der Vernunft, sondern kann sich dieser nur immer wieder versuchen anzupassen.

Die Folge ist, dass die Moderne letztlich in der Tat ein unvollendbares Projekt darstellt: „Veränderung (ist) das Grundprinzip der Moderne." (Münch 1996: 612)

Soziale Bewegungen spiegeln beispielhaft die Entwicklung der Moderne wider: Einerseits tragen sie selbst zur Entfaltung des modernen Lebens bei, indem sie etwa auf die Diskrepanz zwischen legitimen Rechten und der gesellschaftlichen Wirklichkeit hinweisen, andererseits lösen sie zugleich traditionale Lebenswelten und Glaubensbestände auf und wirken somit intervenierend. Basis dieser Eingriffe ist die Orientierung an den allgemeinen Leitidealen der Freiheit und der Gleichheit und davon abgeleitet an spezifischeren Werten wie etwa gleichen Rechten für alle, Wohlstandsmehrung, Umweltschutz usw. So hat die für Gleichberechtigung eintretende Frauenbewegung ihr Ziel sicherlich ein Stück weit erreicht und ist dem Ideal der Gleichheit von Frau und Mann nähergekommen. Der mit dem Ende traditionaler Lebensweisen verbundene Verlust an Einbindung und Sicherheit und die neuen Anforderungen im Beruf oder bei der Suche nach der passenden Form des Zusammenlebens mit einem Partner werden jedoch auch oftmals als Überforderung und Stress empfunden.

Paradoxien

Zusammengefasst ist für Münch die moderne Dynamik ein ewig dialektischer Vorgang:

> „Dialektik" nennen wir die Entwicklung von Kultur und Gesellschaft aus der Dynamik von Widersprüchen, die stets Aktivitäten zum Abarbeiten von Widersprüchen hervorrufen. Diese Aktivitäten erzeugen indessen wieder neue Widersprüche. So entwickeln sich Kultur und Gesellschaft in einem endlosen Prozeß des Erzeugens, Abarbeitens und Wiedererzeugens von Widersprüchen. Diese Dialektik von Kultur und Gesellschaft ist der Motor der unablässigen Gesellschaftsveränderung, welche die westliche Moderne gegenüber allen anderen Kulturen auszeichnet. (Münch 1991: 20/21)

Die dialektische Konstitution der Moderne zeigt sich schon an den grundlegenden Wurzeln der westlichen Kultur durch vier basale Paradoxien:

(1) *Paradoxie des Rationalismus.* Je mehr wir wissen, je mehr sich unsere Erkenntnis erweitert, desto mehr wissen wir, was wir nicht wissen. Die immer weiter gesteigerte Erneuerungsrate wissenschaftlichen Wissens in Form von Publikationen ist Ausdruck dieser Entwicklung. Das Handeln wird durch immer mehr Informationen angeleitet und dadurch zugleich unberechenbarer, weil erkannt wird, dass es keine eindeutig rationalen Entscheidungen mit nur positiven Folgen mehr gibt. Schon der Entschluss zum Kauf eines alltäglichen Produkts steht unter dem Einfluss dieser Paradoxie: Ob Auto-Kinder-

sitze, Küchengeräte, Fitness-Center, Baumaterialien, Babynahrung, Handys usw., die Fülle der uns zugänglichen Informationen über das Produkt lässt keine eindeutige Kaufentscheidung mehr zu.

(2) *Paradoxie des Individualismus.* Mit der Befreiung vom Zwang geschlossener Gemeinschaften gehen neue Abhängigkeiten von einer immer größeren Zahl von Menschen, die nicht unmittelbar beeinflussbar sind, einher. Das Individuum wird freier und unfreier zugleich. So sind etwa in einer Großstadt lebende Menschen frei von denjenigen Zwängen, die in einer Dorfgemeinschaft vorherrschen. In der Stadt finden sie mehr Raum für Individualität und freie Entscheidungen, sie können Mitgliedschaften in beliebigen Vereinigungen wählen, die leicht aufzukündigen sind. Im Anschluss an Georg Simmel kann man sagen, das Individuum wird zum Schnittpunkt einer Vielzahl sozialer Kreise, wobei es durch eine einmalige Kombination von Zugehörigkeiten an Individualität gewinnt. Allerdings gilt zugleich das „Gesetz der großen Zahl": Je größer die Gruppe, desto kleiner ist der Einfluss des Einzelnen und desto mehr ist Letzterer abhängig von den Handlungen ihm unbekannter Menschen. Als weitere Folge ergeben sich aus einer gesteigerten Wahrnehmung individueller Rechte zunehmend Verrechtlichungsprozesse, denn je mehr der Einzelne seine Rechte aktiv wahrnimmt, desto mehr wird er zugleich eingeschränkt durch andere, die ebenfalls ihre Rechte aktiv wahrnehmen. Angler treffen auf Motorbootfahrer, Spaziergänger auf Inline-Skater, Raucher auf Nichtraucher usw. Letztendlich werden die Rechte, abgesichert durch die Rechtsschutzversicherung, vor Gericht eingeklagt.

(3) *Paradoxie des Universalismus.* Je mehr Bindungen Menschen eingehen, desto bindungsloser wird der Einzelne. Wieder kann die Großstadt im Gegensatz zum Dorf als Beispiel dienen. Mit der Dorfgemeinschaft wird ein typisches Gemeinschaftsleben assoziiert, d.h. trotz partikularer Streitigkeiten kennen sich alle ziemlich gut und halten, wenn es darauf ankommt, zusammen, wie man in den Filmen um Don Camillo und Pepone sehr schön zu sehen bekam. In der Großstadt dagegen entfallen solche geschlossenen Verhältnisse. Die von der Enge traditionaler Gemeinschaften (Familien-, Religions-, Standesgemeinschaften usw.) befreiten Beziehungen sind flexibler, kurzfristiger und oberflächlicher. Dem Wunsch nach einer Partnerschaft kann etwa in vielfältigen Formen des Zusammenlebens entsprochen werden. Es gilt der Toyota-Slogan: „Nichts ist unmöglich." Wenn eine Partnerschaft aber wieder gelöst wird, kommt häufig in der Reaktion auf die emotionale Betroffenheit die Paradoxie zum Vorschein. Die Rückkehr zu denjenigen, die noch Wärme und Nähe geben können – der Herkunftsfamilie –, macht die Bindungslosigkeit des zuvor lediglich universalistisch gebundenen Menschen deutlich.

(4) *Paradoxie des instrumentellen Aktivismus.* Mit jedem Eingreifen in die Welt zur Beseitigung von Schäden, Unrecht, Leid und Irrationalitäten entste-

hen neue Schäden, neues Unrecht, neues Leid und neue Irrationalitäten. A-
tomkraft wurde z.B. anfänglich als saubere und effektive Energiequelle gepriesen. Später wurden dann die Risiken des Reaktorunfalls und der Entsor-
gung des Brennmaterials sichtbar, die heute mittel- bis langfristig einen Verzicht auf Atomkraftnutzung nahe legen. Doch nicht allein der technologische
Fortschritt veranschaulicht die Paradoxie. Auch der Interventionismus zur
Herstellung von Gleichheit, wie er exemplarisch in Quotenregelungen zur
Geltung kommt, kann hier aufgeführt werden: Eine Quote zur Gleichstellung
der Einen bedeutet – da sie von dem Prinzip der Chancengleichheit auf das
Prinzip der Ergebnis-Gleichheit umstellt – immer auch die Benachteiligung
anderer, die sich z.B. nicht so gut organisieren können, um ihren Wunsch
nach Emanzipation und fairer Gleichbehandlung vorzubringen. Auf diese
Weise ist die Gleichstellung von Frauen im Erwerbsleben erfolgreicher gewesen als etwa die behinderter Menschen.

Alle vier Paradoxien können durchaus auch in einer Handlungssphäre zugleich wirksam werden, wie Münch (1995: 193-197) am Beispiel des Rechts
veranschaulicht:

- Je mehr Platz diskursive Versuche der Legitimation des vorhandenen
  Rechts beanspruchen, desto eher werden Diskrepanzen zwischen dem i-
  deellen Recht und der Rechtswirklichkeit offengelegt. Die ständige Legitimation des Rechts führt in einen nahezu dauerhaften Zustand der Illegi-
  timität des vorhandenen Rechts, der zu weiteren Anstrengungen der Legitimierung aufruft (*Paradoxie des rechtlichen Rationalismus*).
- Mit expandierender Inanspruchnahme des Rechts durch Individuen in verschiedenen Kontexten entsteht neuer Regelungsbedarf durch ständig auf-
  tretende Rechtsunsicherheiten und -lücken, was den individuellen Hand-
  lungsspielraum zunehmend einschränkt. Die Paradoxie in diesem Ver-
  rechtlichungsprozess liegt in der Zunahme von Handlungszwängen durch
  individuelle Wahrnehmung von Handlungsfreiheiten (*Paradoxie des
  rechtlichen Individualismus*).
- Zugleich erzeugt die gewachsene Wahrnehmung von Rechten durch immer mehr Menschen eine größere Zahl derjenigen, die bei dem allgemeinen Run auf die Rechte nicht mithalten können. Je mehr Menschen etwa
  ihr Recht auf Arbeit wahrnehmen (wollen/können), desto größer wird die
  Zahl der Arbeitsuchenden und Arbeitslosen (*Paradoxie des rechtlichen
  Universalismus*).
- Wird das Recht zunehmend zur Lösung von Problemen instrumentalisiert,
  die durch Versuche der Gesellschaftsgestaltung generiert werden, entstehen neue Probleme, weil jede rechtliche Maßnahme eine Vielzahl oft un-
  vorhersehbarer Folgen mit sich bringt. Das Tempo von rechtlicher Prob-
  lemlösung und Problemerzeugung wird so hoch, dass etwa ein Gesetz
  schon vor Inkrafttreten ob seiner Konsequenzen beschuldigt und modifi-

ziert wird (*Paradoxie des instrumentellen Aktivismus der Rechtsgestaltung*).

Interpenetration

Das ständige Bemühen um die Abarbeitung der Diskrepanz zwischen Ideal und Wirklichkeit führt nach Münch zu einer permanenten Steigerung der Leistungen des Handelns und der daraus gebildeten gesellschaftlichen Teilsysteme. Dieser funktionale Effizienzzuwachs durch Expansion in die jeweils anderen Systeme und durch Einverleibung fremdsystemischer Elemente – die gegenseitige Durchdringung einander entgegengesetzter Eigengesetzlichkeiten des menschlichen Handelns – formuliert einen zentralen Gedanken der Theorie von Münch: das *Konzept der Interpenetration* (Schwinn 1996; Stark 1999).[1] Die ökonomische Idee der Effizienz führt beispielsweise zu einem ökonomischen Problembewusstsein in der politischen Wirklichkeit, das bei der politischen Gesellschaftsgestaltung Berücksichtigung fordert. Der Finanzminister wird so häufig zum wichtigsten Mann der Bundesregierung. Umgekehrt bedeutet das Eingreifen der Politik in die Ökonomie etwa im Bereich „Neue Technologien" einen permanenten Druck, nicht nur besonders profitable, sondern auch mehrheitsfähige, also etwa sichere und die Umwelt schonende Technologien zu entwickeln. Dieser Interpenetrationsprozess wird von Münch als unbeendbarer und zugleich ordnungsbildender Vorgang der Moderne begriffen:

> Das Herzstück der okzidentalen Entwicklung ist eine Eigenart, die im Gegensatz zu einer reinen Logik der Rationalisierung und Differenzierung nach den inneren Gesetzen von Systemen des Handelns steht: Interpenetration. ... Und ganz unabhängig von der Frage, wie weit dieser Prozeß der Interpenetration fortgeschritten ist, muß dies als die einzig mögliche Lösung des Problems der Ordnung des Handelns unter modernen Bedingungen betrachtet werden. Es ist indessen eine Lösung, die sehr voraussetzungsvoll ist und viel Konflikt in sich birgt. Damit müssen wir leben. (Münch 1991: 332, 335)

Die Interpenetration verschiedener Handlungssphären führt in dieser Sichtweise also zu einer komplexen und kontingenten, aber auch sehr konfliktreichen Ordnung.

Das soziale System besteht für Münch, Parsons folgend, aus vier analytisch trennbaren Teilsystemen: Ökonomie, Politik, Gemeinschaft und soziokulturelles System. In jedem Teilsystem gibt es einen eigenen, an ein bestimmtes Medium gebundenen Kommunikationsort: Märkte in der Wirtschaft

---

1 Münchs Theorie steht damit im Gegensatz zur systemtheoretisch orientierten Differenzierungstheorie. Siehe auch den Beitrag zu Niklas Luhmanns „Gesellschaft der Gesellschaft" in diesem Band sowie Preyer (1998).

(Geld), politische Entscheidungsverfahren in der Politik (Macht), gesellschaftliche Vereinigungen in der Gemeinschaft (Einfluss) und Diskurse in
der sozio-kulturellen Welt (Sprache). Auch zwischen diesen Orten haben
sich Interpenetrations-Zonen gebildet, die sich an bestimmten Inhalten manifestieren (Abbildung 1). An einem von Münch hervorgehobenen konkreten
Beispiel soll hier die Genese einer solchen Interpenetrationszone als Folge
der Abarbeitung von Ideal und Wirklichkeit nachgezeichnet werden: die Interpenetration von Ökonomie und moralischem Diskurs.

Abbildung 1:   Interpenetrationszonen im sozialen System
                   (Die Leserichtung erfolgt durchgängig von oben nach unten)

	Ökonomie	*Politik*	*Solidarität*	*Diskurs*
Ökonomie		– Wohlfahrts- und Techno- logiepolitik	– Arbeiter-, Bildungs-, Frauenbewe- gung – Arbeitslosig- keit – Arbeitszeit	– Sinn/Moral d. Ökonomie – Ökonomie/ Konsum- ästhetik – wissenschaft- liche Innova- tion/ techno- logische Ent- wicklung
Politik	– Knappheit der Finanzen – ökonomische Sachzwänge		– Wechsel- wähler – politische Bewegungen – neue politi- sche Parteien – Dezentrali- sierung	– politischer Diskurs – Verallgemei- nerung der Werte – Verwissen- schaftlichung
Solidarität	– Ver- einigungs- markt – Individua- lisierung	– Klassen- kampf – Kampf der Geschlechter		– Vereinheit- lichung – Ästhetisie- rung
Diskurs	– Kulturelle Unternehmer in Religion, Moral, Kunst, Wissenschaft	– Kulturpolitik	– Massenbil- dung, Mas- senkommuni- kation	

Exkurs: Die Interpenetration von Ökonomie und moralischem Diskurs: Zahlung und Achtung

Die Interpenetration von Ökonomie und Ethik nimmt ihren Ausgang in traditionalen Gesellschaften, in denen die Zuteilung von Gewinnen und Verlusten nach ökonomischen Gesetzen und die Zuteilung von Achtung in einer Ständehierarchie zusammenfielen. Das Aufkommen des industriellen Kapitalismus bei gleichzeitiger Konzentration auf individuelle Leistung und Achtungszuteilung unter dem Prinzip des gleichen Rechts für alle bewirkt scheinbar die Ausdifferenzierung, die Trennung der zuvor hierarchisch verklammerten Sphären, ausgelöst durch den Abbau traditionaler und ständischer Restriktionen von Handel, Handwerk und Gewerbe. Differenzierung wird hier also als Überschreitungsprozess von Regulierungsgrenzen innerhalb einer relativ geschlossenen Gemeinschaft verstanden. Münch interpretiert diesen Prozess allerdings als einen Vorgang des *Wandels* ethischer Maßstäbe und ihrer Beziehung zur Arbeitsteilung, ein bereits von Max Weber im asketischen Protestantismus verorteter Strukturwandel der Gesellschaft, der einen Wandel der ethischen Grundlagen selbst impliziert: „Hier findet sich der Durchbruch einer individualistischen Berufsethik, die zur ethischen Grundlage des wirtschaftlichen Handelns wird." (Münch 1998: 89)

Tatsächlich hat also keine völlige Trennung des Nutzen kalkulierenden ökonomischen Handelns von moralisch-ethischen Vorgaben, sondern eine neue Art der Synthese stattgefunden. Aufklärung, bürgerliche Revolution, Arbeiterbewegung und Säkularisierung der Welt haben die Berufsarbeit auf ein anderes ethisches Fundament gestellt, das in der Forderung nach Freiheit, Gleichheit und Brüderlichkeit seinen allgemeinsten Ausdruck findet. Diese individualistische Berufsethik ist Grundlage des auch heute noch geltenden ökonomischen Liberalismus. Allerdings ist damit nicht die letzte Stufe erreicht, sondern mit der Herausbildung der *Wohlfahrtsökonomie* entwickelt sich eine fortschreitende Symbiose von Ökonomie und Ethik. Einerseits wird die Ethik selbst ökonomischen Gesichtspunkten unterworfen, weil das Recht auf ein materiell menschenwürdiges Dasein für alle als Konkretisierung des Gleichheitsprinzips nun andererseits moralische Geltung erhält, ohne Ökonomie aber nicht denkbar ist. Die Schaffung von neuen Arbeitsplätzen – beispielsweise das von der Bundesregierung 1998 initiierte Programm zur Bereitstellung von 100.000 Ausbildungsplätzen für Jugendliche, oder auch das Sich-Einlassen von Arbeitgebervertretern auf die aktive Teilnahme an einem „Bündnis für Arbeit" – erhält keinen Vorrang aus ökonomischen Effizienzgründen, sondern die sachliche Beurteilung gerät tendenziell in den Hintergrund moralischer Überlegungen, die auf „Arbeit für alle" als Teil eines guten Lebens zielen. Letztlich gilt alles als ethisch gerechtfertigt, was zur Erhöhung des Bruttosozialprodukts, das als Garant für Arbeitsplätze und Indikator guter Lebensführung gilt, beiträgt, solange nicht weiter nach den Konsequenzen gefragt wird: Waffenexport, Verkauf von Zigaretten und Alkohol, Tourismus, Gentechnologie usw.:

> Wer sich dem Kult um das Wachstum des Bruttosozialprodukts verweigert, obwohl er oder sie leistungsfähig ist, stellt sich in das moralische Abseits. Dieser Kult hat seine Hohepriester in den ‚fünf Weisen' des Sachverständigenrats und viele Priester in den Kommentatoren von Presse, Rundfunk und Fernsehen ... . Die Etablierung der Wohlfahrtsökonomie zum Glaubensbekenntnis der modernen Gesellschaft war es, die den ökonomischen Wachstumszwängen das Tor zur Ethik geöffnet hat. Sie ist auf so breiter Front und so tief in unsere Ethik eingedrungen, daß sie in der Tat zu einer ökonomischen Wachstumsethik geworden ist. (Münch 1998: 84)

Ausgehend von moralischen und ethischen Einwänden gegen negative Folgen des Kapitalismus hat die Wohlfahrtsökonomie auf diese Weise die individualistische Berufsethik als ethische Grundlage der Wirtschaft relativiert und ergänzt. Der Begriff der ökonomischen Rationalität wird von individueller Profitmaximierung auf die Steigerung des gesamtgesellschaftlichen Wohlstands durch Wirtschaftswachstum umgestellt, während zugleich ökonomisches Kalkulieren zum ethischen Bestandteil wird. Damit kommt das Verhältnis von Ökonomie und Ethik allerdings nicht zu einem Stillstand, vielmehr sind für die Zukunft zusätzliche Erweiterungen und Verfeinerungen möglich, etwa im Sinne einer *Umweltökonomie* (Münch 1998: 86-105).

Kommunikationsgesellschaft

Die Durchdringung aller Systeme und Lebensbereiche durch kommunikative Rationalität ist ebenfalls der Abarbeitung der Spannung von Ideal und Wirklichkeit und der zunehmenden wechselseitigen Durchdringung gesellschaftlicher Handlungssphären geschuldet. Auf der Basis globaler Telekommunikationstechnologien werden die Verflechtungen des Lebens weltweit zur Annäherung an das Ideal eines „guten Lebens" gesteigert. Dabei kommt der gesellschaftlichen Kommunikation, die sich in zunehmenden Maße beschleunigt, globalisiert, verdichtet und vermehrt, und ihren Gesetzmäßigkeiten eine immer wichtigere gesellschaftliche Relevanz zu. En detail bedeutet

- *kommunikative Durchdringung der Gesellschaft*: Das gesellschaftliche Geschehen wird durch kommunikative Prozesse und ihre Gesetzmäßigkeiten bestimmt.
- *Verdichtung der Kommunikation*: Immer mehr Kommunikatoren sind in einem immer enger geflochtenen, grenzüberschreitenden Netzwerk von Kommunikation vernetzt.
- *Beschleunigung der Kommunikation*: Wir werden immer schneller über immer mehr informiert.

• *Globalisierung der Kommunikation*: Kommunikation überschreitet immer weiter institutionelle, gesellschaftliche und kulturelle Grenzen.

In diesem Prozess vermag jede einzelne Kommunikation überall auf der Erde Wirkungen hervorzurufen. Politiker, Unternehmer, Wissenschaftler, Vertreter religiöser oder moralischer Anschauungen werden ebenso in diesen Prozess einbezogen wie jegliches Gruppenleben etwa von Familien und Gemeinden. Des Weiteren involviert ist das Alltagsleben bis hin zur interpersonellen Kommunikation in Partnerschaften, in denen der Zwang zur aufrichtigen Kommunikation psychotherapeutisch von einer wachsenden Menge von Beziehungsberatern nahe gelegt wird.

Inflation und Deflation von Sprache, Macht, Recht und Moral

Münch vergleicht die Dynamik der gesellschaftlichen Kommunikation mit der zwischen Inflation und Deflation schwankenden Geldwertstabilität. Der permanent angeheizte öffentliche Diskurs etwa erzeugt eine Sprach- oder Wortinflation in bisher einmaligem Ausmaß (Münch 1991: 103-108, 1995: 93-101):

> Eine Inflation der Sprache bedeutet, daß ein Sprecher mit einem Wort, einer Aussage, einer Voraussage oder einem Versprechen zu einem Zeitpunkt t2 weniger Einverständnis bei weniger Hörern als zum Zeitpunkt t1 erzeugen kann. (Münch 1995: 161)

Der berühmte Satz, man könne nicht nicht kommunizieren, wird bis zum Kommunikationszwang gesteigert (Münch 1991: 116-132, 1995: 82-87):

> Kommunikation fordert Kommunikation heraus. Deshalb ist anzunehmen, daß vermehrte Kommunikation stets noch mehr Kommunikation erzeugt. Auf Fragen müssen Antworten kommen, auf Antworten neue Fragen, auf Behauptungen Widerlegungen, auf Widerlegungen neue Behauptungen, auf Thesen Antithesen. Kommunikation produziert sich in diesem endlosen Prozeß der Assertion und Negation immer wieder neu und wuchert aus sich selbst heraus unablässig. (Münch 1995: 112)

Das hat mehrere Konsequenzen: Zunächst werden inflationshemmende Reaktionen hervorgerufen. Öffentliche Aussagen werden auf ihren Wahrheitsgehalt hin überprüft und zwingen die Akteure zu größerer Vorsicht bei der Wortwahl. Besonders dem Journalismus kommt hier eine besondere Aufgabe zu:

> Diese Kontrolle auszuüben, ist vor allem die Funktion eines nüchtern informierenden, verzwickte Problemlagen analysierenden und besonnenen Journalismus, der über die Inflation der Worte zu wachen hat wie die Notenbank über die Geldinflation. (Münch 1991: 103)

Gleichwohl wird auch der Journalismus von der modernen Kommunikations-
dynamik erfasst. Häufig wird er als Instrument öffentlicher Darstellung miss-
braucht, teilweise kann er als Vermittler der Kommunikationsströme fungieren,
und nur in den selteneren Fällen, beispielsweise durch bilderflutresistente, überregionale und politisch neutrale Tageszeitungen, wird es ihm gelingen, die
Kommunikationsströme im Sinne einer Notenbank zu kontrollieren. Vor allem
ökonomische Zwänge – figuriert in Einschaltquoten und Auflagenhöhen – öffnen den Journalismus für die Instrumentalisierung durch den Verkauf von Sen-
de- und Werbeplatz. Zudem ist jeder national orientierte Journalismus in ein
globales Informationssystem involviert, das eine Darstellung von Informationen auf der Basis eigener Recherchen kaum noch möglich macht:

> Der Journalist in der Redaktion wird mit Informationen und Berichten aus der
> ganzen Welt versorgt, auf deren Generierung er jedoch keinerlei Zugriff hat. Er
> ist in ein Kommunikationsgeschehen eingespannt, das er selbst kaum unter eige-
> ner Kontrolle hat. Der Machtlosigkeit des einzelnen Bürgers angesichts der glo-
> balen Ereignisabläufe fügt sich die Machtlosigkeit des Journalismus im Hinblick
> auf die globalen Kommunikationsabläufe hinzu. (Münch 1995: 133)

Die Kommunikations-Kontrolle durch den Journalismus gelingt also nicht
immer, weil zumindest ein Teil von ihm selbst an der Wortinflationsspirale
beteiligt ist. Als weitere Folge kann sich demnach auch ein mit einem generellen Vertrauensverlust einhergehendes allgemeines Misstrauen einnisten,
wenn Worte immer weniger das Versprochene halten. Nun droht eine Rezes-
sion durch Umschlagen der Wortinflation in eine Wortdeflation. Der universelle Diskurs bricht zusammen und teilt sich in partikulare Diskursgemein-
schaften auf, innerhalb derer den Worten wieder ein größeres Gewicht zu-
kommt, ohne aber über die Diskursgemeinschaft hinaus überzeugend wirken
zu können. Den Worten, die nichts mehr bewirken, folgen die – manchmal
gewaltsamen – Taten:

> Dies sind die Begleiterscheinungen der inflationären Tendenzen überhitzter öf-
> fentlicher Diskurse. Die zentrale Stellung, die öffentliche Diskurse inzwischen
> im gesellschaftlichen Geschehen einnehmen, enthält die ständige Gefahr der Ü-
> berhitzung mit der Konsequenz von Inflation und kurzfristigen Rezessionen und
> Zusammenbrüchen des Diskurses in Gestalt von strategischem Aktionismus.
> (Münch 1991: 105)

Diskursive Inflationen und Deflationen beschränken sich hingegen nicht nur
auf einen Handlungskontext, sondern infizieren auch – in unterschiedlichem
Maße – andere gesellschaftliche Kontexte wie etwa (1) Politik oder (2) Moral
(Münch 1995: 159-240).

(1) Die Inflation der politischen Sprache – so die These – zieht eine Inflation
politischer Macht, verstanden als generalisiertes Zwangsmittel zur Durchsetzung von Folgebereitschaft, nach sich. Der Wert politischer Macht wird nach
der Schnelligkeit und Verbindlichkeit der Umsetzung von politischen Ent-

scheidungen bemessen. Je mehr nun politische Maßnahmen, also etwa Ge-
setzgebungsverfahren, im Gegensatz zu einem vorherigen Zeitpunkt durch
kommunikative Bemühungen um Verständnis und Konsens begleitet werden
müssen, je weniger Gesetzestexte verbindlich im Handeln verwirklicht werden, desto weniger Wert besitzt die politische Macht:

> Dem Drucken von Geldscheinen ohne Kaufkraft entspricht das Drucken von Par-
> lamentsvorlagen und Gesetzestexten ohne wirkliche Umsetzung in tatsächliches
> Handeln. (Münch 1995: 165)

Münch konstatiert einen zunehmenden Druck auf politische Akteure, Entscheidungen stets im Lichte der Öffentlichkeit zu fällen, so dass die Bewertung politischer Maßnahmen immer mehr von der Art ihrer öffentlichen The-
matisierung abhängt. Folge ist eine argumentative Entwertung: Nicht mehr
das bessere Argument, sondern die Kunst der Darstellung erhält höchste Relevanz. Die Konkurrenz um Aufmerksamkeit in der öffentlichen Darstellung
von Politik zwingt zu einer ständigen Präsenz in der Öffentlichkeit, und so
wird vieles kommuniziert, das den Bezug zu politischen Fakten verloren hat.
Mit Versprechungen wird versucht, politischen Kredit zu erwerben, wobei
die Zinsen oftmals sehr hoch sind: Mit jedem nicht gehaltenen Versprechen
und jeder enttäuschten Erwartung wachsen bei den Wählern und Wählerin-
nen zugleich Verunsicherung und Misstrauen gegenüber den PolitikerInnen
und gegenüber der Politik schlechthin. PolitikerInnen werden als bloße
Stimmenfänger empfunden, die aufgrund ihrer Rolle als politische Schau-
spieler quasi per definitionem keinerlei Authentizität zugesprochen bekommen.

(2) Die gleiche Gesetzmäßigkeit gilt für die Zuschreibung moralischer Achtung. Eine moralische Inflation erkennt Münch hier im Zuge der Herauslösung von moralischer Achtung aus konkreten Lebenszusammenhängen. Es
sind die global geführten Diskurse, die in traditional gewachsene Lebenswelten eingreifen und dort die herkömmlichen Solidaritätsgefüge und die traditionell gültigen Moralregeln in Frage stellen, ohne die emotionalen Voraussetzungen der Umstellung auf eine universelle Moral und Solidarität bereitzustellen: Moral ist nicht mehr in die Solidarität zu den Nächststehenden eingebunden, sondern unterliegt einer universellen Solidarität. Diese Entwicklung
verläuft nicht ohne Schwierigkeiten, denn der sich ausbreitende Universalismus moderner Moral erzeugt auch partikularistische, nationalistische Ge-
genreaktionen derjenigen, die mit dem Modernisierungsprozess nicht Schritt
halten können, weil sie aus dem verschärften Konkurrenzkampf – als Folge
der Universalisierung – als Verlierer hervorgehen. Dies gilt für die moralische Idee der Chancengleichheit ebenso wie für die Anforderungen an die
moderne Lebensführung im Sinne eines selbstverantwortlichen Handelns nach
universell begründeten moralischen Prinzipien. Einige Menschen werden den
Anforderungen nicht gerecht, so dass ein Missverhältnis von gewährtem und

gefordertem Spielraum und der Befähigung, diesen zu nutzen, unausweichlich ist:

> Die vom moralischen Universalismus geforderte grundsätzliche moralische Achtung eines jeden wird dann massenhaft durch moralisch verwerfliches Handeln widerlegt. Die vorgängige Achtungszuteilung ist dann ein Symbol ohne Wert, dem kein reales Handeln gegenübersteht. Unter den Bedingungen der vorauseilenden moralischen Modernisierung treten dementsprechend immer wieder erhebliche Schübe der moralischen Inflation auf. Das sind Wellen der Entwertung moralischer Achtung, die dazu führen, daß entgegengebrachte moralische Achtung immer weniger mit moralisch richtigem Handeln rechnen kann. In der umgekehrten Richtung bedeutet moralische Deflation einen Rückzug der Achtungszuteilung auf die partikularen Lebensgemeinschaften, so daß über ihre Grenzen hinaus überhaupt keine moralische Regulierung des Handelns mehr möglich ist. (Münch 1995: 222/223)

Zusammengefasst impliziert Kommunikation prinzipiell „riskante Chancen":

> So ist also Kommunikation eine höchst zweischneidige Angelegenheit. Sie eröffnet Chancen der Verständigung, birgt aber auch stets die Gefahr des Mißverständnisses, der Störung und der Konfrontation bis hin zum totalen Zusammenbruch der Kommunikation im Schweigen und/oder in der gewaltsamen Auseinandersetzung in sich. (Münch 1995: 80)

Die Auswirkung dieser ambivalenten kommunikativen Dynamik der modernen Gesellschaft zeigt sich etwa in dem Wandel von der medialen zur virtuellen Politik (Münch 1991: 95-103, 1997). Politik wird, wie bereits oben beschrieben, durchweg in den öffentlichen Diskurs hineingezogen und unterliegt damit einer permanenten Medienkontrolle. Die ständig nach Neuigkeiten suchenden Journalisten zerren unerbittlich jedes politische Detail in öffentliches Licht und agieren somit als Massenaufklärer, selbst wenn der Anlass – wie in der Affäre des US-amerikanischen Präsidenten Bill Clinton mit seiner Praktikantin Monika Lewinsky – eher privater Natur ist. Die andere Seite der Medaille wird durch den Inszenierungszwang einerseits bei den PolitikerInnen, durch die immer schärferen Konkurrenzsituationen ausgesetzten Journalisten andererseits bewirkt:

> Der Weg der Kommunikation geht jetzt nicht mehr vom Ereignis zu dessen Darstellung, sondern vom Inszenierungszwang zur Erzeugung der Ereignisse. Die Differenz von Darstellung und Realität hebt sich auf in der Virtualität eines verselbständigten Inszenierungsstromes. Es gibt keine Realität mehr, anhand derer der Wahrheitsgehalt einer Darstellung geprüft werden könnte. (Münch 1997: 697)

Im Zuge der Durchdringung der Politik durch einen massenmedialen Enthüllungsjournalismus verschwimmt die Grenze zwischen Berichterstattung und politischem Ereignis in einer Symbiose massenmedialer Produktion von politischen Ereignissen. Konnte die Aufklärungsfunktion der Massenmedien noch mit dem Begriff des „agenda-setting" – der Selektion von Themen aus einer Vielfalt vorhandener Themen zur Präsentation vor einer aufmerksamen Öffentlichkeit – erfasst werden, so ist der Wandel der Politik von der medialen zur virtuellen Politik damit nicht mehr ausreichend beschrieben. Dem „agenda-setting"liegt nämlich noch prinzipiell eine Produktion der Ereignisse durch die politischen Akteure zugrunde. Jetzt aber ist in der Anschauung Münchs ein Zustand erreicht, in dem die Berichterstattung *über* Politik und *die* Politik selbst verschmelzen und sich in einer virtuellen Politik zusammenfinden. Die Maßstäbe erfolgreicher Medienproduktion, die sich nicht mehr in wahrheitsgemäßer, informativer und aufklärender Berichterstattung äußern, sondern die Inszenierung von Ereignissen zur Erreichung möglichst hoher Einschaltquoten zum Ziel haben, verändern auch die politische Kultur, die sich dem Druck nach öffentlicher Aufmerksamkeit anzupassen hat:

> Ob ein Problem sachlich richtig gelöst wird, bleibt unerheblich, wenn die Stimmungslage gegen die sachlich richtige Lösung spricht. Das liegt schon in der Funktion der Politik. Im politischen Sinn ist eine Maßnahme dann und nur dann tragfähig, wenn sie sich ausreichend durch politische Macht abstützen läßt. In Demokratien heißt dies, daß die mehrheitliche Unterstützung gesichert sein muß und unterlegene Minderheiten auf Widerstand verzichten müssen. Je mehr aber die Mehrheiten durch massenmediale Stimmungserzeugung gebildet werden, umso mehr muß erfolgreiche Politik nach den Maßstäben massenmedialer Ereignisproduktion betrieben werden. Politik wird dann weniger in den Ausschüssen von Parlament und Regierung und immer mehr im Fernsehen gemacht. (Münch 1997: 700)

Die Politik verliert so ihre Leitlinien und überlässt sich den Stimmungsschwankungen des Massenpublikums. Mediales Charisma und die Fähigkeit, sich innerhalb der Ereignisproduktion in das rechte Licht zu rücken, werden zu einer wichtigen Ressource im Kampf um politische Positionen und Ämter – sowohl für einzelne PolitikerInnen als auch für Parteien oder andere politische Gruppierungen. Die demokratische Kultur verliert damit an Stabilität, die durch Verschränkung von elitär-diskursiver Meinungsbildung, neokorporatistisch institutionalisiertem Interessenausgleich, repräsentativer politischer Entscheidungsverantwortung und institutionell gesicherter Massenloyalität gewonnen wurde. Um diesen „Zerfall" beherrschbarer zu machen, gibt es indes keinen Weg zurück zu alten Strukturen:

> Der einzig gangbare Weg zu handhabbaren demokratischen Verhältnissen scheint hier die weitere Professionalisierung von Meinungsbildung und politischer Mobilisierung von Unterstützung oder Protest durch politische Akteure in Regierung, Opposition und Interessengruppen zu sein. Ein professionalisiertes Zusammenspiel von Meinungsbildung durch Mediennutzung, Lobbyismus und politischer Entscheidung zugunsten des größtmöglichen Nutzens der größtmöglichen Zahl kann den demokratischen Prozeß wieder auf stabile Beine stellen und trotz regelmäßiger Stimmungsschwankungen das System als Ganzes vor dem grundsätzlichen Loyalitätsentzug bewahren. (Münch 1997: 70)

Ausblick

Aus dem Blickwinkel der genannten Kernpunkte der Theorie Münchs kann insgesamt gesagt werden, dass die Moderne in einem fundamentaleren Sinne als „Risikogesellschaft" verstanden werden muss, als Ulrich Beck mit diesem Begriff zum Ausdruck gebracht hat. Es sind die mit dem Programm der Werteverwirklichung der Moderne immer schon unweigerlich einhergehenden Paradoxien, die die Moderne riskant machen. Und solange etwa Freiheit und Gleichheit als Ideale einer demokratischen Gesellschaft als wünschenswert gelten und der Versuch gemacht wird, die Wirklichkeit diesen Idealen anzunähern, bestehen auch die Paradoxien weiter. Sie sind damit unauslöschbarer Bestandteil der Moderne.

Die Tatsache der paradoxen Konstitution der Moderne wird jedoch oftmals nicht einfach hingenommen. Soziale Bewegungen der Gegenwart etwa können in dieser Perspektive als Suchbewegungen nach neuen Konzepten zur Vermeidung des zerstörerischen Potentials der Moderne verstanden werden (Münch 1991: 36-54). Gleichwohl konnten solche rettenden Konzepte noch nicht gefunden beziehungsweise realisiert werden, weil in jedem Fall das kulturelle Programm der Moderne von Expansion auf Einschränkung umgestellt werden müsste. Bei der Frage nach der Regelung des Verzichts gibt es prinzipiell zwei Möglichkeiten:

1) *Alle verzichten in gleichem Maße.* Beispielsweise könnte zum Schutz der Umwelt eine für jeden gültige jährliche Kilometerpauschale festgelegt werden, die die Nutzung des Individualverkehrs mit dem PKW regelt. Ein derartiges „kommunistisches" Verzichtmodell ließe allerdings keinen Platz für die freie Gestaltung des individuellen Lebens. Der moderne Individualismus müsste einem Holismus weichen.

2) *Nutzungsmöglichkeiten werden an bestimmte Voraussetzungen geknüpft.* Um beim Beispiel der Regelung des Autoverkehrs zu bleiben: Man könnte den Gebrauch des individuellen Verkehrs an so hohe Zahlungen (etwa über die Mineralölsteuer) koppeln, dass der Gesamtverkehr de facto geringer und die Umwelt damit weniger belastet wird, weil sich viele Menschen das Fahren nicht mehr leisten könnten. Damit kehren wir aber wieder zu einer Klassen-Gesellschaft zurück, die deutliche Unterschiede im Lebensstandard herausbildet. Statt zu versuchen, Gleichheit herzustellen, würden immer mehr Ungleichheiten hingenommen werden müssen.

Beide Modelle als Wege zu einer Verzichtsgesellschaft würden eine Abkehr von der Moderne bedeuten. Eine solche „Postmoderne" ist aber – ob gewünscht oder nicht – genauso wenig in Sicht wie etwa Mischformen mit unterschiedlichen Gewichtungen beider Konzeptionen. Die Moderne sieht sich eher noch der Gefahr ausgesetzt, den unzähligen Problemen durch fundamentalistische Tabula-rasa-Lösungen zu begegnen:

Die modernen Gesellschaften sollen die perfekte Ordnung durch aktives Tun schaffen und verfangen sich zwangsläufig in den Fallstricken der nichtintendierten bösen Folgen guter Absichten. Dieser Stachel im Fleisch der Moderne ist es, der immer wieder neue Versuche veranlaßt hat, den Stachel herauszureißen, die Widersprüche an der Wurzel zu packen und die Moderne in ihrem Fundament neu zu einem widerspruchsfreien System zu ordnen. ... Wo diese Art des Fundamentalismus in aktives Handeln umgesetzt wird und nicht bloß bei der Seminardiskussion stehenbleibt, droht höchste Gefahr. Als Fundamentalismus einer oppositionellen Minderheit drängt er zu politischem Terrorismus, als Fundamentalismus einer herrschenden Minderheit oder Mehrheit drängt er zum Totalitarismus. (Münch 1995: 61)

Prinzipiell kann allein die Bewahrung des Pluralismus im intellektuellen Diskurs vor den Gefahren des Terrorismus und Totalitarismus schützen, die aus der Reflexion über die Widersprüche der Moderne und dem Versuch ihrer Aufhebung in einem Modell erwachsen. Konterkariert wird diese Möglichkeit aber durch die in der Entwicklung der Kommunikationsgesellschaft liegende Gefahr, sich zunehmend den Zugang zur Realität zu versperren, weil die auf die Realität verweisenden Zeichen durch auf sich selbst bezogene Simulakren ersetzt werden (Münch 1995: 101-104). Aktionen im „Kampf um Menschenrechte" etwa verweisen aufeinander, ohne Wirkungen im tatsächlichen Handeln hervorzurufen. Somit wird durch den moralischen Fundamentalismus der Moderne – das ständige Streben zur Verwirklichung ihrer Ideale – in der Kommunikationsgesellschaft einem „Fundamentalismus der Enttäuschten" (Münch 1995: 62) Vorschub geleistet.

Um in dieser Situation der zunehmenden kommunikativen Durchdringung und intersystemischen Verflechtung die Stabilität der Gesellschaft zu sichern und die Paradoxien der Moderne so weit wie möglich unter Kontrolle zu halten, empfiehlt Münch den gezielten Aufbau von Institutionen, die den Transfer der systemischen Leistungen und die geregelte Abarbeitung der Konflikte organisieren. Vermittlungsorgane müssen eine Brücke zwischen den verschiedenen Funktionsbereichen schlagen, die unterschiedlichen Sichtweisen und Perspektiven diskursiv zusammenführen und zu einem wechselseitigen Verstehen beitragen. Zudem dürfen sie nicht nur Interessen abstimmen und naturwissenschaftliche Erkenntnisse und technische Normen umsetzen, sondern sollten auch Moral und Wirklichkeit diskursiv aneinander abarbeiten. Nur so können ausufernde Spannungen und Konflikte zwischen den Handlungssphären oder unkontrollierte Expansionen einzelner Subsysteme vermieden werden.

In Deutschland fehlt es allerdings – im Schatten der Zusammenarbeit von Staat und Großverbänden – noch zu großen Teilen an institutionellen Brücken zwischen den gesellschaftlichen Funktionsbereichen, etwa in Form von Zirkeln, Beiräten, Kommissionen, Vereinigungen, interdisziplinären Studien und Zentren oder auch Sparten übergreifenden, öffentlichen Diskursen. Dieser notwendige Brückenbau ist damit eine vordringliche Aufgabe für die Zu-

kunft. Er muss ergänzt werden durch die Möglichkeit des Abtauchens aus dem
öffentlichen Diskurs in eine nicht-öffentliche Mikrokommunikation (Münch
1995: 104-106). Als Korrektiv zur Expansion öffentlicher Kommunikation treten die Akteure als Systemvertreter im goffmanschen Sinne von der Vorder-
bühne hinter die Kulissen in den Bereich der Hinterbühne und kommen miteinander unmittelbar ins Gespräch – fernab der Zwänge öffentlicher Darstellungen und Inszenierungen sowie mit der Möglichkeit einer Orientierung an
mehreren Bezugssystemen. Auf diese Weise verbindet sich öffentliche Mak-
rokommunikation mit nicht-öffentlicher Mikrokommunikation und ermöglicht Koordination und Abstimmung über Systemgrenzen hinweg. Allerdings
können unter diesen Bedingungen der pluralistischen Zusammensetzung Entscheidungen immer nur durch Kompromiss zustande kommen:

> Wir müssen vor allem lernen, mit Widersprüchen zu leben, sie wohl stets zu be-
> arbeiten, allerdings ohne Aussicht, sie jemals vollständig aufheben zu können.
> Moderne ist Widerspruch. Aus dem Widerspruch gewinnt sie ihre ureigenste
> Kraft der unablässigen Erneuerung. Dies ist die dialektische Natur der Moderne.
> (Münch 1991: 309)

Literatur

Münch, Richard, 1991: Dialektik der Kommunikationsgesellschaft. Frankfurt/M:
    Suhrkamp.
Münch, Richard, 1995: Dynamik der Kommunikationsgesellschaft. Frankfurt/M.:
    Suhrkamp.
Münch, Richard, 1996: Modernisierung und soziale Integration. In: Schweizerische
    Zeitschrift für Soziologie 22, 603-629.
Münch, Richard, 1997: Mediale Ereignisproduktion: Strukturwandel der politischen
    Macht. In: Stefan Hradil (Hrsg.), Differenz und Integration. Die Zukunft moderner
    Gesellschaften. Verhandlungen des 28. Kongresses der Deutschen Gesellschaft für
    Soziologie in Dresden 1996. Frankfurt/M., New York: Campus, 696-709.
Münch, Richard, 1998: Globale Dynamik, lokale Lebenswelten. Der schwierige Weg
    in die Weltgesellschaft. Frankfurt/M: Suhrkamp.
Preyer, Gerhard, 1998: Die moderne Gesellschaft verstehen. Zu Richard Münchs
    Entwicklungstheorie moderner Gesellschaften. In: Gerhard Preyer (Hrsg.), Struk-
    turelle Evolution und das Weltsystem. Theorien, Sozialstruktur und evolutionäre
    Entwicklungen. Frankfurt/M.: Suhrkamp, 124-150.
Schwinn, Thomas, 1996: Zum Integrationsmodus moderner Ordnungen. Eine kriti-
    sche Auseinandersetzung mit Richard Münch. In: Schweizerische Zeitschrift für
    Soziologie 22, 253-283.
Stark, Carsten, 1999: Die politische Theorie der Interpenetration: Richard Münch. In:
    André Brodocz/Gary S. Schaal (Hrsg.), Politische Theorie der Gegenwart. Opla-
    den: Leske + Budrich, 263-285.

RALF HEMING

Systemdynamiken, Lebenswelt und Zivilgesellschaft – Zeitdiagnostische Aspekte der Gesellschaftstheorie von Jürgen Habermas

Jürgen Habermas wurde 1929 geboren. Ab 1949 studierte er Philosophie, Geschichte, Psychologie und Deutsche Literaturwissenschaft an den Universitäten Göttingen, Zürich und Bonn, promovierte 1954 in Bonn und habilitierte sich 1961 an der Universität Marburg. Danach hatte er Professuren in Heidelberg und Frankfurt/M. inne, war von 1971 bis 1983 Direktor am Max-Planck-Institut zur Erforschung der Lebensbedingungen der wissenschaftlich-technischen Welt in Starnberg und von 1983 bis 1994 Professor für Philosophie und Soziologie in Frankfurt/M. Habermas gilt als Hauptvertreter einer kritischen Gesellschaftstheorie in Nachfolge der klassischen Frankfurter Schule. Hauptwerke: „Strukturwandel der Öffentlichkeit" (1962); „Erkenntnis und Interesse" (1968); „Zur Logik der Sozialwissenschaften" (1970); „Legitimationsprobleme im Spätkapitalismus" (1973); „Zur Rekonstruktion des Historischen Materialismus" (1976); „Theorie des kommunikativen Handelns" (1981); „Der philosophische Diskurs der Moderne" (1985); „Faktizität und Geltung" (1992); „Die Einbeziehung des Anderen" (1996).

Die 1992 von Jürgen Habermas vorgelegte Studie „Faktizität und Geltung"[1] lässt sich unter anderem als Versuch interpretieren, Antworten auf eine soziologische Kardinalfrage zu finden: In welchem Maße und mittels welcher Mechanismen sind moderne, funktional differenzierte und kulturell pluralisierte Gesellschaften systemisch und vor allem sozial integriert? Denn es scheint sich in komplexen Gesellschaften die Schere zwischen dem Koordinationsbedarf der verschiedenen Funktions-, Handlungs- und Lebensbereiche und der gesellschaftlich aktivierbaren Integrationsleistung immer weiter zu öffnen. Die Suche nach jenen dann noch möglichen sozialen Ressourcen, Verkehrsformen sowie institutionellen Regelungen, die geeignet sind, angesichts des Komplexitätsniveaus moderner Gesellschaften gesellschaftliche Verständigung und funktionale Koordination zu gewährleisten, kann als übergreifendes erkenntnisleitendes Motiv der analytischen Anstrengungen und zeitdiagnostischen Klärungsversuche Habermas' gelten, die im Folgenden

---

1 Seitenzahlen ohne Jahreszahlen beziehen sich im Folgenden auf diese Arbeit.

dargestellt werden. Dazu wird vor allem auf „Faktizität und Geltung" sowie auf seine frühere „Theorie des kommunikativen Handelns" (1981) rekurriert.

System und Lebenswelt: Der zweidimensionale Blick auf die Gegenwartsgesellschaft

In der „Theorie des kommunikativen Handelns" entfaltet Habermas systematisch die Kategorien von System und Lebenswelt, die im Wesentlichen seine Perspektive auf die Gegenwartsgesellschaft und deren Entwicklungs- und Krisendynamik bestimmen. Er konzipiert seine Zentralkategorien als spezifische Aspekte und Modi der gesellschaftlichen Sozial- und Systemintegration.

Mit *Lebenswelt*, deren institutionelle Ordnungen wir zuletzt in „Faktizität und Geltung" mit Privatsphäre und politisch-kultureller Öffentlichkeit bestimmt sehen, beansprucht Habermas, jene gesellschaftlichen Bereiche analytisch zu erfassen, die sich über Normen, Werte und verständigungsorientierte soziale Verkehrsformen und kommunikative Praktiken realisieren und reproduzieren. Den Begriff des *Systems* verwendet er hingegen, anknüpfend an die strukturfunktionalistische Theorie von Talcott Parsons, in erster Linie für die Ökonomie und den politisch-administrativen Komplex, die über ihre je spezifischen Steuerungsmedien Geld und Macht ihre Austauschbeziehungen mit der gesellschaftlichen Umwelt, anderen Systemen sowie insbesondere der Lebenswelt regulieren.

Den Entwicklungsprozess moderner Gesellschaften sieht Habermas, im Wesentlichen im Anschluss an die von Max Weber vorgelegte Theorie der Rationalisierung, durch wechselseitig sich bedingende Prozesse kultureller und systemischer Modernisierung gekennzeichnet. Zum einen kristallisieren sich Wissenschaft, Kunst und Moral sukzessive als eigenständige kulturelle Wertsphären heraus und führen zur Freisetzung der Menschen aus tradierten, vornehmlich religiösen Normen, Werten und Deutungsmustern.[2] Dies bedingt eine *Säkularisierung* der Legitimitätsgrundlagen gesellschaftlicher Ordnung. Parallel zum Prozess kultureller Aufklärung und Modernisierung lässt sich zum anderen die Entwicklung moderner Gesellschaften als *funktionale Differenzierung* begreifen, womit jene historischen Entwicklungsvorgänge gemeint sind, die insbesondere zur Ausbildung einer marktregulierten Ökonomie und eines durch Steuern sich finanzierenden, über das Monopol legitimer physischer Gewalt verfügenden Staates geführt haben.

---

2 Für Habermas (1985a: 399/400) lassen sich diese Prozesse als kommunikative Rationalisierung der Lebenswelt kategorisieren, die wir bei ihm abstrakt umrissen finden in den Dimensionen (1) kultureller Reflexivität, (2) einer Universalität von Moral- und Rechtsvorstellungen sowie (3) eines erweiterten Handlungsspielraums der Individuierung.

Die im Laufe der sozialen Evolution erfolgte partielle Umstellung von kommunikativ strukturierter Sozialintegration auf funktionale Systemintegration erscheint Habermas als irreversibles Moment der Gegenwartsgesellschaft. Er bewertet denn auch die Existenz insbesondere von Ökonomie und politisch-administrativem Komplex als funktional spezifizierte Teilsysteme mit je eigenen operativen Mechanismen, Steuerungs- und Reproduktionslogiken als leistungsfähiges und unverzichtbares Komplexitätsniveau moderner Gesellschaften. Allerdings sind Gesellschaften, wie Habermas zu begründen beansprucht, zugleich durch eine *unhintergehbare* Differenz lebensweltlicher und systemischer Funktions- und Integrationsweisen charakterisierbar. *Systemintegrative Leistungen können Sozialintegration niemals ersetzen.* Was die Integration der Gesellschaft sichert, ist „ein Gewebe kommunikativer Handlungen, die nur im Lichte kultureller Überlieferungen gelingen können – und nicht etwa systemischer Mechanismen." (Habermas 1981: 223) Daraus ergibt sich, dass analytisch zwischen systemischen Steuerungs- und lebensweltlichen Verständigungsproblemen moderner Gesellschaften unterschieden werden muss, da diese jeweils eigensinnigen Logiken gehorchen, die nicht unbegrenzt ohne negative Folgewirkungen wechselseitig substituiert werden können. Die wesentlichen Konfliktpotentiale moderner Gesellschaften identifiziert Habermas so auch an der *Nahtstelle* zwischen System und Lebenswelt. „Geld und Macht können Solidarität und Sinn weder kaufen noch erzwingen." (Habermas 1985a: 421) Denn „funktional differenzierte Gesellschaften erschöpfen sich keineswegs in einer Mannigfaltigkeit selbstreferentiell geschlossener Systeme." (427) Eine Analyse moderner Gesellschaften, die sich ausschließlich auf Fragen funktionaler Steuerungsengpässe und systemischer Integrationsaspekte konzentriert, verkennt, wie Habermas betont, dass sozialintegrative Aufgaben auch gegenwärtig noch immer einen gleichrangigen Platz auf der politischen Agenda einnehmen. Als spezifische sozialintegrative Aufgaben nennt Habermas die Aufrechterhaltung von öffentlicher Ordnung, die Umverteilung und soziale Sicherung sowie den Schutz kollektiver Identität und gemeinsamer kultureller Überlieferungen (427).

Systemische Kolonialisierung als pathologisches Syndrom moderner Gesellschaften

In der „Theorie des kommunikativen Handelns" zeichnet Habermas mit Blick auf die Gegenwartsgesellschaft ein recht düsteres Bild. Denn sie erweist sich als ein Struktur- und Entwicklungszusammenhang, der zunehmend durch systemische Funktionsimperative überformt und dominiert wird. Lebensweltliche Kontexte bleiben kaum unbeeinflusst vom Wirkungsradius ökonomischer und administrativer Regelungsformen. Darin äußert sich zunächst nur ein Faktum, das sich in modernen Gesellschaften als Entlastung der Lebenswelt von reproduktiven und koordinierenden Aufgaben darstellt. In einer zweiten Stufe allerdings nimmt dies die Gestalt einer systemischen Überformung beziehungsweise Okkupation der Lebenswelt durch verselbständigte funktionale Imperative an. Dies ist ein Entwicklungsprozess, den Habermas (1981b: 522) als *Kolonialisierung der Lebenswelt* metaphorisch umschreibt.

Erst die Rationalisierung der Lebenswelt hat eine derartige Steigerung der Systemkomplexität ermöglicht, die nunmehr „so hypertrophiert, daß die losgelassenen Systemimperative die Fassungskraft der Lebenswelt ... sprengen (Habermas 1981b: 232/233). Die monetären und administrativen Steuerungsmechanismen dringen „in die Lebenswelt – wie Kolonialherren in eine Stammesgesellschaft – ein" (Habermas 1981b: 522).[3] Das Bedingungsgefüge einer „*Kolonialisierung*" hält Habermas allerdings erst dann in Gänze für erreicht, wenn die „elitäre Abspaltung der Expertenkulturen von den Zusammenhängen kommunikativen Handelns" (Habermas 1981b: 488) zu deren kultureller Verarmung führt. Es entsteht eine immer größere Distanz zwischen den institutionalisierten Expertendiskursen in Wissenschaft, Kunst und Moral und der Alltagspraxis. Die Individuen erweisen sich infolge der elitären Abkapselung des Expertenwissens als kaum noch dazu fähig, in übergreifenden, ursächlich erklärenden Zusammenhängen zu denken und die Prozesse einer zunehmenden *Verdinglichung* ihrer Lebenswelten durch systemische Mechanismen zu durchschauen. Das Alltagsbewusstsein ist dann, wie Habermas (1981b: 521) feststellt, hoffnungslos zersplittert und „wird seiner synthetisierenden Kraft beraubt, es wird fragmentiert." So sind etwa die Mehrzahl politisch-administrativer Entscheidungsprozesse ohne Expertenwissen kaum noch durchschaubar, zum einen angesichts des Dschungels an

---

3 Am Beispiel der Entwicklung des Wohlfahrtsstaates kann Habermas seine These der Okkupierung lebensweltlicher Handlungszusammenhänge durch systemische Steuerungsmechanismen plausibilisieren. Demnach ist, wenn auch unbeabsichtigt, in modernen Gesellschaften ein wohlfahrtsprogrammatisch legitimierter Reglementierungs- und Kontrollapparat entstanden, dessen verdinglichende Gewalt bis in die feinsten Verästelungen der Alltagskommunikation hineinreicht und zu „Verformungen einer ... zergliederten, kontrollierten und betreuten Lebenswelt" (Habermas 1985b: 151) geführt hat.

Instanzen, Regelungsvorschriften, informellen Beziehungs- und Informationsnetzwerken und Interessenlagen, zum anderen in Anbetracht der Kurzzeitigkeit medialer Aufmerksamkeit, die der Langfristigkeit realer politischer Prozessabläufe nicht gerecht wird:

> Die technologiegesättigten Strukturen der Lebenswelt verlangen von uns Laien nach wie vor den banausischen Umgang mit unverstandenen Apparaten und Anlagen, ein habitualisiertes Vertrauen in das Funktionieren „undurchschauter" Techniken und Schaltkreise. In komplexen Gesellschaften wird jeder Experte gegenüber allen anderen Experten zum Laien. (Habermas 1998b: 69)

Anknüpfend an Max Webers Theorem des Sinn- und Freiheitsverlustes konstatiert Habermas *Lebensweltpathologien*, die er allerdings nicht wie Weber als unvermeidliche Folge des gesellschaftlichen Modernisierungsprozesses betrachtet, sondern durch defizitäre soziale Verständigungskontexte in komplexen Gesellschaften verursacht sieht – wobei diese Defizite grundsätzlich vermeidbar wären. Folgen wir dieser Argumentationslogik, so nimmt der Raubbau an den psychischen und kulturellen Ressourcen alltagsweltlicher Handlungsbereiche Formen an, die mit denen des vorerst offenkundigeren Raubbaus an den ökologischen Ressourcen der natürlichen Umwelt vergleichbar sind. So lässt sich mit Habermas (1981b: 232) von einer „unaufhaltsam[en] Ironie des weltgeschichtlichen Aufklärungsprozesses" sprechen, wenn Systemrationalität in ihren weiteren gesellschaftlichen Konsequenzen, etwa durch sukzessive und nachhaltige Beeinträchtigung der natürlichen Lebensgrundlagen und der kommunikativen Infrastruktur der Gesellschaft, zusehends lebensweltlich irrational wird.

Die von Habermas entfaltete Gegenwartsdiagnose lässt sich folglich als Versuch interpretieren, jene Umschlagpunkte zu bestimmen, an denen gesellschaftliche Modernisierungsprozesse in eine eindimensionale, weithin unkontrollierte, lebensweltlich dysfunktionale systemische Rationalisierungsdynamik münden. So sei ein „Leiden an den Entzugserscheinungen einer kulturell verarmten und einseitig rationalisierten Alltagspraxis" (Habermas 1981b: 580) zu konstatieren. Dieses Leiden gelangt auf der individuellen Ebene in Gestalt von Sinn- und Motivationsverlusten und dadurch bedingten Orientierungskrisen und Psychopathologien und in der sozialen Dimension in Form von *anomischen* Zuständen zum Ausdruck (Habermas 1981b: 215).[4] Derartige Phänomene können in ihrer Gesamtheit als Indiz dafür gelten, dass die Lebenswelt der Gegenwartsgesellschaft durch eine systemische Überformung und Überlastung ihrer kommunikativen Infrastrukturen kaum noch ihre sozialintegrativen Funktionen erfüllen kann. Folgen wir dieser Diagnose einer systemisch induzierten Verdinglichung moderner Lebenswelten, werden

---

4 Siehe zur aktuellen Bestimmung von gesellschaftlichen Anomieherden, als Ursache und Anzeichen sozialer Desintegration, auch den Beitrag zu Wilhelm Heitmeyer und seiner Gruppe.

die klassischen sozialen Fragen materieller Verteilungsgerechtigkeit immer mehr durch Fragen nach der „Grammatik der Lebensformen" (394) überlagert beziehungsweise verdrängt. Als Indikator für das zunehmende Gewicht neuer gesellschaftlicher Konfliktpotentiale wertet Habermas das Entstehen von sozialen Bewegungen und *autarken* Öffentlichkeiten, die punktuell an konkreten lebensweltlichen Gefährdungen ansetzen und sich vor allem an der Friedens- und Ökologiethematik in den achtziger Jahren des 20. Jahrhunderts mit nachhaltiger Wirkung entzündeten.

Die Lebenswelt als Ressource gesellschaftlicher Verständigung

Habermas geht davon aus, dass auch funktional differenzierte und kulturell pluralisierte Gesellschaften die Möglichkeit besitzen, über das Medium einer lebensweltlich eingebetteten Umgangssprache in gesellschaftsweite Abstimmungsprozesse und Selbstverständnisdebatten einzutreten. *Verständigung* ist, zumal für die Gegenwartsgesellschaft mit ihrem reichhaltig changierenden Spektrum an unterschiedlichen Lebensformen und widerstreitenden Teilsystemrationalitäten, für Habermas eine alternativlose und unausweichliche Praxis, um ein relativ störungsfreies Integrationsniveau zu gewährleisten und gewaltförmige Muster der Konfliktbewältigung zu vermeiden. Damit steht Verständigung in ihren „Verfahren und Kommunikationsvoraussetzungen ... nicht zur Disposition" (377) und begründet eine „nichtsubstituierbare Ordnung kommunikativer Vergesellschaftung" (360).

Obschon Habermas in seinem Verständnis von Lebenswelt Abstand nimmt von Vorstellungen einer kulturell homogenen Einheit, wird dennoch deutlich, dass Lebenswelt im Rahmen seiner Theorie als Platzhalter eines auch heute noch möglichen gesamtgesellschaftlichen Bewusstseins bestimmt werden kann. So bleibt „die Lebenswelt das Subsystem, das den Bestand des Gesellschaftssystems im ganzen definiert" (Habermas 1981b: 230). Denn „wenn die dezentrierte Gesellschaft ihre Einheit nicht mehr wahren könnte, würde sie vom Komplexitätszuwachs ihrer Teile nicht profitieren und fiele als ganze deren Differenzierungsgewinnen zum Opfer." (416) Wie Habermas plausibel machen will, verfügen jedoch die kulturell vielfältigen Lebensformen moderner Gesellschaften via kommunikativer Alltagspraxis über eine allgemeine Struktur, die wechselseitige Anschlussfähigkeit erlaubt und es zudem ermöglicht, über politisch agile *Öffentlichkeiten* diskursive gesellschaftliche Arenen zu initiieren, die ein sensibles Grenzbewusstsein für die gesellschaftlichen Folgewirkungen teilsystemischer Operationsweisen entwickeln. Das ökonomische System z.B. kann aus der Perspektive einer ausschließlich gewinnoptimierenden Verwertungslogik nicht dazu veranlasst werden, ökologische Folgeschäden wirtschaftlicher Expansion wahrzunehmen, zumal wenn sie sich auf zukünftige Generationen abwälzen lassen. Hierzu bedarf es gesellschaftlicher Seismographen, die sozusagen das Ticken der Bombe im Lärm der Gegenwart wahrnehmen und bei Gefährdungslagen zum Umdenken auffordern. Insbesondere mit Verweis auf den Entstehungs- und Verlaufsprozess der Neuen Sozialen Bewegungen, die sich in den siebziger und achtziger Jahren des 20. Jahrhunderts entlang der Friedens-, Frauen- und Ökologieproblematik formierten, beansprucht Habermas zu verdeutlichen, dass nicht selten von der äußersten Peripherie Thematiken auf die Agenda politischer Auseinandersetzungen gelangen, die den Anstoß für langfristig wirksame gesellschaftliche Lernprozesse geben.[5]

Das Entstehen gesellschaftlicher Krisensyndrome konzeptionalisiert Habermas so auch nicht in erster Linie als das unmittelbare Resultat faktisch vorhandener systemischer Rationalitäts- und Steuerungsdefizite, da diese lange in Latenz verharren können. Gesellschaftliche Krisen resultieren nach seiner Lesart vielmehr erst aus einem erstarkenden und sensibilisierten, aus lebensweltlichen Strukturen erwachsenden, öffentlich sich artikulierenden Problembewusstsein, das Krisen als solche erkennt und definiert. So bleiben „politisch bearbeitete Fragen der funktionalen Koordination ... mit der moralischen und ethischen Dimension der gesellschaftlichen Integration *verschränkt*, weil die Folgen mangelnder Systemintegration erst vor dem lebensgeschichtlichen Hintergrund verletzter Interessen und bedrohter Identitäten als lösungsbedürftige Probleme erfahren werden." (426)

Exkurs: Ambivalenzen der Weltgesellschaft

Angesichts der zunehmenden Globalisierungstendenzen stellt sich allerdings die Frage, unter welchen Rahmenbedingungen die Komplexität moderner Gesellschaften überhaupt noch zu erfassen beziehungsweise zu regulieren ist, auf einer neuen Abstraktionsstufe. Denn die Expansion von weltweit verknüpften Netzwerken, Organisationen und Systemen lässt zwar die möglichen Kontakte und verfügbaren Informationen exponentiell ansteigen. Doch ergibt sich damit zugleich das Problem, ob überhaupt noch eine intersubjektiv geteilte, gemeinsame Lebenswelt existiert, deren soziale und kulturelle Ressourcen Habermas als unabdingbare Voraussetzung kollektiv bewusst handelnder Akteure und einflussmächtiger Öffentlichkeiten konzipiert.

---

5 Siehe etwa die Diskussion zur friedlichen Nutzung der Atomenergie in der Bundesrepublik Deutschland. So sehr die Anti-AKW-Bewegung anfänglich als fortschritts- und technikfeindlich stigmatisiert wurde, so sehr gehört heute das Ausstiegsszenario, unter welchen Rahmenbedingungen auch immer, ebenso zur Programmatik der alt-etablierten politischen Parteien und ist nicht mehr nur ein exklusiver Programmpunkt der Grünen.

Aus dem Prozess der Verdichtung weltweiter Beziehungen resultieren nach Habermas grundsätzlich zwei gegenläufige und gleichzeitige Tendenzen: zum einen die Erweiterung und zum anderen die Fragmentierung des Bewusstseins der Subjekte (Habermas 1995: 182/183). Einerseits ist ein Trend zur weltweiten Vernetzung im Medien-, Telekommunikations- und Finanzbereich sowie im kulturellen Leben festzustellen, andererseits eine Zunahme an ethnischen Konflikten, Separatismus und Abschottungsstrategien. Folgen wir seiner Diagnose, so ist bislang noch unklar, ob ein expandierendes, jedoch auf nationale Lebenswelten und Öffentlichkeiten fixiertes Bewusstsein unter einer *globalen* Perspektive „die systemisch ausdifferenzierten Zusammenhänge überhaupt noch umspannen kann oder ob die selbständig gewordenen systemischen Abläufe längst alle durch politische Kommunikation gestifteten Zusammenhänge abgehängt haben" (Habermas 1996: 146).

In Anbetracht der immer deutlicher sich abzeichnenden Konturen einer Weltgesellschaft fordert Habermas auch auf internationaler Ebene die Etablierung von Öffentlichkeiten, „wenn sich die vervielfältigten Kommunikationen nicht nur zentrifugal ausbreiten und in globalen Dorfgemeinschaften verlieren ... sollen" (Habermas 1995: 183). Nötig sei vielmehr eine Perspektive, die die Begrenztheit der eigenen nationalen Schauplätze und die globale Verknüpfung von Risiken und Zukunftsperspektiven deutlich werden lässt. Die entscheidende Frage ist, ob in den politischen Öffentlichkeiten „ein *Bewußtsein* kosmopolitischer Zwangssolidarisierung entstehen kann", welches letztlich die Ausbildung einer vom eigenen nationalen lebensweltlichen Horizont abstrahierenden „weltbürgerlichen Solidarität" (Habermas 1998a: 77/78) erlaubt. Habermas (1995: 185) fordert daher auch die Etablierung und den Ausbau transnationaler Kommunikations- und Verhandlungsstrukturen sowie internationaler Instanzen der Rechtssprechung, die im Sinne einer koordinierten Weltinnenpolitik auf das globale System einzuwirken vermögen. In dem Maße, wie sich die globalisierte Wirtschaft dem Zugriff eines *regulatorischen* Staates entzieht, muss „sich der Blick vor allem auf den Aufbau supranationaler Institutionen" richten (Habermas 1998a: 73).

Ein prozedurales Konzept gesellschaftlicher Integration

Im Hinblick auf die Bestimmung der Reichweiten und Grenzen gesellschaftlicher Integration lässt sich konstatieren, dass Habermas für moderne Gesellschaften Formen einer *positiven* Integration, im Sinne einer Bezugnahme der Individuen und kollektiven Akteure auf einen substantiell bestimmbaren Wertekonsens, gesellschaftsweit nicht für tragfähig hält. Vielmehr tendiert er dazu, ein *negatives* Integrationsverständnis als theoretisch plausibler und empirisch evidenter anzusehen. An der Bestimmung des Verhältnisses von Systemen und Lebenswelt in modernen Gesellschaften wird deutlich, dass Le-

benswelt bei Habermas zwar durchaus als Synonym für ein gesamtgesellschaftlich noch mögliches Bewusstsein fungiert, allerdings vornehmlich im
Sinne eines über Öffentlichkeiten sich artikulierenden Grenzbewusstseins,
das eben nicht bestimmt, in welche Richtung die Gesellschaft sich zu entwickeln hat, sondern eher sagt, wo es nicht hin gehen sollte:

> Ziel ist nicht mehr schlechthin die ‚Aufhebung' eines kapitalistisch verselbstän-
> digten Wirtschafts- und eines bürokratisch verselbständigten Herrschaftssystems,
> sondern die demokratische Eindämmung der kolonialisierenden *Übergriffe* der
> Systemimperative auf lebensweltliche Bereiche. (Habermas 1990: 36)

Ein gesellschaftliches Einverständnis kann demnach nur auf einer formalen
Ebene im Hinblick auf Verfahrensweisen erzielt werden, die aufgrund ihrer
kommunikationsoffenen und zugleich -strukturierenden Gestalt bei konkreten gesellschaftlichen Konfliktlagen die Wahrscheinlichkeit einer für alle beteiligten Seiten akzeptablen und produktiven Dissensregulierung erhöhen
und in diesem Sinne den Anspruch der Vernünftigkeit für sich reklamieren
können. Denn angesichts des „Potential[s] eines freigesetzten kulturellen Pluralismus" bildet die kommunikative Bewältigung von Konflikten „in einer
säkularisierten Gesellschaft, die mit ihrer Komplexität auf bewußte Weise
umzugehen gelernt hat, [die] einzige Quelle für eine Solidarität unter Fremden – unter Fremden, die auf Gewalt verzichten und die sich, bei der koope-
rativen Regelung ihres Zusammenlebens, auch das Recht zugestehen, fürein-
ander Fremde zu bleiben." (374)
  Und so verweist die Realität westlicher Gesellschaften mit ihrem nuancen-
reichen Ensemble an Lebensformen, ethnischen Gruppen, divergenten Welt-
bildern und Religionen auf die Ebene einer politischen Kultur, die sich von
subkulturellen Eigenheiten abzuheben weiß, indem sie in Verbindung mit funk-
tionstüchtigen demokratischen Institutionen jenes formale Gerüst bildet, auf
dessen Basis die normative Gleichheit der Bürger als Bedingung der Möglichkeit gesellschaftlicher Differenz und Vielfalt fungiert. Ist jede(r) gleich, so
kann auch jede(r) ihre/seine Besonderheit wahren. Als bestandssichernde, in-
tegrationsstiftende Voraussetzung komplexer Gesellschaften identifiziert Habermas (1996: 7) einen *differenzempfindlichen Universalismus*, der sich nicht
als eine bestimmte, einheitliche soziokulturelle Lebensform ausprägt, sondern
nur noch hinsichtlich der formalen kommunikativ-prozeduralen Konstitutions-
bedingungen von Gesellschaft expliziert werden kann. Insoweit erblickt Habermas in politisch neutralen Regulierungsformen sowie institutionell verankerten Prozeduren des Konfliktausgleiches und der Verständigung jene Klammer,
durch die komplexe Gesellschaften noch zusammengehalten werden. Damit
übernimmt „der demokratische Prozeß zugleich die Ausfallbürgschaft für die
soziale Integration einer immer weiter ausdifferenzierten Gesellschaft" (142),
und begründet, komplementär zu einem nur negativen Integrationsverständnis,
ein *prozedurales* Integrationskonzept zur deskriptiven Erfassung und analyti-

schen Klärung zentraler kohäsionsstiftender Mechanismen der funktionalen
und normativen Koordination moderner Gesellschaften.

Zivilgesellschaft, Öffentlichkeit und Rechtsstaat als spezifische Integrationsmodi komplexer Gesellschaften

Die Gefährdung der Integrationsfähigkeit komplexer Gesellschaften begreift
Habermas als besondere Herausforderung an die Handlungsbereitschaft, Ver-
arbeitungskapazität und Reaktionsgeschwindigkeit von Politik, Recht und
Öffentlichkeit. Für die Gegenwartsgesellschaft postuliert er eine neue Gewal-
tenteilung in der Dimension gesellschaftlicher Integration. So soll sich „die
sozialintegrative Kraft der Solidarität ... über weit ausgefächerte autonome
Öffentlichkeiten und rechtsstaatlich institutionalisierte Verfahren der demokratischen Meinungs- und Willensbildung entfalten und über das Rechtsme-
dium auch gegen die beiden anderen Mechanismen gesellschaftlicher Integration, Geld und administrative Macht, behaupten können" (359).

Obwohl Habermas im Hinblick auf das politische System im Anschluss an
Niklas Luhmann formuliert, dass es „weder Spitze noch Zentrum oder gar
strukturprägendes Modell ist, sondern *ein* Handlungssystem neben anderen"
(Habermas 1996: 292), wird dennoch deutlich, dass er dem rechtsstaatlich
normierten politischen Prozess die Funktion einer integrativ wirksamen gesellschaftlichen Koordinations- und Diskursarena zuweist. Diese These mündet letztlich in einem Modell *deliberativer Politik,*[6] das ein eng verzahntes
Zusammenspiel politisch-administrativer Mechanismen der Entscheidungsfindung und Problembearbeitung sowie der Rechtsschöpfung und -anwen-
dung mit den Strukturen öffentlicher Meinungsbildung vorsieht.

In Anbetracht der exponentiell anwachsenden Gefährdungslagen komplexer Gesellschaften wird in zunehmendem Maß ein *präventives* Handeln notwendig, welches im Hinblick auf das „Problem der Vorsorge für künftige
Generationen ... die erweiterte Perspektive einer stellvertretenden Interes-
senwahrnehmung" verlangt (522).[7] Auch deshalb ist es, zunächst unabhängig
von der Frage der demokratischen Gestaltbarkeit und Steuerungsfähigkeit
von Gesellschaft, schon auf einer kognitiven Ebene, d.h. zur sachlichen Lösung von anfallenden Problemlagen notwendig, dass die funktional speziali-

---

6 Ein Modell, das Habermas im Anschluss an die politiktheoretischen Überlegungen von
   Bernhard Peters (1993: 322-365) entwickelt.
7 Angesichts der zeitgenössischen Gefährdungslagen ist bereits mittelfristig keine Exter-
   nalisierung von Handlungsfolgen mehr möglich, so dass wir Kosten und Risiken, ohne
   Sanktionen fürchten zu müssen, „immer seltener auf andere abwälzen [können] – auf
   andere Sektoren der Gesellschaft, auf ferne Regionen, fremde Kulturen oder künftige
   Generationen." (Habermas 1998a: 77)

sierten Teilsysteme erreichbar bleiben für externe, aus lebensweltlichen Perspektiven wahrnehmbare Gefahren. Die negativen Konsequenzen widerstreitender systemischer Teilrationalitäten, die durchaus je für sich im Sinne der eigenen effizienteren Zielerreichung reflexiv und lernfähig sein können, lassen sich nur „durch eine Reflexivität der anderen Art, durch Selbstreflexion im Sinne der politischen Selbsteinwirkung, in sozial verträglichen Grenzen halten." (Habermas 1998a: 83)

Vornehmlich die Zivil- beziehungsweise Bürgergesellschaft, die Habermas als ein aus lebensweltlichen Kontexten gewachsenes, strukturell sich verdichtendes Geflecht von Organisationen, freien Initiativen, sozialen Bewegungen, aber auch lernfähigen etablierten politischen Akteuren bestimmt, ist dazu fähig, latente und neue Gefährdungslagen zu thematisieren und durch die Inanspruchnahme und Aktivierung von Öffentlichkeit so nachhaltig ins gesellschaftliche Bewusstsein zu rücken, dass sie als regelungsbedürftige Materie erfahren werden. Obgleich komplexe Gesellschaften aufgrund ihrer polyzentrischen Machtverteilung per se für weiterreichende Demokratisierungsprozesse geeignet erscheinen, betont Habermas (1995: 137), dass nach seiner Einschätzung „die Kommunikationsformen einer Zivilgesellschaft, ... die in eine liberale politische Kultur eingebettet ist", die Hauptlast der Erwartungen an eine effektive Gestaltung des demokratischen Prozesses in modernen Gesellschaften tragen. Denn die Zivilgesellschaft verfügt mittels der alltäglichen Umgangssprache über ein Medium, das „für die Wahrnehmung und Artikulation gesamtgesellschaftlicher Relevanzen und Maßstäbe nötig ist." (427)

Die institutionellen Formen der Zivilgesellschaft erfüllen nach diesem Verständnis die Aufgabe, die Kommunikationsstrukturen der politischen Öffentlichkeit an lebensweltliche Kontexte anzuschließen. Anders formuliert: Der Begriff der Zivilgesellschaft dient in der Habermasschen Diagnose als analytisches Raster zur Bestimmung jener Strukturen, die als Bindeglied zwischen der Lebenswelt und dem politischen System in modernen Gesellschaften fungieren.[8] Zivilgesellschaft erscheint dabei idealiter als Kontrast und Korrektiv zu einer unflexiblen politisch-administrativen Macht sowie einer ausschließlich profitorientiert operierenden ökonomischen Funktionslogik. Die großen Themen der öffentlichen Debatten der letzten Jahrzehnte, wie Wettrüsten, Atomenergie, Verelendung der Dritten Welt, Ökologie, Genforschung, belegen nach Habermas (461), dass zivilgesellschaftliche Kommunikationskontexte und die an sie anschließenden Prozesse öffentlicher Meinungsbildung im Vergleich zu den politischen Entscheidungszentren vielfach über sensitivere Mechanismen der Problemwahrnehmung verfügen. Denn die genannten Themen sind, wie Habermas hervorhebt, nicht vom politischen

---

8 Siehe umfänglicher, als dies hier möglich ist, zur weitläufigen und vielschichtigen Diskussion zum zeitdiagnostisch relevanten Konzept der Zivilgesellschaft Heming (1997: 231-262), Kneer (1997).

Establishment oder den Vertretern großer Organisationen oder gesellschaftlicher Funktionssysteme aufgeworfen worden, sondern entfalteten ihre öffentliche Wirksamkeit über intellektuelle Zirkel hinaus durch sukzessiv sich verdichtende strukturelle Handlungskontexte von Bürgerinitiativen und sozialen Bewegungen.

Der Begriff der Öffentlichkeit nimmt bei Habermas im Versuch der analytischen Fixierung des Bedingungs- und Wirkungskontextes von Zivilgesellschaft eine zentrale Stellung ein, Öffentlichkeiten gelten ihm als zivilgesellschaftliche Kristallisationskerne zur Artikulation und Bewusstmachung gesellschaftlich notwendigen Handlungs- und Gestaltungsbedarfs. Wie weiter oben gezeigt wurde, begreift Habermas Verständigung als unumgängliche Ressource und Basis sozialer Handlungskoordination. Im Anschluss lässt sich Öffentlichkeit auf makrosoziologischer Ebene auch und gerade angesichts der Komplexität und dezentralen Struktur moderner Gesellschaften als ebenso unvermeidlicher gesellschaftlicher Verständigungsmechanismus bestimmen. Folglich entwirft Habermas eine Skizze der Gegenwartsgesellschaft, die entgegen aller funktionalen und kulturellen Diversifikation dennoch mit Öffentlichkeit „eine Arena für die Wahrnehmung, Identifizierung und Behandlung gesamtgesellschaftlicher Probleme ausdifferenziert." (365)

Allerdings lässt sich konstatieren, dass es keineswegs um direkte öffentliche Interventionen in von außen kaum noch durchschaubare interne Operationsweisen und Kreisläufe gesellschaftlicher Teilsysteme gehen kann.[9] Denn diese erfüllen für die Gesamtgesellschaft jeweils unabdingbare Reproduktionsfunktionen und müssen daher in ihrem Funktionskern unberührt bleiben.[10] Öffentlich formulierte lebensweltliche Ansprüche und Krisenwahr-

---

9 Dies bedeutet, dass Öffentlichkeit in komplexen Gesellschaften kaum noch in Gestalt eines kollektiv handlungsfähigen Akteurs auftritt, abgesehen von wenigen historischen Momenten der Zeitgeschichte, sondern sich primär in der Einhaltung strukturierter Kommunikationsformen und institutionalisierter Verfahrensweisen der Einflussnahme äußert. So gilt nach Habermas auch für soziale Bewegungen und Bürgerinitiativen, die er als Ausdruck gesellschaftlichen Problembewußtseins identifiziert, dass deren öffentlich inszenierte Regelverletzungen nur vorübergehend sein können. Öffentlicher Protest auch und gerade in Form zivilen Ungehorsams muss demnach in demokratischen Gesellschaften letztlich immer darauf abzielen, die Parameter der verfassten politischen Willensbildung und Entscheidungsfindung (Parlamente, Parteien, Rechtsprechung) zu beeinflussen. Weiterführend zu Habermas' Öffentlichkeitsverständnis siehe Heming (1997).

10 Im Anschluss lässt sich folgern, dass etwa der Zusammenbruch des Ostblocks wesentlich dadurch bedingt wurde, dass eine Ausdifferenzierung relativ autonomer gesellschaftlicher Funktionssysteme sich gerade nicht vollziehen konnte. Alle Bereiche gesellschaftlichen Lebens wurden durch eine politische Ideologie panoptisch überformt, die den Eigenwert spezifischer Funktionsmechanismen, wie z.B. demokratischer Verfahrensweisen und einer marktregulierten Ökonomie, aufgrund ihres absoluten Hegemonieanspruches nicht zur Kenntnis nehmen konnte. Infolge dessen konnte sich die

nehmungen könnten nur schwerlich ohne Einschränkung der Leistungsfähigkeit unvermittelt und bruchlos als Parameter für die Funktionsweise von gesellschaftlichen Teilsystemen übersetzt werden.

Im System der *Rechtsschöpfung und -anwendung* meint Habermas jenen Mechanismus zu identifizieren, der die Vermittlungsfunktion zwischen System und Lebenswelt ausüben kann und zugleich in der Lage ist, den Integrationserfordernissen komplexer Gesellschaften gerecht zu werden. Zwar verfügen moderne Lebenswelten und deren zivilgesellschaftliche Akteure mittels der Umgangssprache über ein gesellschaftsweit fungibles Medium der Verständigung, das insbesondere die wechselseitige Verkettung unterschiedlicher Öffentlichkeiten erlaubt. Jedoch kann erst der Rechtscode lebensweltliche Ansprüche in eine für die gesellschaftlichen Teilsysteme verständliche Sprache transformieren. Hatte Habermas noch im Rahmen seiner Kolonialisierungsthese das Recht nicht zuletzt als wesentliche Ursache der Bürokratisierung lebensweltlicher Struktur- und Handlungszusammenhänge identifiziert, so erscheint es nunmehr primär als Medium gesellschaftlicher Integration. So gewährleistet das Recht in modernen Gesellschaften, gerade indem es deren unaufgebbare Komplexität in Rechnung stellt, „daß das Netz der sozialintegrativen gesamtgesellschaftlichen Kommunikation nicht reißt. Nur in der Sprache des Rechts können normativ gehaltvolle Botschaften *gesellschaftsweit* zirkulieren." (78) Demnach trägt es „in modernen Gesellschaften die Hauptlast der sozialen Integration" (60) und erweist sich, obschon es empirisch nicht selten ein nur begrenzt taugliches politisches Steuerungsinstrument darstellt, in Konsequenz als einzig noch möglicher Ausdruck des normativen Selbstverständnisses komplexer Gesellschaften.

Aus der besonderen integrativen Funktion des Rechtes in modernen Gesellschaften folgert Habermas, dass die Prozesse und Strukturen der Rechtsgenese (Parlamente), Rechtsinterpretation sowie Rechtsanwendung (Gerichte, öffentliche Verwaltungen) resonanzfähig und sensibel bleiben müssen für lebensweltlich formulierte Impulse und Krisenwahrnehmungen. Dazu entwirft er sein oben bereits genanntes Konzept einer deliberativen Politik, in das die Komponenten von Zivilgesellschaft, Öffentlichkeit und Rechtsstaat einfließen und das er als Umsetzungsmodus „einer sich selbst organisierenden *Rechtsgemeinschaft*" (396) begreift. Das System der Rechtsschöpfung und -anwendung ist demzufolge primärer Bezugspunkt einer gemeinwohlorientierten Politikformulierung in funktional differenzierten Gesellschaften und avanciert, folgen wir dieser Einschätzung, zum bedeutsamsten Kristallisations- und Ankerpunkt von gesellschaftlichen Partizipations- und Gestaltungsansprüchen. Und so formuliert Habermas, dass „der Rechtsstaat ohne radikale Demokratie nicht zu haben und nicht zu erhalten ist" (13), und plä-

---

sachlogische Effizienz und Effektivität der gesellschaftlichen Teilsysteme (Politik, Administration, Ökonomie, Wissenschaft etc.) nicht entfalten.

diert für einen Zuwachs an bürgerschaftlichen Einflussmöglichkeiten in Gestalt der Institutionalisierung einer über Experten hinausgehenden Rechtsöf-
fentlichkeit und durch Praktiken der Verwaltungsbeteiligung (530-531). Diese Verfahrensweisen sollen zu einer verstärkten Begründungspflichtigkeit
von rechtlichen und politisch-administrativen Prozessen gesellschaftlicher
Problembearbeitung beitragen und dem Bürger einen Zuwachs an Möglichkeiten der Einflussnahme bieten.

Der Prozess der Rechtsinterpretation und -fortbildung ist für moderne Gesellschaften, zumal wenn er sich in öffentlichen Diskursarenen realisiert, nach
Habermas ein nie gänzlich abschließbarer Verhandlungs- und Lernprozess, der
eine je zeitspezifisch konkrete, d.h. den wechselnden sozialen, funktionalen und
normativen Anforderungen gemäße Neubestimmung der Kernaufgaben staatlichen Handelns sowie der Bereiche gesellschaftlicher Selbstregulation erlauben
soll. Dies ist ein Rechtsverständnis, welches, wie unschwer zu erkennen ist, im
Kontrast zur Strukturentwicklung des realen politischen Prozesses in westlichen Gegenwartsgesellschaften formuliert ist und angesichts der immer evidenter werdenden Konturen einer global society ungleich komplexeren Realisie-
rungsbedingungen ausgesetzt wird. Reale politische Strukturen und Prozesse
sind faktisch oftmals gekennzeichnet durch (1) eine Verselbständigung administrativer Macht, (2) ein nicht demokratisch legitimiertes Einflusspotential res-
sourcenstarker partikularer Interessenträger und (3) etablierte politische Akteure, die über ihre originären Funktion der demokratischen Meinungs- und Willensbildung hinaus das politische System und die Öffentlichkeit für ihre Interessen weithin okkupieren. Dies sind allesamt Entwicklungslinien, die Habermas in seiner Diagnose im Anschluss an die empirischen Befunde durchaus zur
Kenntnis nimmt (399-467), woraus er aber gerade die Notwendigkeit einer verstärkten Aktivierung von Gemeinsinn und Solidarität in Gestalt agiler zivilge-
sellschaftlicher Akteure und Öffentlichkeiten ableitet.

Neue alte Konfliktlinien

Die Notwendigkeit eines sozialen Ausgleich verbürgenden politischen Prozesses gestaltet sich perspektivisch, folgen wir Habermas, um so dringlicher,
da der Umstand immer sichtbarer wird, „daß heute in den fragmentierten Gesellschaften der OECD-Welt Wohlstand und soziale Sicherheit einer Bevöl-
kerungsmehrheit zunehmend mit der Segmentierung einer ... in beinahe allen
Dimensionen benachteiligten Unterklasse einhergehen" (425)[11] und „sich

---

11 Das Entstehen von Unterklassen kann als Ergebnis von sich kumulierenden Exklusio-
nen aus dem Beschäftigungssystem, der Weiterbildung, staatlichen Transferleistungen,
dem Wohnungsmarkt und familiärem Rückhalt verstanden werden. „Diese pauperisier-
ten, weitgehend segmentierten Gruppen können ihre soziale Lage nicht mehr aus eige-

Lebensbedingungen der vormals Dritten Welt in den Zentren der Ersten ausbreiten." (Habermas 1996: 148) Diese Entwicklung beurteilt Habermas (1995: 186) im Wesentlichen als Resultat einer Politik, die für das Ziel internationaler Wettbewerbsfähigkeit hohe Dauerarbeitslosigkeit und den Abbau sozialer Sicherungsleistungen toleriert und so in Richtung der Aufkündigung des in westlichen Gesellschaften bislang integrationsstiftenden sozialstaatlichen Kompromisses tendiert.[12] Demnach meldet sich die alte soziale Frage materieller Verteilungsgerechtigkeit, die zu Zeiten vermeintlich unbegrenzt möglichen wirtschaftlichen Wachstums in der westlichen Welt kaum noch von Brisanz erschien und durch die Entfaltung postmaterialistischer Wertemuster überlagert wurde, mit neuer Vehemenz zurück. Dies führt, wie Habermas resümiert, zu einer Zuspitzung der Integrationsproblematik komplexer Gesellschaften.

Infolge der sich verstärkenden Dynamik des wachsenden sozialen Ausschlusses einer starken Minderheit in den westlichen Gegenwartsgesellschaften sieht Habermas (1998a: 68) Krisentendenzen heraufziehen, „die die Integrationsfähigkeit einer liberalen Gesellschaft zu überfordern drohen" und damit zugleich deren demokratische Stabilität gefährden. Die zunehmende Exklusion von Bevölkerungsteilen aus gesellschaftlichen Kommunikations-, Funktions-, Leistungs- und Sinnzusammenhängen bedeutet keineswegs, dass sich ein „Bündel marginalisierter Gruppen" (Habermas 1995: 186) politisch folgenlos von der Gesellschaft separieren lässt. Und so sieht Habermas, falls der Entstehung einer immer breiteren *underclass* nichts entgegengesetzt wird, in den westlichen Gesellschaften langfristig soziale Verwahrlosungsprozesse und Spannungen entstehen, die nur noch mit repressiven Mitteln kontrollierbar sind und den Ausbau eines immer umfänglicher angelegten staatlichen Sicherheitssystems bedingen. Diese von Habermas in Ansätzen bereits als vorhanden diagnostizierte Entwicklung deutet er insgesamt als Indiz dafür, dass „die Quellen der gesellschaftlichen Solidarität [aus-]trocknen" (Habermas 1996: 148) und in den westlichen Gesellschaften desintegrative Tendenzen anwachsen, „die heute den demokratischen Prozeß auch zum Instrument einer starke Minderheiten ausgrenzenden Mehrheitsherrschaft machen." (Habermas 1996: 379) Um so mehr erscheint nach Habermas ein politischer Prozess geboten, der auch gesellschaftlichen Rand- und Problemgruppen mittels deliberativer Verfahrensweisen Gehör verschafft.

---

ner Kraft wenden." (Habermas 1998a: 68) Siehe auch den Beitrag zu Bourdieu und seiner Forschungsgruppe in diesem Band.

12 Ein Kompromiss, der im Kern die Verbindung eines marktwirtschaftlichen Kapitalismus mit demokratischer Freiheit sowie verbreitetem Wohlstand und sozialer Sicherheit beinhaltet und der vor allem die konstante Attraktivität des westlichen Gesellschaftsmodells begründet.

Schlussbetrachtung

Für die von Habermas entfaltete Gegenwartsdiagnose erweist sich infolge der Architektur seiner Gesellschaftstheorie das Verhältnis von System und Lebenswelt als analytischer Bezugspunkt der Bestimmung von gesellschaftlichen Konfliktlinien und Gefährdungspotentialen. Grundlegend verortet er den Zustand und mögliche Entwicklungen der westlichen Gegenwartsgesellschaften im Widerstreit von System- und Lebensweltimperativen. Demgemäß widmet er sich in besonderer Weise jenen prozessualen Mechanismen, die eine Abstimmung und Koordinierung von divergierenden Interessenlagen und Handlungslogiken am Maßstab gesamtgesellschaftlicher Entwicklungsperspektiven und -notwendigkeiten erlauben.

Die Ausdifferenzierung von partikularen Kulturen, funktional spezifizierten Teilsystemen und kollektiven Akteuren betrachtet Habermas als Differenzierungsgewinn moderner Gesellschaften. Allerdings bedarf dies dort einer partiellen Korrektur oder Einschränkung, wo es den Bestand des gesellschaftlichen Ganzen gefährdet, wo also aus Teilkulturen und Subsystemlogiken Entwicklungsdynamiken erwachsen, die – beispielsweise als Fremdenfeindlichkeit, Einschränkung demokratischer Grundrechte, ökologische Gefahren, Arbeitsplatzvernichtung – gesellschaftlich nicht tolerierbare Kosten verursachen. Daraus lässt sich ableiten, dass in den Funktions- und Reproduktionsabläufen westlicher Gegenwartsgesellschaften ein nicht gänzlich auflösbares, weil strukturimmanentes Gefährdungspotential eingelassen ist. Dem können nur institutionell verdichtete Netzwerke kommunikativer Austauschprozesse entgegenwirken, die Habermas im Selbstverständnis und in den politischen Ordnungskonzepten der westlichen Welt kulturell und verfassungsmäßig bereits grundsätzlich verankert sieht.

Das Bedingungsgefüge, das auch perspektivisch die Anpassungs- und Wandlungsfähigkeit und nicht zuletzt die Integrationskraft komplexer Gesellschaften gewährleisten kann, erblickt Habermas: (1) im Zusammenspiel von privater und öffentlicher Autonomie einer selbstbewussten Bürgerschaft und einer dadurch zum Ausdruck gelangenden Zivilgesellschaft; (2) in einer über deliberative Strukturen für zivilgesellschaftliche Impulse offenen Funktions- und Aufgabenbestimmung des demokratischen Staates und seiner Institutionen sowie (3) in der rechtlich regulierten Rückbindung der einzelnen Funktionssysteme an eine gesellschaftspolitische Verantwortung. Die Entwicklungsrichtung und -dynamik der westlichen Gegenwartsgesellschaften ist demnach, neben unvorhersehbaren Kontingenzen, nicht zuletzt davon abhängig, ob und inwieweit sie dazu fähig sind, ein über teilsystemische Orientierungshorizonte und kulturelle Partikularismen hinausweisendes Selbstbewusstsein als Verantwortungs- und Problemlösungsgemeinschaft präsent zu halten und mittels eines funktionsstarken demokratischen Prozesses stets erneut hervorzubringen.

Literatur

Habermas, Jürgen, 1981a: Theorie des kommunikativen Handelns. Bd. 1. Frankfurt/M.: Suhrkamp.

Habermas, Jürgen, 1981b: Theorie des kommunikativen Handelns. Bd. 2. Frankfurt/M.: Suhrkamp.

Habermas, Jürgen, 1985a: Der philosophische Diskurs der Moderne. Frankfurt/M.: Suhrkamp.

Habermas, Jürgen, 1985b: Die neue Unübersichtlichkeit – Kleine politische Schriften V. Frankfurt/M.: Suhrkamp.

Habermas, Jürgen, 1990: Vorwort zur Neuausgabe von 1990. In: Jürgen Habermas, Strukturwandel der Öffentlichkeit. Frankfurt/M.: Suhrkamp, 11-50.

Habermas, Jürgen, 1992: Faktizität und Geltung. Beiträge zur Diskurstheorie des Rechts und des demokratischen Rechtsstaats. Frankfurt/M.: Suhrkamp.

Habermas, Jürgen, 1995: Die Normalität einer Berliner Republik. Kleine politische Schriften VIII. Frankfurt/M.: Suhrkamp.

Habermas, Jürgen, 1996: Die Einbeziehung des Anderen. Studien zur politischen Theorie. Frankfurt/M.: Suhrkamp.

Habermas, Jürgen, 1998a: Jenseits des Nationalstaats? Bemerkungen zu Folgeproblemen der wirtschaftlichen Globalisierung. In: Ulrich Beck (Hrsg.), Politik der Globalisierung. Frankfurt/M.: Suhrkamp, 67-84.

Habermas, Jürgen, 1998b: Aus Katastrophen lernen? Ein zeitdiagnostischer Rückblick auf das kurze 20. Jahrhundert. In: Jürgen Habermas, Die postnationale Konstellation. Politische Essays. Frankfurt/M.: Suhrkamp, 65-90.

Heming, Ralf, 1997: Öffentlichkeit, Diskurs und Gesellschaft. Zum analytischen Potential und zur Kritik des Begriffs der Öffentlichkeit bei Habermas. Wiesbaden: Deutscher Universitätsverlag.

Kneer, Georg, 1997: Zivilgesellschaft. In: Georg Kneer/Armin Nassehi/Markus Schroer (Hrsg.), Soziologische Gesellschaftsbegriffe. Konzepte moderner Zeitdiagnosen. München: Fink, 228-251.

Peters, Bernhard, 1993: Die Integration moderner Gesellschaften. Frankfurt/M.: Suhrkamp.

UTE VOLKMANN

Das Projekt des schönen Lebens –
Gerhard Schulzes „Erlebnisgesellschaft"

Gerhard Schulze, geboren 1944, studierte Soziologie, Volkswirtschaftslehre, Sozialpsychologie, Sozialpolitik und öffentliches Recht an den Universitäten München und Erlangen-Nürnberg. In seiner Dissertation und seiner Habilitationsschrift setzte er sich zunächst mit jugendsoziologischen Themen auseinander. Heute ist er Professor für Methoden der empirischen Sozialforschung an der Universität Bamberg. Mit „Die Erlebnisgesellschaft" legte Schulze 1992 eine durch umfangreiches empirisches Material belegte kultursoziologische Studie vor. Das Werk wurde primär im Rahmen der Debatte über Lebensstile und soziale Milieus in der soziologischen Ungleichheitsforschung sowie im Rahmen kultursoziologischer Auseinandersetzungen mit der modernen Geselschaft diskutiert. Das zeitdiagnostische Potential scheint erst jetzt zunehmend Beachtung zu finden, nicht zuletzt, weil Schulze selber in dem Aufsatz „Steigerungslogik und Erlebnisgesellschaft" (1997) diesen Aspekt explizit herausstellt.[1] Seine Publikation, „Die Kulissen des Glücks – Streifzüge durch die Eventkultur" (1999), schließt hieran an.

Gerhard Schulzes Gegenwartsanalyse in dem Buch „Die Erlebnisgesellschaft"[2] setzt an der gesellschaftlichen Mikroebene an. Sein Erkenntnisinteresse richtet sich auf die spezifischen Rationalitäten, die dem Alltagshandeln der Akteure in der bundesrepublikanischen Wohlstandsgesellschaft Ende des 20. Jahrhunderts zugrunde liegen.[3] Dabei bildet die Subjektivität der Akteure zwar den Ausgangspunkt, aber als Soziologe richtet Schulze den Fokus seiner Analyse auf die Gemeinsamkeiten ihrer kognitiven Haltungen und ihrer kulturellen Praxis:

---

1 Vgl. auch Funke (1997).
2 Seitenzahlen ohne Jahreszahl beziehen sich im Folgenden hierauf.
3 Die Daten, auf die Schulze sich in seiner Studie bezieht, wurden 1985 in Nürnberg erhoben. Doch wie Horst W. Opaschowski (1995) in seiner an Schulze angelehnten Studie zum Freizeitverhalten dokumentiert, hat das Modell „Erlebnisgesellschaft" inzwischen auch in Ostdeutschland sowohl in den Köpfen als auch in der Praxis Einzug gehalten.

Alle zentralen Aussagen sind Versuche, intersubjektive Strukturen der gegenwärtigen Gesellschaft zu rekonstruieren. Individualisierung bedeutet nicht Auflösung, sondern Veränderung von Formen der Gemeinsamkeit. (24)

Schulze gibt mit der These der *Erlebnisgesellschaft* eine Antwort auf die Frage, wie sich soziale Ordnung in einer hochgradig individualisierten Gesellschaft konstituiert:[4]

Der kleinste gemeinsame Nenner von Lebensauffassungen in unserer Gesellschaft ist die Gestaltungsidee eines schönen, interessanten, subjektiv als lohnend empfundenen Lebens. (37)

Diese Lebenshaltung, ehemals ein Privileg der Angehörigen der höheren Schichten, wurde infolge geänderter Lebensbedingungen zum Massenphänomen und drang zudem in immer mehr gesellschaftliche Handlungsbereiche vor. Innenorientiertes, genauer: erlebnisorientiertes Denken und Handeln wurde somit aufgrund der wachsenden Bedeutung von Subjektivität zur letzten Gemeinsamkeit aller Akteure.

Für Schulze (1993: 405) stellt sich die Erlebnisgesellschaft als Übergangszustand dar, als „Momentaufnahme unserer Gesellschaft im Prozeß der Veränderung." Da die empirischen Untersuchungen Mitte der achtziger Jahre durchgeführt wurden, drängt sich somit zwangsläufig die Frage auf, ob die Bundesrepublik diesen gesellschaftlichen Zustand nicht womöglich schon hinter sich gelassen hat. Hätte man es dann noch mit einer Gegenwartsdiagnose zu tun?

Die Erlebnisgesellschaft war ein erster kollektiver Antwortversuch auf die Frage nach dem Glück. Wenn diese Antwort sich nun als unzureichend herausstellt, wie könnte dann eine bessere, dem Menschen angemessenere Lebensphilosophie aussehen? Auf dieser Suche befinden wir uns jetzt. (Schulze 1997: 93)

Die Strukturen der Erlebnisgesellschaft sind demnach auch heute noch nicht obsolet. Schulze konstatiert allerdings eine wachsende Sensibilität der Akteure für die Probleme, die ihre erlebnisorientierte Lebensweise mit sich bringt. Doch was genau verbirgt sich hinter dem Begriff Erlebnisgesellschaft?

Entgrenzung – die Genese der Erlebnisgesellschaft

Mit der kontinuierlichen Anhebung des Lebensstandards des Großteils der Bevölkerung seit Mitte der sechziger Jahre des 20. Jahrhunderts entwickelte sich nach und nach die strukturelle Basis, auf der die Erlebnisgesellschaft entstehen konnte. Schulze hebt diesbezüglich zwei miteinander verzahnte Entwicklungen hervor.

---

4   Siehe zum Thema „Individualisierung" auch den Beitrag über Ulrich Becks „Risikogesellschaft" in diesem Band.

Im Alltagsleben der Akteure sind es vor allem die steigenden Einkommen sowie die Reduzierung der Arbeitszeit. Die Menschen haben zunehmend mehr Freizeit gewonnen, die sich zudem aufgrund der über das Lebensnotwendige hinausreichenden Verfügbarkeit von Ressourcen und durch den Abbau formaler oder informaler Zugangsbarrieren zu vielen gesellschaftlichen Ereignissen als immer gestaltbarer erwies.[5] Der Aspekt Freizeitgewinn steht in engem Kausalzusammenhang mit der Technisierung nicht nur der Arbeitswelt, sondern des gesamten Alltagslebens. So wurde beispielsweise auch das erforderliche Zeitbudget für die Hausarbeit in immer größerem Maße mittels technischer Geräte auf einen Bruchteil der vordem zu veranschlagenden Zeit reduziert. Oder durch die Anschaffung eines Autos konnte die Zeit verkürzt werden, die man für notwendige Besorgungen aufwenden musste. Kurzum: Durch ein Mehr an Zeit, Geld, Technik und Mobilität waren die Akteure immer besser mit den „Potentialen der Erlebnisnachfrage" ausgestattet (539).

Parallel dazu hat auf Seiten des Wirtschaftssystems eine Vervielfachung von Angeboten an Waren und Dienstleistungen stattgefunden. Ein riesiger Markt hat sich entwickelt, auf dessen zentrale Bedeutung für die Dynamik der Erlebnisgesellschaft noch näher eingegangen wird.

Schulze erfasst diesen sozialen Wandel analytisch als Veränderung des Verhältnisses von Subjekt und Situation. Beide Seiten stehen in einem Wechselverhältnis zueinander. In einer Situation, die durch Ressourcenmangel gekennzeichnet ist, wird ein Akteur bestrebt sein, auf die als beengend empfundene Lebenssituation verändernd einzuwirken. Er wird versuchen, seinen Lebensstandard zu verbessern, sei es durch das Bestreben, selber beruflich aufzusteigen, oder auch dadurch, seinen Kindern eine qualifizierte Ausbildung zu ermöglichen. All dies setzt voraus, dass man sich mit der gegebenen Situation bewusst auseinandersetzt, dass man sich gewissermaßen „voll und ganz" auf sie einlässt.

Im Zuge der genannten Veränderungen hat sich dieses Subjekt-Situation-Verhältnis gewandelt. Die Situation betrifft die Akteure nun in anderer Weise als zuvor. Sie schränkt nicht mehr ein, sondern legt dem Subjekt lediglich bestimmte Optionen nahe oder löst diese aus.[6] Handeln wurde *entgrenzt* und damit die freie Wahl zur neuen Notwendigkeit im Alltagsleben:

> Entgrenzung heißt Zunahme der Möglichkeiten; die Erhöhung der Konsumchancen ist nur einer von vielen Aspekten. Gemeint ist nicht bloß ein Wohlstandsphänomen, sondern ein Modernisierungsphänomen, das auch durch Arbeitslosigkeit, Rezession und Stagnation der Realeinkommen nicht vertrieben werden wird. (Schulze 1997: 86)

---

5 Schulze (499-501) betont hier besonders die Ausweitung der Partizipationschancen im Bereich der Kultur. Im Zuge einer Demokratisierungspolitik seit den sechziger Jahren des 20. Jahrhunderts wurde darauf hingewirkt, z.B. das klassische Theater für alle Bevölkerungsgruppen zu öffnen.

6 Siehe auch den Beitrag zu Peter Gross' Theorie der „Multioptionsgesellschaft".

Denn nicht nur Waren, sondern Situationen selbst werden zunehmend frei wählbar. Man kann, beziehungsweise muss selbst entscheiden, ob man sich einer bestimmten Situation überhaupt aussetzen will. Zumindest für den Bereich der Freizeit gilt dieses Prinzip relativ durchgängig. Ob ich ins Kino gehe oder in „meine" Szenekneipe oder vielleicht doch lieber mit dem Mountainbike eine Runde durch den Wald fahre, bleibt letztlich meine freie Entscheidung:

> An die Stelle der Situations*arbeit*, kennzeichnend für die einwirkende Existenz, tritt in der wählenden Existenz das Situations*management*, das Nehmen und Entsorgen von Lebensumständen. (Schulze 1997: 87)

Und dass das Handeln eines Individuums, welches unter einer Vielzahl von Möglichkeiten wählen kann, in viel stärkerem Maße von den subjektiven Intentionen geprägt ist, als wenn es nichts zu entscheiden gäbe, liegt auf der Hand: „Das Subjekt tritt soziologisch in den Vordergrund." (Schulze 1992b: 75) Dabei bleiben die Akteure ihren individuellen Erfahrungen verhaftet, und somit haben Situationen – wenn auch vergangene – nach wie vor eingrenzende Wirkungen auch auf die aktuelle Handlungspraxis. Schulze redet also keiner subjektiven Willkür das Wort.

Die Orientierungskrise: Von der Außen- zur Innenorientierung

Mit der Entgrenzung der Lebenssituation verändern sich auch die Wahrnehmungs-, Bewertungs- und Einstellungsmuster und damit die kognitive Orientierung der Akteure:

> Angebotsexplosion, Ausweitung der Konsumpotentiale, Wegfall von Zugangsbarrieren, Umwandlung von vorgegebener in gestaltbare Wirklichkeit: die Erweiterung der Möglichkeiten führt zu einem Wandel der Lebensauffassungen. Man befindet sich in einer Situation, die besser als Entscheidungssog denn als Entscheidungsdruck zu bezeichnen ist. (58)

In der unmittelbaren Nachkriegszeit bis hinein in die sechziger Jahre war der Fokus der Akteure primär auf die Situation gerichtet und damit außenorientiert. Diese Außenorientierung fand ihren Niederschlag in allen Bereichen der Alltagspraxis. So stand im Rahmen normativer Neuorientierung und des Strebens nach materieller Absicherung die Erwerbsarbeit im Mittelpunkt. Im Hinblick auf Konsumentscheidungen waren der primäre Gebrauchswert und die Qualität der Güter ausschlaggebend. Ein Paar Schuhe musste vor allem haltbar sein. Mit der Ausweitung von Angeboten wurde diese Orientierung dann zum Problem.

Das Wechselspiel zwischen den gesellschaftlichen Teilbereichen Wirtschaft und (Natur-)Wissenschaft sowie den an Nutzen, Qualität und Reichtum orientierten Akteuren setzte in der „industriegesellschaftlichen Moderne"[7] eine „Zirkularstimulation der Steigerung" in Gang (Schulze 1997: 79). Dieser Steigerungsprozess, in dessen Folge das Wohlstandsniveau immer weiter angehoben wurde, führte hinsichtlich der wirtschaftlichen Produktion nicht nur zu einer immer breiter werdenden Angebotspalette, sondern auch zur Perfektionierung der Produkte im Hinblick auf Qualität und Funktionalität. Diese auf den ersten Blick positive Entwicklung hatte jedoch ambivalente Folgen, denn die drei Kategorien Nutzen, Qualität und Reichtum büßen dabei zunehmend ihre orientierenden Funktionen ein:

• Mit steigendem Wohlstandsniveau wird es zunehmend schwieriger, einen „äußeren" Nutzen von Gegenständen zu definieren, da die Mehrzahl der angebotenen Produkte für das rein physische Überleben der Akteure kaum noch relevant ist.
• Mit der wissenschaftlich-technischen Perfektionierung der Produkte nehmen objektive Qualitätsunterschiede zwischen den Waren ab.
• Mit dem steigenden materiellen Lebensstandard aller verliert die Orientierung an sozialem Aufstieg, d.h. an der Reichtumskategorie, ihre Bedeutung für das Alltagsleben: Wem es bereits „gut" geht, der kann eine weitere Anhebung seines Lebensstandards kaum noch konkret erfahren.

Die Steigerungslogik der Industriegesellschaft führte am Ende des 20. Jahrhunderts zu einer Orientierungskrise, und zwar sowohl auf der Seite der Produzenten im Wirtschaftssystem als auch auf der Seite der Konsumenten. Wussten die einen nicht, in welche Richtung sie ihre Produktentwicklung steuern sollten, so fehlte es den anderen an Maßstäben, um aus dem Überangebot die richtige Auswahl treffen zu können. Resultat war ein „Orientierungsdruck, der gerade dadurch entsteht, daß der ökonomische Druck nachläßt" (258).

Diese Orientierungslosigkeit löste Schulze zufolge „eine Art kopernikanische Wende des Alltagsdenkens" (Schulze 1997: 83) aus, indem sich die Handlungsziele der Akteure von der Situation in das Subjekt verlagern: Je größer die Vielfalt von Angeboten gleicher außenorientierter Zweckbestimmung ist, desto mehr treten innenorientierte Motive in den Vordergrund. (428) Da die ökonomischen Kriterien von wichtig/unwichtig (Nutzenkategorie), gut/schlecht (Qualitätskategorie) und viel/wenig (Reichtumskategorie) als Orientierungsmaßstäbe nicht mehr greifen, tritt jetzt der psychophysische Akt des Erlebens in den Vordergrund, welcher über den Konsum von Gütern und Dienstleistungsangeboten im Subjekt ausgelöst wird. Der Erlebnischarakter von Produkten, ehemals lediglich ein Nebeneffekt, wird zum zentralen Gesichtspunkt für die Konsumentscheidung:

---

7 Ich verwende diesen Begriff im Sinne von Ulrich Becks „Erster Moderne", um den gesellschaftlichen Zustand zu charakterisieren, aus dem sich heraus der gegenwärtige Zustand der Moderne entwickelte.

Kern der Erlebnisgesellschaft, aus dem alles andere entsteht, ist ein bestimmtes Grundmuster des Denkens, das sich durch den Gegensatz von Außen- und Innenorientierung beschreiben läßt. Unter der Bedingung von Knappheit und Begrenzung richtet sich das Denken auf die Situation; es ist *außenorientiert*. Mit dem Übergang vom Einwirken zum Wählen, ausgelöst durch die Entgrenzung der Situation, wird das Denken *innenorientiert*: Es bezieht sich auf Ziele in uns selbst – Gefühle, psychophysische Prozesse, Erlebnisse. (Schulze 1993: 408/409)

Mit dem Übergang von der Außen- zur Innenorientierung auf der kognitiven Ebene ändert sich auch die Rationalität auf der Handlungsebene. Nach wie vor agieren die Akteure nach dem Kosten-Nutzen-Prinzip, nur zielt ihr Handeln jetzt auf einen subjektiven Prozess. Schulze bezeichnet diese „Systematisierung des Handelns" als *Erlebnisrationalität*, und meint damit die „Selbstmanipulation des Subjekts durch Situationsmanagement." (Schulze 1997: 84) Situationen und Produkte dienen dem Subjekt nur noch als Auslöser für psychophysische Prozesse:

In der außenorientierten Denkwelt haben Gefühle lediglich die Funktion der Steuerung objektiver Nutzendefinitionen, ohne zu ihrem Bestandteil zu werden; dagegen gehen sie in der erlebnisorientierten Denkwelt in die Nutzendefinition selbst ein. Der klassische Konsument lebt nach der Philosophie des Habens, der neue Konsument nach der Philosophie des Seins. (Schulze 1997: 84)

Unsicherheit und Enttäuschung – die Risiken der Erlebnisorientierung

Die bisherigen Ausführungen haben die Genese der Erlebnisorientierung erklärt. Aber woher weiß ein Akteur, ob der Konsum eines bestimmten Produkts oder eine bestimmte Freizeitaktivität zu dem angestrebten Erlebnis führt? Sicherlich kann er auf Erfahrungen zurückgreifen, z.B. wenn er zum wiederholten Male in die gleiche Kneipe geht oder den neuen Roman eines ihm bereits bekannten Autors liest. Doch auch das ist keinerlei Garantie, zumal gerade neue Reize eine Grundvoraussetzung für intensives Erleben sind.

Das innenorientierte Denken und Handeln stellt die Akteure vor neue Schwierigkeiten. „Mit der Expansion des Möglichkeitsraums treten Zielprobleme an die Stelle von Mittelproblemen." (Schulze 1993: 412) Die Frage, die den Akteur in der Erlebnisgesellschaft ständig begleitet, ist: Was will ich eigentlich? Und je mehr Möglichkeiten einem offen stehen, desto schwieriger wird es, klare Bedürfnisse zu definieren. Zu dieser Entscheidungsunsicherheit kommt aufgrund des psychophysischen Charakters von Erlebnissen ein Enttäuschungsrisiko hinzu. Da Erlebnisse erst durch reflexive Verarbeitung äußerer Ereignisse entstehen und die eigenen Reaktionen auf die gewählten Erlebnismittel nie vollständig kalkulierbar sind, kann sich ein Akteur seiner Sache sozusagen nie sicher sein. Der Gewöhnungseffekt, der durch die fortdauernde Angebotssteigerung hervorgerufen wird – das ewig Neue ist Normalität –, steigert diese beiden Probleme noch:

> Wir können versuchen, eine besonders günstige äußere Situation herzustellen, aber das angestrebte innere Ereignis, das Erlebnis, ist damit nicht identisch. Das notorische Lamento über die Umstände – „langweilig", „nichts geboten", „hat mich kalt gelassen" usw. – bezeugt den geringen Erkenntnisstand des Alltagswissens angesichts einer schieren Trivialität: Jeder ist für seine Erlebnisse selbst verantwortlich. (14)

Innenorientierte Akteure befinden sich folglich in einem grundsätzlichen Dilemma. Aufgrund ihrer Entscheidungsunsicherheit tendieren sie dazu, auf bewährte Muster und Handlungsroutinen zurückzugreifen, wodurch dann aber andererseits das Enttäuschungsrisiko wächst, weil die Erlebnisintensität mit der Zeit sinkt. Um dem entgegenzuwirken, ist der Akteur gezwungen, sich in neue Situationen zu begeben, womit sich aber wiederum die Entscheidungsfrage stellt. Diese prinzipielle Offenheit – sowohl im Hinblick auf die Situation als auch hinsichtlich des Ergebnisses – führt erneut zu einem „Orientierungsbedarf, der die Gemeinsamkeiten der Erlebnisgesellschaft erst erklärbar macht" (52):

> Es entsteht eine Bereitschaft, Dienstleistungen anzunehmen, die sich, sobald Anbieter auftreten, rasch zur Abhängigkeit entwickelt. ... Auf dem Erlebnismarkt ... werden die Ordnungserfindungen der Menschen aufgegriffen, akzentuiert und in massenhafte Angebote übersetzt. Ein wichtiger Bereich der Situation gerät in die Regie korporativ organisierter Anbieter, zu denen nicht nur der „böse" Kommerz zu rechnen ist, sondern auch die „gute" Kulturpolitik ... (360/361)

Der Erlebnismarkt und die Dynamik der Erlebnisgesellschaft

Den gesellschaftlichen Ort, an dem Erlebnisnachfrage und Erlebnisangebot aufeinandertreffen, bezeichnet Schulze als *Erlebnismarkt*. Dieser umfasst – wie bereits erwähnt – neben rein wirtschaftlichen auch kulturelle sowie massenmediale Erlebnisangebote. Aus der Sicht der Konsumenten ist diese Unterscheidung nebensächlich. Die strukturelle Differenzierung des Erlebnismarktes wird lediglich als Pluralisierung von Angeboten wahrgenommen. Versprechen sich die Konsumenten durch die Auswahl der passenden Angebote psychophysische Effekte, so wollen demgegenüber die Produzenten ihre Produkte verkaufen, d.h. sie verfolgen mehr oder minder offen ein ökonomisches Interesse.[8] Der Erlebnismarkt stellt somit eine Schnittstelle innenorientierter und außenorientierter Rationalitätstypen dar:

---

8 Auch die Inszenierung eines Bühnenstücks im städtischen Theater oder die Talkshow im Fernsehen misst ihren Erfolg an der Publikumswirksamkeit. Von großer Bedeutung

Stoßen beide Handlungstypen aufeinander ..., so wird nach kurzer Zeit der außenorientierte Typ das Gesetz des Handelns übernehmen, der innenorientierte reagieren und nur durch unkalkulierbare, scheinbar irrationale Kurswechsel und
Bocksprünge Verwirrung stiften. Doch auch dies läßt sich in außenorientierte Ri-
sikoberechnungen einplanen. Von der Rationalität des Erlebnisangebots wird die
Rationalität der Erlebnisnachfrage in den Dienst genommen. (426)

Hier wird auch nochmals deutlich, dass Schulze die Erlebnisorientierung ausschließlich auf das Konsum- und Freizeithandeln bezieht. Die Produzenten hingegen müssen zwar der Innenorientierung ihrer potentiellen Kunden im Hinblick auf die Wahl der eigenen Strategien Rechnung tragen, jedoch basieren
diese letztlich auf einer außengerichteten Interessenlage.

Doch wie kommt es zur Dominanz der außenorientierten Rationalität? Innenorientiertes Handeln ist stark von subjektiven Faktoren abhängig und daher weder berechenbar noch langfristig planbar. Demgegenüber ist außenori-
entiertes Handeln zum einen leicht zu optimieren, da die Wirkungen im Großen und Ganzen berechenbar sind. Zum anderen handelt es sich bei den Er-
lebnisanbietern im Gegensatz zu den Konsumenten meist um korporative
Akteure. Dies gilt sowohl für den Bereich der Wirtschaft, als auch für die
Bereiche der Kulturpolitik und der Massenmedien. Aufgrund dessen, dass
Korporationen unabhängig vom Wollen der beteiligten Akteure eine Tendenz
zur Selbsterhaltung inhärent ist, werden die Interaktionen zwischen Produzenten und Konsumenten mehr und mehr von den Intentionen der Einzelnen
entkoppelt. Damit gewinnt der gesamte Erlebnismarkt eine zunehmende Eigendynamik jenseits aller Steuerungsmöglichkeiten.[9]

Dadurch, dass Akteure sich in ihrem Handeln immer stärker am Erlebnismarkt orientieren, kommt diesem eine vereinheitlichende und integrierende
Funktion zu:

> Der Erlebnismarkt hat sich zu einem beherrschenden Bereich des täglichen Le-
> bens entwickelt. Er bündelt enorme Mengen an Produktionskapazität, Nachfra-
> gepotential, politischer Energie, gedanklicher Aktivität und Lebenszeit. (542)

Zugleich fungiert der Erlebnismarkt quasi als Ersatz für den Verlust an früheren Möglichkeiten kollektiver Selbsterfahrungen im Alltagsleben. Denn die
sozialen Großgruppen der Gegenwartsgesellschaft entziehen sich mehr und
mehr der Alltagswahrnehmung. Arbeitserfahrungen bilden im Zuge zunehmender „Differenzierung der Erwerbstätigkeit in tausende von partikularen
Erfahrungsfeldern" (410) keine Quelle mehr für ein Gemeinschaftsgefühl
und ein darauf basierendes milieuspezifisches Kollektivbewusstsein. Zudem
resultieren Betroffenheiten aufgrund der allgemeinen Steigerung des Lebens-

---

sowohl für die Produzenten als auch für die Konsumenten ist die Bewertung kultureller
Produkte durch die Massenmedien.

9   Ähnliche Überlegungen lassen sich bei George Ritzer finden. Siehe dazu den Beitrag
    über die „McDonaldisierung" in diesem Band.

standards immer weniger aus einer gleichen sozialen Lage, so dass auch aus diesem Grund ein kollektives „Klassenbewusstsein" gar nicht mehr zustande kommen kann. Die sozialen Bewegungen von heute sind hinsichtlich ihrer Themen gruppenübergreifend angelegt. Allerdings tragen sie nach wie vor zur kollektiven Selbsterfahrung bei, denn diejenigen, die sich in Bürgerinitiativen u.ä. engagieren, sind fast alle einem spezifischen Milieu zuzurechnen, aber eben nicht einer bestimmten sozialen Lage, wie es bei der Arbeiterbewegung der Fall war.

Generell haben sich die Kriterien für die Konstitution des Verhältnisses der Akteure zueinander gewandelt. Nicht mehr die soziale Lage, d.h. die Situation, bedingt die Zugehörigkeit zu einer sozialen Großgruppe, sondern der persönliche Stil und damit auch der Akt des Konsumierens spezifischer Erlebnisangebote. „Ohne Erlebnismarkt würden wir ... auf andere soziale Großgruppen, auf eine andere soziale Wirklichkeit stoßen." (417)[10]

Die Sozialstruktur der Erlebnisgesellschaft ist demnach eng mit dem Erlebnismarkt verknüpft. Denn mit dem Wechsel von der Außen- zur Innenorientierung geriet auch das alte hierarchische Gesellschaftsbild ins Wanken, und die Bezugspunkte für die Einordnung anderer und die Stabilisierung von Identität änderten sich. In der Industriegesellschaft waren vor allem die Lebensbedingungen ausschlaggebend, in der Erlebnisgesellschaft hingegen sind Denk- und Handlungsmuster die zentralen Kategorien bei der Konstitution sozialer Milieus. An die Stelle einer „Gemeinsamkeit des Zweckmäßigen" ist eine „Gemeinsamkeit des Zweckfreien" getreten (455).

Soziale Milieus zeichnen sich nach Schulze durch typische Existenzformen und eine erhöhte Binnenkommunikation aus. Die Akteure verorten sich selbst und andere über die Feststellung von Ähnlichkeit beziehungsweise Unähnlichkeit. Dazu bedarf es leicht dekodierbarer Zeichen. Schulze benennt vier solcher Zeichenkategorien, von denen allerdings die vierte weniger offensichtlich ist und sich erst nach dem Kennenlernen herausstellt:

- Der persönliche *Stil*,
- das *Alter*, welches einerseits als „Indikator für eine bestimmte Situationsgeschichte (Generationszugehörigkeit) und gleichzeitig als Indikator für ein bestimmtes Stadium der Subjektivitätsentwicklung (Lebenszyklus)" fungiert (Schulze 1992b: 78),
- die *Bildung*, die ebenfalls Rückschlüsse auf die Situationsgeschichte zulässt, und
- die Art und Weise des *Situationsmanagements*. „Gemeint ist die Steuerung des Nahelegens und Auslösens durch das Subjekt selbst: In welche Situationen bringt sich der andere? Mit wem lebt er zusammen, wo wohnt

---

10 Genau genommen entlasten also erst soziale Milieus die Akteure von den Risiken der Erlebnisorientierung, da die Produktpalette des Erlebnismarktes milieuspezifisch einer Art Vorsortierung unterworfen wird.

er, was macht er beruflich, welche Pläne hat er usw.?" (Schulze 1992b: 78)

Diese Zeichenbündel lassen sich bestimmten Erlebnisroutinen zuordnen. Schulze führt hier den Begriff der *alltagsästhetischen Schemata* ein, worunter er intersubjektive Muster von „Zeichen-Bedeutungs-Verbindungen" (53) versteht, die den Akteuren ganz bestimmte Erlebnisroutinen signalisieren. Er unterscheidet zwischen Hochkultur-, Trivial- und Spannungsschema. Die Milieuzugehörigkeit und damit die soziale Position von Akteuren lässt sich dann anhand von Nähe und Distanz zu diesen drei Schemata ermitteln. Schulze gelangt auf diese Weise zu fünf verschiedenen sozialen Milieus:

- *Niveaumilieu*: Nähe zum Hochkulturschema, Distanz zu den beiden anderen Schemata. Die Akteure dieser sozialen Gruppe bevorzugen „überregionale Tageszeitungen, Zeit, Spiegel, Belletristik. Musikalisch dominiert die klassische Musik ... Fast alle beteiligen sich an der Hochkulturszene, gehen ins Konzert, ins Theater, ins Museum, in die Oper, in Ausstellungen, Dichterlesungen und ähnliches." (283) Parallelen zum Bildungsbürgertum sind hier offensichtlich. Man strebt nach kontemplativem Genuss, nach Distinktion gegenüber allem Nicht-Kultivierten und nach Perfektion.
- *Harmoniemilieu*: Nähe zum Trivialschema, Distanz zu den beiden anderen Schemata. Als Pendant zur eben geschilderten sozialen Gruppe lässt sich hier eine Nähe zur Arbeiterschicht konstatieren. Man liest Zeitschriften der Regenbogenpresse und Bestsellerromane, hört Unterhaltungs- und Volksmusik, sieht Heimat- und Naturfilme sowie Game-Shows im Fernsehen. Die Akteure des Harmoniemilieus sind sehr gemeinschaftsorientiert: „Gemütlichkeit als Genußform, Harmonie als Lebensphilosophie, Antiexzentrität als Muster der Distinktion." (297)
- *Integrationsmilieu*: Nähe zum Hochkultur- und zum Trivialschema, Distanz zum Spannungsschema. „Seinen besonderen Charakter erhält das Integrationsmilieu nicht durch eigene Stilelemente, sondern durch die Kombination von Stilelementen anderer Milieus." (301) Ebenso verhält es sich mit den Mustern von Genuss, Distinktion und Lebensphilosophie. Die Merkmale des Niveau- und des Harmoniemilieus fließen auch diesbezüglich ineinander.
- *Selbstverwirklichungsmilieu*: Nähe zum Hochkultur- und zum Spannungsschema, Distanz zum Trivialschema. Aufgrund der Kombination zweier Schemata zeichnet sich diese soziale Großgruppe durch einen „Grenzverkehr" zwischen den Zeichenkonfigurationen aus: Man hört ebenso klassische Musik wie Rockmusik, der Besuch von Museen und Kunstausstellungen ist ebenso charakteristisch wie der Gang ins Kino oder in Diskotheken. Hinsichtlich der Muster des Genießens vermischen sich hier Kontemplation und Action, man distinguiert sich ebenso vom Trivialen wie vom Konventionellen, und die Lebensphilosophie ist einerseits die Perfektion und andererseits der Narzissmus.

- *Unterhaltungsmilieu*: Nähe zum Spannungsschema, Distanz zu den beiden anderen Schemata. „Orientiert am Spannungsschema, auf der Suche nach Action als Genußform, bedient sich das Milieu mehr als jedes andere solcher Erlebnisangebote, die reines Aktiviert-Werden ohne ästhetische Dekodierungsarbeit verheißen, oft in Verbindung mit Unterhaltungsmaschinen." (326)

Nimmt man die Variablen Alter und Bildung hinzu, so lässt sich die Milieustruktur der Bundesrepublik Mitte der achtziger Jahre des 20. Jahrhunderts folgendermaßen abbilden:

Bildung ⇧	Selbstverwirklungsmilleu	Niveaumilieu
		Integrationsmilieu
	Unterhaltungsmilieu	Hamoniemilieu

Alter ⇨

(Funke 1997: 313)

Beim Alter unterscheidet Schulze „grob" (± 5 Jahre) diejenigen, die unter 40 Jahre alt sind, von den über 40jährigen. Hinsichtlich des Bildungsgrades liegt die „Grenze" zwischen Unterhaltungs- und Selbstverwirklichungsmilieu auf der Ebene der Mittleren Reife.[11]

Doch unabhängig von äußeren Kriterien der Zuordnung anderer ist im Hinblick auf die eigene Zugehörigkeit zu einem sozialen Milieu der Akteur wiederum als Wählender gefordert. Zwar konstatiert Schulze einerseits eine relativ enge Korrelation zwischen Lebensstil, Alter und Bildungsniveau, doch betont er andererseits die subjektiven Präferenzen, nach denen die Akteure ihre sozialen Kontakte frei wählen:

> Der räumliche Aktionsradius ist nun schier unbegrenzt; die überwiegende Mehrheit der Bevölkerung verfügt über genügend Ressourcen, um nach Belieben Lebensstil zu kultivieren und Kontakte zu pflegen; ... das Telefon gibt die Möglichkeit, Kontakte auch bei räumlicher Distanz aufrechtzuerhalten; bindende Kontakterwartungen und Kontaktverbote ... haben nur geringe Bedeutung. (Schulze 1993: 73)

---

11 Siehe zu der Tabelle auch Schulzes „Unschärfemodell" im Anhang D (670), wo die einzelnen Bildungsabschlüsse aufgelistet sind. Augenscheinlich hat dieses Modell auch Funke (1997) als Vorlage gedient. Darüber hinaus stellt sich die Frage, ob die vertikale Grenzlinie nicht heute, d.h. 15 Jahre später, bei einem Alter von 55 ± 5 Jahren verlaufen würde, da in die Variable Alter die Generationszugehörigkeit einfließt. Zudem müßte dann auch analysiert werden, ob sich die heutige junge Generation noch den beiden „jungen" Milieus (Selbstverwirklichungs- und Unterhaltungsmilieu) zuordnen lässt, oder ob sich hier bereits neue Milieus konstituieren.

Da subjektives Erleben in den Mittelpunkt gerückt ist, steht letztlich nur das „eigene" soziale Milieu – gewissermaßen stellvertretend für den Erlebnismarkt – im Fokus des Alltagshandelns:

> Je mehr die Menschen begannen, sich mit Urlauben, Wochenenden, Garderoben, Autos, Fernsehangeboten, Illustrierten, Speisekarten, generell: mit dem Erlebnisgehalt ihrer unmittelbaren Zukunft auseinanderzusetzen, desto uninteressanter wurden andere soziale Milieus. (542)

Die gesellschaftliche Großgruppenstruktur insgesamt gerät dabei völlig aus dem Blickfeld. Und damit werden auch die Relationen, in denen diese Gruppen zueinander stehen, für den Einzelnen immer unbedeutender. War es bis in die siebziger Jahre des 20. Jahrhunderts hinein noch wichtig, sich über die kulturelle Alltagspraxis von anderen gesellschaftlichen Gruppen abzugrenzen – zuerst, um die soziale Position in der gesellschaftlichen Hierarchie sichtbar zu machen, später dann, um die normative Orientierung zu dokumentieren – so verschwand diese auf wechselseitigem Bezug basierende distinktive Alltagspraxis mit dem Übergang in die Erlebnisgesellschaft:

> Nach der Bedeutungsminderung der ökonomischen Semantik und dem Bedeutungsgewinn der psychophysischen Semantik hat sich eine Struktur des Nichtverstehens etabliert, die einhergeht mit einem Rückzug sozialer Kollektive auf sich selbst. (520)

Erlebnisgesellschaft: ein instabiler Zustand

Neben den beiden bereits angesprochenen Risiken der Unsicherheit und der Enttäuschung sowie dem daraus resultierenden Widerspruch erlebnisrationalen Handelns bringt die Innenorientierung auf Dauer aber noch weitaus tiefgreifendere Probleme für die Akteure mit sich. Denn auch auf den psychophysischen Akt des Erlebens werden die ökonomischen Kategorien des Nutzens, der Qualität und des Reichtums angewendet. Aufgrund der Subjektbezogenheit existiert aber hinsichtlich der ersten beiden Größen jetzt kein für alle Gesellschaftsmitglieder verbindlicher Bewertungsmaßstab mehr. Ein großes Problem liegt hier in der generellen Nichtkommunizierbarkeit von Erlebnissen. Ob ein Erlebnisangebot innere Prozesse aktiviert (Nutzen) und intensiviert (Qualität), ist nur noch subjektiv beurteilbar und bleibt damit schlussendlich beliebig, denn: „Erlebnisnutzen oszilliert mit der Selbstreflexion." (Schulze 1997: 89) Je nach der aktuellen psycho-physischen Verfassung des Akteurs variiert somit auch das Besser oder Schlechter ein und desselben Ereignisses. Konnte mich die Umrundung einer Talsperre mit meinen Inline-Scates letzte Woche noch begeistern, so stellt sich heute bei derselben Tour keinerlei positives Erleben ein, weil ich mich immer noch über eine „in den Sand gesetzte" Prüfung von vorgestern ärgere. Unsicherheit und Enttäu-

schungsrisiko lassen sich also im Grunde genommen noch nicht einmal minimieren, geschweige denn beseitigen.

Gravierender noch ist das Festhalten an der Reichtumskategorie. Der permanente Ausstoß des Erlebnismarktes an neuen Erlebnisangeboten hat einen
Gewöhnungseffekt zur Folge. Das „Neue" an sich kann nicht mehr befriedigen. Als einziger Ausweg gegen aufkommende Langeweile greifen die Akteure zum Mittel der Kumulation, d.h. sie streben nach immer mehr Erlebnissen in immer kürzeren zeitlichen Intervallen. Diese Verdichtung stößt aber –
anders als das bei der Außenorientierung der Fall war – an psychische Grenzen: Menschen sind nicht in der Lage, unbegrenzt viele Reize zu verarbeiten,
denn Reflexion erfordert immer ein Mindestmaß an Zeit und Aufmerksamkeit. Ereignisreichtum führt so letztendlich zur Erlebnisverarmung.

Hinzu kommt, dass die Konsumenten von Erlebnisangeboten den Versprechungen der Anbieter gewissermaßen „blind" vertrauen müssen. „Der Glau-
be des Abnehmers an zugesicherte Eigenschaften der Ware läßt die zugesi-
cherten Eigenschaften überhaupt erst entstehen." (443) So stellt die Autosug-
gestion gewissermaßen den letzten Versuch der Konsumenten dar, Unsicherheit und Enttäuschungsrisiko zu minimieren. „In einer Situation der Unsicherheit verschafft man sich das Gefühl, das Richtige zu tun." (Schulze 1999:
76) Aber da den Akteuren letztlich bewusst ist, dass es sich bei dem, was die
Ware suggeriert, um gezielt erzeugte Illusionen seitens der Anbieter handelt,
können diese Sinnkonstruktionen leicht zusammenbrechen:

> Die Strukturen der Erlebnisgesellschaft sind Ordnungskonstruktionen im Orien-
> tierungsvakuum. In einer Situation zunehmender Unbestimmtheit haben sich die
> Menschen gewissermaßen zu Notgemeinschaften der Zweckfindung zusammen-
> getan. Nichts ist zwangsläufig, alles könnte auch ganz anders sein, doch das Kol-
> lektiv suggeriert eine Selbstverständlichkeitsvermutung, an die sich die Men-
> schen nur allzu bereitwillig klammern. In Form von alltagsästhetischen Schema-
> ta, sozialen Milieus und fundamentaler Semantik haben sie den Boden, auf dem
> sie zu stehen glauben, selbst erfunden. Doch die Konstruktionen sind labil; die
> Ordnungserfindungen lassen sich jederzeit umerfinden. (Schulze 1997: 92)

> Auch persönliche Identität entpuppt sich, gleich der gesamtgesellschaftlichen, als
> Fiktion. (544)

Das Orientierungsvakuum am Ende der industriegesellschaftlichen Moderne
wird – so könnte man pointiert sagen – in der Erlebnisgesellschaft nicht aufgehoben, sondern lediglich verschleiert. Die Wendung von der Außen- zur
Innenorientierung erlaubt nur oberflächlich eine klare Zieldefinition im Alltagshandeln. Das *Projekt des schönen Lebens* bleibt hinsichtlich der individuellen Ausgestaltung diffus, den Sinn des Lebens muss jeder für sich selbst
definieren.

Zusätzlich zu diesem nach wie vor bestehenden Orientierungsproblem
verlernen die Akteure als innenorientierte Situationsmanager zunehmend die
Fähigkeit, sich auf nichtveränderbare strukturelle Gegebenheiten und be-

grenzende Situationen einzulassen und diese zu akzeptieren. Die zu beobachtende Nichtakzeptanz des biologischen Prozesses des Alterns oder die Unzufriedenheit mit dem bisherigen Lebenslauf sind Beispiele dafür. Das Gleiche
gilt auch für ökologische Probleme oder soziale Ungleichheiten, deren Wahrnehmung allein schon die Bereitschaft voraussetzt, sich Situationen zu stellen. Dass andernfalls auch kein auf Veränderung wirkendes Handeln möglich
ist, versteht sich von selbst. Innenorientierung führt somit zur kollektiv-po-
litischen Handlungsunfähigkeit.

Im Gegensatz zum innenorientierten Alltagshandeln agieren die Erlebnis-
anbieter zwar außenorientiert, aber ausschließlich im Hinblick auf ökonomischen Profit. Sowohl die Interessen der Produzenten als auch die Dynamik
des Erlebnismarktes werden daher zur Perpetuierung der Instabilität erleb-
nisgesellschaftlicher Strukturen beitragen. So sieht denn auch Schulze in einer subjektiven Verweigerungshaltung die einzige Möglichkeit, der Erlebnisgesellschaft etwas entgegenzusetzen, denn: „Man kann den Erlebnismarkt
nicht steuern, sondern höchstens verlassen." (424) Schulze stellt daher dem
zirkulären Subjekt das *eigensinnige Subjekt* gegenüber. Der Akteur muss sich
aus seiner zirkulären Existenz, in der alles „Objektive nur Kristallisations-
punkt für Gefühle ist", lösen und lernen, „sich auf etwas anderes einzulassen,
... auch jenseits seiner selbst." (Schulze 1999: 100, 102) Dieses andere meint
die Fähigkeit,

• für sich äußere Handlungsziele zu definieren,
• Wiederholungen im Alltagsleben zu genießen,
• und „mit einem Nichts zu spielen" (Schulze 1993: 419), d.h. kreativ und
  phantasievoll mit den vorhandenen Gegebenheiten umzugehen.[12]

Literatur

Funke, Harald, 1997: Erlebnisgesellschaft. In: Georg Kneer/Armin Nassehi/Markus
    Schroer (Hrsg.), Soziologische Gesellschaftsbegriffe. Konzepte moderner Zeitdi-
    agnosen. München: Fink, 305-331.
Opaschowski, Horst W., 1995: Freizeitökonomie. Marketing von Erlebniswelten. 2.,
    durchges. Aufl., Opladen: Leske + Budrich.

---

12 Schulze illustriert diesen dritten Ausweg aus der Erlebnisgesellschaft mit einer Textpas-
   sage aus den Kindheitserinnerungen von Theodor Fontane, in denen dieser den heruntergekommenen Zustand des neuen Wohnhauses der Familie beschreibt und auf ein
   Loch im Dielenfußboden des Kinderzimmers zu sprechen kommt. Da das Haus auf einer Düne erbaut ist, wurde „gerade diese Sandstelle ..., wenn wir bei schlechtem Wetter
   nicht hinaus konnten, zum bevorzugten Spielplatz für uns Kinder" (zitiert nach Schulze
   1993: 419).

Schulze, Gerhard, 1992a: Die Erlebnisgesellschaft. Kultursoziologie der Gegenwart. Frankfurt/M., New York 1993: Campus.

Schulze, Gerhard, 1992b: Situationsmodi und Handlungsmodi. Konzepte zur Analyse des Wandels sozialer Ungleichheit. In: Stefan Hradil (Hrsg.), Zwischen Bewußtsein und Sein. Die Vermittlung „objektiver" Lebensbedingungen und „subjektiver" Lebensweisen. Opladen: Leske + Budrich, 67-80.

Schulze, Gerhard, 1993: Entgrenzung und Innenorientierung. Eine Einführung in die Theorie der Erlebnisgesellschaft. In: Gegenwartskunde 42, 405-419.

Schulze, Gerhard, 1997: Steigerungslogik und Erlebnisgesellschaft. In: Politische Bildung 30, 77-94.

Schulze, Gerhard, 1999: Kulissen des Glücks. Streifzüge durch die Eventkultur. Frankfurt/M., New York: Campus.

HEINZ ABELS

Sich dem „Mehrgott" verweigern –
Zu Peter Gross' „Multioptionsgesellschaft"

Peter Gross, geboren 1941, studierte Soziologie, Nationalökonomie und Betriebs-
wirtschaftslehre an den Universitäten Zürich und Bern. Seine Promotion zum Dr.
rer. pol. erfolgte 1969 an der Universität Bern. 1979 habilitierte er sich und wurde
Privatdozent an der Universität Konstanz. Von 1980 bis 1989 war er Professor für
Soziologie und Sozialstruktur im internationalen Vergleich an der Universität
Bamberg. Seit 1989 ist er Ordinarius für Soziologie an der Universität St. Gallen.
Neben wirtschaftssoziologischen Themen und Problemen von Elternschaft und Familie befasst er sich mit Fragen, wie und wohin sich die Gesellschaft in der Moderne entwickelt und welche Konsequenzen das für das Individuum hat. Hauptwerke: „Die Verheißungen der Dienstleistungsgesellschaft" (1983), „Die Multioptionsgesellschaft" (1994), „Ich-Jagd: im Unabhängigkeitsjahrhundert" (1999).

Das Versprechen der Moderne: Nichts ist unmöglich

Manchmal schlüpft der Zeitgeist in ein Wort, bekommt Flügel und schwirrt
uns so lange um die Ohren, bis wir seinen tieferen Sinn vergessen haben und
es nur noch belachen können. Das Motto, das Peter Gross seinem Buch „Die
Multioptionsgesellschaft" (1994) voranstellt, ist ein solches. Es lautet: „Nichts
ist unmöglich".

Natürlich denken wir bei diesem Versprechen nicht daran, dass auch Ent-
setzliches möglich wäre und auch nur Schlechteres, sondern das Versprechen
heißt: mehr und besser. Was man sich erträumt, das sollte auch wirklich werden. Das ist der erste Teil des Programms der Moderne. Der zweite Teil
heißt: Was einige sich in dieser Gesellschaft zum besseren Leben ausdenken,
wird aus unterschiedlichen Gründen ganz vielen als erstrebenswert oder gar
unabdingbar eingeredet. Die Gründe können in der politischen Überzeugung
wurzeln, das bessere Leben dürfe nur egalitär sein, oder mit dem schlichten
ökonomischen Interesse zusammenhängen, möglichst vielen das Geld für
Dinge aus der Tasche zu luchsen, die „man" heute eben braucht, um mithalten zu können. Der dritte Teil des Programms der Moderne sieht schließlich
so aus: Jedem wird nicht nur eingeredet, dass das Erstrebenswerte möglich

ist, sondern dass er auch einen Anspruch darauf hat, dass es auch für ihn
selbst möglich gemacht wird.

Wollte man die umfangreiche Diagnose der Gesellschaft, die Gross vorgenommen hat, in einem Satz zusammenfassen, so könnte man deshalb
sagen: hinter allem gibt es ein Mehr und ein Besseres, jedes Mehr und
Bessere wartet darauf, realisiert zu werden, und jeder hat das Recht, dieses
Mehr und Bessere zu fordern. Gross selbst spricht vom „Mehrgott" (366).[1]
Was uns antreibt, „ist ein tief in die modernen Gesellschaften eingemeißelter
und ins Herz des modernen Menschen implantierter Wille zur Steigerung,
zum Vorwärts, zum Mehr. Auf dem Drang nach Mehr gründet die Moderne."
(11)

Prolog: Die offene Gesellschaft ohne Feinde

Als Karl Popper in der Mitte des 20. Jahrhunderts in seinem Buch „Die offene Gesellschaft und ihre Feinde" Platon, Hegel und Marx als Führergestalten
geschlossener Systeme brandmarkte, konnte kaum jemand ahnen, welche
tiefgreifenden politischen und sozialen Veränderungen am Ende des 2. Jahr-
tausends erfolgen würden. Im Kampf der Systeme scheint die offene Gesellschaft den endgültigen Sieg davon getragen zu haben. Offenheit ist der Leit-
begriff der Moderne, „der uneingeschränkt herrscht und durchgesetzt wird,
von der Persönlichkeitsbildung und dem Sozialverhalten bis zum Verhältnis
von Geschlechtern, Generationen, gesellschaftlichen Gruppen, Nationen und
Kontinenten." (14) Offen heißt, dass alles zugänglich ist, und alles kann und
„will eröffnet, ermöglicht, erschlossen werden – von allen zu allem. Zu allem, was die Moderne gegenüber der Vormoderne an Erstrebenswertem anzubieten hat – und das ist unendlich viel." (14) Hinter jeder Wirklichkeit
scheinen unendlich viele neue Möglichkeiten auf; alle wollen realisiert werden.

Entscheidet man sich für eine Option, bleiben dennoch viele andere im
Spiel, die alle zumindest die Attraktivität des Noch-nicht in sich bergen. Das
ist der Mechanismus, der die Moderne zu einem riskanten Geschäft macht.
Alle Möglichkeiten des Erlebens, Handelns und Lebens werden gesteigert.
Deshalb spricht Gross von Optionensteigerung, und deshalb auch der Titel
„Multioptionsgesellschaft".

Da überall „Lücken zwischen dem, was ist, und dem, was sein könnte",
klaffen, ächzt die Moderne unter „der Anstrengung, den Abgrund, der zwischen Wirklichkeit und Möglichkeit liegt, zu verringern." (15) Vielleicht
sollte man das Bild etwas korrigieren: Es wird uns kein Abgrund suggeriert,
sondern nur eine kleine Delle, die man mühelos überwinden kann. Man neh-

---

1   Wenn nichts anderes angegeben, beziehen sich die Seitenangaben immer auf Gross
    (1994).

me nur die Versprechungen der Werbung. Nie heißt es, dass man erst nach drei Monaten strenger Diät drei Kilo weniger auf den Rippen hat, sondern „ohne Hungern und in drei Tagen und mit viel fun". Auf sein erstes Auto braucht man nicht mehr zehn Jahre zu sparen, sondern den Kredit bekommt man sofort usw. usf. Jede Möglichkeit kann im Grunde schnell wirklich werden. So weit, so gut! Aber: Möglichkeiten können im Prinzip unendlich gedacht werden, und nach jeder Entscheidung für eine Option öffnet sich der Blick auf ein „mehr" und „noch besser". Zur kollektiven „Drift" wird das Programm der unendlichen Steigerung, weil die offene Gesellschaft jedem verspricht, gleichen Anspruch auf gleiche Teilhabe an allen Optionen zu haben. Steigerung der Optionen und Steigerung der Teilhabe bedingen sich gegenseitig. Gross, der starke Metaphern und bon mots liebt, spricht von einer „ruhelosen Mobilisierung" der Gesellschaft, die mit dem „Katechismus des Fortschritts" im Marschgepäck immer neuen Zielen zustrebt (18).

Das „Dreipunkteprogramm der Moderne" beinhaltet „die Steigerung der Handlungsmöglichkeiten, die Teilhabe an den Handlungsmöglichkeiten und die Garantierung minimaler Teilhabe an den eröffneten Handlungsmöglichkeiten." (332) Es ist ein Programm, das nicht endet, sondern immer nur Etappen vorsieht, nach denen es unaufhaltsam weitergeht, weil die Zukunft immer mehr und besseres verspricht.

Soziologisch interessant ist, wo Gross die gesellschaftlichen Ursachen und wo er die sozialen Lösungen einer Situation sieht, die er mit tiefer Sorge betrachtet. Er deutet die Ursachen in einer längeren Anmerkung an, in der er seine Gesellschaftsdiagnose chronologisch an die „Risikogesellschaft" von Ulrich Beck (1986) und an die „Erlebnisgesellschaft" von Gerhard Schulze (1992) anschließt.[2] Er schreibt:

Die Risikogesellschaft, deren Gegenstand die Entfesselung industriegesellschaftlicher Gefährdungen darstellt, ist eine Folge der ... Optionierung der Lebensmöglichkeiten und -verhältnisse einerseits, der Enttraditionalisierung andererseits. Während für Ulrich Beck die Entstandardisierung und Restandardisierung im Vordergrund der Dynamik steht, sind es für uns die aus Optionensteigerung und Obligationenverlust herrührende Individualisierung und die Gefährdungspotentiale, die vom entfaltungs- und kampfbereiten Individuum ausgehen. Und während Beck seine Hoffnung auf eine sich durch die Katastrophenwahrscheinlichkeit gleichsam selbst erzeugende »reflexive Moderne« mit einem subpolitisch gestützten »Mehr« an Einsicht, Politik, Aufklärung und Technik setzt, ist für uns dieses Mehr ein Ausdruck desselben Projektes der Moderne, durch das die neuartigen Gefährdungslagen gerade heraufbeschworen worden sind. Ob man den Teufel mit dem Beelzebub austreiben kann, ist die hier sich stellende Frage! ... Gerhard Schulzes Erlebnisgesellschaft andererseits lebt vom gewachsenen Raum der Erlebnis-Möglichkeiten, behauptet aber, daß im durch die Enttraditionalisierung der Lebensformen hinterlassenen Vakuum andauernd und bienenfleißig Regulierungen und Institutionalisierungen ent-

---

2   Siehe auch die Beiträge zu Beck und Schulze in diesem Band.

worfen und gehärtet würden, in denen sich der moderne Mensch getrost wie in Polstersessel fallen lassen könne." (25/26 Anm.)

Gegen beide Diagnosen setzt Gross eine dezidierte dritte und ein erstes Versprechen:

> Die Multioptionsgesellschaft begreift das Wachstum der Erlebensmöglichkeiten als Wachstum nicht nur der Erlebens-, sondern der Lebens- und natürlich auch der Theoriemöglichkeiten. Sie ist das letzte unüberbietbare Stadium der Moderne und eröffnet den Weg aus dieser vorwärtsdrängenden und immer schneller ihre bunten Kleider wechselnden Moderne. (26 Anm.)

Die Welt ist wie ein riesiger Markt, der jedermann offensteht und auf dem alle Möglichkeiten ausgebreitet sind. Jeder darf sich ausdenken, was er will. Medien und Reklame (nebenbei: auch Politiker!) helfen kräftig nach, dass man sich immer Neues erträumt, und gleichzeitig versprechen sie, dass sich alle Möglichkeiten im Prinzip von allen realisieren lassen. So werden abstrakte Möglichkeiten zu wünschbaren Möglichkeiten, eben zu Optionen. „Optionen sind prinzipiell realisierbare Handlungsmöglichkeiten." (26) Nimmt man den lateinischen Ursprung des Wortes – optare = wünschen •, dann liegt auf der Hand, dass eine Option nie schlechter ist als die aktuelle Wirklichkeit. Optionen gehen über das Bestehende hinaus. Sie steigern das Gute und heilen das Schlechte. Als Prinzip der Steigerung stehen Optionen in der Moderne für permanenten Fortschritt und erzeugen eine „Drift", von der die Menschen nach vorne, zu immer neuen Optionen, getrieben werden. Das ist in Kurzfassung das Thema, das Gross behandelt.

Gross behauptet nun, dass wir aus Angst, den Anschluss ans Weltgeschehen zu verpassen, unter „Realisierungsdruck" geraten (27). Steht dahinter ein „dem Menschen eingeborenes Begehren nach Mehr"? (31) Und wenn ja, was ist zu tun? Zumindest die Richtung, in die man denken könnte, deutet Gross an: Man hält die Differenz zwischen Wirklichkeit und Möglichkeit einfach aus. Man gibt sich dem Gegebenen hin, duldet das Unfertige, ist gegenüber Differenzen indifferent (28). Man verweigert sich der von Hannah Arendt so bezeichneten „Tyrannei der Möglichkeiten", kurz: „man ruht", der Marschbefehl der Steigerung wird „vernichtet". Um in dieses Stadium der Weisheit und Gelassenheit zu gelangen, muss man sich klarmachen, wie die Multioptionsgesellschaft funktioniert und was sie in unseren Köpfen bewirkt. Wie ist es zu der „weltumspannenden Wucht und Selbstverständlichkeit der Fortschrittsbewegung und Beschleunigung" (30) gekommen?

Nun, da gibt es den uralten Traum von der Freiheit des Menschen, der mit der Aufklärung zum Programm wurde. Freiheit hieß zum einen Freiheit von etwas, und das waren die Traditionen. Immanuel Kant hat es auf die Formel gebracht, sich des eigenen Verstandes zu bedienen. Soziologisch hieß diese Freiheit, sich der Handlungsmaximen oder Obligationen, die sich nur aus der Tradition begründeten, zu entledigen. Freiheit heißt aber auch Freiheit zu etwas, und das sind die Möglichkeiten, die man sich denken kann. In dem Maße, wie dem Individuum der Gedanke nahegebracht wird, dass es wie alle anderen auch das Recht hat, die Möglichkeiten in Anspruch zu nehmen, beginnt das Projekt der Moderne. Was zurück als Enttraditionalisierung betrieben wird, setzt sich nach vorne in Optionierung um. Wieder die Frage: Hängt es mit dem alten Auftrag zusammen, sich die Erde untertan zu machen? Und wenn ja: Wurde uns damals etwas zugemutet, was wir auch können, oder waren wir von vornherein überfordert oder haben uns schließlich selbst überfordert? Oder hängt es mit dem zweiten Versprechen, der Gleichheit, zusammen, das Freiheit erst durchsetzte? Gleichheit bedeutet, dass jeder ein gleiches Recht hat. Doch worauf, auf Würde, auf Teilhabe oder auf Wünsche? Heißt Gleichheit auch, dass jeder eigentlich alles kann wie jeder andere auch? In der Politik wird es zumindest so verstanden, aber gilt das auch in anderen Bereichen? Hat Josef Beuys mit seinem Ausspruch, dass jeder ein Künstler ist, den Anspruch auf Gleichheit in eine ganz neue Dimension gelenkt? Wurde damit das Recht, alles zu begehren, endgültig konsekriert? Fragen über Fragen, aber so ist die Moderne, wie sie auch Gross in immer neuen Anläufen befragt.

Steigerung und Zerstörung

Ralf Dahrendorf hat Modernität einmal so beschrieben: „Modernität bedeutet die Entzauberung der Welt. Max Weber, der diese Formulierung gebraucht hat, kannte den Preis des Prozesses. Der Ausgang des Menschen aus seiner selbstverschuldeten Unmündigkeit ist ein großer Schritt in eine Welt der Optionen. Modernität bedeutet, daß Optionen, Wahlchancen an die Stelle überkommener Bindung treten." (Dahrendorf 1983: 122/123)[3] Die alten Bindungen fallen weg und haben keine Orientierungskraft mehr. Damit wird die Integration der Gesellschaft entscheidend geschwächt. Der Mensch ist immer weniger bereit, das zu beherzigen, was der Dichter Matthias Claudius seinem Sohn Johannes mit auf den Weg gab: tun zu wollen, was man tun soll! Die offene Gesellschaft, deren Essenz „die Steigerung von Handlungsmöglichkeiten und die Steigerung der Teilnahme an den Handlungsmöglichkeiten" ist, verfolgt dieses Ideal nicht mehr. Im Gegenteil, sie gehorcht einer Philosophie des „Ent-, des Entrinnens und Entgehens, der Entbindung und Entlastung." (37) Die Hoffnung des „Ent-" hat immer das Abschaffen zur Folge! Obligationen werden im besten Fall zu lästiger Pflicht, der man sich so gut es geht zu entziehen sucht, im schlimmsten werden sie als Mittel zur Unterdrückung der Freiheit gesehen. Dass sie sinnvoll waren und Handlungssicherheit boten, wagen die Alten, denen sie etwas bedeuteten, kaum noch zu sagen.

---

3 Siehe hierzu auch den Beitrag zu Dahrendorf in diesem Band.

Die Jungen der Moderne würden es wohl auch gar nicht verstehen. Sie wurden groß mit dem unbedingten Anspruch auf Freiheit von allem und für alles. Doch das ist keineswegs nur leicht und locker, denn aus einer grenzenlosen Freiheit entspringt Unsicherheit, welche Option man am besten wählt. Ja, welche, wenn ein amerikanischer Trendforscher davon berichtet, dass es in Manhattan einen Laden gibt, in dem man unter zweitausendfünfhundert verschiedenen Glühlampen auswählen kann, oder wenn uns das Fernsehen in authentischen Filmen zur prime time jeden Tag zigfach die besten Wege zeigt, wie man glücklich werden kann – wenn man nur will? Da hilft es auch nicht, einfach wegzusehen, denn an jeder Straßenecke schreit mich das Plakat an, es gehe ausgerechnet um mich, und wenn ich mir etwas wert sei, dann müsse ich ... Das ist überhaupt die Vollendung eines Marktes, der nur noch Individuen anspricht und jedem Einzelnen ein Unikat verspricht. „So viele Individuen – so viele Optionen!" (47)

Die Optionen werden ins Feinste ausdifferenziert (59) und erfassen alle Bereiche des Lebens: von der Haartracht bis zur Einrichtung, vom Lebensstil bis zur Mülltrennung. Ist schon die Fülle dessen, was bereits jetzt möglich ist, überwältigend, ist es der Gedanke, was außerdem und morgen und in Zukunft immer aufs Neue möglich sein kann, noch mehr. In einer Multioptionsgesellschaft zu leben, heißt, mit Unkalkulierbarkeit zu leben. Um es mit einem häufig zu hörenden Kalauer zu sagen: Wir wissen nicht, was wir wollen, aber wir wissen, dass wir es wollen werden. Die Kompetenz, die in der Multioptionsgesellschaft gefragt ist, heißt nicht Entschiedenheit, sondern Offenheit, nicht Konsequenz, sondern Wahrung von Optionen. Frei von jedem tradierten Sinnhorizont, in den zuletzt immer weniger hineinpasste, steht das Individuum nun vor der „Freiheit, von sich bietenden Möglichkeiten Gebrauch machen zu können." (69) Um derart frei zu werden, musste es im Geiste des Fortschritts alte Gewissheiten zerstören, Obligationen vernichten und Grenzen aufheben (72-77).

Besonders auf eine Entobligationierung kommt Gross immer wieder zurück, die er als „Verlust der religiösen Rahmenerzählungen" bezeichnet (81). Der Mensch der Moderne entbehrt der Transzendenz, die ihm einen letzten Sinn verheißt und seinem diesseitigen Leben Wert und Würde verleiht. Heute richtet sich das rastlose Streben auf die immer neue nächste Zukunft des Mehr und Besser und kann deshalb nicht erfüllt werden. Hieß es von Abraham, er starb gesättigt vom Leben, kann der Mensch der Moderne froh sein, wenn er vor dem Tod nicht zu viel beklagt, was er alles verpasst hat! Und auch mitten im Leben befällt uns gelegentlich der Zweifel, was der Sinn unseres Tuns ist, wenn wir sehen, dass alles immer nur Vorstufe ist und jede realisierte Option nur neues Begehren weckt.

Es kommt noch etwas anderes hinzu. Während in religiösen Weltordnungen Gott oder dem großen Manitu letztlich die Verantwortung für das eigene Geschick und den Lauf der Welt aufgebürdet werden konnte, steht uns nach der Selbstermächtigung in der Moderne diese Entschuldigung nicht mehr zur Verfügung. Das Individuum hat den Anspruch erhoben, frei zu sein und die Dinge selbst in die Hand zu nehmen, und jetzt muss es auch die Verantwortung tragen. Bestenfalls helfen ihm die modernen Humanwissenschaften, sein Tun und Unterlassen „durch Umstände, Milieu, Erziehung, äußere und innere Not" u.ä. zu rechtfertigen (89). Aber im Grunde ist es diese völlig losgelöste Individualität, die dem Individuum zum Problem wird. Lange im Rausch der Verwirklichung immer schönerer Optionen, fällt es urplötzlich auf die Nase und fragt sich erschrocken: Was bringt das?

Doch es wäre falsch, das Problem der Multioptionen nur beim Individuum zu sehen. Für die Gesellschaft kommt es ähnlich knüppeldick. Gross beschreibt das Problem am Beispiel bestimmter Formen von Gewalt. Konnten Historiker z.B. die blutige Gewalt der Kreuzritter verstehen, weil man einen christlichen Sinn im Hintergrund wusste, oder das Wüten gegen die Ketzer erklären, weil sie einen bestimmten geschlossenen Sinn gefährdeten, so mehren sich heute Gewalttaten, die völlig sinnlos zu sein scheinen. Wie Enzensberger (1988) schon vermutete, stand im Zentrum des Terrors die Leere, und heute endet manche Reportage über einen Amoklauf mit dem Satz: „Und das Schlimme daran ist, dass der Täter keinen Grund für sein Handeln angeben konnte." Es passierte einfach so, niemand konnte es kommen sehen. „Das wirklich Angstmachende in der modernen Gesellschaft", schreibt Gross, „ist das Irreguläre und Unberechenbare. Es resultiert aus der gesamtgesellschaftlichen Deregulierung." (100) Der grundlose Amoklauf, der sinnlose Terror – selbst das kann gesteigert werden. Die Philosophie des Überbietens hat auch im Bösen Einzug gehalten (102), und die Medien tun alles, damit es auch alle brandaktuell mitbekommen!

Schlägt man von der Steigerung des Bösen wieder den Bogen zu den Optionen, die die Moderne allerorten bereithält, dann wird eines unübersehbar: Optionen, die nicht in einen festen, über den Tag hinausweisenden Orientierungsrahmen eingebunden sind, überfordern das Individuum und gefährden letztlich die Integration der Gesellschaft. Diese Gefahr haben die Soziologen seit je gesehen, wenn sie den Verlust traditioneller Ordnungen und die unbedingte Freisetzung des Individuums beklagten. Emile Durkheims Erklärung des anomischen Selbstmordes ruht auf dieser Annahme. Als modernes Beispiel sei Ralf Dahrendorf (1983: 125/126) zitiert, der Anfang der achtziger Jahre über Recht und Ordnung und die Zukunft des Liberalismus schrieb: „Optionen sind leere Wahlchancen, wenn die Koordinaten fehlen, die ihnen Sinn geben. Diese Koordinaten aber bestehen aus tiefen Bindungen, die ich Ligaturen nenne. ... Wenn wir nicht den Weg von der bindungslosen Anomie ungezählter Optionen zu einer Welt der durch Ligaturen mit Sinn erfüllten Optionen finden, dann ist mit Recht und Ordnung der Gesellschaftsvertrag selbst in Gefahr."

Transformation und Triebkraft

Psychiater sprechen von einem existentiellen Vakuum, Philosophen von der metaphysischen Heimatlosigkeit, Soziologen von der Orientierungslosigkeit des Menschen in der Moderne. Gross führt diese Gedanken zusammen und bringt sie auf den modischen Begriff der Individualisierung:

> Angesichts der multiplen Optionen einerseits und der verblaßten Selbstverständlichkeiten andererseits, also weder mehr wissend, was er eigentlich will, noch glaubend, was er soll, tut sich in der Tat eine Leere auf, die den Menschen von heute immer wieder auf sich selbst zurückwirft, zurückverweist. Die Notwendigkeit, selbstverantwortlich mit multiplen Optionen in Umwelt, Mitwelt und sich selbst zurechtzukommen, figuriert in der modernen Soziologie als Individualisierung. (109)

Diesen Simmelschen Begriff hat Ende des 20. Jahrhunderts vor allem Ulrich Beck zur Erklärung der Biographie in einer zum Risiko gewordenen Moderne herangezogen. Er versteht ihn in einem dreifachen Sinne: Individualisierung als „*Herauslösung* aus historisch vorgegebenen Sozialformen und -bindungen im Sinne traditionaler Herrschafts- und Versorgungszusammenhänge (»Freisetzungsdimension«), *Verlust von traditionalen Sicherheiten* im Hinblick auf Handlungswissen, Glauben und leitende Normen (»Entzauberungsdimension«) und – womit die Bedeutung des Begriffes gleichsam in ihr Gegenteil verkehrt wird – eine *neue Art der sozialen Einbindung* (»Kontrollbeziehungsweise Reintegrationsdimension«)." (Beck 1986: 206) Gross geht es vor allem um die beiden ersten Dimensionen, wenn er von Transformationsprozessen der Moderne spricht: „Die Moderne hat ein *Kräftefeld* aufgebaut, das alle Gegenstände, Verhältnisse und Verbindlichkeiten *destruiert, transformiert* und *optioniert*." (113) In diesem Kräftefeld gerät alles in Bewegung, und die Bewegung geht immer nach vorne. „Mehr ist besser als weniger" und „Innovationen sind per se positiv". (114, 116) Von dieser „Drift" der Steigerung wird jeder erfasst.

Was löst die Drift aus? Ganz gewiss das reflektierende Bewusstsein, das spätestens mit der Aufklärung zum öffentlichen Programm wurde. Es ist der erste Transformationsvorgang, in dem dunkle und selbstverständliche Traditionen ans Licht des Verstandes gezogen, geprüft und entzaubert wurden. Ziel der Entzauberung ist natürlich die Emanzipation des Menschen, und er hat sie selbst in die Hand genommen, indem er sich keine Denkverbote mehr auferlegte. Die Sozialwissenschaften, wird der Soziologe Gross nicht müde zu betonen, haben ihn in dieser Hinsicht immer wieder bestärkt. Das mindeste, was er von ihnen erfuhr, war, dass die Dinge nicht sind, was sie scheinen. Ergo gab es nichts Festes, sondern nur Mögliches, und das wiederum hieß, die Wirklichkeit mehr oder weniger nach eigenem gusto zu konstruieren. Entzaubert wurde aber auch die Natur, indem die Naturwissenschaften sie

Stück für Stück technologisch transformierten. Bis hin zum Körper wurde alles untersucht, zerlegt und neu geschaffen. Auch hier ist die Triebkraft der Transformation die entsperrte wissenschaftliche Neugierde: „Es gibt keine curiositas-Verbote mehr." (135) Und was die Wissenschaften für machbar hielten, machten sie auch! Wie weit es inzwischen mit der Natur und unserer Umwelt im Zuge des wissenschaftlich-technischen Fortschritts gekommen ist, braucht man nicht mehr zu beschreiben. Es ist entsetzlich. Der dritte Faktor der Optionierung ist die Vermarktung aller Bereiche des Lebens: nicht nur die tausend Glühlampen, sondern auch die tausend Religionen und die tausend Freizeitevents werden alle auf die gleiche Ebene gestellt, im Prinzip gleich wählbar gemacht und verrechenbar. Schließlich der vierte Vorgang der Optionierung, die Demokratisierung. Demokratisierung setzt Pluralisierung voraus und zielt auf ihre Legitimierung. So begründete Politik steigert die Teilhabe an den gegebenen Handlungsmöglichkeiten (145) und setzt neue Wünsche frei. Verpflichtungen werden zu Handlungsmöglichkeiten und verlieren sich schließlich ganz.

Hinter diesem Prozess der Entzauberung und Umschmelzung der Obligationen in Optionen wirkt der „Mehrgott", wie Gross es etwas blasphemisch formuliert: noch etwas mehr Markt, noch etwas mehr Bildung, noch etwas mehr Freizeit, noch etwas mehr Phantasie (150). Alles geht endlos weiter. Gross fragt nachdenklich „Warum will nichts so bleiben, wie es ist?" und folgert gleich auf seine Diagnose der Zeit: „Und warum will niemand wissen, warum man nicht bleiben will, wo und wie man ist?" (151)

Zygmunt Bauman hat es einmal so gesehen: Der Landstreicher ist die typische Figur der Moderne: Wo wir gerade sind, denken wir schon an den anderen Ort.[4] Mir fällt dazu eine alte chinesische Weisheit ein: Als ein Weiser gefragt wurde, was die Weisheit des Lebens sei, antwortete er: Wenn ich sitze, dann sitze ich, wenn ich schlafe, dann schlafe ich. Als der Weise nach den ungeduldigen Fragen seiner ganz sicher jungen Jünger immer wieder dieselbe Antwort gab, begann es ihnen zu dämmern. Vielleicht hätte ihnen auch das moderne Kinderbuch von Janosch „Oh, wie schön ist Panama" weitergeholfen, in dem der kleine Bär und der kleine Tiger nach hoffnungsfroher Suche nach dem schönen Traumland schließlich zurückkehren und feststellen: „Überall ist Panama".

Gegen diese Botschaft des Bescheidens im Hier und Jetzt steht natürlich das Prinzip der offenen Gesellschaft, die immer mehr Optionen eröffnet und sie gleichzeitig als erreichbar deklariert. Dass das Individuum sich dann tatsächlich vom Hier und So zum Dort und Mehr treiben lässt, liegt an einem ökonomischen Prinzip, das John K. Galbraith (1958) als konstitutiv für Überflussgesellschaften sieht: Damit die im Prinzip zu vielen Güter überhaupt abgesetzt werden können, muss vorher künstlich ein Bedürfnis produziert wer-

---

4 Siehe auch den Beitrag zu Bauman in diesem Band.

den. Im Bewusstsein entsteht ein Gefühl der Knappheit, das den Wunsch nach Mehr nach sich zieht (159). So geht es unendlich weiter, denn mit jeder Entscheidung für eine Sache sind die anderen Sachen ja nicht verschwunden. Sie bleiben als Option im Spiel.

Die Haltung des modernen Menschen, sich nicht festzulegen und Optionen im Spiel zu halten, zeigt sich auch im Umgang mit der Transzendenz. Fähig, sich über seine Welt zu erheben, und von allen Seiten dazu ermuntert, es auch zu tun, malt er sich in der Phantasie immer neue Bilder aus (162). Diese Erfahrung (phantasierter oder versprochener!) Differenz treibt uns an:

> Menschsein fordert permanent heraus, Zugänge zu suchen zu dem, was es nicht ist. Grenzüberschreitungen sind dem Menschen auferlegt. Zu überschreiten, zu transzendieren ist konstitutiv für die Position des Menschen. (163)

Nun kann man sich fragen, warum uns eigentlich die Differenz, die Grenze, das Andere so interessiert. Eine Erklärung könnte sein, dass wir auf das Andere alle Wünsche ungestraft projizieren können. Gegenüber dieser Phantasie bleibt die Wirklichkeit natürlich zurück. Indem wir sehen oder auch nur vermuten, dass irgendwo und bei irgendwem diese schönen Möglichkeiten wirklich geworden sind, setzt das Begehren ein – sei es als Folge des Versprechens, dass alle denselben Anspruch auf alles haben dürfen, sei es als Voraussetzung, dies zu denken. Auffällig ist, dass der Neid eine mächtige Antriebskraft in der Moderne ist. Er versetzt nicht in Aufruhr, sondern stachelt „zur Mehrleistung an" (174). Mit der Vervielfältigung der Optionen und dem Versprechen, dass jeder, der sich nur anstrengt, sie auch realisieren kann, wird das unendliche Begehren in Gang gehalten und gleichzeitig als natürliche, individuelle und richtige Tat gelobt. Keiner braucht sich niederer Motive zu schämen.

Es dürfte klar geworden sein, dass Individualisierung dann vollends zum Problem wird, wenn nach Herauslösung und Freisetzung der Befehl an das Individuum erfolgt, „weiterzugehen, zu überschreiten, mehr zu begehren, zu wollen." (180) Erst die Symbiose von Individualisierung und Realisierungswillen setzt die Energien frei, die die „Multioptionsgesellschaft" in Schwung hält. Die Energien entfalten sich in dieser Gegenwart, weil die Realisierung gerade jetzt oder wenigstens gleich möglich zu sein scheint. Warten lohnt nicht und wäre auch riskant, weil in der schnelllebigen Zeit vielleicht morgen schon die Chancen vertan sind. Wenn man sieht, wie oft Werbung mit der Drohung verbunden ist, dass, wer morgen kommt, vom Leben bestraft wird, ahnt man, warum wir uns mit der Zukunft unseres Glücks permanent verrückt machen und Angst haben zu versagen. Eine wirkliche Transzendenz, die uns Erfüllung – oder, wie Gross es schließlich sagen wird: Erlösung – jenseits dieser rasanten Wirklichkeit versprechen würde, wird nicht mehr gedacht. Die radikale Forderung der Schwarzen in den sechziger Jahren des 20. Jahrhunderts traf es genau: „I want everything right now!" Die inbrünstige Frage „Wohin soll ich mich wenden" wäre damit beantwortet, oder nicht?

Fluchten, Zwischenwelten, Exodus-Phantasien

Die gerade zitierte Frage aus der Schubertmesse leitet das Kapitel ein, in dem Gross gewissermaßen das Leiden an der Multioptionsgesellschaft beschreibt. So einfach ist es nämlich nicht, mit all den Optionen fertig zu werden. Manchmal fühlen wir uns schlicht überfordert, manchmal kriegen wir zu spät mit, dass wir die richtigste Option nicht gewählt oder sie sogar noch nicht einmal gesehen haben. Immer aber stehen wir unter dem Druck, unser ganz individuelles „Lebens-Puzzle" zusammenzusetzen (197).[5] Traditionale Gewissheiten stehen uns nicht mehr zur Verfügung. An ihre Stelle sind aber Regelungen für alles und jedes getreten – Institutionen, Organisationen, Systeme –, die uns den aktuellen Stand vernünftigen Handelns suggerieren. Dass die Regelungen selbst Ergebnis der Selektion von Handlungsoptionen sind und es morgen unter anderen Konstellationen wieder sein werden, übersehen wir leicht. Im Grunde geht es bei diesen Regelungen nicht um Sinn, sondern um eine ausschnitthafte Verfügung über Komplexität.

Institutionen u.ä. sind für Gross Konstruktionen und Ausdruck fortschreitender gesellschaftlicher Deregulierung: „Ordnungen, Regeln, Pläne sind Ersatzinstitutionen, keine Institutionen. Sie kompensieren verlorene Ordnungen." (201) Diese These mag überraschen. Verständlich wird sie, wenn Gross die Konstruktion der Kultur der Moderne mit der Selbstverständlichkeit archaischer Sozialordnungen vergleicht. Deren Kultur war nämlich im wörtlichen Sinne „keine Kultursphäre, sondern eine transzendente, den menschlichen Schöpfungsbereich übersteigende und darum *nicht* zur Disposition stehende Überwelt." (201) Um diese Seite der Individualisierung geht es Gross vor allem. Statt sich auf einen transzendenten letzten Sinn zu berufen oder sich in ihm aufgehoben zu fühlen, organisieren die Individuen ihr Handeln nach dem Gebot der Zeit und des Raums:

> Was man tut, tut man nun nicht mehr, um das ewige Leben oder die irdische Glückseligkeit zu erlangen, sondern um Programme, Ablaufstrukturen, Organisationsziele, Termine einzuhalten und zu erfüllen. Verfahren »kanalisieren« und ermöglichen Kommunikation und garantieren das Zustandekommen nicht von Sinn, sondern von Entscheidungen. (203)

Wie nicht anders zu erwarten, zitiert Gross hier einen Streit zweier Soziologen, die den Sinnverlust der Moderne aus unterschiedlichen Gründen konstatieren. Gross schreibt: „Der Himmel ist, wie Habermas seinem Kollegen Luhmann bedeutet hat, von kulturellen Werten leergefegt. Luhmann fegt ihn nicht leer. *Er geht von der Leere aus.*" (204)[6] Die Welten, in denen wir uns

---

5 Gross (1985) hat in einem älteren Beitrag vom postmodernen Schwebezustand der „Bastelmentalität" gesprochen; Hitzler und Honer (1994) sprechen von „Bastelexistenz".
6 Vgl. auch die Beiträge zu beiden Soziologen in diesem Band.

bewegen, sind ohne sinnstiftende Traditionen, aber voller beliebig zu steigernder Optionen. Sie sind nicht mehr eingespannt „in übergreifende, lebensstiftende Kosmologien. Es sind Verschalungen, welche die Einsturzgefahr aufhalten." (204)

Wie man nicht zum Arzt geht, wenn man vor Gesundheit strotzt, so wird keine Diagnose der Gesellschaft unternommen, wenn man nicht Anlass zur Sorge hat. Gross ist tief besorgt, weil der Gesellschaft der transzendente Sinn abhanden gekommen ist. Seine soziologische Kritik ist eine kosmologische, genauer: im Sinne abendländischen Denkens eine theologische!

Von daher nimmt es nicht wunder, wenn die Töne mit fortschreitender Diagnose immer pessimistischer klingen. Konnte man bisher annehmen, dass Optionen immerhin noch Optionen sind, so wird nun immer deutlicher, dass sie sich selbst schaffen und uns „Laufordnungen" vorgeben, nach denen wir ihnen zu folgen haben. Nicht mehr an ihrer Entstehung und auch nicht an ihrer Bewertung beteiligt, ist uns die Zukunft unserer nächsten Handlungen ungewiss, bestenfalls noch wahrscheinlich. Den Bruch zwischen Vergangenheit und Zukunft hat Luhmann (1991: 136) sarkastisch so formuliert: „Wir können nur sicher sein, daß wir nicht sicher sein können, ob irgend etwas von dem, was wir als vergangen erinnern, in Zukunft so bleiben wird, wie es war." Anders als Schulze es in seiner Erlebnisgesellschaft vermutet, geht es „nicht um das Erleben schönen Lebens", sondern um „die Steigerung der Optionen". (207) Wo der moderne Mensch von der Realisierung der immer weiter gesteigerten Optionen irgendetwas Endgültiges erwartet, wartet er auf Godot. Es kommt nicht. Gross mildert dieses Bild zwar ab, indem er davon spricht, dass der Mensch der Moderne nicht auf nichts, sondern auf etwas warte, das er nicht kennt, auf etwas Numinoses (209). Doch wenn man es genau nimmt, dann ist es eben das: Da das Gesetz der Steigerung der Multioptionsgesellschaft eingeschrieben ist, kann die Erfüllung nur alles sein – und das heißt: Sie gibt es nicht.

Optionen versprechen immer, dass sie gegenüber dem Jetztzustand etwas Besseres, Aufregenderes, Neues bringen werden. Das gibt einen Kick; mancher fühlt sich aber auch überfordert, weil die Optionen immer rascher anwachsen und somit Entscheidungen in immer kürzerer Zeit verlangen. So kommt es, dass neben den Hyperaktiven Leute stehen, die einfach gar keine Entscheidung mehr treffen. Weil alle Optionen gleichwertig sind, bewegen sie sich wie Buridans Esel nicht mehr oder ziehen sich in den Kokon ihres Ich zurück. Wieder andere flüchten in simulierte Welten oder setzen ihre Hoffnungen auf die Technik, die Mühsal aufheben und Probleme überwinden wird. Selbst die Leiblichkeit wird nicht hingenommen, sondern im Hinblick auf einen guten, wenn möglich sogar besseren Zustand optimiert. Dass auch Restchancen noch Optionen sind und manche Prothese schöner als das Original ist, hämmert uns die Werbung bis zum Schluss ein. Die technischen Mittel für die Abschaffung natürlicher Ungleichheiten – vom Geschlecht bis zur

Hautfarbe – sind vorhanden, also wollen sie auch genutzt werden. Deshalb muss ein Programm her, entsprechende Differenzen als Defizite zu deklarieren, die auch behoben werden können. Doch danach wird es neue Differenzen geben. Dieser Fortschritt ist sinnlos, weil er niemals an ein Ende gelangt (301). Heißt das, dass alles „in den Sog der Überbietung und Steigerung gerät", oder gibt es doch noch eine Chance für „ein anderes Verständnis des Möglichen, des Nicht, des Noch-Nicht-Wirklichen"? (301) Um diese Frage geht es nun.

Grenzen im Grenzenlosen?

Der Fortschrittsbegriff ist durch den schieren Willen zum Mehr inhaltlich entleert. Obwohl das Steigerungsprogramm das Erreichte sukzessive dementiert und den Menschen überfordert, ist niemand für eine prinzipielle Gegenprogrammatik zu haben (306/307). Niemand verzichtet freiwillig auf Wissen, Information oder Neugierde. Statt lange untaugliche Antworten auf die Frage, was zu tun ist, zu ventilieren, geht Gross gleich in medias res mit folgender Frage: „Ist vielleicht die Transzendenzerfahrung, mit deren diesseitsbezogener Reformulierung die Moderne ihren Anfang nahm, auszulöschen oder in einer Art und Weise umzuformulieren, die den zerstörerischen Realisierungsdruck abschwächt?" (308)

So hat es in der Tat begonnen, und so lautet auch die Diagnose: „Die Unendlichkeit diesseitigen Fortschritts hat sich an die Stelle der jenseitigen Ewigkeit gesetzt." (309) Hegel hat diesen guten Glauben mit seiner Überzeugung, dass sich im Faktischen auch das Vernünftige verwirkliche, letztlich sanktioniert. Da es von jeder Möglichkeit, die gedacht werden kann, heißt, dass sie auch faktisch werden kann, kommt ihr per se auch eine innerweltliche Transzendenz zu. Deshalb nehmen wir auch keine Differenzen hin, sondern lehnen sie ab. Wir warten nicht auf einen Gott, der irgendwann etwas für uns tut, sondern tun es jetzt. Wir klettern nicht über die lange Leiter, die Gott uns gütig herablässt, Stufe für Stufe gen Himmel, sondern die Aufklärung hat Gott gestürzt und „die Himmelsleiter auf die Erde fallen" lassen (328). Da liegt sie nun und fordert uns auf, sich ihrer zu bedienen und uns selbst Himmel hier unten zu erträumen, an die wir sie dann immer aufs Neue anlehnen. Jeder hat seine Leiter, jeder erträumt sich seinen Himmel, Phantasien dürfen frei schweifen.

Das eigentliche Problem der Moderne besteht darin, dass die Differenz verweltlicht worden ist (332). Konnte der Mensch der Vormoderne darauf hoffen, mit der Überschreitung der Grenze zwischen dieser Welt und dem Jenseits Erlösung zu finden, sucht der Mensch der Moderne sein Heil in der Überwindung immer neuer innerweltlicher Differenzen. Da aber jede Lösung neue Differenzen eröffnet, jede Steigerung nur Etappe ist, hastet er ruhelos weiter und muss dennoch befürchten, „das Eigentliche" zu verpassen. Der Fortschritt raubt dem Leben den Sinn.

Rastlos auf der Suche, etwas zu erleben, das schöner und besser ist als was man bisher erlebt hat, hastet der Mensch durch die „Multioptionsgesellschaft". Immer in der Hoffnung, doch noch das Endgültige zu finden, entfesselt er sein Denken, überwindet die Mauer zwischen Wirklichem und Möglichem (338). Walt Disney hat es ihm ins Stammbuch geschrieben: „Was du denken kannst, das kannst du auch tun!" Die Befreiung des Denkens ist der zentrale Vorgang des Modernisierungsprogramms. Das entfesselte und zu allem Denkbaren entschlossene Denken „ist auch eine Folge der Absenkung der Himmelsleiter, des Verlustes der Transzendenz":

> Mit dem Abblenden der Transzendenz wird die Immanenz, das Diesseits aufgeblendet. Die Phantasie schießt nicht mehr in den Himmel, sondern sie ergießt sich wie das Wasser eines Stausees, wenn der Damm bricht, *in die Welt*. Es kommt zu einer einschneidenden Transformation des Erlebens und der Wahrnehmung. Der liebe Gott wird auf die Erde geholt. Er schaut nicht mehr von oben auf die armen Menschlein herunter. Die Menschen sind in ihn hineingeschlüpft; nicht Gott ist Mensch geworden, sondern der Mensch Gott und steht nun wie ein Feldherr in der Welt und blickt in die Horizontale. Der Fortschritt ist ein Fortschauen, Fortdenken, Forttheoretisieren und Fortschreiten auf der Erde. Fortschritt heißt Fortschreiten im Diesseits auf allen Seinsebenen. Das freigelassene Begehren richtet sich auf alles. (346)

Epilog: Quo vadis?

Das Ungeheuerliche, was sich vor den Augen des Diagnostikers abspielt, nötigt Gross zu einer religiösen Sprache. So sieht er an die Stelle jüdisch-christlicher Heilserwartung die irdische Machseligkeit getreten; indem wir mit dem Kopf in Optionen getaucht werden, empfangen wir die Taufe der Multioptionsgesellschaft (376/377). Nachdem wir Gott abgeschafft haben, brauchen wir uns auch nicht mehr an sein Namensverbot zu verhalten. Deshalb hat der neue Gott für Gross auch einen Namen: „Mehrgott".

Mit ihm verhält es sich anders als beim alten Gott, der letztlich wohl niemanden überforderte. Der „Mehrgott" treibt uns unaufhaltsam an, macht uns auf Differenzen aufmerksam und drängt uns, sie zu überwinden. Seine innerweltliche Verheißung lautet: Was du denken kannst, darfst du auch wollen, und was du willst, kannst du auch erreichen. Das Glück liegt im Diesseits und wird spätestens morgen zu haben sein. In einer offenen Gesellschaft bedarf es weniger Ermunterung, das zum Programm des Handelns zu machen, zumal sich seit der Aufklärung jeder Mensch guten Glaubens berechtigt fühlt, sich seines Verstandes zum selbstentschiedenen Handeln zu bedienen. Die Politik, verstanden als zweckmäßige Veranstaltung gleicher Teilha-

be aller an allem, tat ein Übriges, eine bestimmte Handlungsdisposition zu
fördern. So äußert sich ein tief verwurzeltes Bewusstsein des modernen Menschen, als Individuum einzigartig und als Teil des Gemeinwesens gleich zu
sein, in der selbstverständlichen Annahme, aus der Pluralität der Optionen
eine höchst individuelle Wahl zu treffen, und in dem genauso selbstverständlichen Anspruch, dazu auch berechtigt zu sein. Das aber ist der Grund, weshalb eine Änderung des endlosen Begehrens von einer Selbstbeschränkung
nicht zu erwarten ist. Die Kraft des „Mehrgottes" würde in keiner Weise geschwächt, wenn der eine auf dieses und der andere auf jenes verzichtete. Es
wären Scheinlösungen, weil sie nur Ausschnitte und nicht das Prinzip, vielleicht sogar nur eine bestimmte Etappe, aber nicht den ganzen Weg betreffen.
Es ist wie beim Fastenopfer, das die Kinder früher erbrachten, indem sie z.B.
von Aschermittwoch bis zur Osternacht auf Süßigkeiten verzichteten. Das
gab ein gutes Gefühl und ließ einen die restlichen 325 Tage gut genießen.
Frühjahrsdiäten und verschämt bekannte Bescheidenheitsrituale („Mir reicht
der Schampus von Aldi") haben eine ähnliche Entlastungsfunktion.

Fortschritt heißt, in der Drift zwischen Wirklichkeit und Möglichkeit ohne
Ende weiterzurennen. Dass niemand das auf Dauer aushalten kann, liegt für
Gross auf der Hand, und er sorgt sich, wie das Verhängnis aufzuhalten sei.
Jedenfalls nicht durch Denkverbote oder indem man materiellen Verzicht
predigt. Es muss vielmehr eine Revolution im Kopf erfolgen, indem der
Mensch akzeptiert, „daß es eine *in dieser Welt* unüberbrückbare Kluft zwischen Wirklichkeit und Möglichkeit gibt." (349) Das wäre der Schritt zur
wirklichen Postmoderne. Sie überwindet die Moderne nicht, indem sie reflexiv wird – das war der Gedanke bei Ulrich Beck! – , sondern führt aus ihr
hinaus, indem sie sie zur Option macht. Der Ausweg heißt: „die *Akzeptanz*
von Differenzen, zwischen Menschen, Lebensstilen, Gesellschaften, Kulturen, Kontinenten und – vor allem – Wirklichkeit und Möglichkeit." (363)
Explizit erwartet Gross von dieser Formel „Erlösung".

Differenzakzeptanz als Lösung?

Die Postmoderne, so heißt es bei dem Philosophen Wolfgang Welsch (1988:
23), lebt vom Prinzip der Pluralität. Sie ist „das Herz ihrer Antriebe, der
Fluchtpunkt ihrer Vision". Pluralität heißt nicht nur Vielfalt des Wirklichen,
sondern auch Fülle der Möglichkeiten. Das aber bedeutet, dass Fortschritt
nicht mehr „einheitlich ausgelegt werden kann" (366)! Außerdem wissen
wir, dass wir niemals alles erreichen werden, und wir wissen auch, dass es
letztlich nicht die eine Welt geben wird. Es bleibt immer etwas zu wünschen
übrig, und es wird immer Unterschiede geben. Wer etwas anderes behauptet,
ist entweder Utopist oder Volksverführer. Eben darum geht es: Es gibt etwas

jenseits des Hier und Jetzt, das nicht seine Steigerung, sondern etwas anderes ist. Mit aller Vorsicht kann man es einen tieferen Sinn des Lebens nennen. Wo es um ihn geht oder besser: wo ich von ihm aus denke, treibt mich die Differenz zwischen Wirklichem und Möglichem nicht an, sondern ich nehme sie hin. Sie ist nicht Stachel, weil sie für meine Ordnung des Lebens nicht relevant ist.

Diese Akzeptanz im Lichte eines ganz anderen Lebenssinns steht am Ende der Überlegungen von Peter Gross. Auf dem Wege dorthin aber entwirft er viele kleine Lösungen, die nahe am konkreten Alltag liegen. Eine besteht darin, die Option des Verbleibens im Hier und Jetzt zu denken. Zygmunt Bauman (1991: 24) hat die Moderne als einen „besessenen Marsch nach vorne" bezeichnet, der letztlich sinnlos ist, denn „kein Ort ist privilegiert, kein Ort besser als ein anderer, da von keinem Ort aus der Horizont näher ist als von jedem anderen." Warum bleiben wir nicht einfach stehen? Zumindest sollten wir es als Möglichkeit denken (404). Damit hängt eine zweite Lösung zusammen, die man zumindest denken kann: Warum lösen wir uns nicht von der Vorstellung, alles müsse neu, besser, gar vollkommen sein? Konstruktiv gewendet heißt die Botschaft, „die verdrängten Möglichkeiten der Gegenwart lebendig zu machen". (405) Die dritte Lösung wäre dann in der Tat, die Differenz zu akzeptieren. So wie wir jetzt jede Differenz als Option denken, ist das Leben ein Leben im Konjunktiv. Warum entscheiden wir uns nicht gegen das „entweder-oder" und für das „sowohl-als auch", noch besser für das „und"? (403)

Der Appell, die Dinge zu akzeptieren, wie sie sind, ist natürlich brisant, denn leicht gerät er in den Verdacht, dass es immer die beati possidentes sind, die zum Maßhalten auffordern. Dieser Gefahr der falschen Vereinnahmung ist sich Gross offensichtlich bewusst, denn er will das Steigerungsprojekt der Moderne zweifach zweiteilen:

> zweigeteilt im Weltmaßstab und zweigeteilt in den realisierten Multioptionsgesellschaften. Im Weltmaßstab als Insistieren auf dem Lassen und Belassen in den fortgeschrittenen Multioptionsgesellschaften und gleichzeitig als Akzeptieren der Hoffnungen derjenigen, die nicht einmal eines Minimums der in den Überflußgesellschaften vorhandenen Optionen teilhaftig sind; Steigerung also nach *unten* statt nach oben, Steigerung der Teilhabe ohne Steigerung der Differenz! Und zweigeteilt auch in den realisierten Multioptionsgesellschaften, denn auch in ihnen verschärfen sich die Polarisierungen, entstehen eigentliche Drittweltverhältnisse. Ein »Nord-Süd-Limes« wird in den fortgeschrittensten Millionenstädten der Ersten Welt gezogen. (408)

Ist die erste Lösung gut als Verpflichtung zu verstehen, den weniger Glücklichen und Benachteiligten Realisierungschancen für Mögliches zu eröffnen, bedarf die zweite sicher einer Erklärung. Gross liefert sie so: „Ein Aufhalten der Polarisierung ist nicht möglich ohne Differenzminderung – aber einer Differenzminderung auf der Basis des Gegebenen." (408) Vermutlich appelliert Gross hier an die, die schon viel haben, nach unten abzugeben oder wenigstens keine neuen Optionen aufzumachen, die die Kluft noch größer machen würden. Vielleicht lässt sich die Moderne tatsächlich reformulieren, indem gesellschaftliche Gruppen „das Ablassen vorleben", „vielleicht hilft eine noch unbekannte Generation, eine adäquate Beziehung zum Gegebenen zu finden." (409)

Eigentlich wäre damit nach der Diagnose auch die Therapie benannt, doch Gross drängt es, beides noch einmal mit der Selbstermächtigung des Menschen und der damit aufgegebenen Transzendenz zusammenzubringen. Die Hoffnung liegt darin, dass Menschen sich vom „Bestmöglichkeitsgedanken" (409) lösen und vom „Tatenzwang" (Beck 1993: 275) ablassen. Es geht weder um Weltsucht, noch um Weltflucht, sondern um die Feststellung: „Ja, so ist die Welt", und „Das ist alles". (410) Nicht resignativ, sondern bewusst und handlungsbereit lautet die Botschaft an die Kinder der Aufklärung: „Indem sich die Aufklärung über den ihr innewohnenden repetitiven Steigerungsimperativ aufklärt, könnte man sie auch individuell abbrechen!" (411)

Literatur

Bauman, Zygmunt, 1991: Moderne und Ambivalenz. Das Ende der Eindeutigkeit. Hamburg 1992: Junius.

Beck, Ulrich, 1986: Risikogesellschaft. Auf dem Weg in eine andere Moderne. Frankfurt/M.: Suhrkamp.

Beck, Ulrich, 1993: Die Erfindung des Politischen. Zu einer Theorie reflexiver Modernisierung. Frankfurt/M.: Suhrkamp.

Dahrendorf, Ralf, 1983: Die Chancen der Krise. Über die Zukunft des Liberalismus. Stuttgart: Deutsche Verlags-Anstalt.

Enzensberger, Hans Magnus, 1988: Die Leere im Zentrum des Terrors. In: Hans Magnus Enzensberger, Mittelmaß und Wahn. Frankfurt/M.: Suhrkamp, 245-249.

Galbraith, John Kenneth, 1958: Gesellschaft im Überfluß. München 1973: Knaur.

Gross, Peter, 1985: Bastelmentalität: ein »postmoderner« Schwebezustand. In: Thomas Schmid (Hrsg.), Das pfeifende Schwein. Über weitergehende Interessen der Linken. Berlin: Wagenbach, 63-84.

Gross, Peter, 1994: Die Multioptionsgesellschaft. Frankfurt/M.: Suhrkamp.

Hitzler, Ronald/Anne Honer, 1994: Bastelexistenz. Über subjektive Konsequenzen der Individualisierung. In: Ulrich Beck/Elisabeth Beck-Gernsheim (Hrsg.), Riskante Freiheiten. Individualisierung in modernen Gesellschaften. Frankfurt/M.: Suhrkamp, 307-315.

Luhmann, Niklas 1991: Die Beschreibung der Zukunft. In: Niklas Luhmann, Beobachtungen der Moderne. Opladen 1992: Westdeutscher Verlag, 129-147.

Schulze, Gerhard 1992: Die Erlebnisgesellschaft. Kultursoziologie der Gegenwart. Frankfurt/M., New York: Campus.

Welsch, Wolfgang, 1988: Postmoderne – Pluralität als ethischer und politischer Wert. Köln: WirtschaftsVerlag Bechem.

STEFAN LANGE

Der anomische Schatten der Moderne – Gesellschaftliche Desintegration im Fokus der Forschergruppe um Wilhelm Heitmeyer

Wilhelm Heitmeyer, geboren 1945 in Nettelstedt, war zunächst fünf Jahre Facharbeiter in der Druckindustrie. Nach dem Abitur studierte er Erziehungswissenschaft und Soziologie und arbeitete u.a. drei Jahre als Lehrer an Hauptschulen. Danach war er neun Jahre an Forschungsinstituten tätig. 1983 wechselte er an die Universität Bielefeld und habilitierte sich 1987 mit einer empirischen Arbeit zum Rechtsextremismus unter Jugendlichen. Danach leitete er mehrere Forschungsgruppen zu Jugendproblemen, Rechtsextremismus und Gewalt. Seit 1996 ist er Leiter des damals neugegründeten Instituts für interdisziplinäre Konflikt- und Gewaltforschung der Universität Bielefeld. Außerdem ist er geschäftsführender Herausgeber der Buchreihen „Jugendforschung" (Juventa Verlag), „Kultur und Konflikt" (Suhrkamp Verlag) und „Konflikt- und Gewaltforschung" (Juventa Verlag). Seit Anfang der achtziger Jahre widmet er sich theoretisch und empirisch zusammen mit seinen Forschungsgruppen der Untersuchung von Integrations- und Desintegrationsdynamiken in modernen Gesellschaften. Zu den wichtigsten Schriften und Sammelbänden zählen „Rechtsextremistische Orientierungen bei Jugendlichen" (1987); „Das Gewaltdilemma" (1994); „Gewalt" (1995); „Was treibt die Gesellschaft auseinander?" (1997); „Was hält die Gesellschaft zusammen?" (1997); „Bedrohte Stadtgesellschaft" (2000, herausgegeben mit Reimund Anhut).

Folgt man Wilhelm Heitmeyers Diagnose, so ist für die soziale Entwicklung der westlichen Industriegesellschaften im ausgehenden 20. Jahrhundert eine Radikalisierung des Tempos sozialstruktureller, normativer und kognitiver Veränderungen charakteristisch. Als Vergleichsmaßstab, vor dem die Radikalität der Veränderungen deutlich wird, dient hier jener gemäßigte soziale Wandel, den die westlichen Gesellschaften im Zeitraum von ca. 1949 bis 1989 erfahren haben. Greift man Deutschland als ein Beispiel für den forcierten sozialen Wandel seit 1989 heraus, lassen sich mannigfache Indikatoren für eine krisenhafte Beschleunigung dieser Entwicklung herausstellen. Neben der anhaltenden Massenarbeitslosigkeit und einer allgemeinen Verunsicherung, die aus den Folgen der Globalisierung von Kapital und Kommunikati-

on herrührt, benennt Heitmeyer unter anderem folgende Probleme, die sich in
der Tendenz zu gesellschaftlichen Krisenlagen verdichten:

1. Die Schere zwischen Arm und Reich klafft immer weiter auseinander: Soziale Ungleichheit verschärft sich, die bislang integrierenden Mittelschichten erodieren.
2. Immer mehr Menschen ziehen sich aus den Institutionen zurück. Dies gilt
   nicht nur für Ehe, Familie und Kirche, sondern im besonderen Maße auch
   für die konfliktvermittelnden intermediären Institutionen wie Vereine,
   Verbände, Gewerkschaften und Parteien.
3. Gesteigerte Anforderungen der Arbeitswelt, vor allem mit Blick auf Mobilität und Arbeitszeitflexibilität, führen zur Zerstörung von sozialen Beziehungen und zur Fragmentierung von Lebenszusammenhängen; der Lebenslauf wird zur „Bastelbiographie".
4. Basale Wert- und Normenkonsense, die bislang gesellschaftsintegrierend
   wirkten, lösen sich auf (Heitmeyer 1997a: 10/11).

Zusammengenommen verdichtet sich dieses Spektrum von Problemlagen zu
gesellschaftlichen Phänomenen, die die Soziologie seit den Tagen Emile
Durkheims mit dem analytischen Begriff „Anomie" beschreibt.

Der Bezugsrahmen:
Soziologische Anomietheorie gestern und heute

Anomie (lat. für Gesetz- oder Normlosigkeit) wird erstmals 1893 in Durkheims Studie über die soziale Arbeitsteilung in den Stand einer soziologischen Kategorie erhoben. Moderne Gesellschaften zeichnen sich für ihn
durch das Prinzip der Arbeitsteilung aus und werden durch „organische Solidarität" integriert. In Analogie zu dem Zusammenwirken der verschiedenen
Organe in einem lebenden Körper stellte sich Durkheim vor, dass die arbeitsteiligen Untereinheiten der modernen Gesellschaft durch ein normatives
Band aus Vertrag (mit Blick auf die Arbeitsbeziehungen) und korporativer
Sittlichkeit (mit Blick auf das darüber hinaus gehende Sozialverhalten) zu-
sammengeschweißt werden. Gesellschaftliche Krisenphänomene, wie z.B.
der Klassenkampf zwischen Arbeitern und Kapitalisten, Gewalttätigkeit, Suff
und Prostitution in den Arbeiterquartieren, aber auch psychosomatische Hys-
terie und Selbstmord in den Mittel- und Oberschichten galten Durkheim als
vorübergehende Kinderkrankheiten der arbeitsteiligen Gesellschaft (Durkheim 1893: 479/480).
    Das Problem der Anomie liegt in dem Auseinanderfallen von materieller
und moralischer Entwicklung in Zeiten erhöhter Modernisierungsdynamik.
Dies wird von Durkheim besonders deutlich in seiner Studie über den Selbst-

mord hervorgehoben. Eine forcierte ökonomische Produktivität stellt einerseits neue Anforderungen an die kognitiven Fertigkeiten der Gesellschaftsmitglieder und bringt andererseits immer mehr Produkte als individuell erstrebenswerte Güter hervor. In dem Maße, in dem bisherige Formen von Autorität, Religiosität und Sittlichkeit die steigenden beruflichen Anforderungen und neu entfachten Bedürfnisse nicht mehr zügeln können, und solange ein neues normatives Regelsystem noch nicht zur Verfügung steht, das überzogene Erwartungen zu dämpfen in der Lage wäre, ist mit einer Steigerung der Selbstmordrate und anderer Indikatoren für Anomie zu rechnen. Im „Selbstmord" gelangt Durkheim zu einer teilweisen Revision seiner früheren Überlegungen, wonach Anomie nur ein Übergangsphänomen der Arbeitsteilung sein könnte. An der Epochenschwelle zum 20. Jahrhundert diagnostizierte er, dass „Krise und Anomie zum Dauerzustand und sozusagen normal geworden" sind (Durkheim 1897: 292/293).

In den Vereinigten Staaten hat während der Rooseveltschen „New-Deal-Aera" mit Robert K. Merton ein weiterer Klassiker der Soziologie Durkheims Überlegungen zur Anomie mit Blick auf die amerikanischen Verhältnisse modifiziert. Merton nimmt vor allem die kulturelle Dimension von Anomie in den Blick. Die höchsten kulturellen Werte der amerikanischen Gesellschaft setzt Merton mit finanziell messbarem „Erfolg" in Gestalt von Wohlstand an. Diese Werte werden in den amerikanischen Familien, den Schulen, den Massenmedien etc. als Leitorientierungen für ein gelingendes, d.h. „gutes" Leben vermittelt. Die Mittel zur Erreichung dieser Werte werden in die Disposition des Individuums gelegt. Wenn man nur willens, fleißig und arbeitsam ist – so das amerikanische Credo –, kann man diese Werte auch erreichen, sich vom Tellerwäscher zum Millionär hocharbeiten. Merton machte nun darauf aufmerksam, dass in den Vereinigten Staaten der zwanziger und dreißiger Jahre die Sozialstrukturen einem immer größer werdenden Teil der Gesellschaft die notwendigen Mittel verwehrten, um diese kulturell verankerten Werte auf legalem Weg zu erreichen. Die Diskrepanz zwischen kulturellen Zielen und den individuellen Ressourcen zur Zielerreichung führte bei sozialstrukturell benachteiligten Gruppen zu abweichendem Verhalten und letztlich zu Anomie, von Merton verstanden als Zusammenbruch der „kulturellen Struktur" für die betroffenen Gruppen (Merton 1968: 216).

Heitmeyer und seine Mitstreiter nehmen die klassischen Anomie-Konzeptionen von Durkheim, Merton u.a. auf und modifizieren sie im Hinblick auf unsere Gegenwartsgesellschaft, die als eine funktional differenzierte Gesellschaft beschrieben wird. Dabei legt das Heitmeyer-Team seiner Gegenwartsdiagnose die Differenzierungstheorie von Jürgen Habermas zugrunde. Im Gegensatz zu Niklas Luhmann, der in der heutigen Gesellschaft eine Vielzahl funktional ausdifferenzierter Teilsysteme verortet, unterscheidet Habermas nur zwei funktionale Teilsysteme: ein über Arbeits-, Kapital- und Gütermärkte gesteuertes Wirtschaftssystem und ein bürokratisches, gewaltmonopolisierendes politisch-administratives System. Diesen zwei Systemen steht eine kulturelle „Lebenswelt" gegenüber, die frei ist von den systemleitenden Kalkülen der instrumentellen Vernunft.[1] Charakteristisch für unsere heutige Lage ist nun der Umstand, dass die Effizienz- und Rentabilitätslogik des Marktes sich über die Grenzen des Wirtschaftssystems hinaus in die Gesellschaft ausdehnt und durch keinerlei nicht-marktförmige Kulturbestände mehr in Schach gehalten werden kann (Dubiel 1995: 12). Während das ökonomische System expandiert, scheint neben der Lebenswelt auch das politisch-administrative Funktionssystem zu verkümmern: „die Gerichtetheit der gesellschaftlichen Entwicklungen entlang von Utopien und gesellschaftlichen Visionen" nimmt in dem gleichen Maße ab, wie „die Desillusionierung über die politische Steuerbarkeit der Prozesse wächst." (Heitmeyer 1997a: 14)

Einher mit der Auflösung von Lebenswelt, tradierten Sozialmilieus und dem Bedeutungsverlust von Politik geht die Individualisierung gesellschaftlicher Bezüge. Individualität hat sich in den letzten 20 Jahren neben Erfolg und Wohlstand sicherlich zu *der* zentralen Leitorientierung in den westlichen Gesellschaften entwickelt. Eng verkoppelt mit einem seit 1989 „entfesselten Kapitalismus" führt Individualität als Leitorientierung nicht nur zu Freiheitsgewinnen, sondern gleichermaßen zu Desintegrationsphänomenen wie Inkonsistenz, Ungleichzeitigkeit und Asymmetrie. Das Problem der *Inkonsistenz* tritt auf, sofern durch die Subjektivierung von Werten und Normen zwar prinzipiell neue Entscheidungsfreiräume ermöglicht werden, diese Freiräume aber gleichzeitig durch den Zwang zu einem rein utilitaristisch-kalkulierenden Verhalten am kapitalistischen Markt wieder verstellt werden. Unter *Ungleichzeitigkeit* versteht Heitmeyer die Kollision von erlernten individualisierten Verhaltensweisen, deren Ausübung einen hohen materiellen Lebensstandard bedingt, mit „alten" sozialen Fragen wie z.B. Armut und realer oder drohender Arbeitslosigkeit. Letztere stellen, Damoklesschwertern gleich, nicht nur eine Bedrohung des bisherigen Lebensstandards, sondern gleichzeitig der Möglichkeit zur Entfaltung einer eigenen Individualität überhaupt dar. Mit dem Stichwort *Asymmetrie* wird die bereits von Merton thematisierte Diskrepanz zwischen dem penetranten Aufforderungscharakter einer kulturellen Leitorientierung, wie Individualität, und den als schwindend angesehenen sozialstrukturellen Realisierungschancen dieses Wertes für breite Bevölkerungsschichten benannt:

> Individualisierung als *kulturelle* Norm gilt für alle. Die damit verheißenen und mit Aufforderungscharakter oder Anpassungsdruck verbundenen Realisierungschancen sind zwischen den Angehörigen der unterschiedlichen Milieus strukturell zunehmend ungleich verteilt, dies führt zu einer *strukturellen* Konservierung von Statuspositionen und Milieuzugehörigkeiten bei gleichzeitig existentem *kulturellen* Wandlungsdruck, so daß sowohl individuelle als auch politische Kon-

---

1   Siehe auch den Beitrag zu Habermas in diesem Band.

fliktsituationen entstehen. *Konkurrenz* wird zum zentralen Motor von Desintegration und damit der Auflösung des Sozialen (Heitmeyer 1997a: 11).

Diese Desintegrationsphänomene lassen sich idealtypisch zu drei gesellschaftlichen Krisenlagen bündeln. Hier ist erstens die *Strukturkrise* zu nennen, die auf der Ebene der gesellschaftlichen Systemintegration ansetzt und vor allem die abnehmende Steuerungsfähigkeit von Politik und Staat vor dem Hintergrund der wirtschaftlichen Globalisierung bezeichnet. Zweitens lässt sich eine *Regulationskrise* ausmachen, die sich aus der zunehmenden Kontingenz ehemals verbindlicher Werte und Normen speist. Die heutige Gesellschaft nimmt – so scheint es – ihre eigenen Regeln nicht mehr ernst. Drittens führt eine übersteigerte Individualisierung auf der Ebene der Sozialintegration zu einer *Kohäsionskrise*, d.h. zur Auflösung von Vergemeinschaftungen und zum Verlust der Bindekraft von Idealen, sozialen Beziehungen, Milieus etc.

Gesellschaftliche Entwicklungen	Problement-wicklung für	Krisenphäno-mene im Sinne der Anomie-theorie	Folgen für soziale und politi-sche Prozesse	Individuelle/ koll-ektive Wahrneh-mung/ Verhal-tenweisen
Differenzierung (System)	stratifikatorische Positionierung/ Existenzsiche-rung	*Strukturkrise*	Ausgrenzung/ Desintegration (Verschärfung von Ungleich-heit)	Ohnmacht/ Machtlosigkeit/ Gleichgültigkeit (Indifferenz) *Ent-sicherung* von Gewaltpotential
Pluralisierung (Werte/Normen)	Verständigung/ Sinn	*Regulationskrise*	Delegitimierung von Nor-men/Kontingenz von Werten	*Absenkung* der Gewaltschwel-len/Steigerung der Gewaltanfäl-ligkeit
Individualisie-rung (soziale Lebenswelt)	Anerkennung/ Bindungen/ Zugehörigkeiten	*Kohäsionskrise*	Vereinzelung und kollektive (Re)-aktivierung von Abgrenzungen	(Selbst)-ethnisie-rungsprozesse (*Lenkung* von Gewaltpotentia-len)

(Heitmeyer 1997b: 633)

Zur Absicherung seiner Desintegrationsdiagnose vereint Heitmeyer in dem Sammelband „Was treibt die Gesellschaft auseinander?" empirisch fundierte Studien unterschiedlicher sozialwissenschaftlicher Autoren unter einem Dach. Diese Autoren spüren jenen Indikatoren nach, die die Existenz einer oder mehrerer der hier skizzierten Krisen belegen oder falsifizieren können. Im Folgenden werden aus der Vielzahl der Studien vier ausgewählt, um die Desintegrationsproblematik zu illustrieren. Es sind dies die Studien von Klaus Dörre zum Wirtschaftssystem, von Eike Henning zum politischen System, von Uwe Sander und Dorothee Meister mit Blick auf die Massenmedien sowie von Jürgen Friedrichs zur Normen- und Wertepluralisierung.

Anomie im Wirtschaftssystem

Ähnlich wie in Durkheims Diagnose gegen Ende des 19. Jahrhunderts lässt sich auch im jetzigen fin-de-siècle ein Wirtschaftssystem beobachten, das die Grenzen der bisherigen nationalen Volkswirtschaften sprengt und einen weltweiten Markt für Güter, Arbeitskraft und Kapital konstituiert. Auf dem globalisierten Markt wächst mit der Möglichkeit, länderübergreifend Qualität und Kosten von Gütern, Informationen und Dienstleistungen zu vergleichen, auch der Druck zur forcierten Standortkonkurrenz und damit einhergehend der Druck zu Rationalisierung und Rentabilität in der Produktion. In diesem Transformationsprozess scheint der bisherige Erfolg des „deutschen Modells" – also eines organisierten Kapitalismus auf der Grundlage arbeitsintensiver und diversifizierter Qualitätsproduktion auf der Produktions- sowie Sozialpartnerschaft zwischen Lohnarbeit und Kapital auf der Verteilungsseite des Wirtschaftens – zunehmend zu verblassen. Die Konkurrenzfähigkeit der deutschen Wirtschaft kann nur durch neue Formen internationaler Verflechtung und rigider Rationalisierung sowie durch Stellenabbau gesichert werden. Realistischen Schätzungen zufolge werden in den klassischen deutschen Industriebranchen wie der Automobil- und Zulieferindustrie, in Teilen des Maschinenbaus sowie der Elektro- und Elektronikindustrie weitere 30 Prozent der bisherigen Arbeitsplatzkapazitäten abgebaut. Eine Kompensation des industriellen Stellenabbaus durch neue Stellen in der Informations- und Medienindustrie ist, zumindest in dieser Größenordnung, nicht wahrscheinlich. Statt dessen wird mit einem „jobless growth" gerechnet, d.h. einem steigenden Wirtschaftswachstum bei stagnierenden oder gar noch weiter sinkenden Beschäftigtenzahlen.

Deutet man die Anpassungsreaktion der deutschen Wirtschaft auf die veränderten Weltmarktbedingungen als Strukturkrise, so lassen sich mannigfache anomische Auswirkungen auf die in dieses System involvierten Akteure feststellen. Beispielhaft seien hier die Repräsentanten der „Blaumann-Berufe" angeführt. Sie gehören zu der Gruppe der Verlierer des Globalisierungsprozesses, denn sie müssen eine „doppelte Entwertung" ihres bisher identitätsstiftenden Arbeiterstatus hinnehmen. Zum einen sehen sie sich durch die Internationalisierung der Arbeitsteilung selbst innerhalb ein und desselben Unternehmens – man denke nur an die gegenwärtige Fusionswelle bei den Großkonzernen – prekären Vergleichen mit ausländischen Arbeitnehmern, deren Leistungen, Bezahlung und sozialen Standards ausgesetzt. Zum anderen wird das Berufsethos des Arbeiters und Facharbeiters an sich durch die Globalisierungsprozesse einer schweren Legitimitätskrise ausgesetzt:

> Die Beruflichkeit der Arbeit, über einen langen Zeitraum Quelle von Selbstbewußtsein und Garantie von zumindest bescheidenem Wohlstand und relativer sozialer Sicherheit, büßt für wichtige Arbeitergruppen mehr und mehr Schutzfunktion ein. Als eine Art Minimalvoraussetzung zur Ausübung halbwegs anspruchs-

voller Tätigkeiten in der Industrie verstärkt nachgefragt ..., ändert die Beruflichkeit der Arbeit nichts daran, daß die gesellschaftliche Anerkennung zumindest des traditionellen Facharbeiterstatus offenbar abnimmt. (Dörre 1997: 94)

Folgt man Dörre, so schlägt besonders bei jüngeren Arbeitern die doppelte Entwertung ihres beruflichen Status nicht selten von einem ziellosen Unsicherheitsgefühl in eine Form von „Arbeiternationalismus" um. Sie misstrauen dem bemühten Internationalismus der Manager und wehren sich gleichermaßen gegen die Verlagerung von Produktionsabläufen in „billigere" ausländische Firmeneinheiten wie gegen die für sie statusgefährdende Konkurrenz durch fremdländische Arbeitsimmigranten. Der heutige „Arbeiternationalismus" zeichnet sich dabei durch seinen defensiven, auf Statusquo-Bewahrung ausgerichteten Charakter aus. Es gibt für den Arbeiter in den westlichen Industrieländern – in Umkehrung der Marxschen Diagnose aus dem 19. Jahrhundert – keine Welt mehr zu gewinnen, wohl aber eine zu verlieren. Insofern ist der Ethnozentrismus einheimischer Arbeiter ein Zeichen der Schwäche und Statusunsicherheit, kein Signal der Stärke oder Überlegenheit. Als Pfadverstärker wirkt hier nicht die objektive Gefahr einer sozialen Verelendung der jungen einheimischen Arbeiter, sondern wirken Gefühle relativer Deprivation. Vor allem die Blockade des für die Biographie ihrer Eltern selbstverständlichen sozialen „Fahrstuhleffekts" fördert Prozesse der Anomie und Entfremdung im Wirtschaftssystem, denn: „Für die nachwachsende Arbeiter- und Angestelltengeneration steht mehr auf dem Spiel als ‚nur' die Arbeitsstelle oder die berufliche Position; es geht um soziale Identitäten, um Selbstbilder, deren Realisierung gesellschaftlich blockiert erscheint." (Dörre 1997: 95)

Anomie im politischen System

Anders als z.B. im angelsächsischen Kulturkreis hängen Legitimität und Unterstützung der politischen Systeme in Kontinentaleuropa stark von einem messbaren materiellen Output der politischen Verfahren für die Bevölkerung ab. Die Demokratieakzeptanz orientiert sich gerade auch in Deutschland an der Summe wohlfahrtsstaatlicher Schutz-, Vorsorge- und Transferleistungen. Freilich können die politischen Herrschaftsträger ihrem Volkssouverän solche Wohltaten nur gewähren, wenn und solange es überhaupt ein volkswirtschaftliches Mehrprodukt zu verteilen gibt. Unter den o.a. Bedingungen wirtschaftlicher Globalisierung wird jedoch die bisherige Verteilungslogik prekär, weil das wirtschaftliche Mehrprodukt nun in beliebige Volkswirtschaften eingespeist und dem nationalen Haushalt entzogen werden kann. Entsprechend dieser Logik sind in den vergangenen zehn Jahren die Steuereinnahmen aus Unternehmensgewinnen erheblich gesunken, während die Abgabenlast der Arbeitnehmer immens gestiegen ist. Befindet sich die Wirtschaft gleichzeitig noch in einer Anpassungskrise, die nur durch den rapiden Abbau von Arbeitsstellen zu meistern ist und somit neue Leistungsempfänger für den Staat erzeugt, kommt auch das politische System in eine Strukturkrise. Da dem materialistischen Politikverständnis der Bevölkerung von Seiten der politischen Elite immer weniger entsprochen werden kann, gerät das ganze politische System in einen Zustand reziproker Entfremdung:

> ‚Die Politiker' erscheinen einerseits ‚dem Volk' als distanziert und elitär, von den Problemen „der kleinen Leute" hätte das politische Selbstversorgungssystem keine Ahnung; andererseits kommt ‚das Volk' ‚den Politikern' unzufrieden und ungerecht oder konsumverliebt vor und daher lenkungs- wie moralbedürftig. Vorwürfe der Cliquenwirtschaft und des Freizeitparks, der Bonzen und des Pöbels signalisieren, daß das Klima demokratischen Vertrauens gestört ist. (Henning 1997: 156/157).

Umfrageergebnisse bestätigen, dass die Bevölkerung mehrheitlich keiner der beiden Volksparteien mehr die Lösung der wichtigen Probleme, insbesondere der Arbeitslosigkeit, des Ausländerzustroms und der Kriminalität, zutraut. Der wirklich systemgefährdende Kern der politischen Strukturkrise liegt in dem Umstand begründet, dass Regierung *und* Opposition in Deutschland gleichermaßen an Vertrauen verlieren. Dabei findet das pauschale „Herunter-Kritisieren" der Parteien statt, ohne dass funktionale Äquivalente in Sicht wären. Neue intermediäre Instanzen im Sinne des Kommunitarismus oder gar die heute vielbeschworene „Bürgergesellschaft" sind jedenfalls empirisch unauffindbar. Eher das Gegenteil lässt sich konstatieren: Nicht nur die Parteien, sondern auch die anderen intermediären Instanzen politischer Interessenvermittlung und Integration, wie Vereine, Kirchen und Verbände, leiden an Vertrauensverlust und Mitgliederschwund. Die zivile Vermittlung von Staat und Gesellschaft erodiert und macht einer rebellischen Unzufriedenheit Platz, die sich in linker wie rechter Protestwahl niederschlägt.

Henning stellt seinen Fokus auf das Potential der rechten Protestwähler ein und entdeckt hier das Weltbild des „wohlstandschauvinistischen Isolationismus", das eine starke Analogie zu dem von Dörre beschriebenen „Arbeiternationalismus" im Wirtschaftssystem aufweist. Dem politischen Wohlstandschauvinismus liegt die Auffassung zugrunde, dass die ohnehin schrumpfenden Verteilungsleistungen des Wohlfahrtsstaates nach Kriterien ethnischer Zugehörigkeit verteilt werden sollten. Nur diejenigen, die als Deutsche in Deutschland den gesellschaftlichen Reichtum erwirtschaftet haben, sollten auch Adressaten und Nutznießer des volkswirtschaftlichen Mehrprodukts in Form wohlfahrtsstaatlicher Leistungen sein. Rechtsextreme Parteien wie die REPs und die DVU geben diesem Weltbild Ausdruck, ohne dass es ihnen gelänge, für ihre darüber hinausgehenden Anliegen dauerhafte Gefolgschaft zu mobilisieren. Den unzufriedenen Rebellen unter den Wählern ist zumeist der singuläre Akt der Protestwahl bereits Protest genug.

Das politische System Deutschlands, so lässt sich resümieren, ist weder von rechtem noch von linkem Extremismus akut gefährdet. Es leidet aber unter einer latenten Strukturkrise der Politik, die auf absehbare Zeit nicht – und vielleicht auch nie wieder – in der Lage sein wird, ihre Legitimität auf einen stetig wachsenden wohlfahrtsstaatlichen Output zu gründen. Henning sieht deshalb für die Zukunft der politischen Demokratie in Deutschland keinerlei Anlass zu Optimismus, denn:

> Tendenziell sprechen die ... Befunde dafür, daß ein wohlstandschauvinistischer Isolationismus Chancen hat, den Mehrheitstenor zu bestimmen. Diese Haltung überläßt das politische System den (Berufs-)Politikern, schwört den Leitbildern des Gesellschaftsvertrags und Allgemeinwohls ab, fühlt sich angesichts der schlimmen Weltlage und des Versagens der Politik legitimiert, das Schicksal in die eigenen Hände zu nehmen. (Henning 1997: 192)

Blanker Eigennutz und Tribalismus treten letztlich an die Stelle von Politik.

Anomie und Massenmedien

Die dem Menschen heute mögliche Sicht und Interpretation von Welt ist in vielen Bereichen eine durch Medien – zumal durch Massenmedien – konstruierte. Massenmedienkommunikation ist zu einem globalen, transkulturellen Phänomen geworden: vor allem via TV konstatieren und konstituieren Massenmedien eine Weltgesellschaft. Das Fernsehen trägt gleichermaßen zu psychosozialen Entdifferenzierungs- und Differenzierungsprozessen seiner Rezipienten auf der ganzen Welt bei. Eine Entdifferenzierung im Sinne von kultureller Angleichung findet statt, da durch die medial vermittelten Lebensmuster – dies sind vor allem die Lebensmuster des nordamerikanischen way of life – auf der ganzen Welt ähnliche Bedürfnisse, Erwartungen und Ansprüche an das Leben geschaffen werden. Parallel dazu lassen sich Differenzierungsprozesse im Sinne von Individualisierung oder Abweichung beobachten:

> Getragen von den Medien, differenzieren sich zunehmend die Sinnangebote und Sinnproduktionen aus, und es entstehen neue ‚Sinnmärkte'. Gleichzeitig differenzieren sich Sozialwelten in ‚Subwelten', in denen Interessen spezialisiert und Sonderkommunikationen entwickelt werden. (Sander/Meister 1997: 199)

Befördert werden diese Differenzierungsprozesse durch die Kommerzialisierung des Fernsehens und die damit einhergehende wachsende Zahl privater TV-Anbieter. Anders als beim öffentlich-rechtlichen Fernsehen in Deutschland haben zivilgesellschaftliche und staatliche Institutionen bei den Privaten keinen Einfluss auf die Programmgestaltung. Die Medieninhalte des Privatfernsehens orientieren sich somit nicht an Gemeinwohlvorgaben, sondern an Marktanteilen bei den in den Sendungen platzierten Werbeblöcken, durch die sie sich finanzieren. Dies hat gravierende Folgen für die Medieninhalte und die Art ihrer Präsentation:

> Charakteristisch für die Neuerungen in den privaten Programmen ist die Inszenierung von Normabweichung als Information und die Präsentation von Sensation als Unterhaltung. In Teilbereichen der privaten Programme, und zwar deutlicher bei RTL als bei SAT 1, zeichnet sich damit eine neue Strategie der qualitativen Programmoptimierung nach emotionalen Wirkungsfaktoren ab, die sich psychologische Regeln der Aufmerksamkeitserregung zunutze macht. Soweit diese Strategie nach dem Rezept verfährt, das beispielsweise für die Konzeption von Reality-TV maßgeblich ist, wird der Erfolg weniger an der Sozialverträglichkeit oder am Dienst für das Gemeinwohl gemessen als an der Optimierung eines bis zur Abnutzung einsetzbaren Programmprodukts mit Rating-Vorgabe pro Sendeplatz. (Krüger 1993: 266)

Die leicht konsumierbare Verpackung von politischen Nachrichten und Informationssendungen als „Infotainment" hat weitreichende Auswirkungen auf die Entwicklung der politischen Kultur in Deutschland; Sander und Meister belegen eine fatale, auf lange Sicht anomiefördernde Symbiose von Massenmedien und Politik, die sich in Formen „symbolischer Politik" und der Inszenierung politischer „Pseudoereignisse" manifestiert. Eine weitere anomieträchtige Tendenz des heutigen Massenmediensystems besteht in der beispiellosen Steigerung von Sensations- und Gewaltdarstellungen. Auf Seiten der Rezipienten kann dies zu Ängsten, Unsicherheitsgefühlen und „globalem Anomieverdacht" mit Blick auf jedes beliebige private oder gesellschaftliche Ereignis bis hin zu nachahmendem abweichenden Verhalten führen. Sander und Meister betonen jedoch, dass die Auswirkungen von Massenmedien wie dem Fernsehen nicht an sich anomisch sind, sondern die tatsächlich durch sie induzierte Anomie letztlich von den *Rezeptionskontexten* der Zuschauer abhängt. Ist dieser Kontext bereits von den Randbedingungen einer normativen Regulierungskrise und einer Kohäsionskrise im familiären Bereich erfasst, ist es allerdings wahrscheinlich, dass diese Krisen durch das Anomie*potential* der Massenmedien noch verstärkt werden, wenngleich sich hier keine unmittelbare wissenschaftlich haltbare Korrelation messen lässt (Sander/Meister 1997: 197).

Anomie und normative Pluralisierung

In Deutschland, wie in vielen anderen westlichen Industrieländern auch, lässt sich seit Beginn der sechziger Jahre eine Pluralisierung von Werten beobachten. Die „materialistischen" Werte der Kriegs- und Wiederaufbaugeneration wie Fleiß, Disziplin, Pflichterfüllung und Bescheidenheit sind bei der Generation der Nachkriegsgeborenen in Misskredit geraten. Letztere haben „postmaterialistische" und individualistische Orientierungen wie Autonomie, Emanzipation, Genuss- und Selbstverwirklichung etc. an deren Stelle gesetzt. Immer mehr normative Orientierungen werden abgelehnt oder zumindest kontrovers beurteilt. Im Gegenzug werden Handlungen, die vormals als sozial abweichend eingestuft und sanktioniert wurden, wie z.B. Schwarzarbeit, Graffiti auf Wände und Bahnwaggons etc. sprühen, verbale Aggression im Straßenverkehr, Beschmutzen öffentlicher Verkehrsmittel, öffentliche sexuelle Selbstdarstellung ohne Rücksicht auf anderer Leute Schamgefühle und vieles mehr zur Selbstverständlichkeit:

> Wer sie kritisiert und hiermit direkt oder indirekt auf die vermeintlich noch bestehende Norm hinweist, sieht sich unerfreulichen Reaktionen ausgesetzt und muß sich wahlweise als ‚Dummkopf‘ und ‚Ersatz-Polizisten‘ oder als ‚Nörgler‘ und ‚Querulanten‘ beschimpfen lassen. Nicht die abweichende Person, sondern die sie kritisierende muß sich rechtfertigen. Die Kontrolle liegt in dieser Situation bei der abweichenden und nicht bei der kritisierenden Person. Offensichtlich haben sich diesbezüglich die Normen so stark geändert, daß nun der Kritiker als Abtrünniger gilt. (Friedrichs 1997: 489)

Am Ende einer solchen Entwicklung, in der es der um die soziale Ordnung besorgte Akteur ist, der mit Sanktionen von Beschimpfung bis zur Körperverletzung rechnen muss, steht zweifellos die vielbeklagte „Wegschau-Gesellschaft". Neben Ordnungswidrigkeiten veranlassen hier auch Vandalismus und Gewaltverbrechen auf öffentlichen Plätzen und in Regionalzügen und Straßenbahnen niemanden mehr zum Einschreiten. Sind die Fundamente der Normkontrolle erst einmal erschüttert, weil jeder gutgemeinte Disziplinierungsversuch ein unkalkulierbares Risiko darstellt, zielt auch der politische und publizistische Ruf nach „mehr Zivilcourage" ins Leere.

Ein Grund für die als Regulationskrise bezeichnete normative Anomie ist sicherlich darin zu sehen, dass die heute vorherrschenden individualistischen Wertorientierungen nicht gemeinwohlorientiert, sondern egozentriert sind. Sie kommen im Kleid der Freiheit daher und bedeuten häufig Willkür:

> Individualisierung heißt höhere Ansprüche, stärkeres Ausleben der Wünsche, weniger Rücksichtnahme auf andere/das Kollektiv. Wenn nun das individuelle Handeln, die individuelle Zielverfolgung zunehmen, steigt auch die Überzeugung, man habe ein Recht auf Zielverfolgung/Selbstverwirklichung. Wird dieser Anspruch eingeschränkt, sei es durch eine Einzelperson oder den Staat, sei es durch den Rückgriff auf Normen oder Gesetze, kommt es zu aggressiven Auseinandersetzungen. (Friedrichs 1997: 483)

Mit der Pluralisierung der Normen und Werte einher geht eine Differenzierung der deutschen Gesellschaft in verschiedenste Subkulturen und Lebensstilenklaven. Dies hat die paradoxe Wirkung, dass in dem gleichen Maße, in dem die informelle soziale Kontrolle in der Gesamtgesellschaft sinkt und die Normabweichung im öffentlichen Raum insgesamt steigt, die Rigidität von sozialer Kontrolle und Sanktionierung ganz spezifischer Normabweichungen in den Subkulturen und Lebensstilgruppen zunimmt.

Anomie als Schatten und Bedrohung der Moderne

In der Summe zeigen die angeführten Fallstudien eine hohe Evidenz für Heitmeyers Diagnose, dass in der deutschen Gesellschaft die regulierenden und integrierenden Kräfte der Solidarität nachlassen und anomische Krisen zunehmen. Zu kontroversen Beurteilungen kommt es bei den Autoren der beiden Sammelbände hinsichtlich der Frage, ob sich die diagnostizierten Krisen weiter zuspitzen und – wie Heitmeyer meint – den Zusammenhalt der modernen Gesellschaft insgesamt gefährden, oder ob sie nicht eher als ein Indiz für die Rückkehr zu gesellschaftlicher Normalität nach einer atypisch konfliktarmen Nachkriegszeit zu werten sind (Schäfers 1998: 7). Für Heitmeyer selbst spiegelt sich jedenfalls in den empirischen Studien noch nicht einmal die Spitze des Eisbergs gesellschaftlicher Desintegration in Deutschland. Er weist darauf hin, „daß die empirisch ermittelten Tatbestände das ganze Ausmaß der dramatischen Entwicklung nur unvollkommen abbilden können, da diese in der Regel in vollem Ausmaß erst *zeitversetzt* aufbrechen" (Heitmeyer 1997a: 9). Schließlich seien die Totalitarismen des 20. Jahrhunderts auch erst zeitversetzt, als Folgen der sozialen Umwälzungsprozesse im 19. Jahrhundert, in Erscheinung getreten.

Was die skizzierten Desintegrationskrisen so gefährlich macht, ist laut Heitmeyer deren Überlagerung mit gleichzeitigen ethnisch-kulturellen Konflikten, die aus der hohen Zuwanderung von Ausländern nach Deutschland resultieren. Seit Mitte der achtziger Jahre „verbinden sich Desintegrationserfahrungen für Angehörige der Aufnahmegesellschaft und Integrationshemmnisse für Angehörige der Einwanderergesellschaft" (Heitmeyer 1996: 41). In Anlehnung an Albert O. Hirschmans Dichotomie der teilbaren und unteilbaren Konflikte – erstere entzünden sich an verhandelbaren materiellen, letztere an unverhandelbaren kulturellen issues – sieht Heitmeyer zunehmend unteilbare Konflikte zwischen Einheimischen und Einwanderern auf Deutschland zukommen.

Besteht somit die Gefahr, dass die deutsche Gesellschaft in den Strudel eines teilweise latenten, teilweise offen ausgetragenen Bürgerkriegs zwischen integrierten und desintegrierten Deutschen auf der einen sowie Deutschen und eingewanderten Ausländern auf der anderen Seite abrutscht? Diese Gefahr besteht zur Zeit noch nicht, und dass dem so ist, liegt an der paradoxen Wirkung der funktionalen Differenzierung moderner Gesellschaften.

Das funktionale Differenzierungsprinzip moderner Gesellschaften hat nicht – wie einige Klassiker der Soziologie glaubten – die Probleme stratifikatorischer und ethnischer Schichtung überwunden. Noch das soziologische Theorem der „cross-cutting cleavages" aus den siebziger Jahren ging davon aus, dass der im Zuge der Modernisierung eröffnete Zugang von immer mehr Menschen zu funktionalen Teilsystemen und Organisationsmitgliedschaften in eine Überkreuzung von Interessen münden würde, die ethnisch-kulturelle

Kategorien überlagern und dauerhaft zivilisierte Konfliktregulierungen etablieren könnte.[2] Funktionale Differenzierung hat aber im Gegenteil die unteilbaren Konflikte noch verschärft, da sie gleichzeitig mit einer Verunsicherung tradierter kultureller Sinnbestände hohe Mobilität und Migration erzeugt hat, die bei dem hohen Tempo des Strukturwandels in der Wirtschaft zu neuem Nationalismus, religiösem Fundamentalismus und Rassenhass führen kann:

> Das empirische Ergebnis scheint eindeutig: Modernisierung hat statt zur Einebnung ethnischer Unterschiede zu ihrer Verschärfung beigetragen .... Im Vertrauen auf die funktionale Differenzierung der Gesellschaft zur sozialverträglichen Regulierung des Zusammenlebens spiegeln sich einerseits die Überbetonung einer ‚technokratischen' Moderne und andererseits die ‚halbierte' Moderne, die beide die gewaltförmigen Energien in der Kultur und damit in den Identitätsprozessen unterschätzen (Heitmeyer 1996: 33, Hervorh. weggel.).

Dass die heutige deutsche Gesellschaft dennoch mit dem gewachsenen Konfliktpotential leben kann, verdankt sie ihrer Fähigkeit zur *Interdependenzunterbrechung*. Anomie im Bereich eines gesellschaftlichen Teilsystems, im Bereich bestimmter Organisations- und Institutionenstrukturen oder auch individuelle Anomie bei einer Vielzahl von Einzelpersonen hat heute – im Gegensatz zu der Gesellschaft des 19. Jahrhunderts, die Durkheim beschrieb – sehr viel geringere Auswirkungen auf die Stabilität der Gesamtgesellschaft:

> Anomische Tendenzen in Funktionsbereichen wie Schule, Arbeitsmarkt oder Politik oder anomische Spannungen bestimmter Bevölkerungsgruppen (Arbeitslose, neue Arme etc.) werden durch unterbrochene Interdependenzverhältnisse ‚eingeklammert' und greifen nicht mehr zwangsläufig gesamtgesellschaftlich um sich. Die Metapher der Zwei-Drittel-Gesellschaft kennzeichnet eine solche Interdependenzunterbrechung. (Bohle et al. 1997: 55)

Funktionale Differenzierung hat den Sprengsatz der „alten" Moderne, die stratifikatorische Differenzierung von oben und unten, durch die Dichotomie von Inklusion und Exklusion beziehungsweise „in" und „out" ersetzt (Heitmeyer 1997c: 27/28). Im Wirtschaftssystem z.B. ist das zentrale Problem heute nicht mehr die Ausbeutung und Entfremdung in Arbeitsorganisationen, sondern, viel grundlegender, der Zugang zur Mitgliedschaft in einer Arbeitsorganisation überhaupt. Die Interdependenzunterbrechung zu den vom gesellschaftlichen Reproduktionskreislauf Ausgeschlossenen wird in Deutschland bislang durch wohlfahrtsstaatliche Kompensationsleistungen (z.B. in Organisationen der Arbeitslosen- und Sozialhilfe, durch Sozialpädagogik

---

2 So ging man z.B. davon aus, dass gemeinsame Bevölkerungsinteressen an mehr Bildung, mehr Wohlstand, besserer sozialer Sicherung und besseren Berufsmöglichkeiten gesellschaftsinterne Widersprüche zwischen den kulturellen Hegemonieansprüchen von Katholiken und Protestanten oder Ressentiments zwischen Einheimischen und zugewanderten ethnischen Minoritäten „überkreuzen" und damit letztlich neutralisieren würden.

etc.) aufrechterhalten. Die Legitimität wohlfahrtsstaatlicher Leistungen zugunsten der „outsider" schwindet jedoch zunehmend in den Augen derer, die
noch „in" sind und für Transferleistungen steuerlich zur Kasse gebeten werden. Die Angehörigen der Mittelschicht – Stabilitätsanker einer jeden modernen Gesellschaft – müssen heute härter und länger arbeiten als früher, um
„in" zu bleiben; auch sie fühlen sich zunehmend vom Abstieg in den Kreis
der „outsider" bedroht, neigen aber dazu, dies als individuelles Schicksal und
nicht als strukturelles Problem zu betrachten. In jedem Fall schwindet ihre
Solidarität mit denen, die schon „draußen" sind. Die Politik verspricht der
Mittelschicht Abhilfe durch Abschaffung oder, euphemistisch ausgedrückt,
den „Umbau" des Wohlfahrtsstaates. Die gesellschaftsstabilisierende Funktion des Wohlfahrtsstaates als Interdependenzunterbrecher für die Ausweitung
anomischer Prozesse bleibt dabei unberücksichtigt. Werden jedoch keine
funktionalen Äquivalente zur wohlfahrtsstaatlichen Kompensation der Ano-
mieprobleme gefunden, gelingt die (Wieder-)eingliederung oder wenigstens
die Ruhigstellung der „outsider" nicht, dann könnte sich Anomie – wie in der
ersten Hälfte des 20. Jahrhunderts in Europa geschehen – vom allgegenwärtigen Schatten der Moderne zu einer ernsthaften Bedrohung der modernen
Gesellschaft als einer funktional differenzierten und freiheitlich-demo-
kratisch verfassten Gesellschaft ausweiten.

Literatur

Bohle, Hans Hartwig/Wilhelm Heitmeyer/Wolfgang Kühnel/Uwe Sander, 1997: A-
    nomie in der modernen Gesellschaft: Bestandsaufnahme und Kritik eines klassi-
    schen Ansatzes soziologischer Analyse. In: Wilhelm Heitmeyer (Hrsg.), Was treibt
    die Gesellschaft auseinander? Bundesrepublik Deutschland: Auf dem Weg von der
    Konsens- zur Konfliktgesellschaft. Bd. 1, Frankfurt/M.: Suhrkamp, 29-65.
Dörre, Klaus, 1997: Modernisierung der Ökonomie – Ethnisierung der Arbeit: Ein
    Versuch über Arbeitsteilung, Anomie und deren Bedeutung für interkulturelle
    Konflikte. In: Wilhelm Heitmeyer (Hrsg.), Was treibt die Gesellschaft auseinan-
    der? Bundesrepublik Deutschland: Auf dem Weg von der Konsens- zur Konflikt-
    gesellschaft. Bd. 1, Frankfurt/M.: Suhrkamp, 69-117.
Dubiel, Helmut, 1995: Nicht Entwicklung, sondern Ermutigung ist angesagt. Aufklä-
    rung und Gemeinsinn: von welchen Ressourcen leben wir? In: Frankfurter Rund-
    schau (Dokumentation), Nr. 176, 1.8.1995.
Durkheim, Emile, 1893: Über soziale Arbeitsteilung. Studie über die Organisation
    höherer Gesellschaften. Frankfurt/M. 1992: Suhrkamp.
Durkheim, Emile, 1897: Der Selbstmord. Neuwied, Berlin 1973: Luchterhand.
Friedrichs, Jürgen 1997: Normenpluralität und abweichendes Verhalten. Eine theore-
    tische und empirische Analyse. In: Wilhelm Heitmeyer (Hrsg.), Was treibt die Ge-

sellschaft auseinander? Bundesrepublik Deutschland: Auf dem Weg von der Konsens- zur Konfliktgesellschaft. Bd. 1, Frankfurt/M.: Suhrkamp, 473-505.

Heitmeyer, Wilhelm, 1996: Ethnisch-kulturelle Konfliktdynamiken in gesellschaftlichen Desintegrationsprozessen. In: Wilhelm Heitmeyer/Rainer Dollase (Hrsg.), Die bedrängte Toleranz. Ethnisch-kulturelle Konflikte, religiöse Differenzen und die Gefahren politisierter Gewalt. Frankfurt/M.: Suhrkamp, 31-63.

Heitmeyer, Wilhelm (Hrsg.), 1997a: Was treibt die Gesellschaft auseinander? Bundesrepublik Deutschland: Auf dem Weg von der Konsens- zur Konfliktgesellschaft. Bd. 1, Frankfurt/M.: Suhrkamp.

Heitmeyer, Wilhelm (Hrsg.), 1997b: Was hält die Gesellschaft zusammen? Bundesrepublik Deutschland: Auf dem Weg von der Konsens- zur Konfliktgesellschaft. Bd. 2, Frankfurt/M.: Suhrkamp.

Heitmeyer, Wilhelm, 1997a: Auf dem Weg in eine desintegrierte Gesellschaft. In: Wilhelm Heitmeyer (Hrsg.), Was treibt die Gesellschaft auseinander? Bundesrepublik Deutschland: Auf dem Weg von der Konsens- zur Konfliktgesellschaft. Bd. 1, Frankfurt/M.: Suhrkamp, 9-26.

Heitmeyer, Wilhelm, 1997b: Gesellschaftliche Integration, Anomie und ethnisch-kulturelle Konflikte. In: Wilhelm Heitmeyer (Hrsg.), Was treibt die Gesellschaft auseinander? Bundesrepublik Deutschland: Auf dem Weg von der Konsens- zur Konfliktgesellschaft. Bd. 1, Frankfurt/M.: Suhrkamp, 629-653.

Heitmeyer, Wilhelm, 1997c: Gibt es eine Radikalisierung des Integrationsproblems? In: Wilhelm Heitmeyer (Hrsg.), Was hält die Gesellschaft zusammen? Bundesrepublik Deutschland: Auf dem Weg von der Konsens- zur Konfliktgesellschaft. Bd. 2, Frankfurt/M.: Suhrkamp, 23-65.

Henning, Eike, 1997: Demokratieunzufriedenheit und Systemgefährdung. In: Wilhelm Heitmeyer (Hrsg.), Was treibt die Gesellschaft auseinander? Bundesrepublik Deutschland: Auf dem Weg von der Konsens- zur Konfliktgesellschaft. Bd. 1, Frankfurt/M.: Suhrkamp, 156-195.

Krüger, Ursula M., 1993: Kontinuität und Wandel im Programmangebot. Programmstrukturelle Trends bei ARD, ZDF, SAT 1 und RTL 1986-1992. In: Media Perspektiven 6, 246-266.

Merton, Robert K., 1968: Social Theory and Social Structure, rev. and enl. Ed., Glencoe, IL.: The Free Press.

Sander, Uwe/Dorothee M. Meister, 1997: Medien und Anomie: Zum relationalen Charakter von Medien in modernen Gesellschaften. In: Wilhelm Heitmeyer (Hrsg.), Was treibt die Gesellschaft auseinander? Bundesrepublik Deutschland: Auf dem Weg von der Konsens- zur Konfliktgesellschaft. Bd. 1, Frankfurt/M.: Suhrkamp, 196-241.

Schäfers, Bernhard, 1998: Anomie oder Rückkehr zur „Normalität"? In: Soziologische Revue 21, 3-12.

UWE SCHIMANK

Ökologische Gefährdungen, Anspruchsinflationen und Exklusionsverkettungen – Niklas Luhmanns Beobachtung der Folgeprobleme funktionaler Differenzierung

Niklas Luhmann wurde 1927 in Lüneburg geboren. Er studierte Jura und wurde zunächst Verwaltungsbeamter, gelangte dann aber zur Soziologie. Nach Stationen an der Verwaltungshochschule Speyer und der Sozialforschungsstelle Dortmund wurde er 1968 Professor für Soziologie an der Universität Bielefeld, wo er bis 1993 lehrte. Als er 1998 starb, hinterließ er eine umfassende systemtheoretische Betrachtung sozialer Wirklichkeit. Er war damit einer der bedeutendsten Soziologen des 20. Jahrhunderts. Obwohl er sich mit allen Arten sozialer Phänomene auseinandersetzte, stand die Analyse der modernen Gesellschaft im Zentrum seiner Forschungen. Seine Hauptwerke sind: „Funktionen und Folgen formaler Organisation" (1964), „Zweckbegriff und Systemrationalität" (1968), „Soziologische Aufklärung" (6 Bände, 1970-1995), „Soziale Systeme" (1984), „Ökologische Kommunikation" (1986), „Die Gesellschaft der Gesellschaft" (1997).

Niklas Luhmann hat in keinem einzigen seiner zahlreichen Werke eine gebündelte soziologische Gegenwartsdiagnose vorgelegt. Gegenwartsdiagnostische Ideen finden sich bei ihm immer wieder in abstraktere gesellschaftstheoretische Überlegungen oder auch in die Betrachtung einzelner gesellschaftlicher Teilsysteme eingestreut. Am ehesten könnte man zwei seiner Untersuchungen als schon in ihrer Anlage gegenwartsdiagnostisch ansehen. Die eine ist eine Analyse der „ökologischen Kommunikation" (Luhmann 1986a), wo er sich der Frage widmet: „Kann die moderne Gesellschaft sich auf ökologische Gefährdungen einstellen?" Die andere hier anzuführende Untersuchung ist Luhmanns (1981) Bilanz wohlfahrtsstaatlicher Politik mit der Empfehlung eines radikal anderen Politikverständnisses. Beide Werke beschränken sich jedoch, ihrer Themenstellung entsprechend, auf Ausschnitte dessen, was Luhmann mit seiner umfassenden Theorie der modernen Gesellschaft gegenwartsdiagnostisch zu sagen hat. Die folgende Zusammenstellung seiner gegenwartsdiagnostischen Aussagen legt daher als Rahmen Luhmanns (1997) gesellschaftstheoretisches Hauptwerk zugrunde, weil sich dort – wenn

auch wiederum an vielen Stellen verstreut – alle wesentlichen Einsichten auffinden lassen.[1]

Polykontexturale Gesellschaft

Für Luhmann wird die moderne Gesellschaft durch die Form ihrer Differenzierung bestimmt. Anknüpfend an eine seit Herbert Spencer in der Soziologie
verankerte Tradition differenzierungstheoretischen Denkens charakterisiert
Luhmann die Moderne als eine *funktional differenzierte Gesellschaft*. Das
bedeutet, dass die moderne Gesellschaft als Ganzes aus ungleichartigen, aber
gleichrangigen Teilen zusammengesetzt ist. Diese Teile sind für den Sys-
temtheoretiker Luhmann gesellschaftliche Teilsysteme. Die moderne Gesellschaft stellt demnach ein Ensemble von etwa einem Dutzend Teilsystemen
dar: Wirtschaft, Politik, Recht, Militär, Wissenschaft, Kunst, Religion, Massenmedien, Erziehung, Gesundheitswesen, Sport, Familie und Intimbeziehungen.

Dass die Teilsysteme ungleichartig sind, bedeutet: Jedes weist eine andere,
nur ihm zukommende funktionale Spezialisierung des in ihm stattfindenden
sozialen Geschehens auf. Wirtschaftliches Handeln ist etwas ganz anderes als
politisches oder künstlerisches. Sowohl die Sinnbezüge im Handlungsvollzug
als auch der funktionale Sinn des Handlungsergebnisses unterscheiden sich
markant zwischen den Teilsystemen – und zwar nicht nur für einen soziologischen Beobachter, sondern für das Handeln selbst. Der soziologische Beobachter rekonstruiert nur die von und in den Teilsystemen konstruierten Un-
terscheidungen. So steht beim politischen Handeln letztlich die Erhaltung
von Macht im Zentrum der Aufmerksamkeit, und dies findet seinen Niederschlag in kollektiv bindenden Entscheidungen; beim künstlerischen Handeln
dreht sich hingegen alles um das originelle Schöne, das sich in Kunstwerken
manifestiert.

Alle Teilsysteme leisten aufgrund ihrer funktionalen Spezialisierung einen
anderen Beitrag zur gesamtgesellschaftlichen Reproduktion. Gleichrangig
sind sie für Luhmann deshalb, weil alle gleichermaßen unverzichtbar für die
Reproduktion der modernen Gesellschaft sind und auch keines dabei durch
ein anderes ersetzt werden kann. Die Wirtschaft dürfte genauso wenig ausfallen wie die Massenmedien oder das Gesundheitswesen; und ein Ausfall des
Gesundheitswesens könnte nicht durch vermehrte Leistungen der Massenmedien oder irgendeines anderen Teilsystems kompensiert werden.

Ob es jenseits dieser primären Gleichrangigkeit im Sinne von Unentbehr-
lichkeit jedes der Teilsysteme sekundäre Ungleichrangigkeiten der Art gibt,

---

1 Wenn im Weiteren Quellenangaben nur Seitenzahlen enthalten, beziehen sie sich auf
  dieses Werk.

dass beispielsweise vielleicht die Wirtschaft das, was gesamtgesellschaftlich passiert oder nicht passiert, stärker prägt als etwa die Kunst, ist eine andere Frage, die Luhmann kaum einmal anspricht. Viele andere Gesellschaftsbeobachter gehen ja davon aus, dass die moderne Gesellschaft von der Wirtschaft oder der Politik oder auch der Wissenschaft „beherrscht" werde. Darin sieht Luhmann eine unzulässige Übertragung von Vorstellungen, die in stratifizierten, also nach Schichten oder Ständen differenzierten Gesellschaften gültig waren, auf die moderne Gesellschaft. In der mittelalterlichen Ständeordnung herrschte der Adel, und die Bauern wurden beherrscht. Stärke, gemessen in militärischer Gewalt und ideologischer Hegemonie, bestimmte gesellschaftliche Dominanz. Für die Moderne behauptet Luhmann hingegen: „In funktional differenzierten Gesellschaften gilt eher die umgekehrte Ordnung: das System mit der höchsten Versagensquote dominiert, weil der Ausfall von spezifischen Funktionsbedingungen nirgendwo kompensiert werden kann und überall zu gravierenden Anpassungen zwingt." (769) Nicht Stärke, sondern chronisches Kränkeln zwingt den anderen Teilsystemen den eigenen Willen auf; und diese müssen sich nicht unterwerfen, sondern haben Rücksicht zu nehmen. Welche Teilsysteme es sind, die der modernen Gesellschaft auf diese Weise besonders ihren Stempel aufdrücken, sagt Luhmann allerdings nirgends.

Eine lange Zeit vorherrschende und immer noch oft anzutreffende Sichtweise funktionaler Differenzierung, die man etwa bei Emile Durkheim oder Talcott Parsons vorfindet, fasst diese als gesamtgesellschaftliche Arbeitsteilung auf. Die verschiedenen Teilsysteme tragen demzufolge wie die Abteilungen einer Organisation jeweils das Ihre zum Erhalt und zur Weiterentwicklung des Ganzen bei; und wenn dies auf gesellschaftlicher Ebene schon nicht nach einem übergreifenden Plan in Szene gesetzt werden kann, sorgt doch evolutionäre Auslese für ein geordnetes und fruchtbares Zusammenwirken. Gerade weil diese Vorstellung nicht völlig abwegig ist, verleitet sie dazu, das Wesentliche zu übersehen. Dies hat schon vor Luhmann Max Weber betont, der die Entstehung der modernen Gesellschaft als allmähliche Ausdifferenzierung von „Wertsphären" – die Luhmanns Teilsystemen entsprechen – sah, was eben nicht nach dem Muster der Arbeitsteilung zu verstehen ist, sondern als spannungsreiches Neben- und Gegeneinander. Was z.B. wirtschaftlich nützlich ist, ist nicht unbedingt auch politisch opportun oder künstlerisch wertvoll. Jede dieser „Wertsphären" tendiert zur Selbstverabsolutierung und zur entsprechenden Gleichgültigkeit gegenüber den Belangen anderer „Wertsphären". Das wäre solange problemlos, wie sie beziehungslos nebeneinander wirkten. Sie wirken aber in der Weise zusammen, dass oft genug ein und dasselbe gesellschaftliche Ereignis dem Zugriff mehrerer „Wertsphären" unterliegt. Das Kunstwerk kostet Geld oder ist darüber hinaus politisch anstößig, und politische Machtkalküle durchkreuzen wirtschaftliche Investitionspläne.

Genau diese Sichtweise funktionaler Differenzierung findet sich, in nochmals radikalisierter Form, bei Luhmann. Funktionale Differenzierung ist die Herausbildung von „globalen Zugriffsweisen" auf die Welt (Türk 1995: 173). Die Ausdifferenzierung der Teilsysteme erfolgt demzufolge als Kultivierung, Vereinseitigung und schließlich Verabsolutierung von Weltsichten, bis diese sich in Form jeweils hochgradig spezialisierter, selbstreferentiell angelegter *binärer Codes* etabliert haben: etwa „zahlen"/„nicht-zahlen" als „distinction directrice" (Luhmann 1986c) des Wirtschaftssystems oder „Recht"/ „Unrecht" als Pendant beim Rechtssystem. Diese gegeneinander propagierten, also nicht wie bei einer Arbeitsteilung säuberlich aufeinander abgestimmten Leitdifferenzen gesellschaftlicher Kommunikation konstituieren keine überschneidungsfreien Zuständigkeitsbereiche, sondern eine *polykontexturale* Gesellschaft. Jedes soziale Ereignis in der modernen Gesellschaft – einschließlich bloß vorgestellter möglicher Ereignisse – hat eine Mehrzahl gesellschaftlich relevanter sinnhafter Bedeutungen, je nachdem, im Kontext welcher teilsystemischen Leitdifferenz es betrachtet wird. Ein Zugunglück beispielsweise lässt sich nicht der alleinigen Zuständigkeit eines bestimmten Teilsystems zuordnen, um so gleichsam unsichtbar, nämlich bedeutungslos – im doppelten Sinne des Wortes – für die übrigen Teilsysteme zu bleiben. Sondern das Zugunglück stellt sich als rechtliches, wirtschaftliches, politisches, massenmediales, wissenschaftlich-technisches, medizinisches, gegebenenfalls auch militärisches, pädagogisches oder künstlerisches Geschehen dar – und jedes Mal ganz anders!

Die gesellschaftliche Wirklichkeit ist damit nicht eine einzige, sondern so oft und so oft anders vorhanden, wie es divergierende teilsystemische Perspektiven auf sie gibt. Das Zugunglück passiert als Gegenstand von Kommunikation – und nur so wird es für Luhmann jenseits physikalisch-chemischer und biologischer Vorgänge gesellschaftlich relevant – nicht einmal, sondern eben ein halbes Dutzend bis ein Dutzend mal. Man kann Luhmanns Sicht allen Ernstes so auf den Punkt bringen, dass funktionale Differenzierung die Gesellschaft vervielfacht. Die Gesellschaft aus der Sicht der Wirtschaft ist eine völlig andere als die(-selbe?!) Gesellschaft aus der Sicht der Politik oder aus der Sicht des Gesundheitssystems usw. Luhmann (1986a: 216) bringt es so auf den Punkt: „die Einheit der Gesellschaft ist dann nichts anderes als diese Differenz der Funktionssysteme; sie ist nichts anderes als deren wechselseitige Autonomie und Unsubstituierbarkeit."

Selbstreferentielle Geschlossenheit und strukturelle Kopplungen der gesellschaftlichen Teilsysteme

Dadurch, dass teilsystemische Kommunikationen sich im Orientierungsrahmen des jeweiligen binären Codes bewegen, sind die Teilsysteme als Kommunikationszusammenhänge *selbstreferentiell geschlossen*. Die beiden Pole eines binären Codes bilden somit Sinngrenzen. Sie markieren den Sinnhorizont eines Teilsystems, der den dortigen Akteuren vorgibt, um was es geht, so dass etwa ein Fußballspieler während eines Spiels weiß, dass er sich darum bemühen muss, die gegnerische Mannschaft zu besiegen – und nicht etwa religiös zu missionieren oder politisch zu agitieren. In der Wirtschaft dreht sich letztlich alles um Zahlungsfähigkeit, im Sport hingegen um Siege; und dass ein sportlicher Sieg für das wirtschaftliche Produkt, für das der Sieger Reklame läuft, vorteilhaft ist, heißt eben nicht, dass das betreffende Unternehmen sich irgendetwas aus dem Sieg an sich macht, sondern nur, dass dadurch eventuell die Verkäuflichkeit seines Produkts und damit seine Zahlungsfähigkeit gesteigert wird. Genauso spielt umgekehrt die Tatsache, dass Sponsorengelder aus der Wirtschaft einen sportlichen Sieg wahrscheinlicher machen können, weil ein Athlet sich dadurch bessere Trainingsbedingungen zu leisten vermag, im Wettkampf insofern keine Rolle, als auch die Leistung dieses Athleten nach rein sportlichen Regeln bewertet und eingestuft wird. Letzten Endes ist also weder das Unternehmen als Wirtschaftsorganisation in irgendeinem Sinne „sportbegeistert", noch ist der sportliche Wettkampf „kommerzialisiert". Beide Teilsysteme bleiben durch eine harte, kommunikativ unüberschreitbare Grenze geschieden; sie verstehen einander in dem Sinne nicht, dass keines die konstitutive evaluative Orientierung des anderen, die im binären Code zum Ausdruck kommt, zu schätzen weiß.

Dieses Beispiel demonstriert also zum einen die selbstreferentielle Geschlossenheit der ausdifferenzierten Teilsysteme. Zum anderen zeigt es aber auch, dass es natürlich mannigfache *fremdreferentielle Einwirkungen* in die Teilsysteme gibt, diese also zugleich umweltoffen sind. Um mehr als punktuell zu wirken, müssen Irritationen von außen in die jeweilige Programmstruktur der Teilsysteme eingehen. Programme sind Spezifizierungen der hochabstrakten Codes: Regeln, wie die Codes zu verstehen sind – im Sport u.a. die Wettkampfregeln, in der Wirtschaft Investitionskalküle, in der Wissenschaft wissenschaftliche Theorien und Methodologien. Dies sind Beispiele für selbstreferentielle Programmelemente. Die Programmstruktur der Teilsysteme ist aber auch offen für von außen hereingetragene Elemente. So unterliegt etwa die wissenschaftliche Forschung rechtlichen Beschränkungen, politischen Fördermaßnahmen oder medizinischen Nutzenerwägungen. Fremdreferentielle Programmelemente können also die Selbstreferentialität der teilsystemischen Kommunikation kanalisieren, was sowohl restriktiv wie orientierend und bestärkend wirken kann. Kanalisierung bedeutet dabei wohlge-

merkt nicht, dass der Code außer Kraft gesetzt wird. Auch die Erkenntnisse
einer wirtschaftlich instrumentalisierten Forschung – siehe die Industriefor-
schung – müssen sich an „wahr"/„unwahr"-Kriterien messen lassen, gerade
auch, um wirtschaftlich verwendbar zu sein.

Wenn die moderne Gesellschaft als polykontexturale keine substantiell
fassbare Einheit mehr darstellt und man somit streng genommen auch nicht
mehr von teilsystemischen Funktionen für das Ganze sprechen kann, heißt
das also keineswegs, dass die gesellschaftlichen Teilsysteme in ihrer je eigenen Welt gänzlich unabhängig voneinander operieren. Sie sind im Gegenteil
vielfältig *strukturell gekoppelt*. Die strukturellen Kopplungen sind kontin-
gente Produkte teilsystemischer Ko-Evolution – z.B. die Steuerfinanzierung
der Politik als strukturelle Kopplung mit der Wirtschaft oder die Mitfinanzie-
rung bestimmter Felder der Hochschulforschung durch Unternehmen. Um
die wechselseitige evolutionäre Anpassung an letzterem Beispiel zu illustrieren: Die wissenschaftliche Forschung merkt, dass bestimmte Forschungsthe-
men besondere Chancen für Wahrheitskommunikationen erzeugen, weil diese Themen mehr Ressourcen aus der Wirtschaft anziehen; und das wiederum
geht darauf zurück, dass die wirtschaftliche Zahlungskommunikation bemerkt, dass Investitionen in verwissenschaftlichte Produktionstechnologien
die Zahlungsfähigkeit stärker steigern als andere Investitionsmöglichkeiten.
Im Ergebnis läuft dieses Dirigieren der Wahrheitskommunikationen durch
wirtschaftliche Anwendungsinteressen auf Themenkonjunkturen in der Wissenschaft, Produkt- und Branchenkonjunkturen in der Wirtschaft hinaus. Beide Teilsysteme gleiten über diesen Finanzierungsmodus der Forschung in eine „Dauersynchronisation"[2] hinein. Er sorgt dafür, dass die beiden Kommunikationszusammenhänge, wiewohl selbstreferentiell geschlossen, einander
gegenseitig „mit Irritationen versorgen" (Kneer 1998: 66, Hervorh. weggel.),
die auf eine gewisse beiderseitige und nicht bloß episodische Berücksichtigung von Belangen des jeweils anderen Teilsystems hinauslaufen.

Hier ist allerdings nochmals hervorzuheben, dass strukturelle Kopplungen
mit Indifferenz für die Selbstreferentialität des jeweils anderen Teilsystems
einhergehen. Wenn z.B. die Politik ein anderes Teilsystem durch Gesetzge-
bung steuert, könnte man dies ja als gezielte Einflussnahme mit der Absicht,
die Funktionsfähigkeit des anderen Teilsystems zu stärken, deuten. So wird
es alltagsweltlich auch getan. Differenzierungstheoretisch gesehen geht es bei
so etwas aber immer nur darum, dass der politische Kommunikationszusam-
menhang seinen eigenen Code, also die Steigerung legitimer Macht, im Sinn
hat. So wollen etwa Politiker wiedergewählt werden – und das „Gemein-
wohl" im Sinne der Reproduktionsfähigkeit aller übrigen Teilsysteme interessiert sie nur insoweit, wie eine gemeinwohlorientierte politische Entschei-

---

2   Dies ist eine Formulierung von Georg Kneer (1998: 65/66), die dieser allerdings gerade
    dafür benutzt, zu erläutern, was strukturelle Kopplung nicht sei.

dung ihnen für die Wiederwahl nützt. Man sieht das spätestens daran, dass auch gemeinwohlschädliche politische Entscheidungen beständig getroffen werden – wenn man etwa die Wähler nicht durch „unpopuläre", beispielsweise den Individualverkehr beschränkende Maßnahmen verprellen will, selbst wenn diese für die ökologische Integration der Gesellschaft mit der Natur in höchstem Maße funktional erforderlich wären. Die Auswirkungen des eigenen Operierens in anderen Teilsystemen liegen also stets jenseits des Sinnhorizonts eines Teilsystems.

Dadurch, dass die moderne Gesellschaft ein dichtes Netz derartiger struktureller Kopplungen zwischen ihren Teilsystemen aufweist, wird für Luhmann gesellschaftliche *Systemintegration* hauptsächlich gewährleistet. Systemintegration meint dabei nicht mehr als eine „Vermeidung des Umstands, daß die Operationen eines Teilsystems in einem anderen Teilsystem zu unlösbaren Problemen führen." (Luhmann 1977: 242) Diese Probleme können von zweierlei Art sein. Zum einen können Teilsysteme Leistungen, von denen andere abhängen, nicht in der erforderlichen Quantität oder Qualität produzieren. Beispielsweise könnte das Erziehungssystem zu wenige Akademiker, gemessen am Bedarf der Wirtschaft, produzieren, oder nur Akademiker solcher Fachrichtungen, mit denen die Wirtschaft nichts anfangen kann. Zum anderen können Teilsysteme anderen negative Externalitäten bereiten – wenn etwa das Gesundheitssystem in seinem Finanzbedarf so unersättlich ist, dass andere Teilsysteme deshalb zu kurz kommen. Beide Arten von Problemen sind als chronische Schwächen in der Selbstreferentialität der binären Codes angelegt; und die moderne Gesellschaft muss zufrieden sein, wenn dafür gesorgt ist, dass beides nirgends allzu lange zu weit getrieben wird. Auch eine Garantie dafür, dass die gesellschaftliche Systemintegration so auf Dauer aufrechterhalten bleibt, gibt es nicht. Bis jetzt ist es noch immer gutgegangen: Irgendeine Zuversicht über die Zukunft darf die moderne Gesellschaft daraus nach Luhmann nicht extrapolieren.

Folgeprobleme funktionaler Differenzierung

Wenn man die Dynamik der modernen Gesellschaft, wie Luhmann es tut, primär als Ko-Evolution strukturell gekoppelter Teilsysteme auf der Basis der jeweils binär codierten, selbstreferentiell geschlossenen teilsystemischen Kommunikationszusammenhänge ansieht, liegt es nur nahe, sich erst einmal um die Frage der gesellschaftlichen Systemintegration zu kümmern. Diese Frage aber ist, für Luhmann jedenfalls, keine besonders besorgniserregende. Für das von dieser Differenzierungsform hervorgerufene gesellschaftliche Integrationsproblem, das sich direkt in der gesellschaftlichen Kommunikation selbst manifestiert, stehen gewissermaßen Problemlösungen bereit. Als sehr viel problematischer schätzt Luhmann hingegen Folgeprobleme funktionaler

Differenzierung ein, die in Umwelten des Gesellschaftssystems eintreten und
dann auf dieses zurückwirken können. Die eine dieser Umwelten ist die *Natur* im Sinne aller physikalischen, chemischen und biologischen Systeme und
Zusammenhänge, deren Funktionieren von der Gesellschaft vorausgesetzt
wird, aber auch mehr oder weniger nachhaltig gestört werden kann.[3] Die andere Umwelt sind die einzelnen Gesellschaftsmitglieder als *Personen*, also
als psychische Systeme. Sie müssen im Sinne gesellschaftlicher Erwartungsstrukturen funktionieren, was sich nicht in bloßer Konformität erschöpft,
sondern oftmals auch anspruchsvolle kognitive und motivationale Leistungen
der situativen Feinregulierung sozialer Ordnung einschließt (Schimank 1981:
11-26). Auch diese Funktionstüchtigkeit des gesellschaftlichen Personals
kann gesellschaftlich untergraben werden.

Natur und Personen: In diesen beiden Richtungen – eine ältere Terminologie hätte von „äußerer" und „innerer Natur" der Gesellschaft gesprochen –
bietet die funktionale Differenzierung offene Flanken, weil sie dort Probleme
schafft oder zumindest verschärft, die die gesellschaftliche Reproduktionsfähigkeit längerfristig untergraben könnten. Luhmann (1984: 516) geht dabei
davon aus, dass es gerade die erfolgreiche Durchsetzung dieser Differenzierungsform ist, die heutzutage deren Kehrseite um so stärker zum Vorschein
kommen lässt. Er spricht vom „Altwerden" der funktionalen Differenzierung,
wodurch „die volle Last negativer Konsequenzen ... anfällt."

Anspruchsinflationen

Wendet man sich zunächst den Personen zu, dann lässt sich erst einmal konstatieren, dass Luhmann ein Problem, das viele andere soziologische Zeitdiagnosen seit den Tagen von Karl Marx und Emile Durkheim immer wieder
herausgestellt haben, gar nicht als solches sieht: das Problem einer „Sinnleere" der eigenen Existenz, das Menschen in der Moderne angeblich plage,
weil letztlich religiös fundierte Sinnvorgaben erodiert seien und nichts Dauerhaftes an deren Stelle getreten sei. Diesen – wie Luhmann (1984: 362) bissig kommentiert – „einstimmig-monotonen Gesang vom Sinnverlust" will er
dezidiert nicht anstimmen. Denn ihm zufolge werden in der modernen Gesellschaft frühere Arten einer subjektiv bedeutungsvollen Selbstbeschreibung
von Personen durch *Ansprüche* ersetzt, die die Person an die Leistungsproduktionen der verschiedenen gesellschaftlichen Teilsysteme adressiert (Luhmann 1984: 362-367; 1987). Jede Selbstbeschreibung, überhaupt jede Be-

---

3 Zu den biologischen Systemen gehören auch die Körper der Gesellschaftsmitglieder.
   Viele gesellschaftlich verursachte Schädigungen der natürlichen Umwelt wirken sich ja
   dahingehend aus, dass die körperliche Gesundheit von Gesellschaftsmitgliedern gefährdet oder beeinträchtigt wird – bis hin zum vorzeitigen Tod.

schreibung, setzt eine zugrunde liegende Differenz voraus. Wenn das aus externen Sinnvorgaben freigesetzte moderne Individuum, auf sein „Ich" zurückgeworfen, „in den Seeleninnenräumen" (Luhmann 1987: 135) auch nur ins Leere stößt, also keine für die Fixierung des „Ichs" erforderliche Differenzerfahrung machen kann, sucht es diese Differenz im Verhältnis zur Gesellschaft: „Im Geltendmachen eines Anspruchs orientiert es sich an einer Differenz zwischen dem, was momentan besteht, und dem, was sein soll, hergestellt werden soll, erreicht werden soll; und es kann sich mit seinem Anspruch identifizieren." (Luhmann 1987: 135) „Identifizieren" ist hier im doppelten Sinne gemeint: Die Person stimmt mit dem Anspruch überein – und zwar deshalb, weil sie sich selbst über diesen Anspruch bestimmt.

Der moderne Individualismus läuft so größtenteils auf einen *Anspruchsindividualismus* hinaus; dieser beschwört dann jedoch die Gefahr von „*Anspruchsinflationen*" herauf (Luhmann 1983). Der Grund hierfür sind die binären Codes der Teilsysteme, die keinerlei Stoppregeln enthalten, sondern im Gegenteil geradezu dazu animieren, eine immer weitergehende Perfektionierung der teilsystemischen Leistungen für wünschenswert zu halten und zu verlangen: „Wenn einmal ein Teilsystem der Gesellschaft im Hinblick auf eine bestimmte Funktion ausdifferenziert ist, findet sich in diesem System kein Anhaltspunkt mehr für Argumente gegen die bestmögliche Erfüllung der Funktion." (Luhmann 1983: 29) Luhmann sieht diesen „Steigerungszusammenhang ... von Aussichten, die die Funktionssysteme eröffnen, und von Anspruchshaltungen der Individuen", folgendermaßen:

> Es scheint, daß die Ausdifferenzierung spezifischer Funktionssysteme dazu führt, daß auf sie gerichtete Ansprüche provoziert werden, die, da sie die Funktion in Anspruch nehmen, nicht abgewiesen werden können. Funktionsautonomie und Anspruch verzahnen sich ineinander, begründen sich wechselseitig, steigern sich im Bezug aufeinander und gehen dabei eine Symbiose ein, der gegenüber es keine rationalen Kriterien des richtigen Maßes mehr gibt. (Luhmann 1987: 140)

Die funktionale Differenzierung der Gesellschaft induziert also nicht bloß Ansprüche auf Seiten ihrer Mitglieder, sondern forciert auch eine fortwährende Selbstüberbietung der Ansprüche – als da sind: Konsumchancen beim Wirtschaftssystem, Bildungschancen beim Erziehungssystem, medizinische Versorgung beim Gesundheitssystem, Breitensportangebote beim Sportsystem, Informations- und Unterhaltungsangebote beim System der Massenmedien, Kulturangebote beim Kunstsystem, erfüllte Intimität beim Familiensystem, gesicherter Frieden beim Militärsystem, Rechtssicherheit beim Rechtssystem sowie demokratische Beteiligungschancen und wohlfahrtsstaatliche Versorgungsleistungen beim politischen System. „Selbstverwirklichung" durch Inklusion ins Publikum der teilsystemischen Leistungsproduktionen ist dann die semantische Klammer, die all das zusammenhält. Immer mehr von all dem, und für alle, ist die Dynamik, die so induziert wird – zunächst als

Forderungen, die dann aber real eingelöst werden müssen, wenn nicht Unzu-friedenheit und Protest aufkommen sollen.

Diese Problematik wird durch den Tatbestand ungleicher Soziallagen der Personen noch intensiviert. Zwar schafft funktionale Differenzierung nach Luhmanns Einschätzung keine *sozialen Ungleichheiten*, verschärft sie auch nicht unbedingt, beseitigt diesen durch andere Faktoren erzeugten Stachel von Unzufriedenheit aber auch nicht, aus dem dann unter bestimmten Bedin-gungen individuelle Devianz oder kollektive Rebellion entstehen können. Der soziale Vergleich mit anderen, die – auf bestimmte Teilsysteme oder auf die Gesamtheit der Teilsysteme bezogen – über mehr Optionen der Lebens-führung verfügen, kann Anspruchsspiralen in Gang halten. Wenn die Besser-gestellten angesichts dessen nichts abgeben, also eine Umverteilung empfan-gener teilsystemischer Leistungen vermeiden wollen, bleibt vor allem eine Steigerung der teilsystemischen Leistungsproduktionen übrig, um Vertei-lungskonflikte in Positivsummenspiele zu transformieren. Wollen die Rei-chen reich bleiben und dennoch das Aufbegehren der Armen verhindern, muss die Wirtschaft die zum Lebensunterhalt nötigen Güter und auch etliche symbolisch wichtige Luxusgüter so massenhaft produzieren und verbilligen, dass die Armen zufriedengestellt sind. Ein anderes Beispiel: Man lässt auch Frauen und Arbeiterkinder an der höheren Bildung partizipieren, schafft ih-nen aber nicht dadurch Platz, dass man die männlichen Abkömmlinge der höheren Schichten rauswirft, sondern das Bildungssystem entsprechend aus-baut.

Also: „Man kann Unterschiede in den Lebensbedingungen nicht ignorie-ren, aber sie werden als Problem auf Zeit bezogen." Denn man „bemüht ... sich um Wachstum in der Annahme, daß ein quantitatives Mehr bessere Ver-teilungen ermöglichen würde" (626). Eine solche Konfliktentschärfung durch Wachstum ist die Antwort auf die „Anspruchsinflationen", die der Wohl-fahrtsstaat und die „Überflussgesellschaft" gefunden haben. Die Frage, die sich Luhmann stellt, ist aber, ob diese Antwort genügt, und vor allem, ob sie immer weiter gültig bleiben kann. In mindestens drei Hinsichten ist hier Skepsis angesagt:

• Erstens sind bestimmte teilsystemische Leistungen nicht beliebig vermehr-bar, sondern stellen im Sinne Fred Hirschs (1976) „positionale Güter" dar. Das gilt etwa für Bildungszertifikate. Wenn immer mehr Personen Hoch-schulabschlüsse erwerben, werden diese immer wertloser auf dem Ar-beitsmarkt. Damit wird die Unzufriedenheit nur vorübergehend beseitigt und taucht bald in anderer Form wieder auf. Fanden Arbeiterkinder es frü-her ungerecht, nicht studieren zu können, so sind sie und andere Studie-rende jetzt enttäuscht, dass ihnen das Hochschuldiplom keine gutbezahlten Stellen auftut. Die Bildungsexpansion fliegt also bald als Schwindel auf, und danach hat die Unzufriedenheit sogar eine noch breitere soziale Basis.

- Die teilsystemischen Leistungsproduktionen können an „Grenzen des Wachstums" stoßen, wie sie sich insbesondere als Finanzknappheit manifestieren können. So hat die „Kostenexplosion" im Gesundheitssystem dazu geführt, dass bestimmte medizinische Leistungen rationiert werden. Luhmann (1983: 39) sieht hier sogar gewisse Chancen: „„Mehr Geld' ist der kategorische Optativ dieser Gesellschaft, gerade weil alle Erhaltungs- und Steigerungsansprüche damit in Gang gehalten werden können; und ‚weniger Geld' ist zugleich das einzige Regulativ, das ... die Grenzen des Erreichbaren ... repräsentiert." Aber Unzufriedenheit ruft dies natürlich hervor – und die ist riskant.

- Oder die „Grenzen des Wachstums" werden – etwa aus Angst vor den Folgen verbreiteter Unzufriedenheiten – einfach ignoriert. Das kann dann allerdings zu einer Problemverschiebung in Richtung Natur führen. Das eklatanteste Beispiel dafür gibt das Wirtschaftssystem ab. Um die Nachfrage von Seiten der Konsumenten zu befriedigen und deren Lebensstandard nicht zu gefährden, wird – siehe etwa das Wachstum des Verbrauchs nicht erneuerbarer Energien – die natürliche Umwelt der Gesellschaft so ausgebeutet, dass womöglich die mittelfristige Reproduktionsfähigkeit der Gesellschaft aufs Spiel gesetzt wird.

Exklusionsverkettungen

Das Bisherige zeigt, dass die Inklusion der Personen in die funktional differenzierte Gesellschaft gewisse Probleme – zunächst für die Personen, dann aber auch für die Gesellschaft – aufwerfen kann. Die andere Seite dessen, was die funktional differenzierte Gesellschaft den Personen und darüber wiederum sich selbst bescheren kann, sind *Exklusionsverkettungen*. Sie kommen entweder dann zum tragen, wenn der Wohlfahrtsstaat seine „Grenzen des Wachstums" erreicht hat, oder dann, wenn er gar nicht existiert. In besonders eklatanter Form findet sich dies in vielen Ländern der Dritten Welt, etwa in Gestalt von Elendsvierteln. Aber auch die Ghettos nordamerikanischer Großstädte oder heruntergekommene Arbeiterviertel in industriellen Krisenregionen Europas sind Orte der Exklusion beziehungsweise zumindest der starken Exklusionsgefährdung.[4]

Exklusion bedeutet, dass eine Person keine Teilhabe an den Leistungen hat, die ein bestimmtes Teilsystem seinem Publikum gewährt. Die betreffende Person gehört somit nicht zum Publikum. Wichtig ist, dass Exklusion sich zumeist nicht auf ein einziges Teilsystem beschränkt, sondern Kettenreaktionen hervorruft – wie Luhmann an brasilianischen Favelas erläutert:

---

4   Siehe hierzu auch den Beitrag zu dem von Pierre Bourdieu und seinem Team geschilderten „Elend der Welt".

Denn die faktische Ausschließung aus einem Funktionssystem – keine Arbeit, kein Geldeinkommen, kein Ausweis, keine stabilen Intimbeziehungen, kein Zugang zu Verträgen und zu gerichtlichem Rechtsschutz, keine Möglichkeit, politische Wahlkampagnen von Karnevalsveranstaltungen zu unterscheiden, Analphabetentum und medizinische wie auch ernährungsmäßige Unterversorgung – beschränkt das, was in anderen Systemen erreichbar ist, und definiert mehr oder weniger große Teile der Bevölkerung, die häufig dann auch wohnmäßig separiert und damit unsichtbar gemacht werden. (630/631)

Zwar gab es auch in vormodernen Gesellschaften Formen der Exklusion, wenn man an Bettler oder fahrendes Volk denkt. Doch Luhmann betont: „Schon rein quantitativ haben die Exklusionsprobleme heute ein anderes Gewicht. Sie haben auch eine andere Struktur. Sie sind direkte Folgen der funktionalen Differenzierung des Gesellschaftssystems" – u.a. deshalb, weil „Mehrfachabhängigkeit von Funktionssystemen den Exklusionseffekt verstärkt." (631)

Luhmann weist darauf hin, „daß die Variable Inklusion/Exklusion in manchen Regionen des Erdballs drauf und dran ist, in die Rolle einer Meta-Differenz einzurücken und die Codes der Funktionssysteme zu mediatisieren." (632) Funktionale Differenzierung würde also als primäre Differenzierungsform der modernen Gesellschaft zumindest räumlich eingeschränkt, indem die teilsystemübergreifende Differenz „inkludiert/exkludiert" den teilsystemischen Codes vorgeschaltet wird. Nur wer jeweils inkludiert ist, kann überhaupt auf Recht, Zahlungsmittel, politische Macht usw. zugreifen. Das heißt aber nichts anderes als: Funktionale Differenzierung ist eben nicht das weltweit dominierende Differenzierungsprinzip. In größeren Teilen der Weltgesellschaft hat es die Mehrheit der Bevölkerung nie erreicht; und selbst dort, wo die funktionale Differenzierung ein hohes Inklusionsniveau realisiert hat, gibt es Exklusion – vielleicht sogar wieder in zunehmendem Maße.

Aus diesen Exklusionsphänomenen erwächst ein gravierendes Problem gesellschaftlicher Ordnung. Denn angesichts des heute propagierten „Postulats einer Vollinklusion aller Menschen" (630) in alle Teilsysteme gibt es kaum noch normativ legitimierte Verweigerungen der Teilhabe – so wie im letzten Jahrhundert die Arbeiter nicht wählen oder die Frauen keine Hochschulen besuchen durften. Genau deshalb rufen die faktischen Teilhabeverweigerungen große Unzufriedenheiten hervor, sind potentieller Explosivstoff für die gesellschaftliche Ordnung. Individuelle und kollektive Gewalt kann aus Exklusionserfahrungen hervorgehen[5] – nicht zuletzt deshalb, weil Menschen im Exklusionsbereich, wie Luhmann beobachtet, sich fast nur als Körper und mittels ihres Körpers gesellschaftliche Beachtung verschaffen können.

---

5 Siehe auch den Beitrag zu den Forschungen von Wilhelm Heitmeyer in diesem Band.

Ökologische Probleme

Wechselt man nun zur Betrachtung des Naturverhältnisses der modernen Gesellschaft über, findet man ein ähnliches Muster wie beim Exklusionsproblem. Viele Teilsysteme tragen durch ihre jeweilige Indifferenz gegenüber den Folgen ihres Operierens für die natürliche Umwelt dazu bei, dass auch aus dieser Richtung die Reproduktionsfähigkeit der modernen Gesellschaft gefährdet werden kann. Anders als viele andere Beiträge zur Ökologiedebatte stellt Luhmann allerdings zunächst klar, dass Naturzerstörung oder Naturgefährdung überhaupt erst und nur dann gesellschaftlich relevant ist, wenn es ein Kommunikationsereignis geworden ist:

> Es mögen Fische sterben oder Menschen, das Baden in Seen oder Flüssen mag Krankheiten erzeugen, es mag kein Öl mehr aus den Pumpen kommen und die Durchschnittstemperaturen mögen sinken oder steigen: solange darüber nicht kommuniziert wird, hat dies keine gesellschaftlichen Auswirkungen. (Luhmann 1986a: 63)

Man mag einwenden, dass gesellschaftliche Auswirkungen auch latent, sozusagen „hinter dem Rücken" der Kommunikation eintreten können – im Extremfall bei einer großen ökologischen Katastrophe, die organische und darüber auch psychische Systeme, also Menschen, als Träger von Kommunikationen massenhaft vernichtet. Entscheidender ist Luhmanns Schlussfolgerung, dass die gesellschaftlichen Auswirkungen ökologischer Externalitäten gesellschaftlichen Operierens nur so beobachtet und behandelt werden, wie es den binären Codes der verschiedenen Teilsysteme entspricht: „Was immer an Umweltverschmutzungen auftritt, kann nur nach Maßgabe des einen oder des anderen Codes wirkungsvoll behandelt werden." (Luhmann 1986a: 218)

So wird etwa die Wirtschaft nur unter dem Gesichtspunkt der Zahlungsfähigkeit auf die natürliche – ebenso wie auf ihre gesellschaftliche oder psychische – Umwelt aufmerksam. Und das hieß lange Zeit, und heißt auch heute noch überwiegend: Es ist kostengünstiger, sich nicht um die Erfordernisse der Natur und die längerfristigen gesellschaftlichen – auch: wirtschaftlichen – Anforderungen an die Natur zu kümmern. Oder das Beispiel Wissenschaft: Dieses gesellschaftliche Teilsystem trägt, weniger durch unmittelbare Erkenntnis neuer Wahrheiten als vielmehr durch darauf basierende technische Anwendungen in anderen Gesellschaftsbereichen, zu den ökologischen Externalitäten der modernen Gesellschaft bei. Luhmann (1986a: 166) stellt daher fest: „Die Fähigkeit, technisch Mögliches abzulehnen, gewinnt in dieser Situation zunehmend an Bedeutung." Aber welcher Code könnte darauf verpflichten? Der wissenschaftliche jedenfalls nicht!

Luhmanns (1986a: 220) Generalformel für ein derartiges Ausblenden der Belange der Natur durch die verschiedenen Teilsysteme lautet, dass die funktional differenzierte Gesellschaft „angesichts ökologischer Gefährdungen zu

wenig Resonanz aufbringt." Er hält auch eine häufig anzutreffende, geradezu
schon reflexartig eingeübte Reaktionsweise darauf für wenig hilfreich: „Die
verbreitete Neigung, in dieser Lage ‚Verantwortung' anzumahnen, kann nur als
Verzweiflungsgeste beobachtet werden." (133) Man könnte, Luhmanns Überlegungen zu „Anspruchsinflationen" aufgreifend, noch weitergehen und derartige moralische Appelle geradezu als gesellschaftlichen Selbstbetrug werten.
Denn schließlich gehen die ökologischen Probleme in ganz erheblichem, vielleicht sogar überwiegendem Maße darauf zurück, dass insbesondere das Wirtschaftssystem per Inklusion geweckte Ansprüche der Personen bereitwilligst
bedient. Wenn weltweit die vorherrschende Form des Umgangs mit Ungleichheit, also Verteilungskonflikten, in wirtschaftlichem Wachstum besteht, um Umverteilung zu vermeiden, stößt das früher oder später an „Grenzen des Wachstums": Immer mehr verlangen immer mehr, und es ist immer weniger da.

Keine Hoffnung auf politische Gesellschaftssteuerung!

Hat man sich damit die drei Hauptfronten vergegenwärtigt, an denen für
Luhmann Selbstgefährdungen der funktional differenzierten Gesellschaft
auftreten können, und zwar nicht als zufällige Unfälle, sondern – um einen
Ausdruck Charles Perrows (1984) aufzugreifen – als „normal accidents", also als strukturell angelegte Probleme, kann man sich dann fragen, welche Arten der Bewältigung dieser Probleme gesellschaftlich vorgesehen sind.
    Hier denkt man, einer weitverbreiteten Haltung folgend, zunächst einmal
an *politische Gesellschaftssteuerung* – was aber von Luhmann vehement abgelehnt wird. Denn für ihn ist politische Gesellschaftssteuerung erstens ein
Ding der Unmöglichkeit, versteht man darunter die gezielte Intervention in
andere Teilsysteme. Wenn sowohl die Politik als auch die anderen zu steu-
ernden Teilsysteme selbstreferentiell geschlossene Kommunikationszusammenhänge sind, ist das, was als politische Gesellschaftssteuerung deklariert
wird, nichts als eine entsprechend angelegte Selbstbeobachtung der Politik.
Die Politik begreift sich als gesellschaftliche Steuerungsinstanz – aber das
ist, so könnte man sagen, lediglich ihre eigene Lebenslüge und damit ein
selbstgeschaffenes Problem, weil die Politik so allermeistens zu registrieren
hat, dass ihre entsprechend deklarierten Bemühungen scheitern. Zwar hat ihr
selbstreferentielles Operieren aufgrund struktureller Kopplungen z.B. mit der
Wissenschaft durchaus Wirkungen dort; aber diese sind für beide Seiten erra-
tisch: für die Wissenschaft, weil sie aus dem binären Code der Politik hervorgehen und nicht dem der Wissenschaft entsprechen, und für die Politik,
weil die strukturellen Kopplungen aus den politischen Kommunikationen so
verformte Effekte hervorbringen, damit diese in den Kommunikationszu-
sammenhang der Wissenschaft passen, aber dann nicht länger als
Realisierung der ursprünglichen politischen Gestaltungsabsichten gelten
können.

Doch selbst wenn Luhmann politische Gesellschaftssteuerung als möglich erschiene, wäre sie für ihn zweitens unnötig und womöglich gar schädlich. Er behauptet lapidar: „Fürs Überleben genügt Evolution." (Luhmann 1984: 645) „Überleben", also eine dauerhafte Reproduktionsfähigkeit der modernen Gesellschaft, ist bereits hyperkomplex, weil es über vielfältigste strukturelle Kopplungen ineinander verschlungene teilsystemische Reproduktionsvorgänge umfasst. Jedes besserwisserische Bemühen eines gezielten Eingriffes verstrickt sich für Luhmann unrettbar in einer „Logik des Mißlingens" (Dörner 1989).

Gerade der moderne Wohlfahrtsstaat vermag allerdings, wie nicht nur Luhmann bemerkt hat, kaum die Finger davon zu lassen, sich in alle möglichen gesellschaftlichen Problemkomplexe einzumischen. Der Wohlfahrtsstaat mutet sich selbst eine „Gesamtverantwortung der Politik für die Gesellschaft" zu – und scheitert regelmäßig daran: „Das Gesamtbild ... läßt sich als Selbstüberforderung des politischen Systems charakterisieren." (Luhmann 1981: 143, 152, Hervorh. weggel.) Luhmann empfiehlt der Politik daher, von ihrem „expansiven" Politikverständnis abzugehen und zu einem „restriktiven" umzuschwenken, das sich auf Regulierung gesellschaftlicher Konfliktlagen durch kollektiv bindende Entscheidungen zurückzieht, ohne damit Steuerungsansprüche zu verbinden. Dies ist, klar erkennbar, ein Rückzug ins Staatsverständnis des 19. Jahrhunderts. Egal, für wie realistisch man solchen Rat hält: Wird er befolgt, fällt die Politik als Instanz zur Bewältigung der dargestellten Folgeprobleme funktionaler Differenzierung aus.

Soziale Bewegungen: auch keine Alternative!

Eine zweite Adresse, von der oftmals Problembewältigung erhofft wird, sind soziale Bewegungen – von der Ökologie- über die Friedens- und Frauen- bis hin zur vielfältigen Bürgerinitiativbewegung. Luhmann hat sich mit dieser Vorstellung insbesondere angesichts der ökologischen Probleme beschäftigt.[6] Seine Einschätzung fällt höchst ambivalent aus. Auf der einen Seite erkennt er an, dass die diversen Protestbewegungen ganz zu recht auf die vorhandenen und drohenden Folgeprobleme funktionaler Differenzierung hinweisen. Gäbe es nicht die Ökologiebewegung, wüsste außerhalb einiger Expertenzirkel niemand etwas über ökologische Probleme. Auf der anderen Seite vermisst Luhmann jedoch an den neuen sozialen Bewegungen jeden Ansatz einer adäquaten Beschreibung der modernen Gesellschaft: „Den neuen sozialen Bewegungen fehlt Theorie. ... Vorherrschend findet man daher eine recht schlichte und konkrete Fixierung von Zielen und Postulaten, eine entspre-

---

6 Siehe als guten Überblick hierzu Hellmann (1996).

chende Unterscheidung von Anhängern und Gegnern und eine entsprechende moralische Bewertung." (Luhmann 1986a: 234)

Für Protestkommunikation eignen sich generell „zwiespältige Themen" besonders gut – und „zwei von ihnen haben, weil sehr allgemein, besondere Prominenz erreicht":

> Die eine ist die Sonde der internen Gleichheit, die, wenn in die Gesellschaft eingeführt, Ungleichheiten sichtbar macht. Die andere ist die Sonde des externen Gleichgewichts, die, wenn eingeführt, die gesamte Gesellschaft als im ökologischen Ungleichgewicht erweist. (857)

Mehr als Empörung über Ungleichheiten oder Panik angesichts von ökologischen Gefahren erzeugen die sozialen Bewegungen nach Luhmanns Eindruck allerdings nicht. Wenn die Empörung zu „Anspruchsinflationen" führt, wirkt sie nur problemverschärfend. Wenn sie Exklusion skandalisiert, reicht sie ebenso wie die „Angstkommunikation" der Ökologiebewegung allenfalls als Anfangsimpuls einer Problembewältigung aus.

Letztlich macht Luhmann die Aporie der neuen sozialen Bewegungen darin aus, dass sie zu radikal sind. Ihr gemeinsamer Nenner ist der „Protest gegen die funktionale Differenzierung des Gesellschaftssystems". Dem setzt Luhmann entgegen:

> Für funktionale Differenzierung gibt es aber keine Alternative – es sei denn, man wollte auf eine segmentäre Differenzierung (von Wohngemeinschaften?) oder auf eine politbürokratische Hierarchisierung der Gesellschaft zurück. Die Alternativen sind also ohne Alternative. Sie können sich in kleinen oder großen Dingen (etwa in Fragen der Energieversorgung) Alternativen ausdenken und sie zur Wahl stellen; aber das ist nichts Besonderes, das tut das „System" sowieso. (Luhmann 1986b: 76)

Die Differenzierungsform der modernen Gesellschaft ist somit für Luhmann (1994: 197) ein kognitives und evaluatives Apriori ihrer Selbstthematisierung: „wir können uns nicht vorstellen, wie die Bevölkerungsmengen, das Lebensniveau, also die Errungenschaften der Moderne gehalten werden könnten, wenn wir funktionale Differenzierung aufgäben. Da hat man kein anderes Modell in Sicht." Nur als katastrophaler evolutionärer Rückfall wäre eine Alternative vorstellbar. Dies ist natürlich eine Befangenheit im Gegebenen, wie Luhmann mit einem historischen Vergleich selbst klarmacht: „Die Adelsgesellschaften des Mittelalters oder der frühen Neuzeit konnten sich auch nicht vorstellen, wie es Ordnung geben könnte ohne Hierarchie. Hierarchie war gleichbedeutend mit Ordnung." Die Selbstbeobachtung der Moderne kann durch solche Vergleiche ihre Befangenheit allerdings nur abstrakt einräumen, ohne dadurch über sie hinwegzukommen.

Oder funktionale Differenzierung als Selbstkorrektiv?

Wenn also etwas anderes als funktionale Differenzierung für uns – im doppelten Sinne des Wortes – undenkbar ist: Könnte man dann nicht vielleicht darauf vertrauen, dass diese Differenzierungsform selbst ihre eigenen Folgeprobleme angeht? Diese Art der Problembewältigung hat Luhmann bezüglich der Exklusionsproblematik zumindest angedacht. Ein mögliches Korrektiv, das er hierzu anspricht, wäre die Ausdifferenzierung eines neuen gesellschaftlichen Teilsystems, das sich der Exklusionskorrektur zuwenden würde. Weil sich keines der bisherigen Teilsysteme dafür zuständig fühlt, „wäre eher damit zu rechnen, daß sich ein neues, sekundäres Funktionssystem bildet, das sich mit den Exklusionsfolgen funktionaler Differenzierung befaßt – sei es auf der Ebene der Sozialhilfe, sei es auf der Ebene der Entwicklungshilfe." (633) Ähnlich könnte man zu den ökologischen Problemen der Frage nachgehen, ob vielleicht auch für diese Thematik ein Teilsystem im Werden begriffen ist, dessen Keimzellen bislang noch höchst verstreut sind – von Bürgerinitiativen und -aktionen über Greenpeace bis hin zu den sich herausbildenden politisch-wissenschaftlich-wirtschaftlichen interorganisatorischen Netzwerken. Der binäre Code müsste auf der Linie „Nachhaltigkeit"/„mangelnde Nachhaltigkeit" liegen.

Dies ist differenzierungstheoretisch zumindest konsequent gedacht – was natürlich erstens noch nichts über reale Chancen eines solchen Vorgangs besagt und zweitens ebenso offen lässt, ob diese neuen Teilsysteme – gesetzt, es gäbe sie – ihre Bezugsprobleme tatsächlich soweit in den Griff bekommen, dass die gesellschaftliche Reproduktionsfähigkeit gesichert ist. Ebenso wenig wie für die Erhaltung gesellschaftlicher Systemintegration lässt sich für die Bewältigung dieser anderen Probleme differenzierungstheoretisch irgendeine Art von Garantieerklärung abgeben. Dies ist wohlgemerkt kein evolutionärer Pessimismus – aber eben auch kein Optimismus. Man wird sehen: Mehr als diese Botschaft kann uns Luhmann zur gesellschaftlichen Zukunft nicht geben.

Literatur

Dörner, Dietrich, 1989: Die Logik des Mißlingens. Strategisches Denken in komplexen Situationen. Reinbek: Rowohlt.
Hellmann, Kai-Uwe, 1996: Einleitung. In: Niklas Luhmann, Protest – Systemtheorie und soziale Bewegungen. Frankfurt/M.: Suhrkamp, 7-45.
Hirsch, Fred, 1976: Social Limits to Growth. London: Routledge.
Kneer, Georg, 1998: Von Kommandohöhen zu Maulwurfshügeln. Ein Beitrag zur Diskussion politischer Steuerung aus systemtheoretischer Sicht. In: Sociologia Internationalis 36, 61-85.

Luhmann, Niklas, 1977: Funktion der Religion. Frankfurt/M.: Suhrkamp.

Luhmann, Niklas, 1981: Politische Theorie im Wohlfahrtsstaat. München: Olzog.

Luhmann, Niklas, 1983: Anspruchsinflation im Krankheitssystem. Eine Stellungnahme aus gesellschaftstheoretischer Sicht. In: Philipp Herder-Dorneich/Alexander Schuller (Hrsg.), Die Anspruchsspirale. Stuttgart: Kohlhammer, 28-49.

Luhmann, Niklas, 1984: Soziale Systeme. Grundriß einer allgemeinen Theorie. Frankfurt/M.: Suhrkamp.

Luhmann, Niklas, 1986a: Ökologische Kommunikation. Kann die moderne Gesellschaft sich auf ökologische Gefährdungen einstellen? Opladen: Westdeutscher Verlag.

Luhmann, Niklas, 1986b: Alternative ohne Alternative. Die Paradoxie der „neuen sozialen Bewegungen". In: Niklas Luhmann, Protest – Systemtheorie und soziale Bewegungen. Frankfurt/M.: Suhrkamp, 75-78.

Luhmann, Niklas, 1986c: „Distinctions Directrices". Über Codierung von Semantiken und Systemen. In: Friedhelm Neidhardt/Rainer Lepsius (Hrsg.), Kultur und Gesellschaft. Opladen: Westdeutscher Verlag, 145-161.

Luhmann, Niklas, 1987: Die gesellschaftliche Differenzierung und das Individuum. In: Niklas Luhmann, Soziologische Aufklärung 6. Die Soziologie und der Mensch. Opladen 1995: Westdeutscher Verlag, 125-141.

Luhmann, Niklas, 1994: Systemtheorie und Protestbewegungen – ein Interview. In: Niklas Luhmann, Protest – Systemtheorie und soziale Bewegungen. Frankfurt/M.: Suhrkamp, 175-200.

Luhmann, Niklas, 1997: Die Gesellschaft der Gesellschaft. Frankfurt/M.: Suhrkamp.

Perrow, Charles, 1984: Normal Accidents. Living With High-Risk Technologies. New York: Basic Books.

Schimank, Uwe, 1981: Identitätsbehauptung in Arbeitsorganisationen – Individualität in der Formalstruktur. Frankfurt/M., New York: Campus.

Türk, Klaus, 1995: Organisation und gesellschaftliche Differenzierung. In: Klaus Türk, „Die Organisation der Welt": Herrschaft durch Organisation in der modernen Gesellschaft. Opladen: Westdeutscher Verlag, 155-216.

MARTIN HORACEK

Hyperrealität – Die beschleunigte Zirkulation der Zeichen in Jean Baudrillards Simulationsgesellschaft

Jean Baudrillard – 1929 in Reims geboren, 2007 gestorben – begann seine akademische Laufbahn 1947 mit dem Studium der Germanistik. Nach einigen Jahren als Deutschlehrer an einer Mittelschule und Übersetzungen von Texten Berthold Brechts und Peter Weiss' ins Französische promovierte er 1968 an der Universität Paris-Nanterre in Soziologie mit der in Frankreich zum Klassiker avancierten Arbeit „Le système des objets" („Das System der Dinge"). Im gleichen Jahr übernahm er dort einen Lehrstuhl für Soziologie und war im folgenden als Redakteur der Zeitschriften Utopie und Traverses tätig. Erst 1987, im Alter von 58 Jahren, veröffentlichte er seine Habilitation „L'autre par lui même" („Das andere Selbst"), unmittelbar gefolgt vom Ende seiner Lehrtätigkeit. Baudrillards Popularität ist, wie seine biographischen Daten verraten mögen, weniger geprägt durch eine akademische Strenge und Systematik als vielmehr durch seine vielen provokanten Essays und feuilletonistischen Aufsätze, die ihm nicht nur den Ruf als Medienphilosophen und theoretischen Anarchisten sicherten.

Gegen eine Perspektivität der Moderne

„Man muß Baudrillard lesen wie Science-Fiction". In diesem Zitat, dass im Klappentext des Buches *„Agonie des Realen"* aufgeführt ist, kommt neben einer treffsicheren Charakterisierung des Theoriestils Baudrillards für viele Leser eine Verzweiflung oder gar Verachtung zum Ausdruck, die sich schwer tut, das von Baudrillard Geschriebene im Spannungsfeld zwischen Soziologie, Philosophie und Medientheorie eindeutig zu ordnen. Versteckt sich hinter diesem Schreibstil, hinter dieser „Frankolatrie" (Klaus Laermann) lediglich ein artistisches Sprachwirrwarr? Ist das diffuse Spielen mit Rhetorik und fremdem, oftmals den modernen Naturwissenschaften entlehnten Vokabular nur ein dekadenter Spaß, den man sich in Kreisen elitärer Diskussionszirkel gönnt? Sind Baudrillards Analysen tatsächlich nur ein effekthaschendes, bedeutungsloses, wortstrotzendes und oberflächliches Jonglieren mit diversen Diskursen?

Bevor auf die zentralen Thesen Baudrillards eingegangen wird, müssen die grundsätzlichen Schwierigkeiten und Irritationen, die sich bei der Lektüre Baudrillards einstellen mögen, zur Sprache gebracht werden. Seine Position beziehungsweise das Feld seiner gedanklichen Bewegungen lässt sich leichter erfassen, wenn man einen genaueren Blick auf die ihn prägenden Einflüsse wirft.

Ein wesentlicher Faktor dürfte sein marxistisch geprägter Lehrer Henri Lefèbvre gewesen sein, dessen Bemühungen, Hegel und Marx nach einer Theorie der Entfremdung zu befragen, in einer Untersuchung über die Entfremdung des Alltagslebens münden, die sich als Kritik einer urbanistischen Moderne artikuliert. Viele dieser Überlegungen gehen einher mit den Thesen der 1958 von Künstlern und Literaten gegründeten Vereinigung *Situationistische Internationale*. Vor dem Hintergrund fortschreitender Automatisierung der Produktion wird das Bild einer Freizeitgesellschaft entworfen, die als System reiner Konsumenten die Ware nicht mehr nach der Logik des Gebrauchswertes, sondern des Spektakels konsumiert. Zugleich wird die zeitgenössische französische Philosophie für Baudrillard eine nicht minder große Bedeutung gehabt haben, wobei hier der Strukturalismus, geprägt durch Ferdinand de Saussure, die Diskursanalyse à la Michel Foucault und die anthropologischen Arbeiten von Marcel Mauss zu den wesentlichen Einflüssen zählen dürften.

Vereinfachend kann gesagt werden: Der frühe Baudrillard verwendet strukturalistische und situationistische Elemente zur zeichentheoretischen Modifikation des marxistischen Ansatzes Lefèbvres auf einer existenzialanthropologischen Basis: Der Warencharakter der industriell erzeugten Produkte wird für Baudrillard abgelöst von einer Fetischisierung der Objekte in einem selbstreferentiellen Zeichenuniversum. Seine Untersuchungen in „Das System der Dinge" (1968: 243-249) schließt er ab mit einer neuen Definition des Begriffs „Verbrauch" als nie endendem Vollzug einer zeichenimmanenten Aufforderung und nicht, wie üblicherweise gedacht, als Befriedigung eines Bedürfnisses.

Baudrillards frühe Überlegungen werden in seiner späteren Gegenwartsdiagnose weiter ausgearbeitet und dramatisiert. Im Geiste Nietzsches entwirft er eine Kritik der perspektivischen Vernunft, bereichert um das Theorem der Entfremdung, der massenmedial forcierten Zeichenbeschleunigung und ihrer Verdrängung des Bezeichneten, des Realen:

> Wir erleben das Ende des perspektivischen Raumes und des Panoptikums (einer immer noch moralischen Hypothese, die sich sämtlichen klassischen Analysen über das „objektive" Wesen der Macht solidarisch verbunden zeigt). Wir sind also Zeugen eines Vorgangs, in dem *sogar das Spektakel* abgeschafft wird. ... Wir befinden uns nicht mehr in der Gesellschaft des Spektakels, von der die Situationisten sprechen, noch weniger sind wir dem spezifischen Typ von Entfremdung und Repression ausgesetzt, den eine solche Gesellschaft impliziert. Sogar das

Medium ist als solches nicht mehr greifbar; und insofern ist die These von der Vermischung von Medium und Botschaft (Mac Luhan) der erste große Satz in dieser neuen Ära. Es gibt kein Medium im buchstäblichen Sinne des Wortes mehr: von nun an läßt es sich nicht mehr greifen, es hat sich im Realen ausgedehnt und gebrochen, und man kann nicht einmal sagen, es habe sich dadurch verfälscht. (Baudrillard 1978a: 48)

Archaische und emanzipierte Zeichen

Um Baudrillards damit bereits angedeutete exzentrische theoretische Position zu verstehen, ist eine grundlegende wissenssoziologische Gegenwartsdiagnose als vorausgesetzt anzusehen: Das Wissen in der Moderne ist nur noch als multiperspektivisches zu begreifen. In einer postmodernen Pluralität der Ansichten, Perspektiven und somit auch Wahrheiten lässt sich per definitionem kein Standpunkt annehmen, von dem aus das letzte Wort auf dialektische oder diskursive Art gesprochen werden könnte. Akzeptiert man diesen Ausgangspunkt, stellt sich die Frage, mit welchem Anspruch Behauptungen überhaupt noch artikuliert werden können.

Baudrillards grundsätzlichste Überlegungen kreisen um den Versuch, eben jene Multiperspektivität als abendländisches kulturelles Schicksal zu begreifen. Es muss (und hier wird Baudrillard auf seltsame Art perspektivisch) als Produkt eines ganz bestimmten grundlegenden Prozesses verstanden werden: der sich radikal beschleunigenden und ihr Wesen ändernden Operation der Bezeichnung selbst, bei der sich die Zeichen zunehmend vom Bezeichneten emanzipieren. Noch anzusprechende historische, wissenschaftliche und industrielle Einwirkungen versetzen die Bezeichnungsmechanismen in eine Eigendynamik, die stärker ist als archaische Bindungskräfte zwischen Zeichen und Bezeichnetem.

Was sich wie ein roter Faden durch Baudrillards theoretisches Werk zieht, ist die Analyse des gerade benannten Prozesses, der in der *Simulation* kulminiert. Die Konzeption des Simulationsbegriffs, die bereits 1976 in seiner Schrift „Der symbolische Tausch und der Tod" ausgearbeitet wird, bildet das Fundament, auf dem alle späteren, bis in die Gegenwart hineinreichenden Analysen und Polemiken aufbauen.

Die Ordnung der Simulakren

Die Zeichen, mit denen die Moderne operiert, werden von Baudrillard als *Simulakrum* (simulacre: das Trugbild, das Blendwerk, die Fassade, der Schein) definiert. Ließe sich die Bindungskraft zwischen Zeichen und Bezeichnetem graduell messen, wären das Symbol und das Simulakrum einander diametral entgegengesetzte Arten von Zeichen. Das Symbol (gr. *sýmbolon*, „das Zusammengeworfene") ist dasjenige Zeichen oder Bild, bei dem zwischen sinnlicher Erscheinung und begrifflicher Abstraktion nicht unterschieden werden kann; weiter noch: der Sinn kann nicht über den begrifflichen Verstand, sondern nur über das Symbol selbst vermittelt werden. Eine Trennung von Zeichen und Bezeichnetem ist beim Symbol aufgrund seiner Bindungskraft nicht zulässig. Das Simulakrum hingegen löst diesen Zusammenhang im Extremfall völlig auf.

Anhand des Phänomens des Todes versucht Baudrillard in aller Ausführlichkeit aufzuzeigen, inwiefern der medizinisch-wissenschaftliche Begriff des Todes als Ende des Lebens bereits ein Simulakrum ist, während die symbolische Ordnungsstruktur der primitiven Gesellschaften den Tod als Nichtung des Diesseits nicht kennt (Baudrillard 1976: 193-295):

> *Wir* haben den Tod desozialisiert, indem wir ihn bio-anthropologischen Gesetzen unterstellten, ihm die Immunität der Wissenschaft beilegten und ihn als individuelles Schicksal verselbständigten. Aber die physische Materialität des Todes, die uns durch das „objektive" Vermögen, welches wir ihm gegeben haben, paralysiert, schreckt die Wilden nicht. Sie haben den Tod niemals „naturalisiert", sie wissen, daß der Tod (wie der Körper oder ein Naturereignis) eine *soziale Beziehung ist*, daß seine Definition gesellschaftlich ist. Darin sind sie größere „Materialisten" als wir, da die wahre Materialität des Todes für sie ... in seiner *Form* liegt, die immer eine soziale Beziehung ist. (Baudrillard 1976: 206)

In der Struktur des Symbolischen gibt es keine Differenz zwischen Bezeichnendem und Bezeichnetem. So kann aus der Perspektive Baudrillards die Wandlung von archaischen Gruppierungen zu Simulationsgesellschaften als eine Ablösung des symbolischen Tauschs durch die Ordnung der Simulakren beschrieben werden, als eine Verdrängung archaischer Zeichen durch emanzipierte Zeichen:

> Wenn wir noch immer – vor allem heute – dem Traum von einer Welt eindeutiger Zeichen, einer starken „symbolischen Ordnung" nachhängen, sollten wir uns keine Illusionen machen: es hat diese Ordnung gegeben, und zwar in einer unbarmherzigen Hierarchie, denn die Klarheit und die Grausamkeit der Zeichen gehören zusammen. (Baudrillard 1976: 80)

Baudrillards Theorie darf allerdings nicht als eine nostalgische und verklärende Retrospektive auf archaische Gesellschaften à la Rousseau verstanden werden. Vielmehr soll eine Perspektive eröffnet werden, die es ermöglicht, gesellschaftliche Ausdifferenzierungen als einen Prozess zu beschreiben, der allmählich der Kontrolle der Gesellschaft entzogen wird und unter das Diktat sich selbst organisierender Zeichensysteme gerät beziehungsweise der Herrschaft des *Codes* gehorcht.

Die sukzessive Ablösung archaischer, ans Bezeichnete gebundener Zeichen durch freie und flottierende Zeichen durchläuft *vier* verschiedene Stadien, denen vier hierarchisch abgestufte Ordnungen der Simulakren entsprechen. Je höher die Ordnung der Simulakren, desto größer die Freiheit des Zeichens gegenüber dem Bezeichneten:

> Emanzipation des Zeichens: entbunden von der „archaischen" Verpflichtung, etwas bezeichnen zu müssen, wird es schließlich frei für ein strukturales oder kombinatorisches Spiel, in der Folge einer totalen Indifferenz und Indetermination, die die frühere Regel einer determinierten Äquivalenz ablöst. (Baudrillard 1976: 18)

Simulation und Repräsentation

Sukzessiv setzt sich Simulation gegen *Repräsentation* durch. Die Repräsentation ist eine Operation, bei der ein Zeichen als Symbol anstelle des Bezeichneten eingesetzt wird. Die Bindungskraft beziehungsweise Identität zwischen beiden ist sehr hoch. So ist die Ikone gleichzusetzen mit der Gegenwart Gottes; ihre Anwesenheit *repräsentiert* die Gottheit. Eine ähnlich hohe Bindungskraft besitzt bis heute in der jüdischen Religion das geschriebene Wort „Gott": einmal niedergeschrieben, darf es nicht mehr vernichtet werden.

Für Baudrillard sind Simulakren der ersten und zweiten Ordnung in gewisser Hinsicht noch repräsentative Zeichen, während die Simulation erst mit der dritten und vierten Ordnung anhebt.[1] Er fragt in diesem Zusammenhang, ob nicht das gesamte abendländische Denken von jeher in die Funktion der Repräsentation ein falsches und selbstbetrügerisches Vertrauen gelegt hat:

> Im gesamten (abendländischen) Glauben hat man gewettet, daß Zeichen stets nur auf die Tiefe eines Sinns verweisen und sich gegen den Sinn austauschen lassen – wobei jemand als Bürge in diesem Tausch auftritt – natürlich GOTT. Doch wie, wenn sich GOTT selbst auf Zeichen reduzieren ließe? Wie, wenn man in der Lage wäre, IHN zu simulieren? Dann gleitet das ganze System in Schwerelosigkeit hinab und wird selbst nur noch ein gigantisches Simulakrum – nicht irreal, sondern ein Simulakrum, d.h. daß es sich niemals gegen das Reale austauschen läßt, sondern nur noch in sich selbst zirkuliert, und zwar in einem ununterbrochenen Kreislauf ohne Referenz (référence) und Umfang (circonférence). Soweit die Simulation als Gegenkraft zur Repräsentation. (Baudrillard 1978a: 14)

Die Imitation

Das *Simulakrum erster Ordnung* ist das *imitierende* Zeichen (Baudrillard 1976: 80-83). Seine Zeit ist das „klassische" Zeitalter zwischen Renaissance

---

1 Ursprünglich war Baudrillards Konzeption nur auf drei Ordnungen angelegt. Das Simulakrum der vierten Ordnung wurde erst Anfang der neunziger Jahre hinzugefügt.

und französischer Revolution und sein Wesen die Imitation der Natur und des Menschen. Diese erste Emanzipation geht einher mit der Ablösung der „feudalen Ordnung durch die bürgerliche Ordnung und dem Beginn des offenen Wettbewerbs auf dem Gebiet der Distinktionszeichen." (Baudrillard 1976: 80) Die Zeichen werden befreit. In dieser freien Verfügbarkeit unterscheidet sich das Simulakrum vom Zeichen vorhergehender Epochen:

> In den Kastengesellschaften, den feudalen oder archaischen Gesellschaften, in den *grausamen* Gesellschaften, sind die Zeichen zahlenmäßig begrenzt, ihre Verbreitung beschränkt, jedes hat den Wert eines Verbots, jedes bedeutet eine wechselseitige Verpflichtung zwischen Kasten, Clans oder Personen: sie sind also nicht willkürlich. (Baudrillard 1976: 80)

Für Baudrillard ist der Frühstart der Moderne gekoppelt an eine Sehnsucht nach der ehemals bindenden Verpflichtung der symbolischen Zeichen. Aus diesem Dilemma rettet sich das moderne Zeichen durch einen Bezug auf das *Natürliche* über die Referenz der Vernunft:

> Im Simulakrum einer „Natur" findet also das moderne Zeichen seinen Wert. Die Problematik des „Natürlichen", die Metaphysik von Realität und Schein ist seit der Renaissance die der Bourgeoisie insgesamt: Spiegel des bürgerlichen Zeichens, Spiegel des klassischen Zeichens. Noch heute ist die Nostalgie einer natürlichen Referenz des Zeichens lebendig ... (Baudrillard 1976: 81)

Typische Beispiele für Simulakren dieser Ordnung sind das Theater und die Kunst des Barock. War das Theater in der Antike noch gefesselt an eine mythologische Götterwelt und stark bindende, rituelle Zeremonien, so wird es seit der Renaissance mit dem Humanismus als Komplizen frei für eine imitatorische Darstellung des menschlichen Lebens. Der Mensch als das Natürliche wird zur Referenz des Theaters. Als ein weiteres Beispiel könnte die Landkarte genannt werden, die als abstrahierende Darstellung territorialer Ansprüche ebenfalls eine Imitation der Natur darstellt. Dabei wird die Landschaft nicht mehr als umgebende, unbeherrschbare und übermächtige Natur empfunden, sondern als empirisch bemächtigte. Auch wenn die Karte eine starke Abstraktion der Landschaft ist, bleibt evident, dass die Natur die Referenz darstellt. Die Kluft zwischen der Imitation und dem Imitierten unterscheidet das Simulakrum vom symbolischen Zeichen. Auch das Geld, das eine Sonderrolle innehat, funktioniert in dieser Zeit als Simulakrum erster Ordnung, da es im Tauschverkehr auf einen natürlichen *Gebrauchswert* referiert: den Tisch, das Schwein, das Brot, etc.

Was somit alle Simulakren erster Ordnung verbindet, ist die Imitation oder Referentialität der Natur, wobei sie als Zeichen auf Distanz zu dem Bezeichneten gehen müssen und eine eigene Struktur gewinnen.

Die Produktion

Mit der Industrialisierung kommt das *Simulakrum zweiter Ordnung* auf. Es imitiert nicht nur, sondern es übersteigt die Imitation durch *Produktion* und *Reproduktion*.

Baudrillard illustriert dies am Unterschied zwischen einem Automaten (der sich auf die Imitation menschlicher Handlungen beschränkt) und einer Maschine. Als Simulakrum erster Ordnung befolgt der Automat das Prinzip der *Analogie*: seine Ausführungen sind übereinstimmend, verhältnismäßig, im Tempo und Ausmaß vergleichbar mit menschlichen Handlungen. Die Maschine gehorcht dem *Äquivalenzprinzip*: Sie annektiert und überbietet das menschliche Produktionspotential, das noch die Referenz für den Automaten war. Das Wesen der Maschine als eines Simulakrums zweiter Ordnung beruht nicht in der Imitation des Menschen, sondern in ihrer mechanischen Effektivität:

> Das Simulakrum der zweiten Ordnung aber vereinfacht das Problem, indem es die Erscheinung absorbiert oder das Reale auflöst; wie auch immer – es errichtet jedenfalls eine Realität ohne Bild, ohne Echo, ohne Spiegel, ohne Schein: so ist die Arbeit, so ist die Maschine, so ist das gesamte System der industriellen Produktion: es stellt sich dem Prinzip der theatralischen Illusion radikal entgegen. ... Man wendet sich ab vom Naturgesetz und seinen Formenspielen und geht über zum Marktgesetz des Wertes und seinen Kräftekalkulationen. (Baudrillard 1976: 84/85)

Während Simulakren der ersten Ordnung noch einem Stadium zugehörten, das einen natürlichen Bezugspunkt im Gebrauchswert beansprucht, beruft sich das Simulakrum der zweiten Ordnung auf einen Wert, der sich aus der Logik des Warentauschs ergibt. Ein solches Simulakrum kann nicht mehr als Zeichen im klassischen Sinne gedeutet werden. Es verweist auf kein natürlich Gegebenes, sondern auf produktiv Machbares.

Ein weiteres, kennzeichnendes Simulakrum zweiter Ordnung ist die industrielle *Arbeit* und ihr Verweis auf einen durch rationelle Produktion gewonnenen Reichtum, der dem *Tauschwert* ausgeliefert wird. Verweisen kann die Arbeit als Simulakrum nur auf einen dem Warentausch ausgelieferten Mehrwert. Diese Produktion des Mehrwerts ist ihr Telos und nicht der Arbeiter selbst, auf den als Reales nicht mehr verwiesen wird: In diesem Prozess muss der Arbeiter sich der Arbeit fügen, er wird von ihr absorbiert:

> Nein, der Arbeiter ist kein Mensch mehr, er ist weder Mann noch Frau, denn er hat ein ganz eigenes Geschlecht: diese Arbeitskraft, die seinen Zweck bestimmt. (Baudrillard 1976: 26)

So ist die industrielle Arbeit eines der ersten Zeichen, das als Simulakrum zweiter Ordnung auf die mechanische Effektivität verweist, und nicht auf eine Natur oder einen Gott. Noch vor der Arbeit allerdings wird das Geld zum Simulakrum zweiter Ordnung:

Das Geld ist die erste Ware, die Zeichenstatus erlangt und *dem Gebrauchswert entkommt*. Es ist die Verdoppelung des Tauschwertsystems in einem sichtbaren Zeichen, und in dieser Eigenschaft das, was den Markt (und damit auch den Mangel) in seiner Transparenz veranschaulicht. (Baudrillard 1976: 42)

Das Geld ist also nicht nur ein Zeichen, das aus der Distanz auf einen möglichen Gebrauchswert verweist. Es löst sich von dieser Referenz und begibt sich in eine Sphäre, in der es die Dynamik des Tauschprozesses zur Anschauung bringt: Zinsen und Investitionskapital.

Wie aber ist es möglich, dass ein Simulakrum erster Ordnung in die zweite Ordnung überspringen kann? Es ist möglich, weil die Zeichen sich nicht mehr auf eine Funktion festlegen lassen. In der Repräsentation wird dem Zeichen eine Referenz zugewiesen. Es repräsentiert. In der Simulation macht das Zeichen, was es will. Es rebelliert. Damit ist die nächste Phase erreicht.

Der strukturale Wert der Simulation

Das *Simulakrum der dritten Ordnung* gehorcht einem *strukturalen* Zeichenwert. Es verdrängt die Repräsentation durch den Verweis auf Modelle und Codes. Auch wenn es keinen realen Verweis mehr hat, kann das Simulakrum der dritten Ordnung dennoch reale Konsequenzen haben.

Das reinste Zeichen dieses Stadiums ist die Mode, weswegen ihrer Analyse von Baudrillard eine große Bedeutung beigemessen wird (Baudrillard 1976: 131-150). Auch wenn die Mode als „leichtes" Zeichen klassifiziert wird, ist sie als paradigmatisches Leitmotiv für die „schweren" Zeichen anzusehen (Politik, Moral, Ökonomie, Wissenschaft, Kultur und Sexualität):

> In der Mode wird die Beschleunigung des einzigartigen differentiellen Signifikanten-Spiels deutlich sichtbar und bis zur Zauberei gesteigert – diese Zauberei und dieser Rausch ergeben sich aus dem Verlust jeglicher Referenzpunkte. ... In diesem Sinne kann man sagen, daß alle Bereiche von der Mode erfaßt werden. Denn die Mode kann gleichzeitig als höchst verfeinertes Spiel und als grundlegendste Gesellschaftsform verstanden werden – als unerbittliche Besetzung aller Bereiche durch den Code. (Baudrillard 1976: 133)

So kann auch das Finanzkapital als eines der ersten Simulakren der dritten Ordnung herangezogen werden, das die oben genannte These verifiziert: Ein durch Spekulationsmodelle hervorgerufener Börsencrash kann eine reale wirtschaftliche Krise zur Folge haben. Die Referenz solcher Modelle ist weder in der Natur, im Gebrauchswert oder in der Imitation noch in einem Tauschwert oder in der Produktion zu suchen. Sie sind an keine gesellschaftliche Referenz oder Finalität gekoppelt, sondern nur an die eigene Struktur, die in diesem Fall eine spekulative Struktur des Wachstums ist:

Man muß das Wachstum in diesem Sinne interpretieren, nicht als Beschleunigung, sondern als etwas anderes, was in der Tat *das Ende der Produktion* bezeichnet. Diese war bestimmt durch einen charakteristischen Abstand zwischen Produktion und Konsum, die beide relativ kontingent und autonom waren. Aber von dem Augenblick an, in dem der Konsum buchstäblich gelenkt wird (seit der Weltwirtschaftskrise von 1929 und vor allem seit dem Ende des zweiten Weltkrieges), d.h. zugleich die Gewalt eines Mythos und einer kontrollierten Variablen annimmt, beginnt eine Phase, in der weder Produktion noch Konsumtion eigenständige Bestimmungen oder Zwecke mehr haben, sondern alle beide von einem Zyklus, einer Spirale oder einem Geflecht erfaßt werden, das sie beide überholt und das das des Wachstum ist. (Baudrillard 1976: 40)

Auch die Arbeit tritt in das dritte Stadium und ins Zeitalter der Simulation ein. Von nun an ist ihr Sinn nicht mehr die Produktion, sondern die Anwesenheit in der vom Code generierten Arbeits-, Freizeit- und Konsumwelt. Der Lohn ist daher auch kein Leistungsentgelt mehr, sondern eine Integrationsbestätigung des Systems, die in der Form des Arbeitslosengeldes ihren prägnantesten Ausdruck findet (Baudrillard 1976: 37-39):

> Die Menschen müssen überall *fixiert* werden, in der Schule, in der Fabrik, am Strand, vor dem Fernseher oder in der beruflichen Weiterbildung – eine permanente und generelle Mobilisierung. Diese Arbeit ist jedoch nicht mehr im ursprünglichen Sinne produktiv: sie ist nur noch der Spiegel der Gesellschaft, ihr Imaginäres, ihr phantastisches Realitätsprinzip. (Baudrillard 1976: 28)

Diese Spirale des Beschäftigungszwangs ohne Bezug auf eine Finalität zeigt sich am intensivsten in Fürsprachen für die Aufrechterhaltung oder Subventionierung von Branchen wie dem Kohleabbau (unproduktiv) oder der Rüstungsindustrie (destruktiv).

Was das Zeitalter der Simulation mit Sicherheit am weitesten vorangetrieben hat, ist die durch das Fernsehen geprägte Informationslandschaft. Sie berichtet nicht mehr über real gegebene Ereignisse, sondern aus ihrer eigenen Logik heraus produziert sie Meldungen, Nachrichten und Skandale, denen sich das Reale anzupassen hat. Diese These Baudrillards lässt sich durch viele Beispiele erhärten. Die enormen Werbebudgets und -anstrengungen politischer Parteien, die durch Werbeblöcke bestimmten Pausen in Sport- und Musikveranstaltungen, verzweifelt unmotivierte Geiselnahmen und nicht zuletzt der Golfkrieg illustrieren dieses Stadium der Simulation. In einer Kommunikationslandschaft, in der im Auftrag von Regierungen (Kuwait) Feindbilder von Werbeagenturen produziert werden, ist für Baudrillard das soziale Gefüge nicht mehr geprägt durch eine reziproke symbolische Struktur:

> Die gesamte gegenwärtige Architektur der Medien gründet jedoch auf diese letzte Definition: *die Medien sind dasjenige, welches die Antwort für immer untersagt*, das, was jeden Tauschprozeß verunmöglicht (es sei denn in Form der *Simulation* einer Antwort, die selbst in den Sendeprozeß integriert ist, was an der Einseitigkeit der Kommunikation nichts ändert). Darin liegt ihre wirkliche Abstrakt-

heit. Und in dieser Abstraktheit gründet das System der sozialen Kontrolle und der Macht. (Baudrillard 1978b: 91)

Die Viralität der Simulation

Während die Simulakren der dritten Ordnung noch einem strukturalen Wert entsprachen, ist das *Simulakrum der vierten Ordnung* nur noch einem *viralen* Stadium angehörig. Bleibt man bei den bisher genannten Beispielen, so wird man auch wieder im Bereich der Arbeit und des Geldes Entwicklungen zu Simulakren der vierten Ordnung beschreiben können:

> Dem dritten entsprach ein Code und der Wert entfaltete sich hier unter Bezugnahme auf ein Ensemble von Modellen. Im vierten Stadium, dem fraktalen oder vielmehr viralen oder noch besser bestrahlten Stadium des Wertes gibt es überhaupt keinen Bezugspunkt mehr, der Wert strahlt in alle Richtungen, in alle Lücken, ohne irgendeine Bezugnahme auf irgend etwas, aus reiner Kontiguität. In diesem fraktalen Stadium gibt es keine natürliche oder allgemeine Äquivalenz mehr, gibt es eigentlich kein Wertgesetz mehr, nurmehr eine Art Epidemie des Werts, eine allgemeine Metastase des Werts, Wucherung und zufällige Ausbreitung. (Baudrillard 1992b: 11)

Der Börsencrash an der Wall Street im Jahr 1987 ist für Baudrillard nicht mehr als ein ökonomisches Ereignis anzusehen, sondern als ein Phänomen der Transökonomie (Baudrillard 1990b: 33-43). Monetäre und materielle Tauschprozesse und daraus folgende Krisen lassen sich nicht mehr als struktural verzweigte Operationen begreifen: Die Börsentätigkeit ist zu einem Simulakrum des *fraktalen* oder *virtuellen* Stadiums mutiert. Die Unwägbarkeit, ob der Crash von 1987 nun als ökonomische Katastrophe anzusehen ist oder nicht, wird als Beweis für die endgültige Abkoppelung des flottierenden Börsengeldes von der realen Ökonomie betrachtet:

> Da die Sphären des flottierenden und spekulativen Kapitals derart autonom sind, hinterlassen wohl nicht einmal ihre Erschütterungen irgendwelche Spuren. ... Die Ökonomien produzieren schließlich weiter, obwohl die kleinste logische Folge von Schwankungen der fiktiven Ökonomien bereits ausreichen würde, um sie zu vernichten (vergessen wir nicht, daß das Volumen des Güteraustauschs heute 45mal geringer ist als das der Kapitalbewegung). (Baudrillard 1990b: 33/34)

Auch im Bereich der Arbeit lassen sich Entwicklungen festhalten, die zeigen, wie weit sich die Arbeit als Simulakrum vierter Ordnung von der Ordnung der Produktion gelöst hat und auch nicht mehr einem strukturalen Stadium angehört. ABM-Maßnahmen (Arbeit als staatlich subventioniertes Hobby), Schaffung von zusätzlichen Ausbildungsplätzen (unproduktive Bereitstellung von Produktivkräften) und Auflehnung gegen die Ausgliederung von Arbeitsplätzen in Billiglohnländer kann natürlich als soziale Integrationsleistung betrachtet werden: Es ändert nichts an der Tatsache, dass die industrielle

Einteilung der Arbeitskraft vollständig abgekoppelt ist von einer referentiellen, bedarfsorientierten Produktionsgestaltung. Die Logik der Produktion hat eine Eigendynamik gewonnen, in der es um die maximale Zirkulation und minimale Nutzung der Güter geht. Das vermeintliche Programm der industriellen Revolution, die flächendeckende Produktion und Verteilung von Grundgütern, ist schon lange abgelöst worden. Im viralen Stadium der Arbeit gibt es das Problem der Sicherstellung einer Grundversorgung nicht mehr, sondern nur noch die individuelle Ermöglichung einer Verwertungsbereitschaft hinsichtlich der durch die Signalmaschinerie systemintern erzeugten fraktalen Zeichen (Mode, Lifestyle, Weiterbildung, Selbstverwirklichung). Diese Arbeit ist nicht mehr Mittel oder Medium der Produktion, sondern ein Dazugehören und ein Jasagen zu der ziellosen und unendlichen Steigerung und Beschleunigung der Waren-, Güter- und Wertezirkulation. Das augenfälligste Beispiel einer solchen Arbeit dürfte die „Werbung für die Werbung" sein.

Baudrillard verwendet für ein solches Stadium den Begriff der *Viralität*, da es sich mit der virusartigen Ausbreitung von Krebsgeschwüren vergleichen lässt:

> Wir befinden uns nicht mehr im Wachstumsstadium, sondern im Zustand der Auswüchse. Wir leben in einer Überflußgesellschaft, wo alles weiterwächst, ohne an seinen eigenen Zielen gemessen werden zu können. Der Auswuchs entwickelt sich unkontrollierbar, ohne Rücksicht auf seine eigentliche Bestimmung, und seine Auswirkungen nehmen mit dem Verschwinden der Ursachen zu. ... Das läßt sich am besten mit der Ausbildung von Krebsmetastasen vergleichen: wird die Regel des organischen Spiel seines Körpers außer Kraft gesetzt, so kann sich die unbändige und tödliche Vitalität eines Zellengefüges zeigen, das den genetischen Befehlen nicht mehr gehorcht und unendlich weiterwuchert. (Baudrillard 1990b: 38/39)

Natürlich lässt sich aus dieser Perspektive Baudrillards die Entwicklung in anderen Bereichen ebenfalls als eine sukzessive Ablösung der Repräsentation durch die Simulation begreifen, wobei die Simulakren vierter Ordnung für die Gegenwartsdiagnose relevant sind: Politik (werbewirksames Bereitstellen von massenmedial tauglichen Parolen und Gesten), Biologie (Reduktion des Menschen und seiner Reproduktion auf seinen genetischen Code), Sexualität (pornographische Allgegenwärtigkeit), Krieg (von den beiden Weltkriegen bis zur Operation Desert Storm).

Hyperrealität: Die Rebellion der Zeichen

Für den gesellschaftlichen Zustand, in dem die Simulation zum tragen kommt, verwendet Baudrillard den Begriff der *Hyperrealität*. Politische, ökonomische, sexuelle und soziale Realitäten können nur noch beschrieben werden als Ereignisse, die generiert werden durch die Modelle der Massenmedien und Informationstechnologien. Dies wird als ein Aufstand oder eine Rebellion der Zeichen verstanden, da diese nicht mehr der Ordnung der Repräsentation gehorchen:

> Heutzutage funktioniert die Abstraktion nicht mehr nach dem Muster der Karte, des Duplikats, des Spiegels und des Begriffs. Auch bezieht sich die Simulation nicht mehr auf ein Territorium, ein referentielles Wesen oder auf eine Substanz. Vielmehr bedient sie sich verschiedener Modelle zur Generierung eines Realen ohne Ursprung oder Realität, d.h. eines Hyperrealen. Das Territorium ist der Karte nicht mehr vorgelagert, auch überlebt es sie nicht mehr. Von nun an ist es umgekehrt: (PRÄZESSION DER SIMULAKRA:) Die Karte ist dem Territorium vorgelagert, ja sie bringt es hervor. (Baudrillard 1978a: 7/8)

An die Stelle politischer Macht tritt die werbewirksame Medientauglichkeit politischer Scheinpersönlichkeiten, die auf einer medial vermittelten Oberfläche Prozesse begleiten, die einer gänzlich anderen Logik gehorchen als der der Differenz der Macht; das ökonomische Paradigma von Angebot und Nachfrage weicht der Zeichenorganisation der Börse, die der undurchsichtigen Logik der Spekulation folgt; selbst die Sexualität ist nicht mehr geprägt durch das duale Verhältnis einer geheimnisvollen Verführung, sondern durch die plakative Körperzeichenorganisation der Pornographie: politische Wahlwerbung, Aktienmarkt und Pornographie sind nicht mehr mediale Abstraktionen einer entsprechenden Realität. Sie sind das Produkt einer Rebellion der Zeichen:

> Es geht nicht mehr um die Imitation, um die Verdoppelung oder um die Parodie. Es geht um die Substituierung des Realen durch die Zeichen des Realen, d.h. um eine dissuative Operation, um die Dissuasion realer Prozesse durch ihre operative Verdoppelung, eine programmatische, fehlerlose Signalmaschinerie, die sämtliche Zeichen des Realen und Peripetien (durch Kurzschließen) erzeugt. (Baudrillard 1978a: 9)

In seinem Essay „Das Jahr 2000 findet nicht statt" geht Baudrillard soweit, die These aufzustellen, dass jedes „Faktum, jedes politische, historische oder kulturelle Merkmal" durch seine Verbreitung über die Medien seinem Raum entrissen und in einen Hyperraum beschleunigt wird. Eine Nacherzählung, ein geschichtsartiges Zurückverfolgen eines Sinns wird unmöglich. Die Ereignisse werden im fraktalen Gedächtnis der Hyperrealität aufbewahrt (Baudrillard 1990a: 7-27). Diesem Gedanken folgend wäre es natürlich naiv anzunehmen, das Soziale könne etwa die Massenmedien und Informationstechnologien verwenden, um sie einer optimistischen, kommunikativen Interaktionstheorie zufolge für sich in Anspruch zu nehmen. Eine solche Idee verkennt die eigendynamische Potenz von Zeichensystemen. In der Hyperrealität hat das Soziale das Vermögen, seine nachhaltige Selbstreproduktion sicherzustellen, an die Zeichen des Sozialen abgegeben.

Das Sujet von Baudrillards Auseinandersetzungen bleibt auch in den neunziger Jahren der gesellschaftliche Zustand, für den er neben dem Begriff der Hyperrealität die Umschreibung „nach der Orgie" verwendet, wobei die Orgie als ein explosiver Augenblick der Befreiung in allen Bereichen (Moderne) verstanden wird:

> Heute ist alles befreit, das Spiel ist gespielt, und wir stehen gemeinsam vor der entscheidenden Frage: WAS TUN NACH DER ORGIE? ... Das ist der Zustand der Simulation, in dem wir alle Szenarios nurmehr durchspielen können, weil sie bereits stattgefunden haben – real oder virtuell. Das ist der Zustand der realisierten Utopie, der Zustand aller realisierten Utopien, in dem man paradoxerweise weiterleben muß, als ob sie nicht realisiert wären. (Baudrillard 1990b: 9)

Für die (postmoderne?) Gegenwartsdiagnose gilt dementsprechend, dass die Hoffnungen der Moderne verspielt wurden und wir konfrontiert sind mit der

> Zerstreuung und Involution des Werts, mit dem Ergebnis totaler Konfusion und der Unmöglichkeit, das Prinzip sowohl der ästhetischen wie der sexuellen oder politischen Bestimmung der Dinge wieder in den Griff zu bekommen. (Baudrillard 1990b: 17)

Wie bei der Leukämie findet eine Eliminierung von Abwehrkräften statt, weil es keine Bedrohung und Gegnerschaft mehr gibt. Die Viralität ist daher als eine Katastrophe zu verstehen, die durch das eigene System hervorgebracht wird, quasi als auswuchernde Systemlogik, die zur völligen Dysfunktionalität des Systems führen kann:

> Die Viralität ist die Pathologie der geschlossenen Kreisläufe, der integrierten Schaltkreise, der Promiskuität und Kettenreaktion. Eine Pathologie des Inzest, verstanden in einem weiten und metaphorischen Sinn. Wer vom Gleichen lebt, kommt durch das Gleiche um. Das Fehlen einer Andersheit sondert jene ungreifbare Andersheit ab, diese absolute Andersheit des Virus. (Baudrillard 1990b: 75)

Seltsame Attraktoren: Zur Funktion von Theorie

Lässt man die grundlegenden Gedanken Baudrillards gelten, dass nämlich die Zeichen nicht mehr einer Logik der Repräsentation angehören und als Simulakren eine Hyperrealität generieren, die alles Reale aufsaugt und nur noch fraktale Zeichensysteme des Realen produziert, dann wird eine wissenschaftlich-theoretische Reflexion dieses Prozesses ihren Status selbst als Simulakrum begreifen müssen. Das hat Folgen für die Theorie:

> Ich bin nicht mehr in der Lage, etwas zu „reflektieren", ich kann lediglich Hypothesen bis an ihre Grenzen vorantreiben, d.h. sie der Zone entreißen, in der man sich kritisch auf sie beziehen kann, und sie an den Punkt kommen lassen, nach dem es kein zurück mehr gibt; ich lasse auch die Theorie in den Hyperraum der Simulation eintreten – sie verliert darin jede objektive Gültigkeit, gewinnt aber

vielleicht an Zusammenhalt, d.h. sie gleicht sich dem System an, das uns umgibt.
(Baudrillard 1990a: 10)

Ein solcher Schreibstil wird dem Terminus „Science-Fiction" ebenso gerecht wie der philosophischen Aufforderung, das Wesen der Dinge zu benennen. Es scheint, dass die Bezeichnung „Medienphilosoph" für Baudrillard in zweifacher Hinsicht gerechtfertigt ist. Einerseits ist er derjenige Theoretiker der siebziger und achtziger Jahre des 20. Jahrhunderts, der den Diskurs über den Einfluss der Massenmedien auf höchstem Niveau vorangetrieben hat. In dieser Teildisziplin ist er zum Klassiker avanciert. Andererseits scheint der Titel „Medienphilosoph" treffend zum Ausdruck zu bringen, was den Stil seines Diskurses zusätzlich auszeichnet: dass er nämlich trotz und gerade wegen seines wilden Vokabulars das Interesse der Medien auf sich ziehen konnte. So kann seine Schreibweise auch als Teil einer Strategie der *Verführung* betrachtet werden (Baudrillard 1979): einer Strategie, die versucht, den Leser Positionen einnehmen zu lassen, die aus dessen eigener Perspektive inkohärent sind.

Literatur

Baudrillard, Jean, 1968: Das System der Dinge. Frankfurt/M., New York 1991: Campus.

Baudrillard, Jean 1976: Der symbolische Tausch und der Tod. München 1991: Matthes & Seitz.

Baudrillard, Jean, 1978a: Agonie des Realen. Berlin: Merve.

Baudrillard, Jean, 1978b: Kool Killer oder der Aufstand der Zeichen. Berlin: Merve.

Baudrillard, Jean, 1979: Von der Verführung. München 1992: Matthes & Seitz.

Baudrillard, Jean, 1990a: Das Jahr 2000 findet nicht statt. Berlin: Merve.

Baudrillard, Jean, 1990b: Transparenz des Bösen. Ein Essay über extreme Phänomene. Berlin 1992: Merve.

UWE SCHIMANK

Die unmögliche Trennung von Natur und Gesellschaft – Bruno Latours Diagnose der Selbsttäuschung der Moderne

Bruno Latour wurde 1947 geboren. 1975 PhD. an der Universität Tour, 1987 Habilitation an der École des Hautes Études en Sciences Sociales. Er war von 1977 bis 1981 Assistent am Conservatoire National des Arts et Métiers. Seit 1982 ist er an der École Nationale Supérieure des Mines in Paris tätig, zuerst als maître de recherche, seit 1991 als Professor. Parallel dazu hatte er seit 1983 immer wieder Gastprofessuren an verschiedenen Universitäten inne (Melbourne, San Diego, London). Seine Hauptwerke sind: „Laboratory Life" (1979, mit Steve Woolgar), „Les microbes, guerre et paix" (1984, The Pasteurization of France), „Science in Action" (1987), „Nous n'avons jamais été modernes" (1991, Wir sind nie modern gewesen).

Von der Wissenschafts- und Technikforschung zur Gesellschaftsdiagnose

Bruno Latours Hauptarbeitsgebiet war und ist die sozialwissenschaftliche Wissenschafts- und Technikforschung. Der Schritt zur Gesellschaftsdiagnose, den er in seinem Essay „Wir sind nie modern gewesen" (1991a)[1] vollzogen hat, war jedoch ein sehr naheliegender. Denn die Art und Weise, wie er sich sozialwissenschaftlich mit Wissenschaft und Technik befasst, hat von Anfang an starke gesellschaftstheoretische Bezüge gehabt.

Latours wissenschafts- und techniksoziologische Untersuchungen waren wichtige Bausteine eines wissenssoziologischen Paradigmas, das seit Ende der sechziger Jahre des 20. Jahrhunderts daran ging, die Inhalte naturwissenschaftlicher Wissensproduktion – empirische Tatsachenfeststellungen ebenso wie theoretische Gesetzesaussagen und Erklärungen – auf ihre sozialen Entstehungskontexte zurückzuführen: von den Interaktions- und Gruppenstruk-

---

1 Wenn im Weiteren Quellenangaben nur aus Seitenzahlen bestehen, beziehen sie sich auf dieses Buch.

turen des Labors über die Organisationsstrukturen der Forschungseinrichtung und die Strukturen der jeweiligen scientific community bis hin zu Strukturen des Verhältnisses zwischen scientific community, Forschungseinrichtung sowie einzelnen Forschern auf der einen Seite und politischen, wirtschaftlichen, vielleicht auch medizinischen oder militärischen Akteuren auf der anderen (Latour/Woolgar 1979). Pointiert formuliert: Was als Wissen über die Beschaffenheit der Natur, also als ein kognitives Abbild der Materie gilt, stellt sich als soziale Konstruktion heraus.

Wie die Auflistung sozialer Faktoren erkennen lässt, sind nicht alle von ihnen, aber doch etliche der Gesellschaftsstruktur zuzurechnen. Latour hat diesen Ausschnitt der wissenssoziologischen Zurückführung naturwissenschaftlicher Erkenntnisse auf soziale Kontexte der Wissensproduktion in weiteren Untersuchungen vertieft – so u.a. in einer Studie darüber, wie Louis Pasteur seine veterinärmedizinischen Erkenntnisse gewann und gegenüber konkurrierenden Theorien durchsetzte (Latour 1984). Latour (1987: 103-144) lenkt mit seinem zentralen Konzept des „enrollment" das Augenmerk darauf, dass Forscher wie Pasteur nicht bloß passiv vielfältigen Einflüssen ihres sozialen Kontexts ausgesetzt sind, sondern darüber hinaus in diesem Kontext auch strategisch im Sinne der eigenen Sache agieren können. Zum Teil erklärt also auch das strategische Bemühen und Geschick von Forschern, welche Erkenntnisse im – vorgeblich durch Konfrontation konkurrierender Theorien mit Naturtatsachen entschiedenen – Kampf um die wissenschaftliche Vormachtstellung obsiegen. „Enrollment" bedeutet, dass Forscher zur Durchsetzung ihrer Theorien weitreichende Allianzen mit anderen Forschern, aber auch mit außerwissenschaftlichen Akteuren eingehen – und zwar auf der Basis spezifischer Interessenverschränkungen. So gelang es Pasteur, im Laufe der Zeit die Bauern und die Milchindustrie ebenso wie das Landwirtschaftsministerium auf die Linie seiner Theorie zu verpflichten – aber eben bei genauerem Hinsehen und entgegen der offiziellen Lesart nicht dadurch, dass er diese Akteure wissenschaftlich mehr überzeugte, als andere Forscher das getan hatten, sondern dadurch, dass die praktischen Konsequenzen seiner Theorie besser zu bestimmten Interessen der außerwissenschaftlichen Akteure passten.

Mit dieser wissenssoziologischen Perspektive untersuchte Latour also u.a. die Einwirkung des gesellschaftsstrukturellen Kontextes auf die naturwissenschaftliche und technische Produktion von gesichertem Wissen und funktionierenden Artefakten. Diese wissenschafts- und techniksoziologischen Forschungen laufen weiter, unter Latours nach wie vor maßgeblicher Beteiligung. Parallel dazu hat er sich dann aber auch der Frage zugewandt, wie eine so beschaffene Wissenschaft und Technik die moderne Gesellschaft prägt? Was bedeutet es, wenn immer mehr gesellschaftliche Bereiche von einer Wissenschaft und Technik durchsetzt werden, deren Produkte – Erkenntnisse beziehungsweise Artefakte – sich als „objektiv" richtig beziehungsweise zweckmäßig ausgeben, obwohl es sich um soziale Konstruktionen handelt? Dies ist die Frage, die im Zentrum von Latours Gegenwartsdiagnose steht.

Die Gesellschaft aus dem Labor

Latours Essay beginnt mit folgendem Beispiel:

> Auf Seite vier meiner Tageszeitung lese ich, daß die Meßergebnisse über der Antarktis dieses Jahr nicht besonders gut sind: Das Loch in der Ozonschicht vergrößert sich gefährlich. Beim Weiterlesen komme ich von den Chemikern der Stratosphäre zu den Generaldirektoren zweier großer Chemiefirmen. Diese wollen ihre Produktionsverfahren ändern, um die „harmlosen" Fluorchlorwasserstoffe zu ersetzen, die des Verbrechens gegen die Ökosphäre angeklagt sind. Einige Abschnitte weiter sind es die Staatschefs der großen Industrienationen, die sich mit Chemie, Kühlschränken, Spraydosen und Edelgasen beschäftigen. Am Ende des Artikels widersprechen die Meteorologen jedoch den Chemikern und sprechen von zyklischen Schwankungen, die unabhängig von menschlichen Einflüssen sind. Nun wissen die Industriellen nicht mehr, was zu tun ist. Auch die Staatsoberhäupter zögern. Soll man abwarten? Ist es schon zu spät? Zuletzt mischen sich noch die Länder der Dritten Welt und die Ökologiebewegung in die Debatte und sprechen von internationalen Abkommen, vom Recht der zukünftigen Generationen, von Moratorien und vom Recht auf Entwicklung. Ein und derselbe Artikel vermischt chemische und politische Reaktionen. Ein roter Faden verbindet die esoterische Wissenschaft mit den Niederungen der Politik, den Himmel über der Antarktis mit irgendeiner Fabrik am Rande von Lyon, die globale Gefahr mit der nächsten Wahl oder Aufsichtsratssitzung. (7)

Und das ist noch lange nicht alles! Zigmillionen Konsumenten auf der ganzen Welt sind ebenso mit im Spiel wie die Massenmedien auf ihrer Suche nach Sensationen und das Recht mit seinem Bemühen um justitiable Normen. Bei genauerem Hinsehen würde man noch weitere Involvierte entdecken. Insgesamt ergibt sich jedenfalls das Bild einer unauflösbaren Vernetzung von Natur auf der einen, Gesellschaft auf der anderen Seite: „Das Ozonloch ist zu sozial ..., um wirklich Natur zu sein, die Strategie von Firmen und Staatschefs zu sehr angewiesen auf chemische Reaktionen, um allein auf Macht und Interessen reduziert werden zu können" (14). Woraus Latour den Schluss zieht: „Die Hybride breiten sich aus." (7)

Unter *Hybriden* – von ihm auch als „Monstren" oder „Quasi-Objekte" bezeichnet – versteht er Ko-Produktionen von Natur und Gesellschaft. Dies umfasst vor allem die gesamte – in der Moderne naturwissenschaftlich fundierte – Technik einschließlich aller Technikfolgen. Insofern der Mensch anthropologisch u.a. durch den Gebrauch von selbstgeschaffenen Werkzeugen charakterisiert werden kann, haben Hybride immer schon zu menschlichen Gesellschaften gehört. Und insofern es auch bereits vor Beginn der Moderne einen erheblichen technischen Fortschritt gab, ist die Ausbreitung der Hybride keineswegs auf moderne Gesellschaften beschränkt. Was Latour jedoch als spezifisch modern ansieht, ist zweierlei: die Allgegenwärtigkeit und die Fehlwahrnehmung der Hybride.

Zunächst verweist er darauf, dass sich die Produktion der Hybride in der modernen Gesellschaft rasant beschleunigt hat, so dass man mittlerweile – egal welcher Lebensbereich in den Blick genommen wird – von einer flächendeckenden Ausbreitung der Hybride ausgehen kann. Andere Beobachter sprechen denselben Sachverhalt an, wenn sie die moderne Gesellschaft als „wissenschaftlich-technische Zivilisation" (Schelsky 1961) charakterisieren. Für den wissenschafts- und techniksoziologisch geschulten Beobachter Latour ist das naturwissenschaftliche Labor der prototypische Ort, wo Hybride erzeugt und stabilisiert werden. Denn dort verknüpfen sich Gesellschaft und Natur untrennbar miteinander. Mehr noch: Die moderne Gesellschaft basiert in einem Maße auf dem, was in naturwissenschaftlichen Labors entsteht, dass man mit Fug und Recht von einer Gesellschaft aus dem Labor sprechen kann. Latour erblickt darin „den fundamentalsten Aspekt unserer Kultur ...: Das soziale Band der Gesellschaft, in der wir leben, besteht aus Objekten, die im Laboratorium fabriziert sind." (33) Wie hoch Latour die Hybride als Garanten gesellschaftlicher Ordnung und wie gering er demgegenüber in der Moderne andere, rein soziale Ordnungsgaranten wie etwa Institutionen einschätzt, belegt auch der Titel eines seiner Aufsätze: „technology is society made durable" (Latour 1991b).[2]

Diese These passt freilich so gar nicht zum eingangs vorgestellten Beispiel des Ozonlochs, ebenso wenig wie zum Aidsvirus oder zur Neutronenbombe oder zur Zunahme tödlicher Unfälle im Straßenverkehr, um nur einige weitere Beispiele dafür anzuführen, dass mittlerweile – und auch von Latour selbst – häufig die Risiken der gesellschaftlichen Verwissenschaftlichung und Technisierung in den Vordergrund gestellt werden. Die Moderne hat offenbar einen höchst ambivalenten Siegeszug der Hybriden erlebt. Auf der einen Seite sind damit alle Segnungen von Wissenschaft und Technik angesprochen, auf der anderen alle davon ausgehenden Gefahren und negativen Neben- und Fernwirkungen. Diese andere Seite kann auf das genaue Gegenteil von „durable" hinauslaufen, wie etwa auch Ulrich Becks Diagnose der heutigen „Risikogesellschaft" vorführt.[3] Im Extremfall könnte verwissenschaftlichte Technik die menschliche Gesellschaft völlig beseitigen, wenn man sich die Möglichkeit eines großangelegten Krieges mit den heute verfügbaren Potentialen an atomaren, biologischen oder chemischen Waffen vor Augen hält.

Das Laborprodukt moderne Gesellschaft ist also zumindest ein gemischter Segen – wenn nicht gar inzwischen die Nachteile überwiegen. Um dies zu

---

2 Auch Harbers (1995: 273) hebt dies – kritisch – hervor: „Latour scarcely considers the possibility of social stabilization by any means other than science and technology."
3 Siehe den Beitrag dazu in diesem Band.

verstehen, muss man sich das zweite von Latour herausgestellte Spezifikum der Moderne genauer ansehen: die Fehlwahrnehmung der Hybride.

Die Moderne als Dualismus von Reinigungs- und Vermittlungsarbeit

Nils Brunsson (1989) zeigt für Organisationen, die sich widersprüchlichen Erwartungen ausgesetzt sehen, dass darauf oft mit einer Entkopplung von „talk" und „action" reagiert wird. Man handelt so, wie man handeln muss, aber eigentlich nicht handeln soll, und redet so, als ob man so handelt, wie man handeln soll. Ein ähnliches, aber noch komplizierteres Muster findet sich nach Latour auch beim Umgang der Moderne mit ihren Hybriden. Die von Brunsson geschilderten Organisationen sind sich darüber bewusst, dass ihr Reden nicht ihrem Tun entspricht. Die Entkopplung von Handeln und Reden wird dort strategisch, nämlich schönfärberisch eingesetzt, weshalb Brunsson auch von „hypocrisy" spricht. Für die Moderne gilt zunächst einmal ebenfalls, dass sie anders mit den Hybriden umgeht, als sie es darstellt. Dahinter steht allerdings nicht das Bemühen, etwas Anrüchiges schön zu reden. Es steht vielmehr überhaupt keine bewusste Absicht dahinter. Die Moderne schenkt dem eigenen Reden vielmehr Glauben. Und sie redet diesbezüglich ja auch nicht zu einem Publikum, sondern zu sich selbst. Es handelt sich also nicht um eine Täuschung anderer, sondern um eine Selbsttäuschung.

Worin besteht diese Selbsttäuschung genauer? Latour arbeitet sie als grundlegende Elemente und Paradoxien des modernen Selbstverständnisses heraus. Dieses geht davon aus, dass die Gesellschaft auf der einen, die Natur auf der anderen zwei Sphären der Welt sind, zwischen denen eine harte Grenze verläuft. Auf dieser Anfangsunterscheidung – ganz im Sinne von George Spencer Browns „Draw a distinction!" – basiert für Latour die Moderne: „Die Natur ist nicht unsere Konstruktion: sie ist transzendent und übersteigt uns unendlich. Die Gesellschaft ist unsere freie Konstruktion: sie ist unserem Handeln immanent." (47) Die Anfangsunterscheidung muss allerdings auf beiden Seiten sofort qualifiziert werden. Gerade in der Moderne greifen wir in die Natur ein, um sie zu beherrschen und für unsere Zwecke nutzbar zu machen. Und gerade die Moderne macht auch die Erfahrung, dass gesellschaftliche Strukturen und Dynamiken nicht den Absichten gehorchen, die die involvierten Menschen mit ihnen haben, und es sogar Strukturdynamiken gibt, die völlig absichtslos hervorgerufen werden.[4] Also stehen den gerade formulierten Prämissen folgende gegenüber: „Die Natur ist unsere

---

4 Siehe hierzu Näheres bei Schimank (2000: 173-205), wo verschiedene Arten von Transintentionalität sozialer Strukturen unterschieden werden.

künstliche Konstruktion im Labor: sie ist immanent. Die Gesellschaft ist nicht unsere Konstruktion: sie ist transzendent und übersteigt uns unendlich." (47)

Zieht man beide Arten von Aussagen zusammen, gelangt man zu folgendem Schluss: Die Natur steht den modernen Menschen als ein nicht von ihnen geschaffenes „da draußen" gegenüber, das dann gleichwohl von ihnen planvoll bearbeitet und beherrscht wird – während umgekehrt die Gesellschaft, obwohl Menschenwerk, menschlichen Gestaltungsbestrebungen fortwährend entgleitet und in Gestalt „sozialer Tatsachen" im Sinne Emile Durkheims die Menschen formt. Faktisch wird demnach die Natur vergesellschaftet, während die Gesellschaftsentwicklung naturwüchsig verläuft. Dennoch – und das ist das Entscheidende – gibt die Moderne ihre Anfangsunterscheidung nicht auf, sondern hält sie durch Fiktionalisierung aufrecht: „Auch wenn wir die Natur konstruieren, ist es, als konstruierten wir sie nicht. ... Auch wenn wir die Gesellschaft nicht konstruieren, ist es, als konstruierten wir sie. ... Natur und Gesellschaft müssen absolut getrennt bleiben." (47, Hervorh. weggel.)

Hier haben wir die Entkopplung von Tun und Reden. Bezüglich des Umgangs der Moderne mit der Natur heißt das:[5] Auf der einen Seite wird fortwährend und in immer größerem Maße eine „Arbeit der Vermittlung" praktiziert. Die Grenze zwischen Gesellschaft und Natur wird ständig im doppelten Sinne des Wortes übergangen: sowohl überschritten als auch ignoriert. Immer längere und dichtere grenzüberschreitende „Netze" werden gesponnen – eben die Hybride. Moderne Naturwissenschaft und Technik sind die wichtigsten Manifestationen dessen. Auf der anderen Seite wird parallel dazu ebenso permanent und penetrant eine „Arbeit der Reinigung" betrieben. Die Grenze wird kontrafaktisch formuliert und akzentuiert: „Die Arbeit der Vermittlung, in der die Hybriden zusammengesetzt werden, wird von der modernen Verfassung unsichtbar, unvorstellbar, undenkbar gemacht." (50) Beides, faktische Vermittlung und rhetorische Reinigung, muss strikt auseinander gehalten werden: „die Arbeit der Reinigung muß absolut getrennt bleiben von der Arbeit der Vermittlung." (47, Hervorh. weggel.) Denn andernfalls bräche die Selbsttäuschung der Moderne zusammen; sie müsste sich eingestehen, dass Natur und Gesellschaft gar nicht im Sinne der Anfangsunterscheidung zu trennen sind.

Jetzt erschließt sich, warum „wir ... nie modern gewesen" sind, wie Latour schon im Titel seiner Gegenwartsdiagnose verkündet. Die Modernen bilden sich aufgrund ihrer ontologischen Unterscheidung von Gesellschaft und Natur eine völlige Andersartigkeit gegenüber allen Vormodernen ein, die diese Unterscheidung so nicht ziehen. Dies wird meist als Überlegenheit gedacht, von Kritikern in den eigenen Reihen – den Antimodernen – aber zuweilen auch als Fluch gewertet. Tatsächlich jedoch praktizieren die Modernen das, was sie als

---

5   Die andere Seite, die Naturwüchsigkeit der Gesellschaft, wäre im Rahmen einer Analyse der Moderne zweifellos ebenso interessant zu betrachten. Das ist allerdings hier nicht Latours Thema.

Inbegriff ihrer Modernität begreifen, gar nicht. Ihre Existenzweise beruht wie die der Vormodernen auch auf Vermittlungsarbeit, also der Produktion von Hybriden. Im tatsächlichen Handeln unterscheiden sich Vormoderne und Moderne somit lediglich graduell, weshalb Latour diesbezüglich zum Schluss gelangt: „Niemand ist je modern gewesen. Die Moderne hat nie begonnen." (65) Worin der große Unterschied in Wirklichkeit besteht, ist – wie erläutert – nur das Reden über das Handeln. Die Selbsttäuschung ist es, die die Modernen von den Vormodernen unterscheidet. Paradox formuliert: Modern ist, wer fälschlich annimmt, modern zu sein. „Wir sind nie modern gewesen", weil wir grundsätzlich nicht anders als die Vormodernen agieren, sondern uns unsere Andersartigkeit nur einbilden – und uns etwas darauf einbilden.

Das Erfolgsgeheimnis der Moderne

Ist die Moderne also durch ein fundamentales Defizit gekennzeichnet? Ist die heutige Krise der Moderne ganz einfach ihrer mangelnden Fähigkeit geschuldet, sich selbst richtig zu verstehen? So einfach stellt sich die Sache für Latour nicht da. Denn schließlich ist die Moderne über lange Zeit erst einmal eine große Erfolgsstory gewesen. Wissenschaft und Technik haben schließlich unbestreitbar viele und wichtige Verbesserungen des menschlichen Lebens hervorgebracht; und diesen Erfolg gilt es ebenso zu erklären wie das, was sich heutzutage als dessen Kehrseite enthüllt.

Latour behauptet: „Die Verbindung von Reinigungs- und Vermittlungsarbeit hat die Modernen hervorgebracht, aber nur in ersterer sehen sie die Ursache ihres Erfolges." (58) Auf den ersten Blick könnte man meinen, dass die Vermittlungsarbeit die Basis des Erfolgs ist, also der wissenschaftlich-technischen Ausbreitung der Hybriden, und die Reinigungsarbeit nicht mehr als einen ideologischen „Überbau" darstellt. Wie ein Vergleich mit vormodernen Gesellschaften und deren Naturverhältnis zeigt, ist dieser „Überbau" allerdings entscheidend für den Erfolg.

Für alle vormodernen Gesellschaften gilt nach Latour, dass sie in ihrem Selbstverständnis keine auch nur annähernd so strenge Trennung von Gesellschaft und Natur etablierten. Die Natur war beseelt, zahlreiche Götter und Dämonen bevölkerten sie, und mit denen standen die Menschen ebenso wie mit anderen Gesellschaftsmitgliedern im Kontakt. Umgekehrt gingen die vormodernen Gesellschaften davon aus, dass zentrale gesellschaftliche Strukturen genauso gottgegeben seien wie die Natur. Es existierte also ein Gesellschaft-Natur-Kontinuum. Latour zitiert hier Claude Levi-Strauss, der über den Eingeborenen feststellt: „unaufhörlich zieht er alle Aspekte des Realen zusammen, seien diese nun physischer, sozialer oder geistiger Art" (59). Es fand also gerade keine Reinigungsarbeit statt. Ein solches Bestreben wäre vielmehr von vornherein als unmöglich und absurd angesehen worden.

Reinigungsarbeit war in vormodernen Gesellschaften auch unnötig, weil kaum Vermittlungsarbeit im Sinne einer Hervorbringung der „Netze" zwischen Natur und Gesellschaft durch Menschen praktiziert wurde. Natur und Gesellschaft erschienen als durch göttliche Fügung immer schon vielfältig vermittelt. Daraus aber zogen vormoderne Gesellschaften nicht nur den Schluss, dass menschliche Vermittlungsarbeit entsprechend überflüssig sei, sondern gingen noch weiter: Sie musste – wenn überhaupt – mit „allergrößter Vorsicht" (59) und entsprechend zurückhaltend betrieben werden, um das Weltgefüge, also das hergebrachte Gesellschaft-Natur-Kontinuum nicht aus dem Lot zu bringen. Entsprechend tabuisiert waren viele Bereiche naturwissenschaftlicher Erkenntnis; und selbst dort, wo Erkenntnisse gewonnen wurden, hieß das noch lange nicht, dass praktische Schlüsse im Sinne einer technischen Umsetzung daraus gezogen werden durften.[6] Man denke nur an die Medizin. Die religiös und durch traditionale Alltagsnormen stark beschränkte Naturerkenntnis sowie Technikschöpfung und -anwendung in vormodernen Gesellschaften beweist genau das: Sie „verbieten ... sich zu praktizieren, was ihre Vorstellungen gerade zu erlauben scheinen." (59) Es gab keine scharfe Grenze zwischen Gesellschaft und Natur; und genau deshalb griff die Gesellschaft nur vergleichsweise wenig in die Natur ein, sondern respektierte sie weitgehend so, wie sie ist.

Gesellschaft-Natur-Kontinuum bedeutet nicht, dass vormoderne Gesellschaften die Wirklichkeit in dieser Hinsicht als völlig unterschiedslos gesehen hätten. Auch dort war ein Baum keine Institution, ein Affe kein Mensch. Doch der Status der Hybriden war ein völlig anderer. Sie besaßen als Zwischenwesen den Rang von „vollwertigen Mittlern". In der Moderne werden die Hybriden hingegen als „bloße Zwischenglieder", also als „Mischung zweier reiner Formen" angesehen (105/106, Hervorh. weggel.). Ein Werkzeug beispielsweise ist in der Moderne eine asymmetrische Kombination von Gesellschaft und Natur. Menschlicher Geist macht sich die Kräfte der Materie zunutze. In vormodernen Gesellschaften waren Werkzeuge hingegen eine eigenständige Art von Wesen, die sozusagen aus eigener Befugnis zwischen den Menschen und den Naturkräften vermittelten. Alle drei Seiten – Gesellschaft, Hybride und Natur – wurden als gleichrangig angesehen; es ging also nicht darum, dass die eine Seite eine andere mittels der dritten beherrscht. Genau darauf läuft es in der Moderne hinaus: Gesellschaft beherrscht Natur mittels Hybriden.

---

6   Es ist wahrscheinlich kein Zufall, dass heutige Wissenschafts- und Technikkritik sich im Kern einer ähnlichen Argumentation bedient, dabei nur den göttlichen Schöpfungsplan durch evolutionäre „Weisheit" ersetzt. So erscheint die Gentechnik aus dieser Sicht deshalb als „Frevel", zumindest als unglaublicher Leichtsinn, weil sie irreversibel in dichtgeknüpfte und unüberschaubare Kausalzusammenhänge zwischen Natur und Gesellschaft eingreift.

Dafür ist es Latour zufolge entscheidend gewesen, dass die Hybriden zunehmend als unselbständige Zwischenglieder aufgefasst worden sind:

> Was unsere Verfassung ... autorisiert, ist die beschleunigte Sozialisierung nichtmenschlicher Wesen, weil sie diesen nie erlaubt, als Elemente der „wirklichen Gesellschaft" in Erscheinung zu treten. ... dadurch konnte die Vermittlungspraxis alle möglichen Monstren kombinieren, ohne daß diesen irgendeine Auswirkung auf das Gefüge der Gesellschaft zugestanden wurde ... Wie bizarr diese Monstren auch sein mochten – sie stellten kein Problem dar, denn sozial gesehen existierten sie nicht, und ihre monströsen Folgewirkungen waren niemandem zuzuschreiben. (60)[7]

Die Selbsttäuschung der Moderne ermöglicht somit eine durch keinerlei Ängste und Tabus gehemmte Vermehrung der Hybriden. Es ist, als ob die Bevölkerung eines Landes die Augen davor verschließt, dass immer mehr Fremde einwandern, die dann die Herrschaft an sich reißen. Mehr noch: Die Fremden machen sich überhaupt nur auf den Weg, weil sie hergebeten werden, worüber sich aber niemand Rechenschaft ablegt. Die Fremden kommen ja auch keineswegs von Anfang an und ausschließlich ungelegen. Zunächst einmal bringen sie viele wertvolle Geschenke an die Einheimischen mit, ohne dass diese nennenswerte Gegengaben überreichen müssen; und irgendwelche Ansprüche auf Mitgestaltung der Verhältnisse stellen die Fremden erst einmal auch nicht. Die Trennung von Einheimischen und Fremden, Gesellschaft und Hybriden scheint im Sinne einer stabilen Zwei-Klassen-Ordnung zu funktionieren: hier die Herren, dort die Sklaven.

Dies ist das Erfolgsgeheimnis der Moderne – Geheimnis, wie gesagt, vor allem für sie selbst:

> Hätten die Abendländer nichts weiter getan, als Handel zu treiben und zu erobern, als zu plündern und zu unterjochen, so hätten sie sich von anderen Händlern und Eroberern nicht radikal unterschieden. Aber sie haben eben die Wissenschaft erfunden, eine Aktivität, die etwas völlig anderes ist als Eroberung und Handel, Politik und Moral. (131)

Für Latour definiert also die Naturwissenschaft und die daraus hervorgehende Technik die Moderne. Als „wissenschaftlich-technische Zivilisation" verbreitet die Moderne sich weltweit, und nicht etwa als kapitalistische Wirtschaft in Verbindung mit imperialistischer Politik. Und als „wissenschaftlich-technische Zivilisation" gerät die Moderne dann auch in die Krise.

Die Hybride laufen aus dem Ruder

Die Erfolgsgeschichte ist somit für Latour nur noch Schnee von gestern. Er will die Moderne nicht feiern, sondern ihr zum besseren Verständnis ihrer

---

7 Hier und bei einem weiteren Zitat wurde die deutsche Übersetzung leicht korrigiert. Sie spricht missverständlich von „Fabrik der Gesellschaft", wo „Gefüge" gemeint ist.

gegenwärtig immer sichtbarer werdenden Probleme verhelfen. Die Selbsttäuschung der Moderne über die Hybriden könnte sich nicht nur als ihr bisheriges Erfolgsgeheimnis, sondern schlimmstenfalls auch als ihr zukünftiges Verhängnis erweisen.

Die Moderne praktiziert, das bisher Gesagte auf eine Kurzformel gebracht, eine naturwüchsige Vergesellschaftung der Natur. Das hat dazu geführt, dass sich dieser Vorgang enorm ausweiten konnte – beispielsweise weil traditionelle normative Beschränkungen dessen, was man technisch „machen" darf, durch die kollektive Selbsttäuschung überwunden werden konnten: „Wer am meisten über Hybriden nachdenkt, verbietet sie soweit wie möglich; wer sie dagegen ignoriert, indem er alle gefährlichen Konsequenzen ausblendet, entwickelt sie, soweit er kann." (59) Dieses Ignorieren geschieht, wie erläutert, genau dadurch, dass die Hybriden im Selbstverständnis der Moderne nur als unselbständige Zwischenglieder zwischen Gesellschaft und Natur begriffen werden. Genau das ist für Latour eine hochgradig riskante Konstruktion, die früher oder später dazu führen muss, dass die Hybriden aus dem Ruder laufen. Denn ihre ungezügelte Vermehrung führt zu einer allmählichen Verschiebung der Kosten/Nutzen-Bilanz. Anfangs überwiegt der Nutzen wissenschaftlich-technischer Innovationen für die Gesellschaft. Doch je weiter die „Netze" der Innovationen gespannt werden, desto mehr verfangen sich die verschiedenen „Netze" auch ineinander, woraus dann immer mehr unge-ahnte Neben- und Fernwirkungen resultieren – und vieles Ungeahnte ist dann auch mehr oder weniger unerwünscht und nicht selten ausgesprochen gefährlich.

Wer hätte im Vorhinein, also als die betreffenden Nutzungsentscheidungen anstanden, gedacht und bedacht, dass Spraydosen mit FCKW die Ozonschicht schädigen, dass eine „autogerechte Stadt" die Lebensqualität schmälert oder dass Asbest krebserregend ist? Zunächst standen und stehen stets die Vorzüge der jeweiligen Innovationen im Vordergrund. Noch immer erwartet nach Meinungsumfragen die Mehrheit der Bevölkerung von Wissenschaft und Technik mehr Nutzen als Schaden; und weiterhin wird fast nur auf Wissenschaft und Technik verwiesen, wenn es darum geht, die negativen Folgen der Nutzung verwissenschaftlichter Technologien zu beseitigen. Hier wird gewissermaßen ein radikales Verursacherprinzip hochgehalten: Was Wissenschaft und Technik anrichten, sollen und können nur sie selbst auch wieder ausbügeln. Letztere Einstellung zeigt, wie die von Latour herausgearbeitete Selbsttäuschung der Moderne auch noch angesichts immer massiver werdender Gegenevidenz aufrechterhalten wird. Die Moderne gibt sich nach wie vor dem Optimismus hin, sie könne die Hybriden beherrschen, diese stellten im Grunde genommen harmlose, weil unterwürfige Helfer menschlicher Naturbeherrschung dar. Und dahinter steht letztlich die für die Moderne konstitutive, in der Reinigungsarbeit immer wieder bekräftigte ontologische Anfangsunterscheidung von Natur und Gesellschaft.

„Die Modernen – Opfer ihres Erfolgs" (68), so resümiert Latour seine Gegenwartsdiagnose. Die Moderne hat „die Hybride vervielfacht, so daß der
konstitutionelle Rahmen, der ihre Existenz zwar verneint, aber ermöglicht,
sie nicht mehr halten kann." Das Ergebnis ist:

> Die moderne Verfassung ist unter ihrem eigenen Gewicht zusammengebrochen.
> Sie wurde überschwemmt von den Mischwesen, deren experimentelle Erprobung
> sie ermöglichte, weil sie ihre Auswirkungen auf das Gefüge der Gesellschaft ver-
> heimlichte. ... Sagen wir also, daß die Modernen kapituliert haben. Ihre Verfas-
> sung konnte ein paar Gegenbeispiele, ein paar Ausnahmen verkraften ... Sie ver-
> mag jedoch nichts mehr, wenn die Ausnahmen wuchern ... (68, 70)

Im Vordergrund steht für Latour also eine Krise des Redens. Die Moderne hat
durch ihr Handeln, durch ihre immer ausgedehntere Vermittlungsarbeit, die eigene Reinigungsarbeit immer unglaubwürdiger gemacht. Die Moderne glaubt
sich selbst nicht mehr. Sie zweifelt fundamental an ihrem Selbstverständnis.
Diese Krise des Redens ist aber nur deshalb eingetreten, weil das Handeln nicht
länger vorrangig segensreich und nützlich, sondern schädlich und gefährlich
wirkt. Die Krise des Redens signalisiert also eine Krise des Handelns, der sich
Latour aber, über ein paar beispielhafte Andeutungen hinaus, nicht weiter widmet. Die wissenschaftlich-technische Produktion von Risiken ist nicht sein
Thema. Worin diese Risiken im Einzelnen bestehen, und wie genau sie erzeugt
werden: Dies sind Fragen, die für Latour offenbar zumindest soweit geklärt
sind, dass er sich der dahinter stehenden Frage widmen kann: Wie ist diese –
als vorhanden und strukturell bedingt angenommene – Risikoproduktion in die
Konstitution der modernen Gesellschaft eingewoben?

Die „Hybride" gesellschaftsfähig machen!

Akzeptiert man Latours geschilderte Beantwortung dieser Frage, liegt auf der
Hand, was die Modernen zu tun haben, um zunächst die Krise ihres Redens zu
beheben, was wiederum die Voraussetzung dafür ist, auch die Krise ihres Handelns in den Griff bekommen zu können. Die Modernen müssen in dem Sinne
aufhören, modern zu sein, dass sie die für ihr Selbstverständnis zentrale Trennung von Gesellschaft und Natur überwinden. Sie sollen dazu aber nicht in die
Vormoderne zurückfallen, sondern sich ein *nichtmodernes Selbstverständnis*
erarbeiten. Dieses vereinigt in sich die Vorzüge des vormodernen Selbstverständnisses auf der einen, des modernen auf der anderen Seite.

Von der Vormoderne wäre die Vorstellung des Gesellschaft-Natur-Konti-
nuums zu übernehmen. Dies wäre aber mit den modernen Praktiken wissenschaftlich-technischer Innovation zu verbinden, also mit dem Bemühen der
Naturbeherrschung anstelle eines sich-Fügens in den göttlich vorgegebenen
Kosmos von Natur und Gesellschaft. Die Vermehrung der Hybriden soll

durchaus weiter betrieben und nicht etwa radikal eingeschränkt werden; doch dies muss in vollem Bewusstsein darüber betrieben werden, dass die Hybriden „Mittler", also genuine Zwischen- anstatt bloß Mischwesen darstellen. Formelhaft ausgedrückt geht es Latour somit darum: „Alle Vorteile des modernen Dualismus beibehalten, aber ohne seine Nachteile ...; alle Vorteile des vormodernen Monismus bewahren, aber ohne sich seine Grenzen aufzwingen zu lassen." (179) Die Nichtmodernen wären dann die über sich selbst aufgeklärten Modernen: „Um den Preis einer kleinen Gegenrevolution verstehen wir im Rückblick endlich, was wir schon immer getan haben." (119) Man könnte auch sagen: Endlich wären wir wirklich modern.

Die entscheidende Konsequenz dieses veränderten Selbstverständnisses für das Handeln wäre: Wenn die Hybriden wieder ernst genommen werden würden, hätte man überhaupt erst eine Chance, ihre Erzeugung und Verwendung hinsichtlich negativer Neben- und Fernwirkungen unter Kontrolle bekommen zu können. Es geht Latour genau darum, „daß die Vermehrung der Monstren verlangsamt, umgelenkt und reguliert werden muß, indem ihre Existenz offiziell anerkannt wird." (21)

An diesem Punkt sieht Latour die Notwendigkeit einer demokratischen Debatte und Kontrolle: „Die Produktion von Hybriden wird explizit und kollektiv und damit zum Gegenstand einer erweiterten Demokratie, die das Tempo dieser Produktion reguliert oder verlangsamt." (188) Man denkt hier natürlich gleich daran, dass in vielen Ländern während der letzten zwanzig Jahre die Forschungs- und Technologiepolitik vermehrte Anstrengungen des technology forecasting und der Technikfolgenabschätzung gemacht und dafür auch neue Institutionen geschaffen hat. Doch dies geht Latour nicht weit genug, wie Hans Harbers (1995: 274) herausstellt: „Latour says, we need another kind of democracy – not a democracy for humans only, but for nonhumans as well." In der Tat spricht Latour vom „Parlament der Dinge" (189). Das soll nicht bloß ein Office of Technology Assessment, wie es der amerikanische Kongress einige Jahre besaß, oder eine Bundestags-Enquetekommission für Technikfolgenabschätzung, wie es sie in Deutschland gab, sein. Es geht vielmehr darum, Foren zu schaffen, in denen alle eine Stimme bekommen, die in einem „Netz" eingebunden sind, das ein bestimmter Hybride gesponnen hat:

> Die Naturen sind präsent, aber mit ihren Repräsentanten, den Wissenschaftlern, die in ihrem Namen sprechen. Die Gesellschaften sind präsent, aber mit den Objekten, die ihnen schon immer Gewicht gegeben haben. Zwar spricht der eine Mandatsträger vom Ozonloch, der andere repräsentiert die Chemieindustrie des Rhône-Alpen-Gebietes, ein dritter die Arbeiter derselben Industrie, ein vierter die Wähler aus dem Raum um Lyon, ein weiterer die Meteorologie der Polarregionen, und wieder ein anderer spricht im Namen des Staates. Aber das ist nicht entscheidend, solange sie sich alle über dieselbe Sache äußern, über dieses Quasi-Objekt, das sie alle geschaffen haben, die Objekt-Diskurs Natur-Gesellschaft, deren neue Eigenschaften uns alle verwundern und deren Netz sich von meinem Kühlschrank bis zur Antarktis erstreckt, auf dem Weg über die Chemie, das

Recht, den Staat, die Ökonomie und die Satelliten. Die Gemenge und die Netze, die keinen Platz hatten, haben nun den ganzen Platz für sich. (192)

In solchen Foren werden die Naturwissenschaftler und Techniker als Repräsentanten der Natur damit konfrontiert, wie wissenschaftlich-technische Innovationen in ihrer Produktion und Nutzung gesellschaftlich bedingt sind und welche gesellschaftlichen Folgen sich daraus ergeben; und die Repräsentanten der verschiedenen gesellschaftlichen Bereiche werden damit konfrontiert, wie ihr Handeln, über technische Artefakte vermittelt, von Naturgegebenheiten abhängt und geprägt wird und wiederum in die Natur zurückwirkt. Wenn beide Seiten offen für die Sichtweisen und Anliegen der jeweils anderen sind, besteht in diesem „Reden über Technik" (Weyer 1989) zumindest die Möglichkeit, dass Entscheidungen über Technikentwicklung und Technikeinsatz auf ein ganz neues Reflexionsniveau gehoben werden.

Für Latour ist klar: „Wir haben kaum die Wahl." (193) Wenn wir nicht in diesem Sinne nichtmodern werden, sondern starrsinnig am überkommenen modernen Selbstverständnis festhalten, werden wir die Hybriden nicht mehr in den Griff bekommen, und die durch Wissenschaft und Technik ausgelösten Probleme und Katastrophen werden immer weiter um sich greifen.

Literatur

Brunsson, Nils, 1989: The Organization of Hypocrisy. Talk, Decisions, and Action in Organizations. Chichester: Wiley.

Harbers, Hans, 1995: Book Review: We Have Never Been Modern, by Bruno Latour. In: Science, Technology & Human Values 20, 270-275.

Latour, Bruno, 1984: The Pasteurization of France. Cambridge, MA 1988: Harvard University Press.

Latour, Bruno, 1987: Science in Action. How to Follow Scientists and Engineers Through Society. Milton Keynes: Open University Press.

Latour, Bruno, 1991a: Wir sind nie modern gewesen. Versuch einer symmetrischen Anthropologie. Berlin 1995: Akademie Verlag.

Latour, Bruno, 1991b: Technology Is Society Made Durable. In: John Law (ed.), Sociology of Monsters. London: Routledge, 103-131.

Schelsky, Helmut, 1961: Der Mensch in der wissenschaftlichen Zivilisation. Köln: Westdeutscher Verlag.

Schimank, Uwe, 2000: Handeln und Strukturen. München: Juventa.

Weyer, Johannes, 1989: „Reden über Technik" als Strategie sozialer Innovation – Zur Genese und Dynamik von Technik am Beispiel der Raumfahrt in der Bundesrepublik. In: Manfred Glagow/Helmut Willke/Helmut Wiesenthal (Hrsg.), Gesellschaftliche Steuerungsrationalität und partikulare Handlungsstrategien. Pfaffenweiler: Centaurus, 81-114.

UWE SCHIMANK

Hoffnung aufs Subjekt – Alain Touraines Deutung der Moderne

Alain Touraine, geboren 1925 in Hermenonville (Calvados), studierte an der École Normale Supérieure. Nach dem Staatsexamen in Geschichte wurde er vom Centre d'Études Sociologiques mit Forschungen zur Industriesoziologie beauftragt. 1956 und 1957 hatte er Gastprofessuren in Chile und New York inne. 1965 habilitierte er in Paris. 1966 bis 1969 Professor an der Universität Nanterre, übernahm er 1970 die Leitung des Centre d'Études des Mouvements Sociaux, zugleich war er Professor am Institut d'Études et du Développement Économique et Social in Paris. Seit den sechziger Jahren hat er sich in einer Reihe von Büchern immer wieder auch mit zeitdiagnostischen Themen befasst, wobei vor allem soziale Bewegungen als Träger gesellschaftlicher Entwicklungen im Vordergrund standen. Hauptwerke: „Sociologie de l'action" (1965), „La société post-industrielle" (1969, Die postindustrielle Gesellschaft), „La Production de la société" (1973), „Pour la sociologie" (1974), „Le retour de l'acteur" (1984), „Critique de la modernité" (1992, Critique of Modernity).

Moderne als Rationalisierung: eine unvollständige Sicht

Seit Max Weber ist es eine soziologisch geläufige Aussage, das Besondere der modernen Gesellschaft in der durchgreifenden Rationalisierung tendenziell aller gesellschaftlichen Lebensbereiche zu sehen. Weber (1920: 17) stellte Phänomene dieses „Rationalismus der Weltbeherrschung" von der Kunst bis zum Staat, von der Wissenschaft bis zur Wirtschaft fest. Genauer besehen handelt es sich dabei um eine parallele Rationalisierung sozialen Handelns in vier Dimensionen: der Zweckrationalität im Sinne einer möglichst effizienten und effektiven Abwägung der Mittel zur Erreichung eines Ziels; der theoretischen Rationalität als Rekurs auf verallgemeinerbare Kausalzusammenhänge; der formalen Rationalität als Bezugnahme auf universal angewandte Regeln normativer oder kognitiver Art; und der Wertrationalität als rigoroser Ausrichtung des Handlungsziels an jeweils einem eindeutigen Maßstab des Wollens. Letzteres führt zur Ausdifferenzierung der verschiedenen „Wertsphären" – in der Sprache der neueren Theorien gesellschaftlicher Differenzierung: Teilsysteme – der modernen Gesellschaft. Wirtschaft, Liebe, Kunst, Recht, Politik, Religion und einige weitere „Wertsphären" haben in der Entwicklung der Moderne immer stärker ihre jeweilige „Eigengesetzlichkeit" kultiviert, neben- und oftmals gegeneinander; und das hat die jeweils sphärenspezifische Kultivierung der drei anderen Rationalitäten ermöglicht, wobei die theoretische und formale Rationalität entscheidende Hilfsmittel zweckrationalen Handelns geworden sind.

Diese Sicht der Moderne als eines – unabgeschlossenen, immer weiter treibbaren – gesellschaftlichen Rationalisierungsvorgangs wird von Alain Touraine (1992) in seiner „critique de la modernité" zunächst einmal geteilt.[1] Rationalisierung hat stattgefunden und findet noch immer statt. Sie ist auch durchaus kein zweitrangiges, sondern ein erstrangiges Merkmal der Moderne. Touraine beharrt allerdings darauf, dass dies eine einseitige und damit fundamental unvollständige Charakterisierung ist: „Modernity is not based upon one single principle" (6). Er erkennt vielmehr „two faces of modernity": „the history of modernity will be a constant dialogue between rationalization and subjectivation. No compromise is possible." (38)

Touraines Kritik an der von Weber gewissermaßen kanonisierten Sicht der Moderne beinhaltet, ausgehend von dieser knappen These, im Einzelnen Folgendes:

- Nicht nur Rationalisierung, auch Subjektivierung kennzeichnet die Moderne.
- Dies war von Anfang an so und wird es auch in Zukunft bleiben.
- Beide Prinzipien stehen antagonistisch zueinander. Keines kann das andere auslöschen, und ebenso wenig ist ein harmonischer Ausgleich zwischen ihnen möglich.
- Dieser Antagonismus war, ist und bleibt die treibende Kraft der Dynamik der modernen Gesellschaft.

Wieso sind Weber und andere soziologische Gesellschaftsbeobachter bis vor noch nicht allzu langer Zeit noch nicht auf diese „duality" (4) der Moderne gestoßen? Weshalb bleibt es erst uns Heutigen vorbehalten, dies zu erkennen? Für Touraine drückt sich hierin ein objektives Verlaufsmuster des Dialogs zwischen beiden Prinzipien aus: „The central history of modernity is that of the transition from the subject's struggles against the sacred order, in which the subject and rationalism were allies, to the subject's struggle against rationalizing models." (235) In einer politischen Sprache ausgedrückt: Die frühmoderne Allianz von Subjekt und Rationalität zerbrach, als der gemeinsame Gegner er-

---

1 Da noch keine deutsche Übersetzung vorliegt, wird im Weiteren die englische Ausgabe zitiert. Wenn Seitenzahlen ohne weitere Quellenangaben genannt werden, handelt es sich um Zitate daraus.

ledigt war. Seitdem bekämpft die Rationalität das Subjekt, um die Moderne ganz allein zu beherrschen. Nachdem das Subjekt bereits viel Boden verloren hat, verzeichnet es neuerdings wieder Geländegewinne. Genau dies ist die aktuelle historische Situation, zu der Touraine engagiert Stellung nimmt.

Bei seiner Nachzeichnung der Dynamik der Moderne muss sich Touraine auf einige grobe Linien beschränken und kann kaum einmal auf nationale Varianten oder auf konkrete historische Prozesse eingehen. Bemerkenswert ist, dass er durchgängig ideengeschichtlich argumentiert. Im Grunde rekonstruiert er Diskurse über die moderne Gesellschaft, also einen Ausschnitt ihrer kulturellen Semantik, und muss dabei stillschweigend annehmen, dass die Diskursdynamiken zu den sozialstrukturellen Dynamiken in einem Entsprechungsverhältnis stehen. Letztere werden immer nur schlagwortartig angesprochen: amerikanische Unabhängigkeitserklärung, Französische Revolution, Industrialisierung, russische Revolution, Entkolonialisierung der Dritten Welt, Ende des Sozialismus in Mittel- und Osteuropa usw.

Letztlich geht es Touraine offenbar darum, die Denkmöglichkeit eines ausbalancierten Verhältnisses von Rationalisierung und Subjektivierung darzulegen – gegen eine verfallsgeschichtliche Lesart der Moderne als eines unaufhaltsamen Siegeszugs der Rationalisierung auf Kosten der Subjektivierung. Entsprechende kulturkritische Untertöne findet man bekanntlich schon bei Weber; und erst recht wird diese Verfallsdiagnose das zentrale Theorem der Kritischen Theorie. Mit anderen Vorzeichen stimmt auch Michel Foucault damit überein. Für ihn wird Subjektivität in der Moderne ja geradezu als Rationalisierungsmechanismus gegenüber der „wilden", ungezähmten inneren Natur des Menschen erfunden, hat also niemals eine eigene Kraft besessen, sondern war immer schon im Dienste des anderen Prinzips. Mit diesen und weiteren Deutungen der „period of limited modernity" setzt sich Touraine auseinander, um daraus seine eigene Position einer zumindest vorstellbaren „transition to a more complete modernity" oder „full modernity" zu gewinnen (366, Hervorh. weggel.).

Entstehung der Moderne: Subjektivierung und Rationalisierung als vereinte Kräfte

Bereits erkennbar ist, dass Touraine davon ausgeht, die gegenwärtige Moderne und ihre weitere Zukunft nur dann angemessen verstehen zu können, wenn man ihre Geschichte von Anfang an aufrollt. Schon in der Entstehung der Moderne ist für ihn ihre weitere Dynamik angelegt. Dies darf allerdings nicht als Geschichtsdeterminismus missverstanden werden.[2] Wohl aber geht

---

2 Schließlich weist Touraine – wie noch zur Sprache kommen wird – uns Heutige darauf hin, dass wir die Wahl haben und auch die Entscheidung treffen müssen, ob wir uns auf

Touraine davon aus, dass aufgrund der spezifischen Verteilung der Karten am Anfang der Moderne nur noch ganz bestimmte Spielverläufe möglich gewesen sind; und sehr schnell schälte sich dann derjenige Verlauf heraus, der faktisch stattgefunden hat.

Auf eine Kurzformel gebracht, entsteht für Touraine die Moderne als Sprengung der vormodernen Einheit der Welt. Die Moderne „replaced the unity of a world created by divine will, Reason, or History, with the duality of rationalization and subjectivation." (4, Hervorh. weggel.) Eine von Gott vorgegebene Weltordnung, in der klare Prinzipien der Vernunft geherrscht hatten und die eine teleologisch auf den Jüngsten Tag ausgerichtete – und in diesem entscheidenden Zug vorher bekannte – Geschichte aufgewiesen hatte, wurde von zwei Seiten in die Zange genommen.

Von der einen Seite her setzte sich, wie schon erwähnt, in immer mehr Lebensbereichen eine *Rationalisierung* durch, die die göttliche Weltordnung zersetzte und an deren Stelle den von Menschen vollbrachten Fortschritt inthronisierte. Wissenschaft und Technik sowie die kapitalistische Wirtschaft sind die Zugpferde dieses Vorgangs gewesen, unterstützt von der Politik und vom Recht. Doch alle anderen Lebensbereiche, bis hin zu Familie und Privatheit und sogar zur Religion, haben längst nachgezogen. Überall sind letzte Zwecke, die die vormoderne Welt gerahmt und begrenzt hatten, durch Steigerungsformeln ohne Stoppregeln ersetzt worden: „Modernity precludes all finality." (9) Wissenschaftliche Wahrheitssuche ist ebenso eine unendliche Geschichte wie wirtschaftliches Profitstreben, politisches Machtstreben oder auch das Streben nach einer immer tieferen Liebe und immer erfüllteren Sexualität oder das Streben nach dem immer vollkommeneren Kunstwerk. Wir können mit nichts mehr aufhören, weil wir uns alles immer noch perfekter vorzustellen vermögen und uns diese Perfektionierung auch eine unabweisbare Verpflichtung bedeutet.

Insoweit die handelnden Menschen diesen Logiken der verschiedenen „Wertsphären" folgen, kann man mit Touraine nicht von Akteuren im eigentlichen Sinne sprechen, sondern lediglich von *Agenten* als sozusagen ausführenden Organen der Logiken: „Can we apply the term ‚actor' to an agent who acts in accordance with reason or the direction of history, and whose praxis is therefore impersonal?" (204) Die Akteurvorstellung der strukturfunktionalistischen Rollentheorie entspricht dieser Seite dessen, was Menschen in der modernen Gesellschaft erleben und tun: Handeln als Konformität mit vorgegebenen Normen. Neben diesem Homo Sociologicus ist aber auch der Homo Oeconomicus ein Kind der gesellschaftlichen Rationalisierung, insofern er sich nutzenorientiert im Rahmen der ihm vorgegebenen Lo-

---

die Seite der Rationalisierung oder der Subjektivierung stellen oder zwischen beiden Lagern vermitteln wollen.

giken verhält.[3] Beide Akteure werden zu unselbständigen Anhängseln der verschiedenen sich ausdifferenzierenden und immer weiter rationalisierenden gesellschaftlichen Teilsysteme.

Doch die Menschen, die mit ihrem handelnden Zusammenwirken die Moderne hervorbrachten, waren nicht bloß solche Agenten. Sie waren für Touraine immer auch Akteure im eigentlichen, emphatischen Sinne von *Subjekten*. Nicht nur die verschiedenen gesellschaftlichen Teilbereiche, repräsentiert durch ihre Agenten, rebellierten ja gegen die gottgegebene Weltordnung der Vormoderne – paradigmatisch Galileis Aufbegehren gegen religiöse Dogmen im Namen wissenschaftlicher Wahrheit. Sondern die Menschen selbst entdeckten ihre Subjektivität, ihr Ich. Auch diese zweite Richtung, von der her die Vormoderne angegriffen wurde, ist ein bekannter Topos im Selbstverständnis der Moderne. Subjektivität lehnte sich dabei zum einen dagegen auf, dass sich Menschsein darin erschöpfte, ein Gefäß göttlichen Willens zu sein; zum anderen proklamierte das Subjekt, dass der Mensch mehr als nur der Träger gesellschaftlicher Ordnung sei. Da gesellschaftliche Ordnung und göttlicher Wille im christlich geprägten europäischen Mittelalter in eins fielen, koinzidierten beide Stoßrichtungen als Kampf der Subjektivität für die je eigene und unveräußerliche Besonderheit eines Menschen: „The Subject is no longer the presence within us of a universal, no matter whether we call it the laws of nature, the meaning of history or divine creation." Positiv gewendet geht es dem Menschen als Subjekt um die eigene Einzigartigkeit und um Selbstbestimmung: „For if an actor is no longer defined in terms of his usefulness to the social body or of his respect for divine commandments, what principles do guide him, if not his own constitution as a subject and the defence and extension of his own freedom?" (209)

Sehr schnell ergab sich in der einsetzenden Moderne ein Bündnis von Rationalisierung und Subjektivierung. Das Subjekt diente als legitimierender Bezug der Rationalisierung – wenn etwa wissenschaftlicher Fortschritt oder Wirtschaftswachstum und die dafür erforderlichen teilsystemischen Rationalisierungsschritte dadurch gegenüber Religion und Tradition gerechtfertigt wurden, dass so die Selbstverwirklichung der Menschen befördert werde. Umgekehrt stellte man Rationalisierung als eine wesentliche Ausprägung von Subjektivierung dar, insofern dadurch Aberglaube, Traditionen und alle Arten von Zwängen, denen die Menschen bislang unterworfen waren, entlarvt und in Frage gestellt wurden, wodurch Platz für individuelle Selbstbestimmung geschaffen wurde.

Dieses Bündnis beider Kräfte agierte in der Frühmoderne äußerst erfolgreich und zunächst durchaus zu beiderseitigem Vorteil. Rationalisierung förderte Subjektivierung, und umgekehrt. Von Anfang an war dies freilich eine antagonistische Kooperation, wie Touraine betont. Die sozialen Träger bei-

---

3   Siehe zu beiden Akteurmodellen näher Schimank (2000: 44-55; 71-106).

der Prinzipien bekämpften einander oder beäugten einander zumindest miss-
trauisch: „The history of modernism is marked from the outset by a split ...
On the one hand, we have those who defend reason ...; on the other, we have
those who embark upon the difficult adventure of transforming the divine
subject in to a human subject." (38) Das Wirken der Vernunftaufklärer ist
wohlbekannt. Weniger geläufig ist der essentielle Beitrag der religiösen Reaktion auf die Aufklärung. Paradoxerweise kam nicht zuletzt von dort ein
entscheidender Schub der Subjektivierung. Denker wie René Descartes und
Blaise Pascal beharrten in Frankreich gegenüber dem aufklärerischen Rationalismus darauf, dass der Mensch nicht materialistisch auf seinen Körper reduziert werden könne, sondern – ganz im Einklang mit traditionellen religiösen Vorstellungen – aus Körper auf der einen und Geist beziehungsweise
Seele auf der anderen Seite bestehe:

> the appeal to God, which appears to deny man's humanity, can have the opposite
> effect ... It subordinates man to God, but it also implies that the meaning of living
> in God is to be found in the soul itself ... it is also the starting point for any con-
> struction of a Subject which does not coincide with the social roles of the Ego.
> (40)

Die Religion diente also eine ganze Zeitlang noch als Verankerung eines
nicht Rationalisierbaren, das den Wesenskern des Menschen ausmacht. Auf
derselben Linie lag das Naturrechtsdenken, das unveräußerliche Menschenrechte gerade auch gegen den rationalen Staat proklamierte.

Für einige Zeit koinzidierten Rationalisierung und Subjektivierung im Individualismus des Bürgertums, der „combined the consciousness of the personal Subject with the triumph of instrumental reason." (56) Dies war „modernity triumphant", die allerdings dann bald in „modernity in crisis" über-
ging.

Die weitere Dynamik: Siegeszug der Rationalisierung

Die nächste Phase der Moderne ist oft genug soziologisch aufgearbeitet worden. Hierzu schließt sich Touraine im Wesentlichen den bereits erwähnten
Verfallsdeutungen an, die einen Siegeszug der unaufhaltsamen Rationalisierung auf Kosten der Subjektivierung ausmachen:

> When the modern spirit is primarily concerned with upsetting the traditional or-
> der, reason seems to be associated with the will to individual freedom, but as the
> inherited order gives way to the organization of productive and managerial appa-
> ratuses, that alliance breaks down. (296/297)

Zunächst gleichsam unter der Hand gewann Rationalisierung die Oberhand,
wurde eigendynamisch. Die Beseitigung aller vormals gültigen letzten Zwecke menschlichen Lebens und menschlicher Gesellschaft kam einem Eingriff

gleich, bei dem man an einem fahrenden Auto zugleich das Gaspedal auf Vollgas fixiert und die Bremsen funktionsuntüchtig macht. In allen Teilbereichen der modernen Gesellschaft leiteten Steigerungsimperative in offene Horizonte hinein, und zweckrationale Kalkulationen sorgten dafür, dass diesen Imperativen mit einer Logik der permanenten Selbstüberbietung Genüge getan wurde. Karl Marx' (1867) Theorem der „erweiterten Akkumulation" fängt dies für die kapitalistische Wirtschaft ein, so wie Vannevar Bush's (1945) Idee „science: the endless frontier" für die moderne Wissenschaft – und für jedes andere Teilsystem ließen sich entsprechende „Fortschritts"-Formeln finden. Die ursprüngliche Anbindung dieser Rationalisierungsvorgänge an die Subjektivität der Menschen, also an eine Steigerung ihrer Fähigkeit zur individuellen Selbstbestimmung, konnte fallen gelassen werden, weil der Fortschritt sich selbst legitimierte. Vielmehr wurde umgekehrt Subjektivität selbst der Rationalisierung unterworfen – etwa in der Figur des modernen Verbrauchers, des Rezipienten der „Kulturindustrie", des Zöglings im Bildungssystem oder des politischen Wählers. Widerständige Subjektivität wurde Normalisierungsarbeit unterzogen – im Namen von Vernunft, Nützlichkeit, Zuverlässigkeit, Stetigkeit, Sozialverträglichkeit u.a.m.: „The shaping of man in to a subject was therefore equated with the acquisition of rational thought and the ability to resist the pressures of customs and desires. The subject was governed by reason alone." (206)

Das Ergebnis dessen umreißt Touraine so: „The real danger is that of a complete dissociation between systems and actors, between the technical or economic world and the world of subjectivity." (5) Er sieht dies als einen sich sowohl weltweit als auch in jedem Einzelnen vollziehenden Vorgang:

> the whole world is dividing in two, or becoming ‚dual' ... In each individual, each town, each country, and at the global level, we increasingly see a parting of the ways between activities that are part of world exchange systems, and marginalized, excluded, or ‚informal' activities ... In every one of us there is a part which plays the game of instrumental reason and technology, and another part which is shut out or locked away together with all that is repressed by this world of instrumental rationality, including cultural roots, personal identity, sexuality and fantasy. (Touraine 1998: 166)[4]

Insbesondere Wirtschaft, Wissenschaft und Politik – sowie Militär – werden als die Rationalisierungskräfte hervorgehoben, die teils unabhängig voneinander, teils in konzertierten Aktionen den Entfaltungsraum menschlicher Subjektivität immer mehr auf ihre Imperative hin eingeschränkt und ausgerichtet haben. Alles, was sich nicht in diesen Rahmen fügte, wurde abgewertet, verdächtigt, stigmatisiert, ausgegrenzt und nach Möglichkeit eliminiert.

---

4 Hier besteht eine Ähnlichkeit zu Jürgen Habermas' These einer „Kolonialisierung der Lebenswelt" durch die Systeme von Politik und Ökonomie – siehe den Beitrag dazu in diesem Band.

Touraine sieht dabei einen dreistufigen Vorgang der „crisis of modernity"
(94) – wobei er als Maßstab für seine Krisendiagnose natürlich nicht das vorherrschende rationalistische Selbstverständnis der Moderne, sondern die Rea-
lisierbarkeit von Subjektivität ansieht: „If we have to gauge modernity, our
criterion must be the degree to which a society tolerates subjectivation."
(232) Die erste Stufe der Krise war dementsprechend „the exhaustion of the
initial liberation movement", also die geschilderte Abkopplung der gesellschaftlichen Rationalisierung von individueller Subjektivierung. Als zweite
Stufe folgte daraus ein „loss of meaning in a culture which felt itself to be
trapped by technology and instrumental action". Eine losgelassene, gleichsam Amok laufende Rationalisierung setzte ein, die nach der Beseitigung
letzter Zwecke keinerlei positive Sinnvorgaben mehr zu setzen oder auch nur
zuzulassen vermochte. Als dritte Stufe sieht Touraine heutzutage schließlich
eine radikale Kritik der Moderne, die eben nicht nur „modernity's deficien-
cies, but its positive objectives"(94) angreift. Aller vermeintlich erreichte
Fortschritt wird von rigorosen Anti-Modernisten, etwa in den Zirkeln der
Postmodernen, rundheraus als Schimäre und Betrug, das Projekt der Moderne als völlig gescheitert abgetan.

Was diese Anti-Modernisten freilich nicht sehen, ist die Rückbindung auch
ihrer Kritik an den Maßstab der Subjektivität, der selbst ein moderner ist. Kritisiert wird die Moderne von dieser Warte aus ja gerade deshalb, weil sie ihre
Versprechungen an die Individuen nicht eingehalten habe. Nicht Selbstbestimmung, sondern Anomie und/oder Konformitätszwang seien aus der Sicht des
Subjekts das Resultat von mittlerweile rund vier Jahrhunderten Moderne. Die
am weitesten gehenden Kritiker resümieren inzwischen sogar, dass Subjektivität aus der Sicht der Individuen gar nicht jenes summum bonum sei, als das sie
in der Ideologie der Moderne hingestellt werde. Doch diese entschiedene Ver-
abschiedung des Maßstabs schmeckt allzu sehr nach sauren Trauben. Was trotz
– oder vielmehr: wegen! – aller Rationalisierung ausgeblieben ist, wird nur deshalb als gar nicht gewünscht beziehungsweise nicht wünschenswert deklariert,
um den Schmerz des Nicht-Erreichens zu überspielen.

An diesem Selbstwiderspruch der aktuellen Debatten setzt Touraines Zu-
kunftshoffnungen auf eine vielleicht doch noch realisierbare „full modernity"
ein.

Neueste Nachrichten: wiedererstarkte Subjektivität

Touraine sieht Anzeichen für eine „birth of the subject". Einerseits würde
man besser von Wiedergeburt sprechen, wenn man – wie er es tut – die Entstehung der Moderne mit einer schon einmal geschehenen, nur dann zurück-
gedrängten, Subjektivierung verbindet. Andererseits ist die stärkere Formulierung von der – erstmaligen – Geburt des Subjekts insoweit berechtigt, als

es in der Frühmoderne sozusagen noch gar nicht wirklich zur Entfaltung gekommen ist. In diesem Sinne behauptet Touraine: „The modern world ... in-
creasingly abounds with references to a Subject." (207)

Was ist dieses Subjekt? „That Subject is freedom, and the criterion of the
good is the individual's ability to control his or her actions and situations, to see
and experience modes of behaviour as components in a personal life history, to
see himself or herself as an actor." (207) Oder in einer anderen Wendung: „It is
this never ending but happy task of constructing a life as though it were a work
of art ... that best defines the subject." Touraine greift hier zunächst einen aus
der Geschichte des modernen Individualismus bekannten Vergleich auf: der
kreative Künstler als Prototyp selbstbestimmter Einzigartigkeit. Unmittelbar darauf heißt es jedoch: „Society therefore centres on what I call social move-
ments." (222, Hervorh. weggel.) Und noch deutlicher: „the subject is a social
movement. It is constituted, not in self-consciousness, but in the struggle
against the anti-subject, against the logics of apparatuses" (274, Hervorh. weggel.). Damit wird deutlich, dass Touraine als Wegbereiter individueller Subjektivierung Kollektive in Gestalt von solchen *sozialen Bewegungen* sieht, die eine
Erweiterung der Selbstbestimmungsmöglichkeiten bestimmter Arten von Gesellschaftsmitgliedern auf ihre Fahnen geschrieben haben. Dass beispielsweise
auch Frauen sich in einer von Männern beherrschten Gesellschaft den von Vir-
ginia Woolf eingeforderten „room of one's own" erkämpfen können, ist nur in
den wenigsten Fällen eine Sache individueller Bemühung; es hängt vielmehr
daran, durch „Ressourcenzusammenlegung" – wie James Coleman sagen würde –[5] hinreichend einflussreiche korporative Akteure zu bilden, die dieses gemeinsame Interesse durchsetzen.

Touraine sieht somit zwei Arten von Trägern gesellschaftlicher Moderni-
sierungsdynamiken in seiner „nonintegrated and bipolar vision of social life."
(288) Träger der gesellschaftlichen Rationalisierung sind die Leistungseliten
und Leistungsorganisationen der verschiedenen Teilsysteme, in denen die
Rationalisierungen jeweils stattfinden – etwa das Wissenschaftsestablishment
für die Forschung oder die Manager und Großunternehmen für die Wirtschaft. Träger der gesellschaftlichen Subjektivierung sind demgegenüber entsprechende soziale Bewegungen, die teils revolutionär, teils reformerisch die
Selbstbestimmungsrechte ihrer jeweiligen sozialen Gruppen realisieren – von
der bürgerlichen Revolution über die Arbeiterbewegung bis hin zu den heutigen neuen sozialen Bewegungen, die mit einer Vielzahl von Anliegen gegen
teilsystemische Rationalisierungen und deren Konsequenzen für die Individuen angehen. Das Bildungs- ebenso wie das Gesundheitssystem, die Wirtschaft ebenso wie die Massenmedien, das Recht ebenso wie der Wohlfahrtsstaat oder das Militär sind den Attacken solcher Bewegungen ausgesetzt; und

---

5 Siehe den Beitrag zu seinem Konzept der „asymmetrischen Gesellschaft" in diesem
   Band.

in diesem kollektiven Widerstand gegen Rationalisierung vollzieht sich individuelle Subjektivierung:

> the Subject, as I define it, is a dissident, a resistance fighter. ... subjectivation is always the antithesis of socialization. ... The subject is always a bad subject who rebels against rules and integration in an attempt to assert itself and enjoy itself ... (264/265, Hervorh. weggel.)

Bis zu diesem Punkt ist Touraines Subjekt allerdings erst ein inhaltsleeres Prinzip des Widerstands. Was macht das Selbst aus, das sich selbst bestimmen will? Freiheit im Sinne von Selbstbestimmung ist nur die eine Hälfte des Subjekts: „The subject has two faces, and they must not be divorced ... its freedom is bound up with membership of a culture." (315) Ganz wie Ralf Dahrendorf (1979) die „Lebenschancen" von Individuen als Kombination aus „Optionen", also Selbstbestimmungsmöglichkeiten, und „Ligaturen", also Orientierungsmustern versteht, vervollständigt Touraine sein Bild des Subjekts um sinnstiftende Bindungen an kulturelle Werte, Lebensstile und Gemeinschaften. Die Freiheit des Subjekts dient ihm dann, wie dargestellt, zum einen dazu, diese sinnstiftenden Bindungen gegen teilsystemische Rationalisierungen zu verteidigen. Zum anderen aber hält seine Freiheit es beständig dazu an, sich den eigenen kulturellen Bindungen nicht völlig zu überlassen und sozialen Kräften, die dies forcieren, zu widerstehen. In diesem Kampf gegen Fundamentalismen und totalitäre Gemeinschaften aller Art ist ein fortbestehendes Bündnis des Subjekts mit moderner Rationalität wichtig: „The best defence against those powers is rationalization and its merciless critique of anything that claims to speak in the name of a totality." (315) Anders gesagt, spielt das Subjekt mittels seiner Freiheit dauerhaft Rationalität gegen tradierte Bindungen und umgekehrt aus, und gewinnt genau dadurch seine Freiheit. Daher gelangt Touraine zu dem Schluss: „Freedom, community, and rationalization: the terms are inseparable. It is the combination of the three that defines modernity." (314, Hervorh. weggel.)

Touraines wichtigste Bürgen dafür, dass in den letzten Jahrzehnten Subjektivität wiedererstarkt ist und dieses Prinzip der Moderne noch weiter an gesellschaftsgestaltender Kraft gewinnen kann, sind die schon erwähnten neuen sozialen Bewegungen – von den Studenten- und Jugendbewegungen der sechziger Jahre über Bürgerinitiativen, die Anti-Atom- und die Friedensbewegung der siebziger und achtziger Jahre bis hin zur Frauen-, Schwulen- und Lesbenbewegung. Mittlerweile existiert in allen entwickelten westlichen Ländern ein bunter Strauß von Protestbewegungen, der die etablierte Politik – zu der auch die Vertreter der alten sozialen Bewegungen, vor allem der Arbeiterbewegung, längst gehören – und darüber die Logiken der verschiedenen gesellschaftlichen Teilsysteme angreift. Touraine ist nicht so blauäugig, dass er diese Kämpfe im Namen der Subjektivität schon für gewonnen hält. Immerhin geht er davon aus, that modern society is now faced with a choice. It can surrender completely to the logic of instrumental action ... It can pursue the process of secularization to the point of suppressing every image of the Subject. ... The alternative is to combine rationalization with subjectivation, efficiency with freedom. ... The combination is conflict-ridden, but the conflict is one between forces which share the same reference to human creativity and which reject all essences and all principles of order. (367)

Die schon einmal in der Frühmoderne aufgeflackerte antagonistische Kooperation beider Prinzipien der Moderne könnte heute auf eine neue und dauerhafte Basis gestellt werden.

An dieser Wegscheide gesellschaftlicher Entwicklung, an der wir heute stehen, kommt es für Touraine somit auf dreierlei an. Erstens muss in den gesellschaftlichen Auseinandersetzungen Subjektivität gegen Rationalisierung unterstützt werden, weil Erstere nach wie vor das schwächere beider Prinzipien ist. Zweitens muss Subjektivität jedoch in ihrem Widerstand gegen Rationalisierung vor zwei strategischen Fehlern bewahrt werden. Weder darf sie darauf verfallen, vormoderne Bündnispartner zu mobilisieren, derer sie nicht mehr bedarf. Ein „great return of nationalisms, particularisms, fundamentalisms" (4) muss vermieden werden. Noch darf Subjektivität sich in einer „obsession with identity" (6) selbst verabsolutieren, also keinerlei Rationalisierung mehr gelten lassen und jedes Bündnis mit diesem anderen Prinzip ausschließen. Worum es somit drittens gehen muss, ist die Institutionalisierung von Foren und Formen eines konstruktiven und gleichberechtigten Dialogs zwischen beiden Prinzipien. Im Wissen um ihre prinzipielle Unvereinbarkeit muss sozusagen eine fruchtbare „Streitkultur" hergestellt werden: „Is it at last possible for both figures of modernity, which have either fought or ignored one another, to begin to speak to one another and to learn to live together?" (6) Rationalisierung und Subjektivierung würden so zwar keineswegs in irgendeinem Sinne miteinander versöhnt, aber die Resultante ihres Kräfteparallelogramms liefe endlich in die richtige Richtung.

Was diese generellen Forderungen im Einzelnen heißen könnten, wenn es um konkrete Auseinandersetzungen – z.B. über Schwangerschaftsabbrüche, gentechnisch manipulierte Pflanzen, Tiere und Menschen oder das Zusammenleben verschiedener Kulturen auf dem Balkan oder in europäischen Großstädten – geht, muss hier dahingestellt bleiben. Touraine hat sich in seiner Gegenwartsdiagnose darauf beschränkt, die großen Linien zu ziehen und damit zu markieren, wo wir heute stehen, wie wir dahin gekommen sind und wohin wir uns weiter bewegen könnten.

Literatur

Bush, Vannevar, 1945: Science – The Endless Frontier. Washington: National Science Foundation.

Dahrendorf, Ralf, 1979: Lebenschancen. Frankfurt/M.: Suhrkamp.

Marx, Karl, 1867: Das Kapital. Bd. 1. Frankfurt/M. 1972: Verlag Marxistische Blätter.

Schimank, Uwe, 2000: Handeln und Strukturen. München: Juventa.

Touraine, Alain, 1992: Critique of Modernity. Oxford 1995: Blackwell.

Touraine, Alain, 1998: Social Transformations of the Twentieth Century. In: International Social Science Journal 50, 165-171.

Weber, Max, 1920: Gesammelte Aufsätze zur Religionssoziologie Bd. 1. Tübingen 1978: Mohr.

UWE SCHIMANK

Die „neoliberale Heimsuchung" des Wohlfahrtsstaats – Pierre Bourdieus Analyse gesellschaftlicher Exklusionstendenzen

Pierre Bourdieu wurde 1930 in Denguin im Béarn geboren. Er studierte in Paris, war dann zunächst als Gymnasiallehrer und als Assistent an der Hochschule im damals noch französischen Algier tätig. Mitte der sechziger Jahre wurde er Professor für Kultursoziologie in Paris. 1982 erhielt er den Ruf ans Collège de France. 2002 verstarb Bourdieu in Paris. Er hat mit seinen Konzepten der „Praxis" und des „Habitus" eine der einflussreichsten generellen Theorieperspektiven in der neueren Soziologie ausgearbeitet. Weiterhin beschäftigte er sich mit Fragen der Bildungs- und Kultursoziologie und ist immer stärker als Zeitkritiker hervorgetreten. Seine Hauptwerke sind: „Die Illusion der Chancengleichheit" (1971, mit J.-C. Passeron), „Esquisse d'une Théorie de la Pratique" (1972, Entwurf einer Theorie der Praxis), „La distinction" (1979, Die feinen Unterschiede), „Homo academicus" (1984), „Les règles de l'art" (1992, Die Regeln der Kunst), „La misère du monde" (1993, Das Elend der Welt, mit anderen Mitautoren).

Die „Zweidrittel-Gesellschaft"

Ende der siebziger Jahre des 20. Jahrhunderts gab es im damals sozialliberal regierten Deutschland eine nicht nur wissenschaftlich, sondern auch publizistisch geführte Debatte über das „Modell Deutschland". Linke Kritiker des „Weltökonomen" Helmut Schmidt, der die Regierung führte, hielten ihm vor, dass die allgemein als erfolgreich angesehene Wirtschaftspolitik seiner Regierung zwar der Mehrheit der Deutschen zugute käme – doch um den Preis, dass sich zwischen dieser Mehrheit und einer nicht unerheblichen Minderheit der Bevölkerung eine immer schwerer zu überwindende Kluft auftue. Das Schlagwort von der „*Zweidrittel-Gesellschaft*" machte die Runde. Ein Drittel der Gesellschaftsmitglieder sei nicht nur aktuell vom Wohlstand ausgeschlossen, sondern könne sich auch immer weniger Hoffnungen darauf machen, zumindest längerfristig den Anschluss an die begünstigten zwei Drittel zu finden. Die bundesrepublikanische Gesellschaft werde also dauerhaft gespalten, wenn nicht energische wirtschafts- und sozialpolitische Gegenmaßnahmen eingeleitet würden. Wer aber sollte deren politischer Träger sein, wenn die Sozialdemokraten die gesellschaftliche Spaltung mittrugen und links von ihnen keine Mehrheiten zu finden waren?

Als dann Anfang der achtziger Jahre die Christdemokraten mit den Liberalen die Regierung stellten, erwarteten die Kritiker des „Modells Deutschland" eine weitere Verschärfung dieser Tendenzen. In Großbritannien wütete bereits Margret Thatchers Kampf gegen den Wohlfahrtsstaat und die Gewerkschaften; und auch in Frankreich gelangten die Konservativen bald an die Macht. Eine der wichtigsten Manifestationen dieses Vorgangs war der wirtschaftspolitische Paradigmenwechsel vom Keynesianismus zum Neoliberalismus. Wirtschaftspolitik verstand sich nicht länger als Instanz, die die Marktkräfte auch im Sinne anderer gesellschaftlicher Gesichtspunkte regulieren müsse. Sondern „Deregulierung", eine Entfesselung der zu lange schon wohlfahrtsstaatlich gebremsten Dynamiken sich globalisierender Märkte, schien das Gebot der Stunde.

Hinsichtlich jenes Drittels der Gesellschaft, das in Gefahr stand, den Anschluss zu verlieren, fand die neue konservative Sicht der Dinge zwei Sprachregelungen, zwischen denen sich je nach Anlass flexibel wechseln ließ. Auf der einen Seite hieß es, dieses Drittel habe es nicht besser verdient. Denn es bestehe größtenteils aus denjenigen, die nicht über genügend Leistungsbereitschaft verfügten, um in dieser Gesellschaft etwas werden zu können. Wenn sich Leistung – wie einer der Slogans forderte – „wieder lohnen" müsse, bedeute das im Umkehrschluss eben, dass Leistungsschwache nicht viel mehr als das Existenzminimum erwarten dürften. Neben dieser unbarmherzig abweisenden Legitimationsrhetorik des Neoliberalismus stand auf der anderen Seite eine freundlichere, allerdings vage Zukunftsverheißung. Auf lange Sicht könne auch das heute abgespaltene Drittel der Bevölkerung von jenem enormen Wirtschaftsaufschwung, den die „Deregulierung" einleite, nur profitieren. Das Tal der Tränen, das die vom wohlfahrtsstaatlichen Paternalismus Verwöhnten erst einmal durchschreiten müssten, führe in eine lichtere Zukunft auch für die, die noch im Dunkeln stehen.

Für Frankreich legten Pierre Bourdieu und sein Forschungsteam Anfang der neunziger Jahre eine Bilanz der neoliberalen Demontage des Wohlfahrtsstaates vor – eindeutig betitelt: „Das Elend der Welt".[1] Kein Ende des Tals der Tränen in Sicht! Ganz im Gegenteil steht noch Schlimmeres zu befürchten. Mittlerweile sind die deutsche Sozialdemokratie und die Labour Party in Großbritannien in breiter Front auf die neoliberale Linie eingeschwenkt. Der Aufstieg von Politikern wie Tony Blair und Gerhard Schröder stand dafür ebenso wie die Demission von Oskar Lafontaine nach wenigen Monaten als deutscher Finanzminister. Wenn zurzeit überhaupt noch irgendwo die tonan-

---

1 Verweise auf diese Arbeit nennen im Weiteren nur Seitenzahlen.

gebenden linken politischen Kräfte gewisse Reserven gegen die „Sachzwänge" des Neoliberalismus artikulieren, dann in Frankreich. Doch in ihrem politischen Handeln entscheidend dagegenhalten konnten oder wollten sie bislang auch nicht. Sonst hätte ja nicht gerade dort das „Elend der Welt" so drastisch aufgedeckt werden können, wie es die Forschergruppe um Bourdieu getan hat.

Die Perspektivität des Leidens

Die Forschergruppe präsentiert ihr umfangreiches empirisches Material über diejenigen, die die Leidtragenden dessen sind, was Bourdieu (1998: 10) die „neoliberale Invasion" beziehungsweise „Heimsuchung" nennt, nicht in einer strengen analytischen Ordnung. Die Darstellungsform ähnelt vielmehr einer Collage. Im Zentrum stehen Dokumente: Transkriptionen von Gesprächen, die die Forscher mit einer größeren Anzahl von Menschen über deren alltägliche Nöte geführt haben. Diese „Zeugnisse" werden jeweils knapp resümiert und kommentiert. Auf eine übergreifende theoretische Interpretation wird hingegen bewusst verzichtet. Es geht den Forschern darum, „den einen, zentralen, beherrschenden, kurz: gleichsam göttlichen Standpunkt, den der Beobachter und sein Leser (jedenfalls solange, als er sich nicht selbst betroffen fühlt) so gern einnehmen, zugunsten der Pluralität der Perspektiven aufzugeben." (17/18)[2] Die Vielfältigkeit der Leiden, die der Neoliberalismus hervorgerufen hat und immer weiter hervorruft, soll dokumentiert, bis in die feinsten Verästelungen scheinbar höchst idiosynkratischer und banaler Alltagsprobleme nachvollzogen werden. Dahinter steht allerdings alles andere als die Absicht, einem „subjektivistischen Relativismus" (18) zu huldigen. Wie sowohl Franz Schultheis (1997) als auch Eva Barlösius (1999) hervorheben, wollen Bourdieu und seine Mitarbeiter die Bedingtheit der Leiden durch die gesellschaftsstrukturellen Kontexte, in denen die Individuen stehen, herausarbeiten. Der Perspektivismus ist somit das Korrelat unterschiedlicher sozialer Positionen, von denen keine einen in irgendeinem Sinne bevorzugten Beobachtungsstandpunkt besitzt.

Der Perspektivismus geht ferner auch darauf zurück, dass Verstehen das vorrangige Anliegen der Untersuchung ist (779-822). Die Forscher wollen sich zunächst einmal weitgehend einlassen auf die Situationsdeutungen, die die Befragten von sich aus erstellen, und möglichst zurückhaltend auf analy-

---

2 Hierzu wird auf Romanciers wie William Faulkner und James Joyce verwiesen. Treffender wäre mit Blick auf die Thematik der Untersuchung John Dos Passos gewesen, der in seinen Romanen „Manhattan Transfer" (1925) und „U.S.A." (1938) jeweils ein collageartiges Panorama der amerikanischen Gesellschaft mit besonderem Augenmerk für die „kleinen Leute" und Randexistenzen entfaltet hat.

tische Vorverständnisse rekurrieren. Die Menschen selbst sollen zu Wort kommen und nicht vertreten werden durch gegenüber der Fülle des Lebens notwendig – und beabsichtigt! – blasse soziologische Idealtypen. Dahinter steckt weniger, wie bei der „grounded theory" (Corbin/Strauss 1990), das methodische Programm, sich durch die Empirie überraschen lassen zu können. Bourdieu und seine Mitarbeiter verfechten vielmehr das normative Postulat, dass der soziologische Gegenwartsdiagnostiker den Gesellschaftsmitgliedern dazu zu verhelfen habe, ihre Sicht der Dinge öffentlich zur Sprache bringen zu können – insbesondere den Benachteiligten und Beherrschten. Theoretische Konzepte und Modelle sind demnach kein Selbstzweck einer im Elfenbeinturm verharrenden Disziplin, sondern Mittel, um im öffentlichen Diskurs gerade die Standpunkte der Schwächeren zur Geltung zu bringen – und nur nach Maßgabe dieser Zielsetzung ist eine Theoretisierung erlaubt.

Drei Blickwinkel auf das Leiden

Wirft man – ohne damit die Anliegen gänzlich zu verwerfen, die hinter dem Perspektivismus liegen – dennoch einen distanzierteren Blick auf die empirischen Befunde, fällt auf, dass drei deutlich unterschiedene Arten von Blickwinkeln auf das „Elend der Welt" vorgestellt werden:

- Erstens finden sich mannigfache Zeugnisse eines *unmittelbaren Leidens*. Sie stammen von Menschen, die selbst direkt vom „Elend der Welt" betroffen sind – etwa von arbeitslos gewordenen Facharbeitern.
- Zweitens sind verschiedene Spielarten eines *mittelbaren Leidens* dokumentiert. Dies ergibt sich daraus, dass Menschen engere soziale Kontakte zu anderen Menschen unterhalten, die unmittelbar leiden. Ein Beispiel mittelbaren Leidens bieten Sozialarbeiter, die beruflich mit dem unmittelbaren Leiden zu tun haben.
- Drittens schließlich werden *öffentliche Inszenierungen des Leidens* vorgestellt: die einschlägige Berichterstattung in den Massenmedien.

Die ersten beiden dieser drei Arten von Blickwinkeln gliedern sich weiter in mehrere Unterarten auf, so dass insgesamt ein recht komplexes Tableau des Leidens entsteht.

Arten des unmittelbaren Leidens

Diejenigen, die unmittelbar unter den Folgewirkungen des Neoliberalismus leiden, sind entweder bereits aus der „Arbeitsgesellschaft" exkludiert oder sind stark davon bedroht, aus ihr exkludiert beziehungsweise gar nicht erst in sie inkludiert zu werden. Sie lassen sich analytisch in vier Gruppen sortieren, die sich aus der Kombination des Alters und der Nationalität einer Person – beides dichotom schematisiert – ergeben:

- Gruppe 1: ältere Franzosen,
- Gruppe 2: ältere Einwanderer und Gastarbeiter,
- Gruppe 3: junge Franzosen und
- Gruppe 4: junge Einwanderer und Gastarbeiter.

In die Gruppe 1 – *ältere* Franzosen – gehören Arbeiter in Krisenbranchen und -regionen, etwa in der Stahlindustrie, Landwirte, die ihren Hof als Familienbetrieb führen, und kleine Geschäftsleute. Sie alle sind bedroht durch Arbeitslosigkeit beziehungsweise den Zwang, ihren Hof oder ihr Geschäft aufgeben zu müssen. Teilweise ist die Drohung auch bereits wahr geworden. Als diejenigen, von denen diese Drohung ausgeht, gelten: jüngere Leiharbeiter, die von den Unternehmen zunehmend eingestellt wurden; die Landwirtschaftspolitik auf nationaler Ebene und EU-Ebene; und große Supermärkte und Handelsketten.

Das Leiden betrifft den jeweiligen Menschen sowohl als Homo Oeconomicus als auch in seiner Identität. Ersteres ist offenkundig. Man steht in Gefahr, den eigenen Lebensunterhalt zu verlieren und anschließend vielleicht sogar noch mit Schulden belastet zu sein; und man darf, vor allem aufgrund des eigenen Alters, kaum hoffen, dass man im Falle eines Verlustes des Arbeitsplatzes, Hofes oder Geschäfts, etwas anderes auf gleichem Niveau wiederfindet. Die dieser ökonomischen Statusbedrohung innewohnende Identitätsbedrohung liegt in der Entwertung der eigenen Lebensleistung. Was man gelernt und wofür man sich angestrengt hat, zählt offenbar nichts mehr; und es wird einem darüber hinaus auch nicht mehr zugetraut, einen Neuanfang zu schaffen. Typische Äußerungen hierfür sind etwa: „Wir arbeiten, aber wir wissen nicht, wohin uns das führt." (485) Oder: „Ich stecke in jeder Beziehung in einer Sackgasse." (451) Die Identitätsbedrohung verschärft sich noch, wenn man erkennen muss, dass die Problematik sich auch auf die eigenen Kinder erstreckt, man also ein schwieriges „Erbe" übergibt. Bei den Landwirten und Geschäftsleuten wird der Antritt des materiellen Erbes, der mit einem „Erbe" des Berufs einherginge, oft verweigert. Die Kinder übernehmen den Hof beziehungsweise das Geschäft nicht, was moralisch einem Bankrott des Vaters gleichkommt. Und die Arbeiter müssen erkennen, dass ihre Kinder, denen es mal „besser gehen" sollte, wertlose Bildungsabschlüsse erwerben, und damit erst recht von Arbeitslosigkeit bedroht sind, oder als Ungelernte jobben – vielleicht gar unter den Leiharbeitern.

Perspektivlosigkeit und Zukunftspessimismus bestimmen die Stimmungslage. Gegenwehr erscheint unmöglich. Die gewerkschaftliche Solidarität, die die Arbeiter in der Streikkultur der siebziger Jahre noch gelernt hatten, ist zerbrochen; die Bauernproteste haben nie viel gebracht; und die Geschäftsleute sind traditionell nicht zu kollektiven Aktionen geneigt gewesen. Auch vom Staat erhofft man sich kaum noch Hilfe. Man ist verunsichert, ob man überhaupt noch das moralische Recht hat, an staatliche Stellen zu appellieren, einem in seiner schwierigen Lage beizustehen. Zwar empfindet man die eigene Lage als empörend; doch tief im Innersten nagt der Zweifel, ob man nicht vielleicht doch selbst Schuld an der eigenen Misere ist.

Die Gruppe 2 – *ältere Emigranten und Gastarbeiter* – sind Arbeitsmigranten, teilweise aus ehemaligen französischen Kolonien, die oft bereits jahrzehntelang in Frankreich leben. Sie sind als Arbeitnehmer in Krisenbranchen oder als kleine Geschäftsleute von einem ähnlichen Schicksal bedroht wie die älteren französischen Arbeitnehmer beziehungsweise Geschäftsleute. Hinzu kommen aber noch zahlreiche Probleme der Ausgrenzung und Diskriminierung, die aus dem Status des nicht in Frankreich Gebürtigen herrühren. „Du solltest nicht hier sein, du bist hier überzählig, du bist hier fehl am Platz." (741/742) Mit diesen Worten drückt ein alter algerischer Einwanderer die Haltung aus, die ihm von Seiten der Franzosen inzwischen entgegenschlägt. Neben unterschwelligen oder offenen Feindseligkeiten in der Nachbarschaft werden vor allem auch tatsächliche oder zumindest so wahrgenommene Benachteiligungen durch staatliche Behörden in diesem Sinne erlebt. Gerade wenn Knappheiten – an Arbeitsplätzen, an Lehrstellen für die Jugendlichen, an sozialstaatlichen Leistungen – sich verschärfen, haben die Franzosen schnell die Maxime parat, dass erst einmal sie an der Reihe seien. Zwischen Gruppe 1 und Gruppe 2 existieren also ausgeprägte Konkurrenzbeziehungen, in denen letztere benachteiligt ist.

Weiterhin spitzt sich das Leiden der älteren Emigranten und Gastarbeiter noch dadurch zu, dass sie kulturell entwurzelt sind. Sie sind weder in die französische Gesellschaft integriert, noch haben sie in ihrem Herkunftsland eine Heimat. Sie können nicht zurückkehren, weil sie jetzt auch dort Fremde wären. Der alte Algerier resümiert seine Lage insgesamt so: „Alles läuft schief ... Man muss am Ende angelangt sein, jetzt, wo alles vorbei ist, um festzustellen, dass alles schief gegangen ist, weil wir uns auf der ganzen Linie getäuscht haben." (728)

Die Angehörigen dieser beiden Gruppen waren in die „Arbeitsgesellschaft" inkludiert und sind dann herausgefallen; oder sie sind noch nicht exkludiert, aber befürchten, dass ihnen das bald widerfahren könnte. Ihr Leben steht unter dem Motto: „Prekarität ist überall" (Bourdieu 1998: 96-102). Demgegenüber stehen die Angehörigen der Gruppen 3 und 4 – *jüngere Franzosen beziehungsweise Kinder von Emigranten und Gastarbeitern* – zumeist vor der ungewissen Frage, ob sie es jemals schaffen werden, überhaupt erst einmal für eine gewisse Zeit in die „Arbeitsgesellschaft" inkludiert zu werden. Ihre Alternative besteht darin, dass sie dauerhaft draußen bleiben, eine Existenz am Rande der Gesellschaft fristen, bis hin zur Kriminalität, Drogensucht und Obdachlosigkeit.

Die jüngeren Franzosen sind zum einen Jugendliche in den letzten Jahren der Schule oder Jugendliche, die nach der Schule keine Lehrstelle und auch keine Arbeitsstelle gefunden haben und sich allenfalls mit Gelegenheitsjobs etwas Geld verdienen. Zum anderen sind es Ungelernte, die dann u.a. als Leiharbeiter ihr Leben fristen. Die Kinder von Emigranten und Gastarbeitern sind zumeist arbeitslos, nicht selten Schulabbrecher und haben fast immer schlechtere Schulabschlüsse als die Franzosen. Denn oft ist schon die Schule für sie aus kulturellen Gründen – Sprachschwierigkeiten, mangelnde Vorbereitung durch die Familie – ein Ort des Scheiterns. Zugleich entfremdet die Schule sie kulturell von ihren Eltern. So wie die älteren Emigranten und Gastarbeiter mit den älteren Franzosen konkurrieren, konkurrieren die Kinder ersterer mit den französischen Jugendlichen – mit denselben Konkurrenznachteilen. Für beide Gruppen von Jugendlichen gilt indes, dass die Schule nur noch als weitgehend wertlos angesehene Qualifikationen und Abschlüsse vermittelt. Die Bildungsexpansion seit den sechziger Jahren des 20. Jahrhunderts hat die höheren Abschlüsse inflationiert. Ebenso wertlos ist das „Erbe", das die Jugendlichen von ihren Eltern erhalten – insbesondere wenn diese zu den Gruppen 1 oder 2 gehören, was oft genug der Fall ist. Entsprechend geringschätzig und respektlos treten diese Jugendlichen ihren Eltern und Lehrern entgegen.

Vom Alter her gesehen haben die Jugendlichen noch alle Chancen, in die „Arbeitsgesellschaft" inkludiert zu werden. Sie haben ihr Leben noch vor sich – anders als die Angehörigen der Gruppen 1 und 2. Doch paradoxerweise verschärft das gerade die Erfahrungen des Versagens. Wer sich sagt und sagen lassen muss, dass es doch irgendwann bei ihm klappen muss, weil er doch noch nicht zum „alten Eisen" gehört, leidet um so mehr darunter, wenn er permanent daran scheitert, eine Lehrstelle und einen festen Job zu finden. Nach einiger Zeit schlägt dies bei den meisten Jugendlichen in einen abgeklärten Fatalismus um. Sie können dann nicht länger enttäuscht werden, weil sie sich durch keinerlei Versprechungen mehr täuschen lassen. Dieser Fatalismus kann sich, gerade im Rahmen von Jugendbanden, auch in eine heroische Stilisierung des Rausgefallenseins hineinsteigern. Anders als die „dummen", „gutgläubigen" Eltern, die ihre Lage immer noch nicht fassen können, brüsten sich diese Jugendlichen manchmal geradezu mit ihrer desillusionierten Zukunftsperspektive. Dementsprechend ist ihr Alltag ein zielloses In-den-Tag-leben, das durch ein Oszillieren zwischen langen Phasen gelangweilten Herumhängens und immer wieder aufflackernder „Action", oft mit Vandalismus und Gewalt verbunden, bestimmt ist. Dabei spielen dann oft auch Rivalitäten zwischen Banden französischer und nicht-französischer Jugendlicher eine Rolle.

Diese vier Gruppen bilden das Spektrum unmittelbaren Leidens am Neoliberalismus nicht vollständig ab. Doch die wichtigsten Leidensmuster sind damit wohl erfasst, wenn man zu den betreffenden Berufstätigen beziehungsweise Arbeitslosen immer auch deren Familienangehörige hinzuzählt.

Gruppen mittelbaren Leidens

Bei denjenigen, die aufgrund von sozialen Kontakten zu unmittelbar Leidenden mittelbar leiden, lassen sich drei Gruppen unterscheiden:

- Gruppe 5: von Ausdrucksformen unmittelbaren Leidens negativ Betroffene wie z.b. Ladenbesitzer oder Hausmeister in den „schlechteren" Stadt-
vierteln;
- Gruppe 6: ehrenamtliche Interessenvertreter von unmittelbar leidenden
Personen – u.a. Gewerkschaftsaktivisten oder Initiatorinnen von Frauen-
häusern;
- und Gruppe 7: professionelle staatliche Betreuer von Personengruppen,
die unmittelbar leiden – u.a. Sozialarbeiter, Polizisten, Richter, Lehrer.

Unter den Personen der Gruppe 5 kann es auf der einen Seite solche geben,
die keinerlei Verständnis für die Lage der unmittelbar Leidenden aufbringen.
Auf der anderen Seite kommt es aber durchaus vor, dass von solchen *„Externalitäten" des unmittelbaren Leidens negativ Betroffene* dennoch den Gruppen 1-4 ein gewisses Maß an Verständnis entgegenbringen und dadurch eine
tiefgreifend ambivalente Haltung einnehmen. Ladenbesitzer, bei denen insbesondere Jugendliche – also die Gruppen 3 und 4 – ständig klauen oder deren Läden sogar von Plünderungen und Brandstiftungen heimgesucht werden, sind möglicherweise in ihrer wirtschaftlichen Existenz bedroht. Ebenso
sehen Hausmeister den Sinn ihrer Bemühungen, die Wohnblocks ordentlich
und sauber zu halten, durch Nachlässigkeit und Vandalismus der Mieter –
ebenfalls vor allem der Jugendlichen – beständig gefährdet. Hinzu kommt für
Ladenbesitzer ebenso wie für Hausmeister die Bedrohung durch körperliche
Gewalt. Trotz dieser massiven Probleme, die das unmittelbare Leiden der
Gruppen 1-4 für die Gruppe 5 mit sich bringt, können Angehörige letzterer
sich teilweise in die Situation der unmittelbar Leidenden hineinversetzen,
was bis hin zum Mitgefühl geht. Entsprechend in sich zerrissen kann das mittelbare Leiden der Gruppe 5 sein.

So gerät eine politisch engagierte ehemalige Stadträtin, die sich immer
insbesondere für die Jugendlichen eingesetzt und das Gespräch mit ihnen gesucht hat, in einen tragischen Zwiespalt, als ihr Sportartikelladen, der ihre
Existenzgrundlage bildet, zerstört wird. Dennoch gibt sie nicht primär den
Jugendlichen die Schuld, sondern argumentiert strukturell: „solange die Jugendlichen nicht mehr Perspektiven haben, das ist dramatisch ... für die Jugendlichen ... Wenn man im Hinblick auf diese Jugendlichen nichts unter-
nimmt, sage ich, dann gibt es Krieg." (125, 128) Die Hausmeister sind zwar
weniger verständnisvoll, halten den Jugendlichen Faulheit und überzogene
Konsumansprüche vor und sind auch für rechte Parolen – vor allem gegenüber den nicht-französischen Jugendlichen – empfänglich. Dennoch haben
auch die Hausmeister mehr als nur eine Ahnung davon, dass die Jugendli-

chen, selbst wenn sie fleißig und asketisch wären, kaum eine Chance auf dem Arbeitsmarkt hätten.

Die Gruppe 6 – *ehrenamtliche Interessenvertreter* der unmittelbar Leidenden – zeigt nicht nur Verständnis für diese, sondern sieht ihre Aufgabe gerade darin, für sie einzutreten. Die Identität der ehrenamtlichen Interessenvertreter ist von einer Identifikation mit den unmittelbar Leidenden geprägt. Oft sind die ehrenamtlichen Interessenvertreter zugleich selbst unmittelbar Leidende. So sind die Gewerkschaftsaktivisten selbst Arbeiter und ebenso wie diese von verschlechterten Arbeitsbedingungen und Arbeitsplatzverlust bedroht, gehören also gleichzeitig den Gruppen 1 und 6 an; und die zu Wort kommende Initiatorin eines Frauenhauses kannte seit ihrer Kindheit männliche Gewalt gegen Frauen.

Das mittelbare Leiden der ehrenamtlichen Interessenvertreter ergibt sich aus zweierlei: zum einen aus der Erfahrung, dass sie den unmittelbar Leidenden immer weniger zu helfen vermögen, und zum anderen daraus, dass die unmittelbar Leidenden selbst immer weniger kollektiven Widerstand gegen die Verschlechterung ihrer Lage zu leisten bereit sind. Beides hängt eng miteinander zusammen. So zerbricht die frühere Macht der Gewerkschaften, wenn die Solidarität der Arbeiter nachlässt; und diese lässt nach, weil die Gewerkschaften vielen Maßnahmen der Unternehmen tatenlos zusehen müssen. Fatalismus und individueller Opportunismus greifen unter den Arbeitern um sich, gerade weil Löhne, Arbeitsbedingungen und Arbeitsplatzsicherheit sich verschlechtern und die Unternehmen die Konkurrenz zwischen ihren Mitarbeitern schüren. Insbesondere die Leiharbeiter untergraben alle gewerkschaftlichen Bemühungen, den Unternehmen eine gemeinsame Front aller Beschäftigten entgegenzustellen. Ein Gewerkschaftsaktivist resümiert: „Der Zusammenhalt der Gruppe, der ging gegen die Chefs, gegen die Meister, jetzt dagegen ist es ein Verbünden von Arbeitern gegen andere Arbeiter" (390). Wenn dann noch interne Streitereien über den richtigen Kurs des Interessenkampfes hinzukommen, wie sie die Initiatorin eines Frauenhauses berichtet, stellt sich ein Gefühl großer Ohnmacht ein. Die tiefe Wut über die Lage der unmittelbar Leidenden kann sich nicht länger in Kampfmaßnahmen umsetzen, sondern zerfrisst die Interessenvertreter innerlich.

Sehr ähnlich ist schließlich auch das mittelbare Leiden der Gruppe 7 beschaffen. Den *professionellen staatlichen Betreuern* der unmittelbar Leidenden ist „Inklusionsarbeit" als mehr oder weniger gewichtiger Bestandteil ihrer Berufstätigkeit aufgetragen; und sie fassen diesen Auftrag mehrheitlich auch als persönliche Verpflichtung auf. So sollen die Sozialarbeiter die Exklusion ihrer Klienten aus der „Arbeitsgesellschaft" rückgängig machen oder zumindest in ihren Folgen mildern; die Lehrer sollen durch ihre Erziehungsanstrengungen dafür sorgen, dass Jugendliche eine reelle Chance auf Inklusion in die „Arbeitsgesellschaft" erhalten; und auch Polizisten und Richter sollen bei ihrer Aufrechterhaltung von Rechtsstaatlichkeit Exklusionsrisiken im

Blick behalten, also z.b. darauf achten, dass jugendlichen Straftätern nicht alle Wege zum „ordentlichen Mitglied" der Gesellschaft verbaut werden.

Doch auch diese „Inklusionsarbeiter" kämpfen, wie die ehrenamtlichen Interessenvertreter, an zwei Fronten: in der einen Richtung gegen starke Tendenzen zu einer resignativen Selbstaufgabe ihrer Klientel, und in der anderen Richtung gegen die sich rapide verschlechternden politischen und organisatorischen Rahmenbedingungen der eigenen Arbeit. Diese beiden Antipoden der „Inklusionsarbeiter" unterstützen einander ebenso gegenseitig, wie es im Zweifrontenkrieg der Gewerkschaftsaktivisten der Fall ist. Der Abbau des Sozialstaates und des Bildungswesens bestärkt auf Seiten der Exklusionsgefährdeten und Exkludierten den Eindruck, dass niemand sich mehr um sie kümmere und sie hilflos ihrem Schicksal überlassen seien; und die sich daraus ergebende Lethargie bestätigt jene, die schon immer gewusst haben, dass individuelle Trägheit und mangelnde Selbstverantwortung die eigentlichen Ursachen des Elends dieser Personengruppen darstellen, wogegen sozialstaatliche Anstrengungen machtlos und folglich verschwendet seien. Die „Inklusionsarbeiter" wissen aufgrund hautnaher eigener Erfahrungen sehr genau, dass der Neoliberalismus sich hier fortwährend durch eine „self-fulfilling prophecy" bestätigt, können aber angesichts dessen öffentlicher Meinungsführerschaft weder überzeugend dagegen argumentieren noch handelnd wirksam dagegenhalten.

Bourdieu (1998: 12-21) fasst das Elend dieser professionellen staatlichen Betreuer des unmittelbaren Leidens in der einprägsamen Formel von der „linken" und der „rechten Hand des Staates". Die „Inklusionsarbeiter" stellen die „linke Hand des Staates" dar: die wohlfahrtsstaatlichen Aufgabenträger, die von der „rechten Hand", dem Finanz- und Wirtschaftsministerium, nur noch unter dem Sammelbegriff der „sogenannten kostenverursachenden Ministerien" (Bourdieu 1998: 12) rubriziert werden. Durch rigorose Zusammenstreichung der Ausgaben für Sozial-, Gesundheits-, Wohnungsbau- und Bildungspolitik wird der Staatshaushalt saniert und die Steuerbelastung der Unternehmen gesenkt – auf Kosten der Gruppen 1-4. Und die Gruppe 7 hat diesen neoliberalen Politikwechsel als Betreuer der Exkludierten und Exklusionsgefährdeten auszubaden. Teilweise wird der Mangel verfügbarer Ressourcen für die „Inklusionsarbeit" durch einen immer höher geschraubten eigenen Arbeitseinsatz zu kompensieren versucht – um den Preis psychischer und familiärer Krisen auf Seiten der „Inklusionsarbeiter". Burnout-Syndrome sind nicht selten die Folge. Denn letztlich müssen die professionellen staatlichen Betreuer erkennen, dass all ihre Bemühungen immer häufiger und zwangsläufiger scheitern. Eine Polizistin bringt dies lapidar auf den Punkt: „Im Endeffekt führen wir Papierkrieg, das war's dann." (273) Eine Lehrerin aus einer Pariser Vorstadt wird noch deutlicher: „einen Scheißjob macht man, genau das. ... Also man hat den Eindruck, sich umsonst herumgeschlagen zu haben, betrogen worden zu sein." (593) Und Bourdieu resümiert die

Situation einer Sozialarbeiterin so: „Es steht nicht in ihrer Macht, die Situation, die sie ändern soll, wirklich zu ändern" (218). Man sieht hieran, dass das mittelbare Leiden genau so intensiv sein kann wie das unmittelbare. Die Exklusion und Exklusionsgefährdung der Gruppen 1-4 zieht also noch sehr viel weitere Kreise. Das abgespaltene Drittel der „Arbeitsgesellschaft" reißt auch seine Brückenköpfe zu den glücklicheren zwei Dritteln in sein Leiden hinein. Allerdings hat das mittelbare Leiden einen anderen Charakter. Es handelt sich nicht primär um eine ökonomische „Prekarität", die dann zur Identitätsverunsicherung führt. Sondern letztere ist primär, und erstere fehlt entweder ganz oder ist zumindest weitaus schwächer ausgeprägt als beim unmittelbaren Leiden.

Öffentliche Inszenierungen des Leidens

Um den Stellenwert des dritten Blickwinkels auf das Leiden am Neoliberalismus richtig einschätzen zu können, muss man sich vor Augen halten, dass die moderne Gesellschaft so gut wie alles, was sie über sich selbst erfährt, durch die Massenmedien vermittelt bekommt. Auf unmittelbare eigene Erfahrungen geht nur noch der kleinste und unwichtigste Teil dessen zurück, was der Einzelne über die Gesellschaft weiß. Damit prägen die Medien unser gesellschaftliches Handeln zutiefst. Auch über den Großteil der anderen, mit denen man sein gesellschaftliches Schicksal teilt, erfährt man nur durch die Medien. Das gilt nicht zuletzt für Leidenserfahrungen: „Gesellschaftliche Miseren haben nur dann eine sichtbare Existenz, wenn die Medien darüber berichten" (75).

Wie sieht nun „die Sicht der Medien" auf Exklusion und Exklusionsgefährdung aus (75-86)? Diese von den *Journalisten* – Gruppe 8 – produzierte Sicht ist durch die Kriterien der „Mediengerechtigkeit" bestimmt, stellt also alles andere als eine objektive Abbildung der Verhältnisse dar. Das Neue, das Spektakuläre, die human-interest-Story werden hervorgehoben oder gar überhaupt erst konstruiert; Oberflächendramatik und Personalisierung dominieren, insbesondere im Fernsehen, während eine Aufarbeitung struktureller Hintergründe des Geschehens kaum erfolgt. Entsprechend diffus-schicksalhaft erscheint dem Fernsehzuschauer oder Zeitungsleser, was in den Wohnsilos der Vorstädte und in den heruntergekommenen Industrieregionen passiert. Die Medien stilisieren Arbeitslosigkeit, Lehrstellenmangel, Jugendgewalt, Vandalismus, zerrüttete Familienverhältnisse, Ausländerfeindlichkeit u.ä. zu „Symptomen einer allgemeinen Gesellschaftskrise" (82), gegen die sich ebenso wenig tun lässt wie gegen ein Erdbeben; und genau wie derartige Naturkatastrophen ein Land von Zeit zu Zeit mit einer im Verborgenen wirkenden Unentrinnbarkeit heimsuchen, ist es eben – so suggerieren die Medien – auch mit Exklusion. Alle – Nicht-Betroffene wie Betroffene – haben

sich damit abzufinden; und wer dies nicht tut, muss energisch zur Ordnung
gerufen werden. Entscheidend hierbei ist, dass die Gesellschaftsmitglieder diesen Berichten
und Bildern der Massenmedien tagtäglich ausgesetzt sind. Die Medien „produzieren kollektiv eine gesellschaftliche Repräsentation, die sich fortpflanzt,
auch wenn sie von der Realität ziemlich weit entfernt ist" (76). Für die Exklusionsgefährdeten und Exkludierten bedeutet das, dass ihr Leiden ohne
Stimme bleibt. Sie finden sich in der Berichterstattung der Massenmedien
nicht wieder. Selbst dort, wo Menschen aus den Gruppen 1-4 zu Wort kommen, werden sie dabei so in Szene gesetzt, dass sie die Botschaft der Medien
und nicht ihre eigene transportieren – was die größte Enttäuschung hervorruft, weil die naive Hoffnung bestand und geweckt wurde, sich „authentisch"
präsentieren zu können. Statt dessen fabrizieren die Medien daraus eine I-
nauthentizität, die allerdings immer wieder höchst authentisch wirkt. Die anderen Gesellschaftsmitglieder werden auf diese Weise von den Massenmedien in ihren, ja ohnehin fast nur durch diese erzeugten, Stereotypen bestätigt. Dabei changieren die Stereotype zwischen Abscheu und Bedauern. Der
„dreist auftrumpfende", „hirnlose" ausländische Jugendliche, der mit seinen
Gewalttaten prahlt, auf der einen, das stumme Bild des Leids einer schäbig
gekleideten, älteren Frau eines Arbeitslosen auf der anderen Seite verdeutlichen das Spektrum dessen, was die Medien als unumstrittene Deutungssche-
mata pflegen.

Vorstellbar wäre freilich auch ein aufklärerischer Journalismus, der sich tatsächlich und nicht bloß scheinbar als Sprachrohr der Leidensbetroffenen versteht und dabei vor allem auch die gesellschaftsstrukturellen Hintergründe ihrer
Schicksale herausarbeitet. Bourdieu (1998: 92/93, 97) weist allerdings darauf
hin, dass auch die Journalisten zunehmend in den Sog jenes „prekarisierten Habitus" (Bourdieu 1998: 112) geraten, den die Exklusionsgefährdeten annehmen
mussten. Die Kommerzialisierung der Massenmedien und die verschärfte Konkurrenz um Quoten und Auflagenhöhen unterwerfen die Journalisten Arbeitsbedingungen, unter denen anstelle einer aufklärerischen eine am oberflächli-
chen Massengeschmack ausgerichtete Berichterstattung floriert – gewissermaßen nach dem Motto: Wer als Journalist nicht selbst zu den Exkludierten gehören will, stelle die Exklusion tunlichst als mediengerechte Naturkatastrophe anstatt als Konsequenz gesellschaftlicher, also von Menschen gemachter und auch
veränderbarer Kräfte dar!

Die gesellschaftliche Zersplitterung des Leidens

Ein Gesamtüberblick über das geschilderte Tableau des Leidens kann das Gefüge der Relationen zwischen den verschiedenen Gruppen so zusammenfassen:

- Die Gruppen 1 und 2 konkurrieren miteinander, ebenso wie die Gruppen 3 und 4 – wobei die Gruppen 1 und 3, also die Franzosen, gegenüber den Nicht-Franzosen die besseren Karten haben. Dies bleibt aber letzten Endes auch für die Bevorteilten ein strategischer Nachteil, weil die Kräfte der Gegenwehr auf diese Weise zersplittert werden.
- Eine eben solche Zersplitterung kennzeichnet auch das Verhältnis zwischen 1 und 2 auf der einen, 3 und 4 auf der anderen Seite, also den Alten und den Jungen. Die Generationen erkennen ihre gemeinsamen Interessen ebenso wenig wie Franzosen und Nicht-Franzosen. Statt dessen verachten die Jungen die Alten dafür, wie sie brav zur Schlachtbank trotten, und die Alten beklagen, dass die Jungen ihre Chancen nicht nutzen – die freilich aus Sicht der Jungen gar nicht existieren.
- Die Gruppen 6 und 7 entfremden sich zunehmend von den Gruppen 1-4. Damit verlieren diese eine wichtige Unterstützung bei der kollektiven beziehungsweise individuellen Bewältigung ihres Leidens. Die Interessenvertreter und die „Inklusionsarbeiter" resignieren immer mehr. Die gleiche Entfremdung gilt für die Gruppe 8, die nolens volens in ihrer Berichterstattung die Interessen der Gruppen 1-4 – und auch die der Gruppen 6 und 7 – „verrät".
- Schließlich rutscht auch die Gruppe 5 in einen sich zuspitzenden Konflikt mit den Gruppen 1-4 hinein.

Könnte man einen strategischen Planer dieser Konstellation des Leidens unterstellen, müsste man von geschickten Schachzügen des „divide et impera" sprechen. Dies ist aber allenfalls partiell und episodisch der Fall. Die strukturelle Dynamik dessen, was der Neoliberalismus auslöst und vorantreibt, ist der „anonyme Stratege" dieses Spiels. Allseitige Zersplitterung der Gegenkräfte ist das Resultat dieser „neoliberalen Heimsuchung", das ihr die Sache natürlich nur umso leichter macht.

Doch auch eine strukturelle Dynamik hat soziale Träger, von denen bislang noch kaum die Rede war. Wer steckt hinter dem Neoliberalismus?

Die wiedererstarkten „Mächte des Marktes"

Bourdieu (1998) hat sich mit dieser Frage vor allem in einer Reihe von „Wortmeldungen" in öffentlichen Debatten auseinandergesetzt.[3] Für ihn ist Neoliberalismus gleichbedeutend mit der „Rückkehr zu einer Art des Raubkapitalismus" (44). Er versteht darunter den Vorgang einer „fortschreitenden Zerstörung eines zivilisatorischen Modells ..., das auf einer zumindest teilweisen Zähmung der archaischen Kräfte des Marktes beruht" (8). Hierbei

---

3 Ab hier beziehen sich Quellenangaben, die nur Seitenzahlen nennen, auf diese Beiträge Bourdieus.

sind drei Arten von gesellschaftlichen Akteuren die Drahtzieher. Als erstes sind die Unternehmen, insbesondere die international operierenden Großunternehmen zu nennen. Vor allem die Banken in den Aufsichtsräten predigen das „Projekt ... der shareholders, denen es nur noch um maximale Renditen geht" (9). Dies geschieht „unter dem Deckmantel der endlos beschworenen Notwendigkeit, die Unternehmenskosten zu senken" (18). „Globalisierung" ist dafür das Zauberwort, das Fügsamkeit mit vorgeblichen „Sachzwängen" nahe legt. Es ist „eine Vorstellung, die gesellschaftliche Macht besitzt, die Glauben auf sich zieht. Sie ist die entscheidende Waffe der Kämpfe gegen die Errungenschaften des welfare state: die europäischen Arbeiter, wird gesagt, müssen sich dem Wettbewerb mit den Arbeitern auf der ganzen Welt stellen." (44/45) Unternehmen verkünden demzufolge ihren Beschäftigten: „gebt heute eure sozialen Errungenschaften auf, um das Vertrauen der Investoren nicht zu gefährden, und dies zugunsten eines Wachstums, welches uns morgen zugute kommen wird." (56)

Bei der Durchsetzung dieser neoliberalen Handlungsmaximen gehen die Unternehmen eine enge Verbindung mit der „rechten Hand des Staates", also den Wirtschafts- und Finanzpolitikern, ein. Diese haben die „Aufhebung der Errungenschaften des welfare state" (13) umzusetzen, wobei hier der angeführte „Sachzwang" vor allem heißt: Sanierung der Staatsfinanzen. Der Wohlfahrtsstaat habe über seine Verhältnisse gelebt und müsse deshalb nun energisch zurückgefahren werden. Die Evidenz der öffentlichen Verschuldung ist ein scheinbar unzweideutiger Beweis für diese Notwendigkeit. Legitimatorisch unterstützt werden Unternehmen und staatliche Wirtschafts- und Finanzpolitiker durch die Dominanz der neoliberalen Kräfte in den Wirtschaftswissenschaften (115/116). Bourdieu verweist hierzu insbesondere auch auf die „Tyrannei der ‚Experten' vom Typ Weltbank oder Internationaler Währungsfond, die ohne jede Diskussion die Gesetze des neuen Leviathan, nämlich der ‚Finanzmärkte', durchsetzen" (35/36).

Bourdieu diagnostiziert also insgesamt einen tiefen Bruch in der europäischen Gesellschaftsentwicklung. Etwa hundert Jahre, seit den achtziger Jahren des 19. Jahrhunderts, wurde in harten Kämpfen der Wohlfahrtsstaat als Korrektiv der kapitalistischen Marktdynamiken geschaffen und ausgebaut. Dies bedeutete „die Zivilisation der republikanischen Rechtsgleichheit in bezug auf Bildung, Gesundheit, Kultur, Forschung, Kunst und vor allem Arbeit" (34). Mit Thomas H. Marshall (1949) kann man davon sprechen, dass die unteren sozialen Schichten ihre Teilhabe an „citizenship" nicht nur im Sinne rechtlicher Gleichbehandlung und politischer Mitwirkungsrechte, sondern auch im Hinblick auf soziale Ansprüche durchgesetzt haben. Diese wohlfahrtsstaatliche Inklusion steht seit Beginn der achtziger Jahre für einen größeren Teil der Gesellschaftsmitglieder wieder in Frage. Das Rad der Geschichte hat sich in dieser Hinsicht offenbar rückwärts gedreht, wirtschaftlicher und technologischer Fortschritt geht mit sozialen Rückschritten einher.

Wo die immensen „sozialen Kosten" des Neoliberalismus liegen, benennt Bourdieu sehr klar: „Was wird auf lange Sicht dabei auflaufen, gerechnet in Entlassungen, Krankheiten, Selbstmorden, Alkoholismus, Drogenkonsum, familiärer Gewalt?" (48) Diese Kosten seien in einer gesellschaftlichen Gesamtrechnung den Unternehmensgewinnen entgegenzuhalten. Die Unternehmen freilich rechnen nur letztere. Aber Bourdieu beharrt darauf:

> Tatsächlich ist dieser verengten und kurzsichtigen Ökonomie eine Ökonomie des Glücks entgegenzustellen, in der alle individuellen und kollektiven, materiellen und symbolischen Gewinne angerechnet werden, die eine Arbeit bietet (nämlich Sicherheit), und alle materiellen und symbolischen Kosten vermerkt, die durch Beschäftigungslosigkeit oder andere Verunsicherungen entstehen (den Medikamentenverbrauch zum Beispiel ...). (49, Hervorh. weggel.)

Widerstandspotentiale

Wo sieht Bourdieu noch soziale Kräfte, die sich dem Neoliberalismus entgegenstemmen können? Er betont, dass die Demontage des Wohlfahrtsstaates nicht unvermeidbar ist, sondern sich lediglich mit einem „Schein der Unausweichlichkeit" (40, Hervorh. weggel.) bemäntele, und setzt dem Neoliberalismus die „Utopie" eines „europäischen Sozialstaats" entgegen (9). Worauf es für ihn also vor allem ankommt, ist eine Wiedererstarkung der „linken Hand des Staates": „Angesichts des gegenwärtigen Zustandes müssen sich die Kämpfe der Intellektuellen, der Gewerkschaften, der Verbände vor allem gegen den Niedergang des Staates richten." (49)

Damit sind auch diejenigen benannt, die soziale Träger seiner „Utopie" sein können: linke Intellektuelle und Gewerkschaften sowie die Sozialverbände. Auch soziale Bewegungen wie die französische Arbeitslosenbewegung bezieht er in dieses Lager der Verteidiger des Wohlfahrtsstaats ein. Entsprechend der Internationalisierung des Kapitals plädiert Bourdieu für eine Internationalisierung des Widerstands gegen den Neoliberalismus. Klare strategische Abwägungen und Überlegungen finden sich bei ihm allerdings, über derartige relativ allgemeine und wenig neue Appelle an die europäische Linke hinaus, nicht.

Literatur

Barlösius, Eva, 1999: Das Elend der Welt. Bourdieus Modell für die „Pluralität der Perspektiven" und seine Gegenwartsdiagnose über die „neoliberale Invasion". In: BIOS Zeitschrift für Biographieforschung und Oral History 12, 3-27.

Bourdieu, Pierre, 1998: Gegenfeuer. Wortmeldungen im Dienste des Widerstands gegen die neoliberale Invasion. Konstanz: UVK.

Bourdieu, Pierre et al., 1993: Das Elend der Welt. Zeugnisse und Diagnosen alltäglichen Leidens an der Gesellschaft. Konstanz 1997: UVK.

Corbin, Juliet/Anselm Strauss, 1990: Grounded Theory Research: Procedures, Canon,
and Evaluative Criteria. In: Zeitschrift für Soziologie 19, 418-427.

Marshall, Thomas H., 1949: Staatsbürgerrechte und soziale Klassen. In: Thomas H.
Marshall, Bürgerrechte und soziale Klassen. Frankfurt/M., New York 1992: Campus, 33-94.

Schultheis, Franz, 1997: Deutsche Zustände im Spiegel französischer Verhältnisse.
In: Pierre Bourdieu et al., Das Elend der Welt. Zeugnisse und Diagnosen alltäglichen Leidens an der Gesellschaft. Konstanz: UVK, 827-838.

THOMAS KRON

Die Fahrt mit dem Dschagannath-Wagen – Anthony Giddens' „Konsequenzen der Moderne"

Anthony Giddens wurde am 18. Januar 1938 in London geboren. Im Anschluss an sein Studium der Soziologie in Hull (Yorkshire) und an der renommierten London School of Economics, wo er sich auch promovierte, unterrichtete er von 1961 bis 1969 an der Universität Lancaster, bevor er schließlich 1969 als Dozent an die Universität von Cambridge und als Fellow an das dortige King's College ging. Seit 1985 ist er Professor am „Social and Political Sciences Commitee" (Cambridge) und zugleich Lehrstuhlinhaber an der Universität von Santa Barbara, Kalifornien. Giddens ist als der bekannteste zeitgenössische britische Soziologe zugleich einer der vieldiskutierten Soziologen der Gegenwart. Besonders sein Hauptwerk „The Constitution of Society. Outline of the Theory of Structuration" (1984) hat ihn auch in Deutschland Ende der achtziger Jahre publik gemacht. Im zeitgenössischen wissenschaftlich-politischen Diskurs ist er mit Schriften wie „Beyond Left and Right. The Future of Radical Politics" (1994) oder „The Third Way. The Renewal of Social Democracy" (1998) in der Hauptsache um die Frage nach den Politikformen der Zukunft involviert, wobei er u.a. auch dem englischen Premierminister Tony Blair als Berater zur Seite steht. Weitere wichtige Werke sind: „The Class Structure of the Advanced Societies" (1973), „A Contemporary Critique of Historical Materialism" (1981), „The Consequences of Modernity" (1990), „Modernity and Self-Identity" (1991).

Die Dualität der Struktur

Giddens' Gegenwartsanalysen basieren auf der von ihm entworfenen und im soziologischen Diskurs viel beachteten „Theorie der Strukturierung" (Giddens 1984). Mit diesem Ansatz bemüht er sich um eine Überwindung des scheinbaren Gegensatzes von subjektivistisch orientierten Handlungstheorien einerseits und objektivistisch ausgerichteten Strukturtheorien andererseits. Es ist für das weitere Verständnis hilfreich, einen Teil dieser theoretischen Fundierung einleitend darzustellen.

Im Zentrum steht der Versuch, Gesellschaft als Strukturzusammenhang und *zugleich* akteurbezogen als Handlungskonsequenz – soziales Leben als einen permanenten Vorgang rekursiver Reproduktion – zu beschreiben. Die

Begriffe Handlung und Struktur sind dabei ohne Überordnung eines der beiden ineinander verwoben: Strukturen erscheinen nicht als abstrakte Muster, die himmelsgleich über den Akteuren schweben, sondern sind Bedingungen *und* Resultate des Handelns. Strukturen sind, wie Giddens (1988: 290) es formuliert, „chronisch in das Handeln selbst eingebettet", so dass von einer prinzipiellen „Dualität der Struktur" ausgegangen werden muss: Es gibt keine Struktur, die nicht auf Handlungen zurückgeht, und keine Handlungen ohne die Prägung durch Strukturen.

Mit der These von der Dualität der Struktur erhebt Giddens den Anspruch auf eine Überwindung der vermeintlichen Gegenpole makro- und mikrosoziologischer Ansätze. Der Strukturbegriff als Pendant zum Terminus der Handlung verweist auf Regeln und Ressourcen in der (Re-)Produktion sozialer Systeme, die als institutionalisierte dauerhafte Gegebenheiten erst im Handeln der Akteure real werden. Dabei gilt: „Struktur darf nicht mit Zwang gleichgesetzt werden: sie schränkt Handeln nicht nur ein, sondern ermöglicht es auch." (Giddens 1984: 78) Dieser ermöglichende und restriktive Charakter von Strukturen wird am Beispiel des Spracherwerbs verdeutlicht:

> Niemand „wählt" seine eigene Muttersprache, obwohl deren Aneignung so etwas wie die „Zustimmung" des Subjekts voraussetzt. Da jede Sprache das Denken (und Handeln) einschränkt, insofern sie nämlich auf einer Reihe geformter, regelgeleiteter Muster aufbaut, zieht der Prozeß des Spracherwerbs dem Denken und Handeln gewisse Grenzen. Auf der anderen Seite freilich erweitert das Erlernen einer Sprache die kognitiven und praktischen Fähigkeiten eines Individuums ungemein. (Giddens 1984: 224)

Die Kategorie des Handelns wird von Giddens unabhängig von dem Begriff der Zielorientierung oder des absichtsvollen Strebens eingeführt. Handeln bezieht sich statt auf die Intentionalität des Akteurs auf dessen praktisches Einwirkungs- und Veränderungsvermögen bezüglich seiner Umwelt: „Handeln ist, mit anderen Worten, nichts weiter als das ständige Eingreifen der Menschen in die natürliche und soziale Ereigniswelt." (Giddens 1988: 289) Ein wichtiges Element ist dabei das, was Giddens (1990: 52) das „reflexive Registrieren des Handelns" nennt. Gemeint ist eine als Merkmal jeglichen menschlichen Handelns geltende Verbindung einer Handlung mit ihrer Begründung – die Entwicklung von „theoretischem Verständnis" für die Gründe des Handelns. Dieses Wissen ist allerdings weniger ein theoretisch als ein praktisch veranlagtes Regelwissen: Man kann den Sinn oder Inhalt einer Regel unter Umständen nur diffus abstrakt formulieren, aber sie trotzdem in verschiedenen Kontexten präzise anwenden. Es herrscht eine Art „Quasi-Bewusstsein" der Regeln vor.

Die so erlangte reflexive Steuerung des Handelns bezieht sowohl die anderen Akteure als auch die sozialen Umstände mit ein, so dass Akteure insgesamt nicht als Erfüllungsmomente sozialer Strukturen begriffen werden können. Im

Gegenteil gesteht Giddens den Akteuren Handlungsfähigkeiten und Kompetenzen zu, die ihnen ein Eingreifen in ihre soziale und materielle Umwelt und somit die aktive Teilnahme an der Produktion von Strukturen gestattet. Zusammenfassend beschreibt Giddens den Kern seiner Strukturierungstheorie folgendermaßen:

> Die Begriffe „Struktur" und „Handeln" bezeichnen so die allein analytisch unterschiedenen Momente der Wirklichkeit strukturierter Handlungssysteme. Strukturen selbst existieren gar nicht als eigenständige Phänomene oder Praktiken menschlicher Individuen. Struktur wird immer nur wirklich in den konkreten Vollzügen der handlungspraktischen Strukturierung sozialer Systeme ... (Giddens 1988: 290)

Die Dynamik der Moderne

Giddens' gesellschaftstheoretisches Ziel ist eine zeitdiagnostische Institutionenanalyse der Moderne, die deren Konsequenzen freilegt. Zunächst präzisiert Giddens seinen Untersuchungsgegenstand:

> Das Wort „Moderne" bezieht sich auf Arten sozialen Lebens oder der sozialen Organisation, die in Europa etwa seit dem siebzehnten Jahrhundert zum Vorschein gekommen sind und deren Einfluß seither mehr oder weniger weltweite Verbreitung gefunden hat. Diese Bestimmung bringt die Moderne mit einem Zeitabschnitt und einem geographischen Ausgangspunkt in Zusammenhang ... (Giddens 1990: 9)

Für Giddens (1990: 28-52) machen drei Elemente die besondere Dynamik der Moderne aus:

(1) *Die Entkopplung von Raum und Zeit.* Diese erste Komponente ist ein Basiselement seiner Sozialtheorie, da sich ihm das klassische soziologische Problem sozialer Ordnung als ein Problem der Handhabung des Verhältnisses von Raum und Zeit darstellt und auch die spannungsreiche Entwicklung der Moderne der raumzeitlichen Anlage moderner Institutionen geschuldet ist. Das vormoderne typische Verhältnis von Distanz und Zeit als miteinander korrelierenden Maßeinheiten (je größer die Distanz, desto mehr Zeit wird zur Überwindung benötigt und vice versa) ist aufgebrochen.

(2) Damit eng verbunden ist der von Giddens *Entbettung* genannte Vorgang: „Unter Entbettung verstehe ich das ‚Herausheben' sozialer Beziehungen aus ortsgebundenen Interaktionszusammenhängen und ihre unbegrenzte Raum-Zeit-Spannen übergreifende Umstrukturierung." (Giddens 1990: 33) Die Entwicklung symbolischer Zeichen – frei flottierende, die spezifischen Merkmale ihrer Anwender ignorierende Austauschmedien wie z.B. Geld – und die Installierung von Expertensystemen sind dabei besondere Mechanismen der

Entbettung, da sie außerordentlich dazu beitragen, soziale Beziehungen aus ihren unmittelbaren situativen Kontexten zu lösen.

(3) Allerdings setzen diese Entbettungsmechanismen eine enorme Mobilisierung von *Vertrauen* voraus: „Vertrauen ist ein Mittel zur Ordnung sozialer Beziehungen in Zeit und Raum." (Giddens 1994b: 163)

Diese drei Dynamiken wirken nun innerhalb von vier verschiedenen, einander wechselseitig beeinflussenden – typisch modernen – institutionellen Komplexen: Kapitalismus, Industrialismus, Überwachung und Kontrolle über Gewaltmittel (Giddens 1990: 75-84). Vom Kapitalismus spricht Giddens als Warenproduktionssystem, das durch das Verhältnis von privatem Kapitalbesitz und besitzloser Lohnarbeit ein Klassensystem bildet. Der Einsatz unbelebter Quellen materieller Energie zur Güterfertigung steht im Mittelpunkt des den Industrialismus auszeichnenden Produktionsprozesses. Wichtig ist Giddens, dass kapitalistische Gesellschaften in einem nationalstaatlich organisierten Verwaltungssystem eingebettet sind:

> Eine derartige Konzentration der Verwaltung beruht ihrerseits auf der Entwicklung von Überwachungsfähigkeiten, die weit über die charakteristischen Möglichkeiten traditionaler Zivilisationen hinausgehen, und die Apparate der Überwachung bilden eine dritte institutionelle Dimension, die – ebenso wie Kapitalismus und Industrialismus – mit der Entstehung der Moderne verknüpft ist. (Giddens 1990: 7879)

Davon unterschieden ist die vierte Dimension der Kontrolle über die Mittel zur Gewaltanwendung, die besonders in Form militärischer Macht auftritt. Obwohl auch für vormoderne Gesellschaften militärische Macht immer schon ein wichtiger Faktor war, konnten sie keine langfristige Unterstützung generieren: „Das erfolgreich wahrgenommene Monopol über die Mittel zur Gewaltanwendung innerhalb territorial genau feststehender Grenzen ist ein kennzeichnendes Merkmal des modernen Staats." (Giddens 1990: 78)

Die Radikalisierung der Moderne

Das Besondere der zeitgenössischen Gesellschaft ist nun die extreme Steigerung der drei dynamischen Elemente der Moderne, was zu Transformationen ihrer vier institutionellen Dimensionen führt und damit insgesamt eine Radikalisierung der Moderne bewirkt. Die derzeitigen Verhältnisse sind in Giddens' Perspektive der modernen Dynamik geschuldet und gestatten keinen Wechsel in der Selbstbeschreibung der Gesellschaft: „Wir treten nicht in eine Periode der Postmoderne ein, sondern bewegen uns auf eine Zeit zu, in der sich die Konsequenzen der Moderne radikaler auswirken als bisher." (Giddens 1990: 11) Besonders hervorzuheben ist dabei die Geschwindigkeit und

Reichweite des Wandels sowie die Neuartigkeit der Gliederungsprinzipien moderner Institutionen, hervorgerufen durch die genannten dynamischen E-lemente der Moderne. Die raumzeitliche Abstandgewinnung, die Entbettung und die Notwendigkeit der Vertrauensschöpfung werden in ihrer Radikalität mit dem Terminus der „Globalisierung" (Giddens 1998: 40-46) zusammen-zufassen versucht:

> Definieren läßt sich der Begriff der Globalisierung demnach im Sinne einer In-tensivierung weltweiter sozialer Beziehungen, durch die entfernte Orte in solcher Weise miteinander verbunden werden, daß Ereignisse am einen Ort durch Vor-gänge geprägt werden, die sich an einem viele Kilometer entfernten Ort abspie-len, und umgekehrt. (Giddens 1990: 85)

> Worum es bei Globalisierung eigentlich geht, ist die Umwandlung von Raum und Zeit. Ich würde sie als *Handeln auf Entfernung* definieren und ihre Intensivierung in den letzten Jahren auf die Entwicklung von extrem schnellen globalen Kommunika-tions- und Massenverkehrsmitteln zurückführen. (Giddens 1994a: 450)

Dieser Vorgang verändert die institutionellen Dimensionen der Moderne (Giddens 1990: 92-101). Der nationalstaatlich gebundene Kapitalismus er-weitert sich zu einer *kapitalistischen Weltwirtschaft*, in der sich global agie-rende Unternehmen zu vorherrschenden Handlungsinstanzen entfalten. In-formationskontrolle und soziale Überwachung werden nun innerhalb eines internationalen *Systems der Nationalstaaten* vollzogen, das von Giddens als Teil des modernen reflexiven Registrierens begriffen wird, hier verstanden als Anerkennung der inner-territorialen Autonomie eines Staates durch ande-re Staaten. Jene Souveränitätsansprüche der Einzelstaaten und die Tendenz zur Zentralisierung innerhalb des Staatensystems gehen in dialektischer Wei-se miteinander einher. Der gleichen Dialektik unterliegt die Dimension mili-tärischer Macht, die im Zuge der Globalisierung in den Rahmen einer *militä-rischen Weltordnung* gestellt wird. Die Abnahme der Wirksamkeit lokaler wirtschaftspolitischer Maßnahmen durch das Einsetzen *globaler Arbeitstei-lung* transformiert letztlich den Industrialismus auf eine neue Stufe seines Fortgangs. Alle vier Globalisierungsaspekte müssen vor dem Hintergrund ei-ner ständigen Leistungssteigerung von Kommunikationstechniken gesehen werden, die als wesentliches Reflexivitätselement den Motor einer *kulturel-len Globalisierung* darstellen:

> Der springende Punkt ist hier nicht der, daß die Menschen zufällig über viele Er-eignisse aus der ganzen Welt Bescheid wissen, von denen sie in früheren Zeiten nichts gehört hätten. Vielmehr geht es darum, daß die globale Ausweitung der Institutionen der Moderne unmöglich wäre ohne das von den „Nachrichten" rep-räsentierte gemeinsame Wissen. (Giddens 1990: 101)

Diese Dynamik der Moderne charakterisiert Giddens zusammenfassend in Anlehnung an die indische Mythologie mit dem Bild des „Dschagannath-Wagens":

Dies ist eine nicht zu zügelnde und enorm leistungsstarke Maschine, die wir als Menschen kollektiv bis zu einem gewissen Grade steuern können, die sich aber zugleich drängend unserer Kontrolle zu entziehen droht und sich selbst zertrümmern könnte. ... Doch solange die Institutionen der Moderne Bestand haben, werden wir niemals imstande sein, die Route oder die Geschwindigkeit völlig unter Kontrolle zu kriegen. (Giddens 1990: 173/174)

Wohin führt die Fahrt mit dem Dschagannath-Wagen?

Die Konsequenzen dieser Entwicklung beschreibt Giddens (1994b: 23-27; 1994a: 450-452) mit den Schlagworten der „Umformung von Zusammenhängen sozialer Erfahrung", der „posttraditionalen Sozialordnung" sowie der „Ausdehnung sozialer Reflexivität".

Umformung von Zusammenhängen sozialer Erfahrung meint – in enger Anlehnung an die erwähnten Globalisierungstendenzen – die Beeinflussung des Handelns aufgrund von irgendwo auf der Welt stattfindenden Ereignissen, die bis in die Intimsphäre persönlicher Existenz einwirken:

Die Globalisierung schafft nicht nur umfassende Systeme, sondern gestaltet auch die lokalen und sogar persönlichen Kontexte der gesellschaftlichen Erfahrung um. Immer stärker werden unsere Alltagsaktivitäten von Ereignissen beeinflußt, die sich auf der anderen Seite der Welt abspielen. Umgekehrt sind lokale Lebensstile global folgenreich geworden. So wirkt sich meine Entscheidung für den Kauf eines bestimmten Kleidungsstücks nicht nur auf die internationale Arbeitsteilung aus, sondern auch auf die Ökosysteme der Erde. (Giddens 1994b: 23)

Eine *posttraditionale Sozialordnung* lässt die prinzipielle Geltung von Traditionen – verstanden als Problemlösungs-Autorität im Sinne einer „formelhaften Wahrheit" – nicht mehr unhinterfragt, sondern zieht sie permanent in das Licht diskursiver Begründung (Giddens 1996). Traditionen werden in der Moderne nicht völlig obsolet, erhalten aber einen anderen Stellenwert: Sie existieren entweder als stets zu rechtfertigende Werte innerhalb einer dialogischen Kultur oder in Form von Fundamentalismen. Auch Natur als eine das soziale Handeln strukturierende, relativ unveränderliche Gegebenheit kann in diesem Sinne als Tradition verstanden werden, die in Auflösung begriffen ist. Fortpflanzung etwa kann im Zeitalter von In-vitro-Fertilisation, Leihmutterschaft und genetischer Wunschkindformung kaum noch als natürlich etikettiert werden.

In einer solchen posttraditionalen Gesellschaft muss der Einzelne zudem die Komplexität der auf ihn einströmenden Informationen filtern und aufgrund dieses Selektionsprozesses Handlungsentscheidungen treffen: Die soziale *Reflexivität* dehnt sich aus – als Voraussetzung und Ergebnis der posttraditionalen Gesellschaft:

Das Voranschreiten der sozialen Reflexivität bedeutet, daß den einzelnen gar keine andere Entscheidung bleibt, als Entscheidungen zu treffen; und durch diese Entscheidungen wird bestimmt, wer sie sind. Die Menschen müssen zur Sicherung eines kohärenten Gefühls der Ichidentität „ihre eigene Lebensgeschichte entwerfen". Das aber ist ohne Interaktion mit anderen ausgeschlossen, und eben dieser Umstand schafft neue Solidaritätsbeziehungen. (Giddens 1994b: 176)

Ein Teil dieser Veränderungen wird auch mit dem Terminus der „Individualisierung" beschrieben.[1] Gemeint ist damit nicht der Untergang kollektiver Moral zugunsten eines allgemeinen Egoismus. Eher entfernen sich moralische Anliegen von traditionellen Vorgaben und wenden sich auf globaler Ebene individuellen Interessenlagen zu, beispielsweise durch das Eintreten für subjektive „Menschen"-Rechte. Folglich ist Individualisierung nicht zwingend bedrohlich für die gemeinschaftliche Solidarität, wenn letztere nicht an bestimmte traditionelle Formen gebunden wird.

Moderne Risiken

Diese Veränderungen führen aus der Perspektive Giddens' (1990: 156) zu einem spezifisch modernen Risikoprofil, das in vier Punkten skizziert werden kann:[2]

1. *Globalisierung von Risiken* im Sinne ihrer *Verstärkung* (Gefährdung der ganzen Menschheit durch Atomkrieg) und einer *zunehmenden Zahl kontingenter Ereignisse* (etwa durch Veränderungen globaler Arbeitsteilung),
2. durch die *Gestaltung der Umwelt* hervorgerufene Risiken („vergesellschaftete Natur"),
3. das Hervorbringen von *institutionalisierten Risikoumwelten* (z.B. Investitionsmärkte),
4. das *Bewusstsein vom Risiko* im Sinne des Wissens um die Fehlerhaftigkeit eigener Entscheidungen (im Gegensatz zur extern wirkenden Gefahr, die in der Vormoderne durch religiös-magisches Wissen noch in „Gewissheiten" verwandelt werden konnte), das in der Öffentlichkeit *immer weitere Verbreitung* findet und zugleich ein *Bewusstsein von den Grenzen des Expertenwissens* schafft.

Dieses Risikoprofil ausführend identifiziert Giddens (1994b: 141-148) vier Kontexte konkreter Risiken im Anschluss an die vier transformierten institu-

---

1 Siehe dazu auch in diesem Band die Beiträge zu Ulrich Becks „Risikogesellschaft" und zu Peter Gross' „Multioptionsgesellschaft".

2 Giddens beschreibt dieses Risikoprofil in sieben Punkten, indem er Punkt (1) in zwei und Punkt (4) in drei Abschnitte untergliedert. Durch die Zusammenfassung wird aber m.E. die Interdependenz der Risiken etwas deutlicher.

tionellen Dimensionen der Moderne: erstens die negative Beeinflussung der Ökosysteme; zweitens die Ausbreitung der Armut; drittens die Verbreitung von Massenvernichtungswaffen und viertens die Unterdrückung demokratischer Rechte:

Abbildung 1

(Kapitalismus)	Ökonomische Polarisierung	Ökologische Gefahren	(Industrialismus)
(Überwachung)	Verweigerung demokratischer Rechte	Gefahr eines großen Krieges	(Mittel zur Gewaltanwendung)

(Giddens 1994b: 144)

Insgesamt unterscheidet sich das moderne Risikoprofil vom vormodernen vor allem hinsichtlich der Risikoverteilung und der Wahrnehmung der Risiken. Alleine die Geschichte der Lebensmittel-Skandale in den neunziger Jahren verdeutlicht dies: Es ist für niemanden möglich, den Risiken der Aufnahme gesundheitsgefährdender Nahrung zu entgehen, weil man sich schließlich irgendwie ernähren muss, zugleich aber stets von den Medien vor Risiken des Essens und Trinkens gewarnt wird: Wer gänzlich auf Rindfleisch verzichtet (weil immer wieder BSE-verseuchte Rinder auch außerhalb Englands gefunden werden), sich zudem Produkte vom Huhn versagt (wegen des Dioxin-Skandals 1998 mit Ursprung in Belgien), glaubt vielleicht, mit vegetarischer Ernährung den Risiken zu entkommen, muss dann aber erfahren, dass Vegetarier häufiger unter Zeugungsunfähigkeit leiden, weil das Wasser, mit denen die Getreidefelder getränkt werden, durch die natürlichen Ausscheidungen von Frauen, die die Pille nehmen, mit Östrogenen belastet ist. Oder die pflanzliche Nahrung ist durch radioaktive Unfälle verstrahlt (Tschernobyl), so dass ein Teil der Nahrung über einen längeren Zeitraum besser nicht konsumiert werden sollte.

Wandel der politischen Kultur

Besondere Bedeutung misst Giddens den Konsequenzen der modernen Entwicklung für die politische Kultur zu. Seine Diagnose lautet, dass der Sozialismus nicht nur in seiner sowjetkommunistischen Verfassung zusammengebrochen ist, sondern genauso wie der Konservatismus *per se* nicht mehr in seiner herkömmlichen Bedeutung begriffen werden kann. Beide gehen von einer prinzipiellen Möglichkeit staatlicher Gesellschaftssteuerung aus, die aber angesichts der Radikalisierung der Moderne obsolet geworden ist. Auch der Neoliberalismus stellt nur scheinbar eine Alternative dar, weil er nach Giddens in sich widersprüchlich ist:

Einerseits steht der Neoliberalismus feindlich zur Tradition – und ist in der Tat
eine der Hauptkräfte, die die Tradition überall wegfegen, indem er den Markt-
kräften und einem aggressiven Individualismus Vorschub leistet. Andererseits ist
er auf die Fortdauer von Tradition angewiesen, für seine Legitimität und seine
Bindung an den Konservatismus – in den Bereichen der Nation, der Religion, der
Geschlechterfragen und der Familie. (Giddens 1994a: 453)

Radikale Politik als Lösung!?

Giddens' Alternativ-Vorschlag einer radikalen Demokratie orientiert sich an
einem Grundwerte bewahrenden und dem sozialistischen Denken verbunde-
nen philosophischen Konservatismus. Anhand eines Sechs-Punkte-Pro-
gramms (Giddens 1994a: 455-461; 1994b: 33-35) soll dieses Modell zur Entfaltung finden:

(1) Um Autonomie und gegenseitige Abhängigkeiten zu koordinieren, sollte
ein „Berufszweig für die Reparatur beschädigter Solidarität" (Giddens
1994a: 455) etabliert werden. Es geht hier nicht um die Reanimation einer
Zivilgesellschaft, sondern vielmehr um eine angemessene Beurteilung des
Individualismus im Prozess der Schöpfung von Solidarität. Als Beispiel dient
Giddens der familiare Bereich, in dem sichtbar sei, dass die der Enttraditionalisierung ausgesetzten Familien, in denen Frauen und Kinder im Gegensatz zu früheren Zeiten mit einer Vielzahl erworbener Rechte ausgestattet
sind, nun vor allem *aktives Vertrauen* produzieren müssen:

> Das aktive Vertrauen schreibt sich nicht von vorgegebenen sozialen Positionen
> oder geschlechtsspezifischen Rollen her, sondern es muß errungen werden. Das
> aktive Vertrauen steht nicht im Gegensatz zur Autonomie; vielmehr setzt es Au-
> tonomie voraus und ist eine reichhaltige Quelle sozialer Solidaritätsbeziehungen,
> denn Zustimmung wird hier nicht durch traditionsbedingte Regelungen erzwun-
> gen, sondern freiwillig gewährt. (Giddens 1994b: 35)

(2) Hohe Priorität genießt eine Lebenspolitik, die sich mit der Frage „Wie
sollen wir leben?" genau dort beschäftigt, wo Entscheidungen (statt Traditionen) notwendig geworden sind. Berufstätigkeit wird etwa nicht mehr als
Schicksal begriffen, sondern erzwingt – ausgelöst durch die Emanzipations-
bewegung der Frauen – individuelle Entscheidung, z.B. in der Berufswahl.
Zugleich steht der Rang der Berufsarbeit in dieser Entscheidungsfindung in
Konkurrenz zu anderen Werten des Lebens: Soll ich Karriere machen oder
eine Familie gründen? Oder beides? Bin ich in meiner Berufswahl genauso
mobil wie mein Partner? Usw.

(3) Im Zusammenhang mit dem Verlust einer auf Traditionen beruhenden politischen Gesellschaftssteuerung steht die Konzeption „generativer" oder „er-
finderischer" Politik (siehe auch Punkt 5):

Generative Politik ist eine Politik, die Individuen und Gruppen im Kontext über-
greifender sozialer Belange und Ziele die Möglichkeit einräumen will, Dinge geschehen zu lassen, anstatt daß sie ihnen geschehen. (Giddens 1994a: 457)

(4) Die Übertragung generativer Politik auf die Frage nach einer der Moderne angemessenen Demokratieform versucht Giddens durch die Forderung
nach einer „dialogischen Demokratie", die sowohl die Repräsentation von Interessen als auch die Bereitstellung eines Ortes zur diskursiven (nicht durch
vorgegebene Machtformen geprägten) Konfliktaustragung betont. Dies gilt
nicht nur für den politischen Raum, sondern kann auch den Bereich des persönlichen Lebens umfassen, etwa in Eltern-Kind- oder Freundschaftsbezie-
hungen.

(5) Im Rahmen dieser Veränderungen muss die Beschaffenheit des Wohlfahrtsstaates neu durchdacht werden, der nach Giddens ebenfalls an Traditionen (z.B. Geschlechterrollen) gebunden war, bürokratisch tendenziell zu un-
flexibel agierte und zudem das Problem der Armut nicht befriedigend zu lösen vermochte. Sozialstaatliche Institutionen widersprechen posttraditionalen
Ordnungen durch die Betonung der maßgeblichen Rolle der Arbeit und stehen mit ihrer nationalstaatlichen Verankerung konträr zu den Globalisierungstendenzen. Generell sind die traditionalen Sicherungssysteme nur wenig erfolgreich im Umgang mit jenen von der Moderne selbst erzeugten Risiken, die aus einer unerhörten, diffusen, nicht auf einfache Kausalwirkungen
reduzierbaren Komplexität resultieren. Giddens' Gegenvorschlag wird mit
dem Begriff der *positiven Wohlfahrt* etikettiert, der verdeutlichen soll, dass es
der modernen Entwicklung angemessener ist, soziale Sicherung weniger als ein
erst nach dem „Unfall" wirksam werdendes Auffang-Netz zu begreifen, denn
als Teil einer auf sozialer Reflexivität aufbauenden Politik der Lebensführung,
die eher auf (oftmals präventive) Ursachenbehandlung zielt. Ein Beispiel:

> Derzeit zumindestens kennt niemand die Ursachen der Krebskrankheit. Einige
> Mediziner, die sich darauf spezialisiert haben, glauben jedoch, daß 80 Prozent
> der Krebserkrankungen auf Umweltfaktoren zurückgehen. Die Behandlung sol-
> cher Krankheiten könnte man nun ausschließlich auf die Linderung der Symp-
> tome oder die Ermittlung eines Heilmittels ausrichten – und vielleicht geschieht
> es ja eines Tages wirklich, dass ein solches Mittel entdeckt wird. „Ursachen-
> behandlung" dagegen führt uns unmittelbar in die Politik der Lebensführung. Das
> Risiko der Krebserkrankung wird wahrscheinlich verringert, wenn man sich an
> die folgenden Regeln hält: nicht rauchen, nicht zuviel starkes Sonnenlicht, Be-
> vorzugung bestimmter Ernährungsweisen, Vermeidung giftiger Substanzen am
> Arbeitsplatz wie zu Hause und Benutzung der Verfahren der Früherkennung.
> (Giddens 1994b: 210)

Derartige Verhütungsstrategien können in drei unterschiedlichen Ansätzen
greifen, wobei immer von einer Selbsterzeugung des Risikos ausgegangen
wird. Der primäre Schritt versucht über soziale Normierung (oder dessen

Veränderung) einzuwirken. Rauchen etwa ist nicht mehr „in", sondern „out", weil sich die normative Bewertung des Rauchens gewandelt hat. Wo die Prävention versagt hat, greift der sekundäre Schritt in dem Versuch, die ungewollten Gewohnheiten zu ändern. Im Falle des Rauchens gehören dazu Therapien, Nikotin-Ersatzstoffe, Gespräche etc. Kann auch im zweiten Schritt kein Erfolg verbucht werden, geht es weiter:

> Tertiäre Verhütung bedeutet: auf die vom Rauchen hervorgerufenen Pathologien reagieren, sobald sie sich herausgebildet haben. Selbst hier ist es nicht vernünftig, die Sache nur als äußeres Risiko aufzufassen. Die Behandlung der physischen Auswirkungen des Rauchens muß darauf abgestimmt werden, daß die betreffenden Personen anschließend ihren Lebensstil ändern. (Giddens 1994b: 213)

Das Prinzip der Sozialstaatlichkeit wird als Investition in Aktivität und nicht als Unterstützung von Passivität aufgefasst. Das leitende Prinzip moderner Wohlfahrt lautet nach Giddens (1998: 137) dementsprechend: „Investition in menschliches Kapital statt direkter Zahlungen. An die Stelle des Sozialstaates sollten wir den Sozialinvestitionsstaat setzen, der einen integralen Bestandteil einer Gesellschaft mit positiver Wohlfahrt bildet."

(6) Zu guter Letzt verweist Giddens auf die Notwendigkeit einer gründlichen Auseinandersetzung mit der Rolle der Gewalt im Programm radikaler Politik. Diese Dringlichkeit ergibt sich schlicht als Folge aus der sich radikalisierenden Moderne, in der zunehmend verschiedene Interessen und Wertvorstellungen aufeinandertreffen. Die Mittel, solchen Divergenzen zu begegnen, sind: *Absonderung* (Vermeidung des Kontakts), *Austritt* (ähnlich wie die Absonderung mit höherer Betonung der Aktivität), *Dialog* (mit der Chance des gegenseitigen Kennenlernens und Verstehens) und *Gewalt*.

> In der sich globalisierenden Gesellschaft, in der wir heute leben, werden die ersten beiden dieser vier Wahlmöglichkeiten drastisch eingeschränkt. Keine Kultur, kein Staat und keine große Gruppe kann sich wirklich erfolgreich von der globalen kosmopolitischen Ordnung absondern; und während ein Austritt in manchen Situationen für den Einzelnen möglich sein mag, steht er größeren sozialen Gebilden nicht zur Wahl. (Giddens 1994a: 461)

Soll Gewalt vermieden werden, bleibt demnach nur noch Dialog übrig.

Zukunftsvisionen

Diese Rezepte beachtend könnten sich Giddens (1994b: 145) zufolge zu den äußerst risikoreichen Dimensionen der Moderne Alternativen herausbilden:

Abbildung 2

(Kapitalismus)	Nachknappheits-ökonomie	Humanisierte Natur	(Industrialismus)
(Überwachung)	Dialogische Demokratie	Ausgehandelte Machtverhältnisse	(Mittel zur Gewaltanwendung)

(Giddens 1994b: 145)

Dem Wandel vom Kapitalismus zu einer *Nachknappheitsökonomie* liegt eine Neubewertung der Lohnarbeit und der ökonomischen Belange zugrunde:

> Nachknappheit bedeutet nicht, daß überhaupt keine Knappheit existiert, denn auf jeden Fall wird es stets „positionelle" Güter geben. Tendenzen in Richtung einer Nachknappheitsökonomie kommen dort zum Vorschein, wo Akkumulationsprozesse weithin als *Bedrohung* oder Zerstörung positiv bewerteter Lebensweisen wahrgenommen werden, wo die Akkumulation *im Hinblick auf ihre eigenen Ziele deutlich kontraproduktiv* wird (d.h. wo „Überentwicklung" suboptimale wirtschaftliche, soziale oder kulturelle Konsequenzen nach sich zieht) und wo im Bereich der Politik der Lebensführung Einzelpersonen oder Gruppen Entscheidungen über den Lebensstil treffen, durch die die *Maximierung wirtschaftlicher Erträge begrenzt oder geradezu behindert wird.* (Giddens 1994b: 146)

Damit steht die Nachknappheitsökonomie in einem Spannungsverhältnis zu den Dimensionen Geschlecht, Familie und Generationen (Giddens 1994b: 229-235). Zudem ist sie eng mit der über den reinen Produktivismus hinausreichenden Vorstellung einer „vorsorgenden Nachsorge" der positiven Wohlfahrt verbunden. Menschen werden etwa nicht mehr ab einem bestimmten Alter in den (sozialstaatlich konstruierten) Ruhestand geschickt, der als eine Form der Abhängigkeit das produktive Potential älterer Menschen verschüttet:

> Schon das Wort „Pensionär" klingt nach Untauglichkeit und bezeichnet eigentlich eine unselbständige Person. Von den Sozialsystemen wird das Alter nicht als respekteinflößender Rang definiert, sondern als Ausschluß aus der vollen Zugehörigkeit zur Gesellschaft. Alter wird als etwas „Externes" behandelt, als etwas, das einem widerfährt, und nicht als eine aktiv aufgebaute und ausgehandelte Erscheinung. (Giddens 1994b: 231)

In der Ökonomie der Nachknappheitsgesellschaft wird nun nach Bedingungen gesucht, die Fähigkeiten und Kompetenzen älterer Menschen nutzbar zu machen, und zugleich werden die Möglichkeiten des Ausstiegs variiert und potenziert: Bildungsurlaub, Erziehungsurlaub (für *beide* Elternteile), stufenweise Pensionierung, Ruhestand auf Probe usw. Auf diese Weise sollen die

allgemeinen Abhängigkeiten in eine neue Herrschaft individueller Autonomie überführt werden. Mit diesem Begriff der Nachknappheit zielt Giddens
insgesamt auf eine Weiterentwicklung des modernen Wertehorizontes in
Richtung Postmaterialismus. Diejenigen, die arbeitslos sind oder waren, gelten nun als „Vorbilder" für ein Leben außerhalb des Berufslebens (Giddens
1994b: 263); das gleiche gilt für arme Menschen: Sie führen vor, dass Glück
und (wie bei der klassischen Vorstellung des Clochards) Freiheit keine ausschließliche Sache des Geldes sind, sondern vielmehr von den Akteuren
selbst geschaffen werden:

> Das Streben nach Glück verlangt aktive Auseinandersetzung mit Aufgaben des
> Lebens und beinhaltet, daß Fähigkeiten und Fertigkeiten mit Freude zum Einsatz
> gebracht werden. Auf der psychischen Ebene scheint es eine Voraussetzung zu
> der Chance des glücklichen Lebens zu sein, daß man sich Herausforderungen
> stellt, einerlei ob man sie selbst ausgelöst hat oder ob sie von außen kommen. ...
> Die beiden Feinde des Glücks sind Mutlosigkeit – das Abgleiten in Apathie oder
> Verzweiflung – und Zwanghaftigkeit, die gehetzte Abhängigkeit von einer un-
> bewältigten emotionalen Vergangenheit. (Giddens 1994b: 259)

Humanisierung der Natur kann in einer posttraditionalen Gesellschaft, in der
jedes ökologische System bereits sozial überformt ist, nicht „back to nature"
bedeuten: „Sich dem Problem der Humanisierung der Natur zu stellen heißt:
von der Existenz einer ‚formbaren Natur' auszugehen, einer Natur, wie sie
innerhalb der posttraditionalen Ordnung fungiert." (Giddens 1994b: 147) Bei
der Bekämpfung der Umweltzerstörung tritt jede Vorstellung einer tiefen,
von einer wahren Natur ausgehenden Ökologie das Erbe des Konservatismus
im Sinne der Bewahrung der Vergangenheit an, denn die „natürliche Natur"
ist vergangen. Die Annahme eines naturnahen Lebens etwa, das sich harmo-
nisch in die Natur einpasst, ist oftmals geprägt durch den historischen Hintergrund früher menschlicher Gemeinschaften – Jäger und Sammler. Unterschlagen wird dabei, dass dieses mit der Natur verwachsene, scheinbar har-
monische Leben einerseits ebenfalls Naturbeherrschung (Ackerbau) voraussetzt, Umweltzerstörungen nach sich ziehen kann und andererseits häufig
durch allerlei natürliche Gefahren *bedroht* wird. Für Giddens ist folglich jeder Versuch zum Scheitern verurteilt, allgemeine Werte aus der Natur abzu-
leiten. Ökologische Fragestellungen verweisen seiner Ansicht nach viel mehr
auf Anstrengungen, mit der globalisierten Moderne zurechtzukommen. Wichtig bleibt jedoch die Einsicht der bereits sozial ge- oder überformten Natur
(weshalb besser von Umwelt gesprochen wird [Giddens 1996: 146]): „Die
meisten Lebensweisen, mit denen wir uns auseinandersetzen müssen, sind
jedoch ökosoziale Systeme, denn sie betreffen die gesellschaftlich gestaltete
Umwelt." (Giddens 1994b: 283)

An die Ausbreitung sozialer Reflexivität schließt die Vorstellung *dialogi-
scher Demokratie* an. Diese enthält nach Giddens weder eine bestimmte, im
Dialog oder (im Gegensatz zu Habermas' herrschaftsfreiem Diskurs einer i-

dealen Sprechsituation) im Sprechakt bereits angelegte Art der Demokratisierung, noch ist sie auf die Herstellung von Konsens ausgerichtet: „Die dialo-
gische Demokratie unterstellt lediglich, daß der öffentlich geführte Dialog
ein Mittel bereitstellt, um im Verhältnis gegenseitiger Toleranz mit dem anderen im Nebeneinander zu leben." (Giddens 1994b: 163) Diese Atmosphäre
der Toleranz wird durch das Mittel des zwanglosen öffentlichen Dialogs
beim Aufeinandertreffen autonomer Akteure hergestellt, die die Geltung der
Authentizität des jeweils Anderen anerkennen und Ansichten sowie Ideen in
einem wechselseitigen Prozess anhören und diskutieren (Giddens 1996: 193).
Dies wird, wie oben erwähnt, etwa an dem Beispiel der Elternautorität in
posttraditionalen Gesellschaften deutlich: Weder den Eltern noch den Kindern gilt Elternautorität als soziale Tatsache, sondern sie wird zunehmend
ausgehandelt. Im Idealfall kommt es nach Giddens in der Eltern-Kind-
Beziehung zu einer „Demokratisierung der Gefühle", die als frühzeitige Förderung einer formalen öffentlichen Demokratie – der dialogischen Demokratie – fungieren könnte.

Die Frage nach der Struktur demokratischer Gesellschaften muss auch das
Problem der Gewalt in Rechnung stellen. Alleine schon das Ziel der Befriedung – Bedeutungslosigkeit von Kriegen als politisches Mittel; Begrenzung
sexueller Gewalt; Vermeidung ethnischer oder kultureller Konflikte usw. –
verlangt die Integration der Gewaltproblematik in die politische Theorie.
Giddens (1994b: 307-327) geht zunächst von einer gelungenen Befriedung
innerhalb nationalstaatlicher Gebilde durch die Monopolisierung der Gewalt
im Staat aus (historisch einhergehend mit der Industrialisierung). Die Möglichkeit des Einsatzes von Atomwaffen mit der Konsequenz einer Vernichtung menschlichen Lebens auf dem Planeten Erde bewirkte dann, dass Krieg
nicht mehr eine Alternative politischer Diplomatie sein konnte, sondern
selbst im Mittelpunkt diplomatischer Bemühungen stand: Der atomare Erst-
schlag musste verhindert werden. Seitdem ist der Militarismus – auch bedingt durch die nachlassende Autonomie der Nationalstaaten und das Ver-
schwinden ehemaliger Feindbilder – auf dem Rückzug. Hier könnten neue
Formen des militärischen Umgangs mit Gewalt anschließen:

> Die Konsolidierung der nachmilitärischen Gesellschaft würde bedeuten, daß sich
> jene Einstellung verbreitete, wonach Gewalt bei der Entschärfung internationaler
> Spannungen und Probleme eine immer geringere Rolle spielen sollte. Zur aktiven
> Seite der staatsbürgerlichen Verantwortung würde dann gehören, daß man die
> Verpflichtung anerkennt, keine kriegerischen, sondern Befriedungswerte zu he-
> gen – ein grundlegender Bestandteil des demokratisierten Gemeinwesens, der
> hinter keinem anderen zurückstünde. (Giddens 1994b: 313/314)

Auch die Überwindung geschlechtsbezogener Gewalt wäre abhängig von
strukturellen Veränderungen, die vor allem Familie, Berufsarbeit und damit
verbunden Identitäten des Männlichen und des Weiblichen betreffen. Auch hier

setzt Giddens auf weiter voranschreitende Demokratisierung. Überall sollen also ausgehandelte Machtverhältnisse Gewaltausübung überflüssig machen. Mit diesem Set von alternativen Möglichkeiten versucht Giddens auf der Basis seiner Diagnose der Radikalisierung der Moderne adäquate Rezepte für die Zukunft aufzuzeigen. Entsprechend seiner Grundannahme von der Dualität der Struktur, in der sowohl Handlungsoptionen eröffnet als auch zugleich Handlungsgrenzen gesetzt werden, bricht er nicht mit der Moderne, sondern versucht gerade in ihr die Chancen für eine innovative Gesellschaftsgestaltung auszuloten: „Dies ist vielleicht das erste Zeitalter der Menschengeschichte, in dem allgemeingültige Werte tatsächlich etwas bewirken können, und keineswegs das Zeitalter, in dem solche Werte sich auflösen." (Giddens 1994b: 339)

Literatur

Giddens, Anthony, 1984: Die Konstitution der Gesellschaft: Grundzüge einer Theorie der Strukturierung. Frankfurt/M., New York 1988: Campus.

Giddens, Anthony, 1988: Die „Theorie der Strukturierung". Ein Interview mit Anthony Giddens. In: Zeitschrift für Soziologie 17, 286-295.

Giddens, Anthony, 1990: Konsequenzen der Moderne. Frankfurt/M. 1995: Suhrkamp.

Giddens, Anthony, 1994a: „Schöne neue Welt". Der neue Kontext von Politik. In: Berliner Journal für Soziologie 4, 449-462.

Giddens, Anthony, 1994b: Jenseits von Links und Rechts. Die Zukunft radikaler Demokratie. Frankfurt/M. 1997: Suhrkamp.

Giddens, Anthony, 1996: Leben in einer posttraditionalen Gesellschaft. In: Ulrich Beck/Anthony Giddens/Scott Lash, Reflexive Modernisierung. Eine Kontroverse. Frankfurt/M.: Suhrkamp, 113-194.

Giddens, Anthony, 1998: Der dritte Weg. Die Erneuerung der sozialen Demokratie. Frankfurt/M. 1999: Suhrkamp

THOMAS KRON

Die Unordnung aushalten – Zygmunt Baumans Plädoyer für eine postmoderne Moral

Zygmunt Bauman, emeritierter Professor für Soziologie, wurde 1925 in Poznán, Polen, geboren. Ausgebildet wurde er an der Universität von Warschau sowie an der London School of Economics. Als Professor lehrte er an den Universitäten Warschau, Tel Aviv und Leeds. 1989 erhielt er den Amalfi Preis für Soziologie und sozialwissenschaftliche Forschung für sein Buch „Modernity and the Holocaust" (Dialektik der Ordnung). Es folgte der Theodor W. Adorno Preis 1998. Bauman, dessen Arbeiten sich vor allem an Themenstellungen entfalten, die um das schwierige Verhältnis von Ordnung und Freiheit kreisen, ist einer der renommiertesten Soziologen der Postmoderne.[1] Weitere Hauptwerke in diesem Kontext sind: „Postmodernity and its Discontents" (1997, Unbehagen in der Postmoderne); „Life in Fragments. Essays in Postmodern Morality" (1995, Flaneure, Spieler und Touristen. Essays zu postmodernen Lebensformen); „Postmodern Ethics" (1993, Postmoderne Ethik) und „Modernity and Ambivalence" (1991, Moderne und Ambivalenz).

Kritik der Moderne

„Erst die rational bestimmte Welt der modernen Zivilisation macht den Holocaust möglich." (Bauman 1992: 27) Dieser Satz – als vorweggenommenes zentrales Ergebnis der Analysen Baumans –, fast 50 Jahre nach Ende des Zweiten Weltkriegs vorgetragen, erschreckt und verwirrt zunächst gleichermaßen. Kann es tatsächlich möglich sein, dass der Holocaust – Symbol für das Böse schlechthin – ein Produkt jener Zivilisation war, der wir uns auch heute noch verschrieben wissen? Sind die heutigen Demokratieformen der gleichen Quelle erwachsen wie die Schreckensherrschaft der Nationalsozia-

---

1 Zu den wenigen Autoren, die sich mit dem Baumanschen Gesamtwerk beschäftigen, gehören Joas (1996), Beilharz (2000).

listen? Und sind wir demnach unfähig, eine Wiederholung des Holocaust zu verhindern?

Wir werden dies nicht gleich beantworten können, sondern müssen fragen: Was rechtfertigt die These, wie wird sie begründet?

Baumans Grundthese besagt, dass elementare Merkmale der Moderne – vor allem der vorrangige Gebrauch instrumentaler Vernunft – einem unmoralischen Verhalten Vorschub leisten. Das wahre, höchst grausame Potential des modernen zivilisatorischen Fortschritts sei somit sträflich unterschätzt worden. Diese Kritik leitet er u.a. aus dem berühmten Experiment von Stanley Milgram ab, das die Untersuchung von Gehorsam gegenüber Autoritäten zum Inhalt hatte: Zwei Personen, von denen eine in das Experiment eingeweiht ist, nehmen scheinbar an einem empirischen Versuch über Erinnerungsvermögen und Lernfähigkeit teil. Durch ein manipuliertes Losverfahren wird die eingeweihte Person zum „Schüler" ernannt, die vorgeblich in einem Nebenzimmer auf einem elektrischen Stuhl festgebunden wird. Die ahnungslose Person wird zum „Lehrer" erklärt, der den „Schüler", der bestimmte Wortpaare lernen und wiedergeben soll, bei Fehlern mit Stromschlägen zu bestrafen hat, wobei die Volt-Zahl nach jedem Fehler um 15 Volt erhöht wird. An der Skala des fingierten Schockgenerators befindet sich die Einteilung von „Leichter Schock" bis „Gefahr: Bedrohlicher Schock", die letzte Stufe der Strafe wird nur durch ein „X" bezeichnet. Das Ergebnis zeigte vor allem, dass der entscheidende Faktor zur Bereitschaft, die Stromstöße zu verabreichen, das Verhalten des Versuchsleiters ist: Je autoritärer der Versuchsleiter auftritt, desto weiter ging die Bereitschaft, den „Schüler" bis zum Ende zu bestrafen. Fehlte diese Autorität ganz oder wird eine ganz normale Person (ohne entsprechendes Äußeres wie etwa einem weißen Kittel) als Versuchsleiter eingesetzt, wurde das Experiment deutlich früher abgebrochen beziehungsweise mehr und früher Widerstand geleistet.

Bauman erkennt nun in diesen Ergebnissen vier grundlegende Eigenschaften der Moderne wieder, die ihr gefährliches Potential ausmachen:

1. Er sieht die These bewiesen, dass menschliche Grausamkeit eine Frage sozialer Beziehungen ist und nur unwesentlich mit der Persönlichkeitsstruktur korreliert: Je größer die *soziale Distanz*, desto größer ist die Bereitschaft zur Grausamkeit.
2. Der Prozess fortschreitender Rationalisierung, der sich in Form der *Bürokratisierung* als eines Hauptmerkmals der Moderne hervortut, vergrößert soziale Distanzen durch Arbeitsteilung und Verlängerung der Handlungsketten und ermöglicht (nicht der Intention nach, aber in der Konsequenz) grausames Verhalten, weil die Objekte des Handelns unsichtbar sind und damit jenseits moralischer Bewertung liegen (Bauman 1992: 166-172).
3. Das rational-bürokratische System vereinnahmt die Moral, indem es seine *systemische Funktionalität* moralisiert und alles Dysfunktionale entmorali-

siert: Technisch-wissenschaftliche Innovationen etwa sind gut, wenn *und* weil sie funktionieren, weshalb das Können meistens die faktische Anwendung automatisch mitzieht. Die Resultate im Sinne der Systemimperative und nicht die Mittel zur Erreichung dieser Resultate werden als moralische Maßstäbe angewandt, d.h. moralisch gut ist beispielsweise eine neu gewonnene Erkenntnis eines Wissenschaftlers, gleich wie er zu dieser Erkenntnis gekommen ist.

4. Diese Vereinnahmung und Funktionalisierung bedeutet für die handelnden Individuen in einem rational-bürokratischen System die Identifizierung als *funktionale Erfüllungsgehilfen*. Loyalität gegenüber der Organisation ersetzt die verantwortungsschaffende Nähe zu den anderen. Hierarchische Systemstrukturen erlauben dann die Verschiebung individueller Verantwortung auf andere Beteiligte, wenn alle sich nur als Instrumente des übergeordneten Willens begreifen.

Im Ergebnis ist es die von der Moderne erzeugte Trennung der individuellen Handlungen von der Vorstellung einer kollektiv gültigen Moral, die Aufspaltung zwischen dem, was Menschen fühlen oder glauben, und dem, was sie tun, die Kluft zwischen kollektiven Handlungsresultaten und den Motiven der Individuen, die Bauman (2000) beklagt. Die Moderne machte den Genozid exakt in dem Augenblick möglich, als sie das zweckgerichtete Handeln von moralischen Zwängen entkoppelt hat. Genau deshalb ging der Holocaust über jene Völkermorde hinaus, wie sie heute noch in vielen Teilen der Welt, etwa im Irak gegen die Kurden, in Ruanda gegen die Tutsi usf., geschehen:

> Völkermord ist keine moderne Erfindung. ... Der Holocaust dagegen ist eine moderne Erfindung: als Völkermord mit einem ausdrücklichen, als rechtmäßig anerkannten Zweck, als sorgfältig vorausgeplantes, berechnetes und über einen beträchtlichen Zeitraum systematisch ausgeführtes Verbrechen, und als ein Massenmord, der unter Anwendung fortschrittlichster Technologie begangen (eigentlich erst durch sie ermöglicht) wurde, wozu auch die wissenschaftliche, rationelle Organisation der Arbeit, diese bei weitem am meisten geschätzte Errungenschaft moderner Zeit, gehörte. (Bauman 1994: 2)

Wie aber war die Entfaltung eines derartig grausamen Potentials möglich?

Der Ordnungszwang der Moderne

Bauman geht von der grundlegenden Beschaffenheit der Moderne aus, die seiner Meinung nach durch die selbstgestellte Aufgabe der *Herstellung von Ordnung* charakterisiert ist. Im Anschluss an Hobbes' Befürchtungen eines Krieges „Aller gegen Alle" im Falle des ungeregelten Naturzustands hat sich die Moderne zur Erschaffung von Ordnung verpflichtet, d.h. sie hat den Kampf gegen jedes Chaos, gegen jede Mehrdeutigkeit und jede Ambivalenz aufgenommen. Der Begriff der Natur bringt in der modernen Sichtweise lediglich Ziel- und Bedeutungslosigkeit zum Ausdruck und steht so – als konstituierender Negativwert – im Gegensatz zum Begriff der Humanität:

> Als das Andere des Menschlichen ist das Natürliche der Gegensatz zum Subjekt des Willens und der Moralität. Der machtvolle Wille der Menschheit als „Herr des Universums" und die Ausübung ihres alleinigen Rechts, Bedeutungen und Qualitätsmaßstäbe festzulegen, machen die Objekte der Herrschaft und Gesetzgebung zu „Natur". Die Objekte können Flüsse sein, die sinnlos in die falsche Richtung fließen – dorthin „wo sie nicht gebraucht werden"; oder Pflanzen, die sich selbst an Orten aussäen, „wo sie die Harmonie stören", oder Tiere, die nicht genügend Eier legen oder nicht hinreichend große Euter entwickeln, „um nützlich zu sein"; oder Kriminelle, Trunkenbolde und Geistesschwache, die zu nichts taugen, was einem Zweck gliche, und deshalb zu degenerierten „ehemaligen Menschen" „re-naturalisiert" werden; oder Geschöpfe von bizarrer Hautfarbe, Körpergestalt oder Verhaltensweise, die sich mit Dingen beschäftigen, die „keinen Sinn haben" – deren Dasein „keinem nützlichen Zweck" dient. Alles, was die Ordnung, die Harmonie, den Entwurf verdirbt, und sich auf diese Weise gegen den Zweck und Bedeutung sträubt, ist Natur. Und sobald es erst einmal Natur ist, muß es auch als solche behandelt werden. Und es ist Natur, weil es so behandelt wird. (Bauman 1991: 57/58)

Der letzte Teil dieses Zitats macht die unangreifbare Zirkularität des Arguments deutlich. Die Moderne agiert im Sinne einer von Bauman häufig benutzten Metapher als Gärtner, der in die Naturwüchsigkeit der Pflanzen mit bestimmten Methoden eingreift, um ein Arrangement zu erreichen, das seinen willkürlichen Vorstellungen gemäß ist (Bauman 1991: 35-56). An die Stelle vorhandener, natürlicher Reproduktions- und Gleichgewichtsvorgänge setzt der Gärtner rational kalkulierte Mechanismen, die zugleich als Selektionskriterien von nützlichen Pflanzen und Unkraut dienen. Zur Herstellung der gewünschten Ordnung bedient sich die Moderne bestimmter sozialer Techniken:

> Wir können sagen, daß die Existenz modern ist, soweit sie durch Entwurf, Gestaltung, Verwaltung und Technologie aufrechterhalten wird. Die Existenz ist modern, insoweit sie durch ressourcen- (d.h. an Wissen, Geschicklichkeit und Technologie) reiche souveräne Agenturen verwaltet wird. (Bauman 1991: 20)

Die Art der verwendeten Techniken kann dabei durchaus unterschiedlich sein, weshalb Bauman der Moderne sowohl die nationalsozialistische als auch die kommunistische Vision einer Gesellschaftsordnung zuordnet.[2] Weil

---

2 Der Status westlicher Demokratien hingegen ist selbst für Bauman nicht eindeutig zu klären: Einerseits sind sie noch modern, andererseits zeigen sie wohl schon Anzeichen für einen Übergang in die – wie wir noch sehen werden: rettende – Postmoderne. Bauman (1997: 143) lässt diese wichtige Frage schlichtweg offen: „Vielleicht leben wir in einem postmodernen Zeitalter, vielleicht auch nicht." Trotzdem vermutet Bauman eine geringere Wahrscheinlichkeit für eine Wiederholung des Holocaust innerhalb der De-

die überlegene Moral immer eine Moral der Überlegenen ist, Stalin gewonnen und Hitler verloren hatte, gerät die *moderne* Gemeinsamkeit beider Unterdrückungstechniken – die gärtnerische Veranlagung – oftmals eher in den Hintergrund. Unmoralisches Verhalten wird nur angeklagt, wenn die unmoralisch agierende Partei zuvor besiegt worden ist. Auf diese Weise werden im Fortschreiten der Geschichte Ungerechtigkeiten durch andere Ungerechtigkeiten mit vertauschten Rollen kompensiert. Moralischer Fortschritt wird jedoch nicht erreicht.

Die Metapher des Gärtners wird politisch durch rationale Gesetzgeber, wissenschaftlich etwa durch einige Philosophen (z. B. Kant) und lebenspraktisch durch Erzieher umgesetzt, immer mit dem Ziel, Ordnung zu schaffen und sich von Ambivalenzen zu befreien. Das Ziel der Ordnung bietet zugleich eine generelle Rechtfertigung für jegliche Eingriffe in „chaotische" Naturzustände. Als Vertreter eines Systems zur Herstellung von Ordnung braucht der einzelne dann nicht mehr sein Verhalten und Handeln moralisch zu hinterfragen, denn dieses ist per definitionem gut, weil es darauf ausgelegt ist, die Wirklichkeit den Verheißungen der Moderne ein Stück näher zu bringen. Mit dieser Argumentation könnte aber auch ein Nazi-Arzt in einem Konzentrationslager seine Handlungen scheinbar legitimieren:

> Schließlich verteidigt er ja nur die Sache der Wissenschaft, ihre Ressourcen, ihren Fortschritt, die Freiheit der Forschung – und was er als Wissenschaftler tat, war, wie die Wissenschaft selbst, objektiv und deshalb moralischen Einwänden gegenüber immun; es war kein moralisches Problem. (Bauman 1991: 67)

Jenseits von Freund und Feind: der Fremde

Eine unweigerliche Folge der modernen Vorgehensweise ist Intoleranz gegenüber allem nicht der Ordnung Anpassbarem. An dieser Stelle muss man sich klarmachen, dass es *der Fremde* ist, durch den die Moderne sich in ihren Ordnungsbemühungen bedroht sieht. Dieser bringt immer die Gefahr mit sich, die Ordnung des Kategoriensystems und die räumliche Ordnung der Welt zu zerstören, weil er beispielsweise nicht einmal in den zur Vergesellschaftung führenden Antagonismus von Freund und Feind passt. Der Fremde bedroht die Vergesellschaftung. Freund und Feind verweisen trotz aller faktisch möglichen Konflikte durch ihren oppositionellen Standpunkt aufeinander. Das Freund/Feind-Schema als ein Ordnungsmechanismus des sozialen

---

mokratien Europas. Der Grund für diesen Optimismus liegt nicht in einem moralischen Fortschritt, sondern in seiner Einschätzung nach verringerten Bedarf nach Visionen oder Ideologien einer „guten Gesellschaft". Die Ursache dieser nachlassenden Nachfrage sieht er in einer sich immer weiter ausbreitenden Dominanz wirtschaftlicher Dynamiken – Stichwort: Globalisierung (Bauman 1994: 7/8).

Lebens ist eine Variation der Grundunterscheidung von Innen und Außen, sie ermöglicht – in Anlehnung an Georg Simmel – Vergesellschaftung. Dieses Schema wird durch den Fremden gefährdet. Der Fremde ist weder Freund noch Feind, könnte aber beides sein und werden. Er ist das tertium non datur, das Weder-Noch, ein Barbar, der sich gegenüber Freunden und Feinden durch Inkongruenz und Regelinkompatibilität auszeichnet:

> (T)atsächlich ist der Fremde eine Person, die mit einer unheilbaren Krankheit, der multiplen Inkongruenz geschlagen ist. Der Fremde ist aus diesem Grund das tödliche Gift der Moderne. (Bauman 1991: 82/83)

Fremde sind unbestimmt und verstoßen damit gegen die Ordnung der Unterscheidung. Am besten ist es demnach, Fremde überhaupt nicht zu treffen, denn so bleibt die eigene Ordnung gesichert. Dies war in vormodernen Zeiten möglich, die von enger sozialer Dichte innerhalb und unüberwindlichen Distanzen zwischen den Gruppen geprägt waren, nicht aber bei zunehmender Ausbreitung und Mobilität der Bevölkerung.

Eine andere mögliche Reaktion auf Fremde besteht in dem Versuch, ihnen das Fremdartige auszutreiben. Das Mittel erster Wahl ist die Verbannung, denn ein Fremder ist per definitionem ein solcher aufgrund einer bestimmten sozialen Nähe. Die ursprüngliche Ordnung wird durch Beseitigung des Fremden wieder hergestellt, etwa durch Asylgesetze, die potentiell Einreise- und Aufenthaltswillige wieder zurückweisen. Ist die räumliche Trennung nicht möglich, kann der gesellschaftliche Verkehr mit dem Fremden eingeschränkt werden, um ihn aus dem „normalen" Alltagsbild weitgehend herauszuhalten: Obdachlose, Bettler, Drogensüchtige oder Punks werden durch „Schwarze Sheriffs" aus den Einkaufspassagen vertrieben. Es bleibt dann aber die Ordnung gefährdende, bedrohliche Nähe des Fremden.

Der Gefahr der Überschreitung der innergesellschaftlich für den Fremden aufgestellten Grenzen begegnet man präventiv mit Stigmatisierungen: Äußerliche, sichtbare und leicht zu entdeckende Eigenschaften des Fremden werden als Warnhinweise dar- oder sogar hergestellt – so geschehen etwa mit den Juden im nationalsozialistischen Deutschland anhand des „Judensterns" oder der tätowierten Nummer auf dem Unterarm. Mit der Stigmatisierung werden – auch willkürlich produzierte – prinzipiell unaufhebbare Unterschiede betont, die eine permanente Ausgrenzung rechtfertigen.

Eine andere Möglichkeit, die eigene Ordnung vor den Fremden zu schützen, ist der Aufruf zur Anpassung an diese Ordnung. Diese im Gegensatz zu den anderen scheinbar friedlich-humane Lösung des Assimilationsangebots zeigt aber indirekt ebenfalls die Abhängigkeit der Fremden von dem Wohlwollen der einheimischen Herrscher:

> Die Bedeutung des liberalen Angebots im allgemeinen und des Programms der „kulturellen Assimilation" im besonderen ist die Bestätigung der Dominanz jener Schicht in der Gesellschaft, von der das Angebot ausging. (Bauman 1991: 95)

Die Eingemeindung des Fremden bestätigt nur die Unerwünschtheit und De-
platziertheit der fremden Lebensformen. Deshalb ist die Aufgabe der Anpassung unlösbar; mindestens ein Restverdacht bleibt bestehen. Zudem werden
Gruppen und nicht deren individuelle Mitglieder als Träger des Stigmas festgelegt. Der Einzelne trägt damit die Last der Gruppe auf seinen Schultern: So
sehr er sich auch bemüht, sich des Stigmas des Fremden individuell zu entledigen, seine mit dem Stigma gekoppelte Gruppenidentität wird jeden Beseiti-
gungsversuch überschatten und einfärben.

Moderne Macht

Insgesamt gilt es, Fremde möglichst in eine Sphäre der Nichtaufmerksamkeit
zu rücken, ihnen zu *vergegnen* (statt: begegnen). Damit verbunden ist jedoch
eine Entmoralisierung der Beziehung zu dem fremden Anderen. Der Fremde
wird als Individuum moralisch negiert.

Diese *Proteophobie*[3] führt darüber hinaus auch zu Bemühungen, Kontrolle
über den sozialen Raum zu gewinnen. Die Wiederherstellung einer Ordnung,
in der selbst die Anwesenheit von Fremden subjektiv nicht beunruhigen
kann, erfolgt in der modernen Gesellschaft über *panoptische Institutionen*,
welche die erforderlichen Reglementierungen in die Praxis umsetzen. So
wird der zeitgenössische Mensch durch die Schulpflicht, durch die allgemeine Pflicht des Militärdienstes und vor allem durch den Vollzug des Lebens
als Berufsleben ständigen Kontrollen unterworfen. Der Nationalsozialismus
ist in dieser Sichtweise nur eine bestimmte Art der Kontrolle über den sozialen Raum und eine andere Form des Umgangs mit Fremden. Die Grundlage
dazu teilt der Nationalsozialismus aber mit zeitgenössischen modernen Staats-
und Gesellschaftsformen. So gesehen gewährt der Holocaust einen Blick in
das verborgene Potential der modernen Zivilisation, oder mit anderen Worten: Im Nationalsozialismus ist für Bauman die Moderne bis zur Kenntlich-
keit entstellt.

Das eigentliche Ziel dieser Ordnungs-Maßnahmen ist immer der Gewinn
der Definitionsmacht über das Gute und das Böse, das werte und das unwerte
Leben. Unterdrückung beginnt mit (wertender) Klassifikation. Allerdings
zeigen alle Versuche der Entledigung des Fremden eine ambivalente Einstellung: Man will sich seiner entledigen, erzeugt ihn aber unentwegt selbst. Der
Fremde selbst hat keine Chance, der Charakterisierung als fremd zu entkommen, nicht weil er zur Anpassung an die gegebene Ordnung unfähig wäre, sondern aufgrund der Unmöglichkeit, der Ordnung beizutreten, ohne sie
zu verändern. Da ihm *a priori* jeder Status eines Einheimischen verweigert

---

3 Proteophobie: Empfindungen von Unsicherheit im eigenen Handeln, die durch Fremde
hervorgerufen werden (Bauman 1993b: 245).

wird, bedeutet der Versuch, Status zu erlangen, immer eine Veränderung des Gegebenen. Die aus einem amerikanischen Ghetto stammenden Afro-Amerikaner(innen), die – als einzige Chance, dem Elend und der Gewalt des Ghettos zu entkommen – in die Sport-Welt anderer (weißer) Milieus „eindringen" (Tennis, Golf), verändern diese alte, beruhigende Welt und machen paradoxerweise genau dann besonders auf ihr Fremdsein aufmerksam, je besser die Eingliederung gelingt, je besser sie also etwa Tennis oder Golf spielen. Zudem symbolisiert der Fremde durch den Versuch der Anpassung eine Freiheit des Identitätswechsels, die den meisten Einheimischen verwehrt bleibt. Wer zwei Pässe in einem fremden Land hat, besitzt einen mehr als die dort Einheimischen.

Der Versuch der *Ent-Fremdung*, die Selbstverleugnung eigener Wurzeln durch Anpassung, wird letztlich zur *Ver-Fremdung*. Der Fremde wird eben zum Fremden gemacht und ist dies nicht etwa qua Schicksal. Aus der Macht der Definition (und damit der Konstruktion von Fremdartigkeit) gibt es kein Entrinnen: „All men are equal but some men are more equal", lautet die Definition in George Orwells „*Animal-Farm*"; „all men are native but some men are more native", ist die Definition der Moderne:

> Die Strategie, die sich auf das Assimilationsangebot einläßt, hat deshalb ihre inneren Grenzen, wie das Angebot selbst. In der Regel ist sie selbstzerstörerisch; wenn überhaupt, dann macht sie die Fremdheit des Fremden noch aufdringlicher und quälender. Unweigerlich enthüllt sie diese Fremdheit als untilgbar – als genau die Eigenschaft, die das Assimilationsversprechen zu verbergen suchte. Dem Fremden war versprochen worden, daß der kulturellen Reform eine vollständige „Einbürgerung" folgen würde; daß die Verfeinerung der Sitten, korrektes und etikettebewußtes öffentliches Verhalten, sorgfältige Vermeidung von allem, was auch nur entfernt fremd klingt, als Eintrittskarte für den exklusiven Klub der tonangebenden einheimischen Gesellschaft genügen würde. Dieses Versprechen wird seines Trugs in dem Augenblick überführt, da es ernstgenommen und an einem Verhalten gemessen wird, das es eigentlich erfordern würde. (Bauman 1991: 105/106)

Alle Versuche, den selbsterzeugten Fremden durch Verstärkung des Ordnungsstrebens auszumerzen, scheitern. Der soziale Raum wird *simultan* einbeziehend und ausgrenzend organisiert; jeder Ordnungsversuch lässt zuvor unbemerkte Diskrepanzen und Kontraste hervortreten und schafft Differenzen, wo vorher keine waren. Inkludierende und exkludierende Strategien werden als Herrschaftsinstrumente im Umgang mit Fremden zugleich angewandt:

> Einheitserziehung wird ergänzt durch „Besserungsanstalten", die Versager und Aufsässige erwarten; kulturelle Ächtung und die Verunglimpfung „fremdartiger Sitten" werden ergänzt durch die Lockung mit kultureller Assimilation; nationalistischer Bekehrungseifer wird ergänzt durch die Aussicht auf Zwangs-„Repatriierung" und „ethnische Säuberung"; die gesetzlich proklamierte Gleichheit

der Staatsbürger wird ergänzt durch Einwanderungskontrollen und Abschiebungsregeln. (Bauman 1993a: 520)

Fremde sind somit im Prozess der Ordnungsbildung auftauchende *inhaltsleere Formen*, Platzhalter für zunächst unbestimmte Akteure; oder, frei nach Goffman: Wir sind alle fremdartig (je nachdem, welcher Gärtner oder Ordnungshüter gerade seine Arbeit verrichtet).

Die postmoderne Lösung

Die Moderne hat in dieser Perspektive keine Chance, ihrer Dynamik zu entrinnen und entsprechende moralische Lösungen und Instrumentarien hervorzubringen. Sie hat aus postmoderner Sicht die völlige Inadäquanz jeder Ethik bewiesen, weil die für sie konstitutive Ordnungsmotivation widernatürlich ist:

> Nichts prädisponiert Menschen von Natur aus, ... der Ordnung genannten Routine nachzugehen. (Bauman 1997: 8)

Was aber kann man in dieser nahezu hoffnungslosen Situation tun, worauf kann man hoffen, um eine Besserung zu erreichen?

Die einzige Zuversicht eines gangbaren Weges in eine Zukunft, die uns vor Barbareien wie dem Holocaust bewahrt, ruht für Bauman auf Resten des moralischen Gewissens des Individuums als letztendlicher Gewähr für Humanität. Nur das von sozialen Restriktionen befreite, entbettete Individuum kann moralisch sein:

> Es scheint, daß der einzige Faktor, der wahrhaft fähig ist, das genozidale Potential, das in den instrumentellen Kapazitäten der Moderne und ihrer instrumentellrationalen Mentalität schlummert, auszugleichen und schließlich außer Kraft zu setzen, ein *Pluralismus der Macht* und folglich der Pluralismus autoritativer Meinung ist. Nur Pluralismus gibt die moralische Verantwortung für das Handeln ihrem natürlichen Träger zurück: dem handelnden Individuum. (Bauman 1991: 70)

Pluralismus und Individualisierung bedeuten hier aber eben nicht die ausschließliche Fortsetzung der modernen Entwicklungslogik, sondern im Ergebnis etwas gänzlich Neues, und dieses Neue liegt offenbar in der Zurückweisung des modernen Umgangs mit moralischen Problemen. Erst eine durchgesetzte Postmoderne kann den vormaligen modernen Moralmythos zerreißen und zur allgemeinen moralischen Verfassung vordringen: „Postmoderne, so könnte man sagen, ist Moderne ohne Illusionen." (Bauman 1993b: 55)

Die Postmoderne hat sich von dem Ordnungsdrang der Moderne emanzipiert, lässt Ambivalenzen ausdrücklich bestehen und setzt auf ein der allgegenwärtigen Ambiguität Respekt zollendes Leben mit dem Ungeklärten. Die größte Chance der Moral liegt dabei in dem Wissen um die Unsicherheit des moralischen Handelns. Mehr noch, die Zerschlagung der modernen moralischen Schein-Gewissheit stellt für Bauman einen postmodernen Gewinn in dem Sinne dar, dass die Einsicht in ein nicht veränderbares Chaos es nahe legt, menschliche Handlungen von ihren Folgen prinzipiell zu entkoppeln. Denn welchen Sinn hat ein Imperativ, der nicht eingehalten werden *kann*?

> Postmoderne Weisheit kennt nur eine Planung, und zwar vom Typ „Familienplanung" ... – eine Planung, die in der Hauptsache mit „Schwangerschafts"-Verhütung beschäftigt ist, mit der Befreiung der Handlungen von ihren Folgen. (Bauman 1995: 49)

Der postmoderne Mensch legt damit Wert auf die Vermeidung von Festlegungen und Bindungen und die Betonung offener Optionen. Damit kommt auch wieder der durch die Moderne unterdrückte *moralische Impuls* des Individuums zum Vorschein – eine Art individuell angelegter moralischer Trieb, der sich in der Begegnung mit einem anderen Menschen Ausdruck verleihen kann. Die Freilegung dieses Impulses ist der Kern postmoderner Ethik (Bauman 1993b). So kann man die Postmoderne also verstehen

> als eine ferne (und, sei's drum, utopische) Aussicht auf Emanzipation des autonomen moralischen Selbst und die Rehabilitation seiner moralischen Verantwortlichkeit; als eine Aussicht auf ein moralisches Selbst, das – ohne Fluchtgedanken – der inhärenten unheilbaren Ambivalenz ins Auge sieht, die jene Verantwortlichkeit mit sich bringt und die bereits ihr Schicksal ist – immer noch darauf wartend, seiner Bestimmung zugeführt zu werden. (Bauman 1993b: 29/30)

Die Zeichen für eine Entwicklung der Gesellschaft hin zur Entbettung des Individuums aus moralbehindernden Gesellschaftsstrukturen und hin zur Freisetzung des autonomen moralischen Selbst stehen gut, in nahezu allen Gesellschaftsbereichen lässt sich eine Art postmoderne Individualisierung erkennen. Vor allem aufgrund der weltweiten Durchsetzung ökonomischer Strukturen und Dynamiken werden ideologische Mobilisierungen immer weniger nötig und statt dessen durch konsumorientierte Verführungskräfte ersetzt. Nationalstaatliche Identitäten werden zunehmend obsolet, staatlich verordnete Vereinheitlichungsversuche durch eine Unterscheidungs-Kultur in allen Lebensstilfragen überlagert, und der Autonomie individueller Wahlmöglichkeiten wird höchste Relevanz zugesprochen. Der Weg führt damit zurück zu einer Freisetzung der von der Moderne unterdrückten Ambivalenzen. Genau in diesem Sinne muß die postmoderne Rettung der Moral verstanden werden:

> Es gibt eine wirkliche emanzipatorische Chance in der Postmoderne: ... die von der Moderne verrichtete Arbeit der „Entbettung" zu ihrem Ende zu bringen. (Bauman 1993b: 23)

Der Prozess der Individualisierung wird so zum postmodernen Rettungsanker erklärt, durch ihn kann sich die Moderne an dem eigenen Schopf aus ihrem Moralsumpf ziehen (Kron 2000). Die daraus resultierende neue postmoderne Sozialmoral ist unter Vermeidung jeder Art des Kollektivismus derart streng individualistisch orientiert, dass das „Soziale" der Sozialmoral nur noch in der Begegnung *zweier* Individuen besteht: Diese Wechselwirkung als normfreier Interaktionsort alleine lässt genug Platz für die Genese von Moral als möglichem Schutz vor Barbareien wie dem Holocaust.[4]

Dies bedeutet gleichwohl keine Verringerung grausamer Handlungen. Auch entbettete, individualisierte Individuen können und werden grausam handeln. Letztlich wird es nicht möglich sein, ein Gesamtvolumen von Grausamkeit zu berechnen und Grausamkeiten gegeneinander aufzuwiegen. Postmoderne Grausamkeiten werden aber fragmentierter, zersplitterter, dezentraler auftreten. Und dies sind alles Punkte, die eine Wiederholung eines Holocaust verhindern können, der ja – wie hier gezeigt werden sollte – nicht alleine ein Produkt von Grausamkeit war.

> Freiheit, Gleichheit, Brüderlichkeit war der Schlachtruf der Moderne. Freiheit, Verschiedenheit, Toleranz ist die Waffenstillstandsformel der Postmoderne. (Bauman 1991: 128)

Literatur

Bauman, Zygmunt, 1991: Moderne und Ambivalenz. Frankfurt/M. 1992: Fischer.

Bauman, Zygmunt, 1992: Dialektik der Ordnung. Hamburg: Europäische Verlagsanstalt.

Bauman, Zygmunt, 1993a: Das Urteil von Nürnberg hat keinen Bestand. Rassismus, Antirassismus und moralischer Fortschritt. In: Das Argument 39, 519-531.

Bauman, Zygmunt, 1993b: Postmoderne Ethik. Hamburg 1995: Hamburger Edition.

Bauman, Zygmunt, 1994: Ist der Holocaust wiederholbar? (Vortrag am 03.05., GH Kassel: http://www.rz.unifrankfurt.de/pol.bildung/polis/polis8.ht ml)

Bauman, Zygmunt, 1995: Flaneure, Spieler und Touristen. Essays zu postmodernen Lebensformen. Hamburg 1997: Hamburger Edition.

Bauman, Zygmunt, 1997: Unbehagen in der Postmoderne. Hamburg 1999: Hamburger Edition.

---

4 Das Werk von Bauman „Unbehagen in der Postmoderne" weist eine in diesem Text noch nicht erwähnte Sonderheit auf, die zumindest angemerkt werden muss: Bauman versucht dort (1997: 84-127) die Integration des Wertes der Gerechtigkeit in seine Theorie postmoderner Ethik. Meiner Ansicht nach wird genau an diesem offensichtlichen Widerspruch die soziologische Schwierigkeit postmoderner Moralvorstellungen sichtbar, dass Akteure nicht nur zu zweit, sondern eben auch in einer Mehrzahl jenseits des Duos auftreten. Scheinbar nötigt die „ärgerliche Tatsache der Gesellschaft" hier zu theorieimmanenten Inkonsequenzen, die aber die Relevanz der Kritik an der Moderne nicht notwendigerweise verringern.

Bauman, Zygmunt, 2000: Ethics of Individuals. In: Thomas Kron (Hrsg.), Individualisierung und soziologische Theorie. Opladen: Leske + Budrich.

Beilharz, Peter, 2000: Zygmunt Bauman. Dialectic of Modernity. London, Thousand Oaks, New Delhi: Sage.

Joas, Hans, 1996: Soziologie nach Auschwitz. Zygmunt Baumans Werk und das deutsche Selbstverständnis. In: Mittelweg 36, Heft 4, 18-28.

Kron, Thomas, 2000: Individualisierung und Postmoderne Ethik. In: Thomas Kron (Hrsg.), Individualisierung und soziologische Theorie. Opladen: Leske + Budrich.

THOMAS BRÜSEMEISTER

Der moderne soziale Konflikt zwischen Unterklassen und Mehrheitsklasse – Ralf Dahrendorfs Diagnose der Bürgergesellschaft

Ralf Dahrendorf, geboren 1929 in Hamburg, 1947 bis 1952 Studium der Philosophie und Klassischen Philologie in Hamburg, 1952 Dr. phil in Hamburg mit einer Studie über Marx, 1956 Ph.D. in London, danach Professor für Soziologie in Hamburg, Tübingen und Konstanz. Nach Professuren an der Columbia Universität und in Harvard war Dahrendorf zwischen 1969 und 1970 Mitglied des Bundestages, von 1970 bis 1974 arbeitete er in der Europäischen Kommission. Der in Großbritannien inzwischen geadelte Dahrendorf war zudem von 1974 bis 1984 Direktor der London School of Economics. Hauptwerke sind: „Soziale Klassen und Klassenkonflikt" (1957), „Homo Sociologicus" (1959), „Gesellschaft und Demokratie in Deutschland" (1965), „Bildung ist Bürgerrecht" (1968), „Pfade aus Utopia" (1968), „Lebenschancen" (1979), und „Der moderne soziale Konflikt" (1992).

Das 1992 erschienene Buch „Der moderne soziale Konflikt" stellt, so Ralf Dahrendorf, „die Summe meiner Sozialwissenschaft" dar (9).[1] Das Buch ist eine „Sozialanalyse, in die strenge Theorie, normative Absicht und historische Durchdringung verwoben werden" (10). Entlang verschiedener Ländervergleiche entwickelt der Autor eine Grundthese: „Der moderne soziale Konflikt ist ein Antagonismus von Anrechten und Angebot, Politik und Ökonomie, Bürgerrechten und Wirtschaftswachstum. Das ist immer auch ein Konflikt zwischen fordernden und saturierten Gruppen." (8) Diese These, die es im Folgenden zu entfalten gilt, wird von Dahrendorf in liberaler Tradition entworfen, der zufolge soziale Konflikte Motoren für gesellschaftliche Entwicklungen darstellen. In den vergangenen Jahren gab es nach Dahrendorf unterschiedlichste Arten sozialer Ungleichheiten, die zum Ausgangspunkt für soziale Konflikte und damit eine gesellschaftliche Entwicklung wurden. In Anlehnung an Thomas H. Marshall deutet Dahrendorf diese sozialen Konflikte als Kampf um eine Bürgergesellschaft, die im 18. Jahrhundert durch das Erstreiten von Grundrechten, im 19. Jahrhundert durch den Kampf um

---

1 Im Weiteren sind Zahlen in Klammern Seitenangaben zu diesem Werk.

politische Rechte sowie im 20. Jahrhundert durch soziale Rechte möglich wurde (62/63). Die Bürgergesellschaft scheint heute fast erreicht – aber damit haben sich in den Augen Dahrendorfs beinahe auch die klassischen Antagonismen erschöpft, die zuvor für eine gesellschaftliche Entwicklung sorgten. Deshalb will er nun die Optik feiner stellen, um neue soziale Konflikte auszumachen, aus denen Gesellschaften heute Entwicklungspotentiale schöpfen können. Obwohl vom Autor nicht so benannt, ist der Hauptfeind aus liberaler Sicht relativ eindeutig auszumachen. Er besteht in einer Unverbindlichkeit derart, dass die Akteure keine Konflikte mehr wahrnehmen beziehungsweise keine mehr austragen, obwohl sie sie wahrnehmen.

Sozialer Konflikt und Klassenkonflikt

Entlang von Marshalls Modell entwirft Dahrendorf ein Bild der bisherigen Geschichte der westlichen Gesellschaften. Diese Geschichte ist eine Geschichte von sozialen Konflikten gewesen, in denen es, politisch gesehen, um die Ausweitung von Rechten sowie, ökonomisch gesehen, um die Ausweitung von Angeboten ging. Lange Zeit habe der Konflikt die Form eines Klassenkonflikts angenommen, der sich zwischen zwei großen Blöcken, Kapital und Arbeit, abspielte. Dann jedoch seien „zwei Schwellen des Wandels" (51) zu beobachten gewesen. Die erste Schwelle beruhte darauf, dass die enge Klassengesellschaft im 20. Jahrhundert zu einer Gesellschaft mit relativ offenem Schichtungsgefüge wurde, insofern die Akteure erstens ihre Lebenschancen individuell verbessern konnten. Zweitens standen Interessengruppen bereit, stellvertretend für viele Menschen Konflikte auszutragen, und indem die Erfolge institutionalisiert wurden, ging es immer mehr Menschen immer besser. So traten „die alten Klassenzugehörigkeiten in den Hintergrund" (168). Heute, nach dem Ende des sozialdemokratischen Konsensus zwischen Staat, Wirtschaft und Gesellschaft, gibt es eine „neue Solidarität …, die zwei Drittel, wenn nicht vier Fünftel oder noch mehr aller Mitglieder der Gesellschaft umfaßt" (168). Damit ist die zweite Schwelle in der Entwicklung genannt, „in der Bürgerrechte aufgehört haben, dominantes Thema der Auseinandersetzung zu sein" (52). Bürgerrechte haben „als eine große historische Kraft des Wandels ihre Energie verloren", weil ihr *Prinzip* „weithin akzeptiert worden ist" (168). Dies bedeutet nach Dahrendorf bei weitem nicht, dass Bürgerrechte selbst in irgendeinem Land der OECD – ganz zu schweigen von anderen Teilen der Welt – allgemein garantiert wären; nach wie vor gibt es politische Verteilungskämpfe um dieses knappe Gut. Dennoch haben viele Länder eine qualitative Grenze überschritten, weil sie das Prinzip der Bürgerrechte nicht mehr zurücknehmen können. Und dies bedeutet, dass sich losgelöst von einstigen Klassengrenzen und Gruppenzugehörigkeiten heute eine neue Mehrheitsgesellschaft gebildet hat, die eine „fundamentale Gleichheit des Zugangs" (168) zu eben diesen Bürgerrechten besitzt. Mit dieser neuen Mehrheitsklasse gehe ein „Kapitel der Politik- und Sozialgeschichte, das mit einem tiefgehenden und potentiell revolutionären Klassenkampf begann" (169), sowie ein Kapitel des organisierten Kapitalismus der sechziger und siebziger Jahre des 20. Jahrhunderts zu Ende.

Wenn man so will, ist hier der von Ulrich Beck so bezeichnete Fahrstuhl-effekt benannt: Sehr viele Menschen sind auf das Niveau des Bürgerstatus gehoben worden. Oben angekommen, stehen die sozialen Konflikte keines-wegs still, nur nehmen sie andere Formen an. So können sich die Menschen in einer relativ konfliktlosen Zeit wähnen, in welcher die ritualisierten Aus-handlungen zwischen Kapital, Staat und Arbeit in den Hintergrund treten, und hoffen, „viele ihrer Lebensabsichten ohne grundlegende Veränderungen bestehender Strukturen zu verwirklichen" (169). Aber es entstehen neue so-ziale Barrieren, „die zwar keinen rechtlich verbindlichen Charakter haben, aber dennoch den Bürgerrechten für alle schwer überschreitbare Hindernisse in den Weg legen. Dazu gehören sowohl Realeinkommen, als auch Formen der Diskriminierung, sowohl Mobilitätsbarrieren als auch Behinderungen der Teilnahme." (62) Der moderne soziale Konflikt habe es mit der Wirkung von Ungleichheiten zu tun, „die die volle bürgerliche Teilnahme von Menschen mit sozialen, wirtschaftlichen und politischen Mitteln einschränken. Es geht also um Anrechte, die die Position des Bürgers zu einem erfüllten Status ma-chen." (62)

Bevor ich zu den Schwierigkeiten komme, die Dahrendorf für gegenwär-tige Bürgergesellschaften diagnostiziert, muss die normative Folie benannt werden, vor deren Hintergrund Dahrendorf argumentiert: „Es geht bei der Bürgergesellschaft … um das schöpferische Chaos der vielen, vor dem Zugriff des (Zentral-)Staates geschützten Organisationen und Institutionen." (69) In diesen Institutionen können Akteure „Dimensionen ihrer Lebensinte-ressen realisieren" (69). Institutionen sind für Dahrendorf notwendige Siche-rungselemente („Ligaturen"), damit aus der Wahlfreiheit der Einzelnen Le-benschancen werden. Dafür müssen die Institutionen unabhängig von einem Machtzentrum, relativ autonom sein. Auch staatliche Institutionen können darunter fallen, solange es in ihnen eine „Eigeninitiative von Mitgliedern" (69) gibt, die man auch in den anderen Bereichen von Bürgergesellschaften, wie kleinen und mittleren Unternehmen, Stiftungen, Vereinen und Verbän-den, findet. Das wichtigste Element der Bürgergesellschaft ist der freie Ge-staltungswille des Einzelnen. Ein Bürger in diesem Sinne „fragt nicht, was andere, insbesondere der Staat, für ihn tun können, sondern tut selbst etwas" (70). Der Staat wiederum überlässt gemäß dem Idealbild der Bürgergesell-schaft „breite Bereiche des Lebens" den Einzelnen, „so daß diese sich weder für noch gegen dessen Institutionen entfalten, um am Ende gemeinsam mit diesen und mit der Marktwirtschaft Lebenschancen zu befördern." (71)

Lebenschancen werden also an Ligaturen gebunden. Dahrendorf nimmt dabei eine Präzisierung seiner früheren Formel „Lebenschancen sind eine Funktion von Optionen und Ligaturen" vor (40). Optionen fasst er nun als „je spezifische Kombination von Anrechten und Angebot" (40).

Angebot und Anrechte

Anrechte kann man vereinfacht als individuelle Zugangsrechte zu Märkten verschiedenster Art verstehen. Es gibt harte Zugangsrechte, etwa die verfassungsmäßig garantierten Grundrechte, und es gibt nach Dahrendorf „weichere" Anrechte, etwa Reallöhne – die aber genauso wie Grundrechte bestimmte gesellschaftliche Türen öffnen. Eingeschränkte Grundrechte und sinkende Löhne sind zwei einfache Beispiele für fehlende Eintrittskarten, um an bestimmten gesellschaftlichen Spielen teilnehmen zu können:

> Eintrittskarten öffnen Türen, aber für diejenigen, die sie nicht haben, bleiben die Türen verschlossen. In diesem Sinn ziehen Anrechte Grenzen und schaffen Barrieren. Das bedeutet, daß sie im Prinzip nicht graduell zu verstehen sind; eine halbe Eintrittskarte ist keine Eintrittskarte. (28)

Darüber hinaus müssen Anrechte auch mit Angeboten einhergehen. Es nützt nichts, Eintrittskarten zu haben, wenn kein Spiel geboten wird. Zu dem Zusammenhang von Anrechten und Angeboten zwei Beispiele: Im ersten Fall besitzt ein Land ein ausreichendes Angebot an Wirtschaftsgütern, das jedoch mangels Rechten nicht allen zur Verfügung steht; auch umgekehrt, so der zweite Fall, haben Bürger kaum etwas davon, wenn es nur wenige Güter gibt, über die jedoch alle rechtlich gesehen gleichermaßen verfügen können. Für einen solchen Fall steht nach Dahrendorf das Nicaragua des Jahres 1986, wo sich das „sandinistische Revolutionsregime" gleichsam damit brüstete, eine „Welt des Überflusses für die Wenigen in eine des Mangels für alle" verwandelt zu haben (23). Hier gibt es also ein Zuwenig an Angeboten, während das erste Beispiel von zu geringen Anrechten berichtet. Bürgergesellschaften sollten im Idealfall eine ausgewogene Angebots- und Anrechtsstruktur aufweisen.

Besonderes Gewicht kommt dabei Anrechten zu, wie Dahrendorf am Beispiel der großen Hungerkatastrophen in Afrika zeigt, denen viele tausend Menschen zum Opfer fielen. Dies geschah jedoch nach seiner Ansicht nicht deshalb, weil es zu wenig Lebensmittel gab, sondern weil bestimmte Gruppen exklusiv über sie verfügten, also Anrechte monopolisierten (26). Sollen Lebenschancen nicht nur auf dem Papier stehen, ist es also erstens entscheidend, dass Angebote und Anrechte in etwa korrespondieren.[2] Zweitens dür-

---

2   Wobei die Verfügung über materielle Güter ab einem bestimmten Punkt zu einem Anrecht werden kann. Abgesehen von einer solchen Konvertierung von Angeboten in An-

fen Anrechte nicht von faktischen Barrieren durchzogen sein, welche die formal eröffneten Zugangsmöglichkeiten wieder verschließen.

In den OECD-Ländern besitzt jeder einzelne Bürger eine individuelle Anrechtsmenge auf der Basis von Grundrechten, politischen Rechten und sozialen Rechten, formuliert Dahrendorf in Anlehnung an Marshall. Diese Rechte wurden nach 1945 insbesondere über politische Interessenvertretungen ausgebaut. Die Geschichte der Anrechtsrevolution kommt aber nicht zu ihrem Ende, nachdem der Bürgerstatus, der auf diesen Rechten basiert, formal erreicht ist. Denn nun müssen Teilnahmerechte „auch ausgeübt werden ... , um wirklich zu sein" – und um „die Vollendung des Versprechens der Bürgerrechte für alle" zu erreichen (169). Das heißt, die Bürger müssen sich handelnd für Anrechte einsetzen und sie dort einklagen, wo sie nur unvollständig realisiert sind. Bloße Lippenbekenntnisse reichen nicht aus.

Angesichts dieser Notwendigkeit sieht Dahrendorf eine Reihe von Gefahren – den modernen sozialen Konflikt – heraufziehen. Eine der Gefahren wurde am Beispiel der Hungerkatastrophen schon angesprochen: Menschen verzichten manchmal von sich aus darauf, Anrechten Substanz zu verleihen. Statt sie wirklich zu wollen, finden sie sich mit gegebenen Anrechtsbarrieren ab und geben sich mit weniger zufrieden. Und dies selbst dann, wenn „Bedürfnisse unabweisbar dringlich werden, wenn es also ums Überleben geht" (26). Es ist also von einer normativen Kraft von Anrechtsstrukturen auszugehen. Dies kann erstens heißen: Anrechtsbarrieren werden hingenommen, obwohl es sie formal gesehen nicht geben dürfte. Dies sieht auf den ersten Blick nicht wie ein Konflikt aus, da ein sozialer Schließungsprozess und kein Austragen von Interessengegensätzen vorliegt. Dennoch ist er eine Art „eingefrorener" sozialer Konflikt. Zweitens kann es soziale Konflikte geben, insofern sich Menschen gegen herrschende Anrechtsstrukturen auflehnen, wobei man auch hier die Strukturen in ihrer normativen Wirkung stillschweigend anerkennt, gerade weil man gegen sie vorgehen will. Soziale Konflikte nehmen in diesem Fall die Gestalt von Verteilungskonflikten an. Die zwischen sozialen Gruppen herrschenden Grenzziehungen, die darüber entscheiden, welche Gruppen über welche Ressourcen verfügen dürfen, werden verschoben.

Dahrendorf beschäftigt sich jedoch vor allem mit der zuerst genannten Art von sozialen Konflikten, die den Charakter von Schließungsprozessen annehmen. Insofern Menschen von sich aus auf Anrechte verzichten, kann der soziale Konflikt anomische Züge bekommen. Nach Dahrendorf wird jene „geheimnisvolle Kraft" der Motivation berührt, die im Falle der Anomie fehlt. Nur wenn gilt: „Menschen müssen mehr wollen" (36), wenn sie also Rechte

---

rechte bezeichnen beide Begriffe – parallel mit der Unterscheidung von Wirtschaft und Politik – unterschiedliche Sachverhalte mit nicht substituierbaren Aufgaben. Obwohl z.B. die Politik nicht ohne Einfluss auf das Wirtschaftsgeschehen ist, kann sie nach Dahrendorf aus sich heraus nicht für wirtschaftliche Angebote sorgen, was nur im freien Spiel der Kräfte möglich ist.

in Anspruch nehmen, faktische Ungleichheiten bei Anrechten beseitigen wollen, verfallen die Eintrittskarten nicht, welche die Bürgergesellschaften in Form der bisher errungenen Anrechte jetzt schon bereithalten. Eine Variante des modernen sozialen Konflikts liegt also darin, dass die Menschen sich nicht mehr für die immer verbesserungswürdigen Bürgergesellschaften einsetzen, sondern sich auf ihren Errungenschaften – formale Bürgerrechte für alle – ausruhen. Das Problem eines Motivationsverlustes für Bürgergesellschaften taucht in dem Moment auf, wo die BürgerInnen diese Gesellschaft bereits verwirklicht glauben. Ein Grund dafür liegt in der Gewöhnung, dass in früheren Jahrzehnten Interessengruppen stellvertretend für sie immer mehr Anrechte erstritten.

Der moderne soziale Konflikt basiert nun darauf, dass allmählich Teile aus der Mehrheitsklasse, wie sie in den entwickelten Bürgergesellschaften entstand, wieder herausfallen. Und da in den OECD-Ländern die großen Interessenvertretungen diesen Konflikt nur noch bedingt, wenn überhaupt, auffangen, kann der Aufprall sehr hart sein. Dieser neue Konflikt überlagert die Verteilungskonflikte aus früheren Jahrzehnten, welche im Weltmaßstab für viele Länder nach wie vor Bedeutung haben.

Grenzen

Den neuen sozialen Konflikt, also das Herausfallen von Teilgruppen aus der Mehrheitsklasse sowie den Motivationsverlust der Mehrheit, verfolgt Dahrendorf zurück in die sechziger und siebziger Jahre des 20. Jahrhunderts. Damals konnten die OECD-Länder auf der Basis eines sozialdemokratischen Konsenses nicht nur immer mehr Anrechte, sondern auch ein stetiges wirtschaftliches Wachstum für sich verbuchen. Beides, die Anrechts- und die Angebotsentwicklung, kommt in den siebziger Jahren ins Stocken. Für die Gesellschaftsformen, die sich danach bis zu unserer Gegenwart entwickeln, gibt es gemäß Dahrendorf noch keinen verbindlichen Namen. Eindeutig ist allenfalls die internationale Abkehr von einer Wachstumseuphorie auf der Seite der Angebote sowie die Ansicht, dass es nicht reicht, Anrechte nur bereitzustellen. Diese beiden Aspekte laufen auf die Formel hinaus, dass es *nicht* länger immer mehr für immer mehr Menschen zu verteilen gibt.

Auf der internationalen Ebene setzen die Vereinigten Staaten von Amerika zu Beginn der siebziger Jahre mit ihrem Ausscheren aus internationalen Abkommen und einer Verstärkung ihrer wirtschaftlichen Eigeninteressen ein Signal für eine neue Wirtschafts- und Handelsordnung. Der entscheidende Punkt dabei sei, „daß das Zerbröckeln einer offenkundig illusionär gewordenen internationalen Ordnung die Länder der Welt ungeschützt den Winden einer direkten Ausübung von Macht aussetzte" (180). Dies sei als „Rückkehr von Kant zu Hobbes" zu verstehen: „Macht und nicht Recht bestimmt, was zwischen Nationen geschieht. Jeder versucht, mit eigener Kraft seine Interessen durchzusetzen, auch wenn das auf Kosten anderer geschieht." (181) In den achtziger Jahren habe dieser Prozess „zu einer Art Anomie im Weltmaßstab geführt" (183). In dieser Welt gebe es nur wenige Ansätze „für die Zukunft internationaler Anrechtsgarantien" (184), was sich zum Beispiel daran gezeigt habe, dass Südafrikas Apartheid-Regime nicht von einer Staatengemeinschaft beseitigt wurde, sondern von innen gestürzt werden musste (183/184).

Da die meisten Länder der OECD mindestens ein Jahr des ‚negativen Wachstums', zunehmende Umweltbelastungen, Arbeitslosigkeit, soziale Ungerechtigkeiten und mit der Ölkrise einen Energieschock erlebten, setzten viele Nationen erst recht auf eine Intensivierung staatlich gesteuerter Angebote. Es sei die „merkwürdige Neigung" entstanden, „nichtökonomische Lösungen für ökonomische Fragen anzubieten" (189). Weiter: „Keynesianismus, oder was sich so nannte, eroberte die Welt. Überall und in jeder Hinsicht nahmen Regierungen für sich in Anspruch, mit sämtlichen Fragen fertig zu werden, und das wurde auch von ihnen erwartet. Das galt für Konjunktureinbrüche wie für Naturkatastrophen und vom kleinsten Dorf bis zur ganzen Welt." Dadurch, dass die Erwartungen „in den Himmel wuchsen" – schließlich bemühte sich der Wohlfahrtsstaat erfolgreich um Bürgerrechte, Einkommenstranfers, Bildung und Gesundheit –, seien auch die Enttäuschungsmöglichkeiten gestiegen. Heute wächst die Einsicht, dass die Demokratie z.T. „zu einer Konkurrenz politischer Unternehmer um Stimmen" verkommt (198) oder dass etwa „Lehrer und Krankenschwestern ... in Verwaltungsarbeit ertrinken" (196/197). Das vom Sozialstaat geschnürte Anrechtspaket muss bezahlt und verwaltet werden, d.h. „es kommt ein Punkt, an dem die Maschinerie des Sozialstaates dessen Absichten konterkariert" (196), weil die Anrechte z.T. durch bürokratische Hürden wieder beschnitten werden, die notwendigerweise mit einem allzuständigen Sozialstaat verbunden sind. Aus diesen und anderen Gründen folgert Dahrendorf für die ausgehenden siebziger Jahre: „Menschen hörten auf, von Regierungen viel zu erwarten. Sie schraubten ihre Erwartungen zurück. Der Großstaat wurde nicht demontiert, sondern von seinen Bürgern verlassen." (199)

Die Generationen, die in den achtziger und neunziger Jahren sozialisiert wurden, sind gegenüber dem sozialdemokratischen Grundkonsens der siebziger Jahre, der gesamtgesellschaftlich ein „Mehr für immer mehr" sowie für jeden Einzelnen ein geordnetes, sicheres Vorankommen bedeutete, desillusioniert. Während sich in früheren Generationen eine Art „Beamtenmentalität" verbreitet habe – eine Folge des starken Wachstums der Dienstklasse und der Bildungsreformen der siebziger Jahre –, kehrt sich für die Nachfolgegenerationen der Trend um, u.a. aufgrund eines raueren Weltklimas, Zweifeln am Wirtschaftswachstum und dem wankenden Sozialstaat. Angesichts dieser Entwicklungen erscheinen die Generationen um das symbolträchtige Jahr 1968, welches für die Expansion des Sozialstaates steht, als historischer Son-

derfall. „Tatsächlich brachte eine ganze Generation von Hochschulabsolventen es fertig, mit großer Leichtigkeit in Planungs- und Lehr-, Aufsichts- und
Verwaltungsberufe im öffentlichen Dienst hineinzuschlüpfen. Die Tatsache,
dass unmittelbar nach ihnen dieser Zugang gleich doppelt verschlossen wurde durch das Ende der Stellenexpansion einerseits und das vergleichsweise
jugendliche Alter der neuen Beamten andererseits", habe viel zu tun mit einer
neuen politischen Stimmung (194).

Mit dem Begriff „neue Unübersichtlichkeit" will Dahrendorf die Entwicklung des Sozialstaates vorläufig auf den Punkt bringen. Ohne dass für ihn
klar ist, welche Art von Staat gegenwärtig in den entwickelten Ländern existiert, sieht er einerseits deutlich, daß es im Sozialstaat eine „Überladung' von
Staatsfunktionen" (200) gab. Andererseits habe der Wohlfahrtsstaat die sozialen Bürgerrechte verkörpert. Thatcherismus und die Politik unter Reagan
haben in den achtziger Jahren eine Änderung herbeigeführt, insofern die An-
rechtsseite geschwächt und die Angebotsseite erheblich verstärkt wurde.
Dahrendorfs Hoffnung ist es, dass künftig „die Bürgergesellschaft mit ihren
eigenen Zentren menschlicher Tätigkeit an Bedeutung" wieder zunimmt (201),
also Anrechts- und Angebotsseite ausbalanciert werden. Darauf weisen jedoch seine Befunde keineswegs hin.

Motivationsprobleme für Bürgergesellschaften

Zunächst ist festzustellen, dass immer mehr Gesellschaften auf der Basis ent-
wickelter Bürgerrechte Grenzziehungen vornehmen, also keine offenen, sondern exklusive Gesellschaften sein wollen. Der Zerfall des Vielvölkerstaates
Jugoslawien ist dafür ein Beispiel. Hier ist ein zentrales Problem aller Bürgergesellschaften zu erkennen, in denen ja eigentlich kulturelle Unterschiede
zwischen den vielen Gruppen, Unternehmen, Vereinen und Verbänden ge-
deihen sollen, was einschließt, dass diese Unterschiede nicht exklusiv ge-
handhabt werden (231).

Neben Schließungsprozessen zwischen Gruppen ist die innere Abkopplung
von Menschen ein weiteres Problem. Was durch Anrechts- und Angebotsstruk-
turen nicht per se gelöst werden kann, ist die Tatsache, dass sich Individuen innerlich verschließen: „Wenn Menschen sich auf der Straße abwenden, während
neben ihnen Verbrechen geschehen, dann nützt keine Polizei, dann nützen auch
keine (papierenen) Institutionen etwas" (Dahrendorf 1996: 196).

Derartige anomische Zustände können auch darin zum Ausdruck kommen, dass enttäuschte Menschen zwar noch an die Gesellschaft glauben wollen, es aber aufgrund ihrer Erfahrungen nicht mehr können. Hier denkt Dahrendorf zunächst an soziale Gruppen, die in einem Zyklus der Benachteiligung sind und nur noch ihren „ganz persönlichen Ausweg aus der Misere suchen" (239), also auf individuelle Mobilität jenseits gesellschaftlicher Ligatu-

ren setzen. An diesen Gruppen laufen Verbesserungen in der Anrechts- und in der Angebotsdimension gleichsam vorbei. Wenn etwa das Schicksal der underclass in den USA durch die Existenz von „no go areas" dokumentiert ist – also Bereichen, in die sich die Polizei nicht hineintraut und keine bunte Vielfalt gesellschaftlicher Gruppen existiert –, dann ist dieser Teil der Gesellschaft von der Mehrheitsklasse durch soziale Barrieren abgetrennt. Er bleibt auch dann zurück, wenn beispielsweise die Konjunktur aufwärts führt (226). Dieses Schicksal der underclass wiederholt sich auf anderen Problemfeldern, z.B. bei der Arbeitslosigkeit in den OECD-Staaten:

> Die Schlüsseltatsache für die Unterklasse und die Dauerarbeitslosen ist, daß sie sozusagen keinen Einsatz im Spiel der Gesellschaft haben. Das Spiel findet ohne sie statt. In einem durchaus ernsten Sinn gilt die moralisch unerträgliche Feststellung, daß die Gesellschaft sie nicht braucht. In der Mehrheitsklasse wünschen viele, die Unterklasse möge einfach von der Bildfläche verschwinden. (239)

Anomie kann schließlich auch beinhalten, dass Teile der Gesellschaft – etwa jugendliche Gegenkulturen – es schick finden, nicht mehr dazugehören zu wollen. Entsprechend schwierig wird es für politische Parteien und andere Institutionen, solche Menschen zu erreichen, was letztlich auch die Existenz der Institutionen gefährden kann.

Für die heutigen Gesellschaften sieht Dahrendorf vor allem folgende Frage aufgeworfen: Wie lassen sich die Bürgergesellschaften gegen die Tendenzen zur Anomie verankern, welche aus den Trennlinien resultieren, die zwischen Mehrheitsklasse und Unterklasse entstehen?

Eine der genannten Trennlinien ist die „Lethargie" (239) der Unterklasse. Diese Klasse ist Dahrendorf zufolge selten radikal, allenfalls kommt es zu gewaltförmigen Situationskonflikten. Die Unterklasse ist zunächst räumlich von Anrechten und Angeboten abgekoppelt; in den „no go areas" sind somit auch Lebenschancen verkümmert. Aber darüber hinaus ist die Unterklasse auch innerlich von Angeboten und Anrechten entfremdet, so dass gesellschaftliche Angebots- und Anrechtsstrategien, wenn es sie in den „no go areas" geben sollte, gleichsam leer laufen.

Das Schicksal der genannten Gruppen wirft ernste Probleme für die entwickelten Gesellschaften auf. Problematisch ist, dass die Betroffenen immer weniger mit Menschen aus anderen gesellschaftlichen Gruppen in Berührung kommen. Statt einer bunten Vielfalt von Verhaltensmodellen, wie es sie in Bürgergesellschaften geben soll, koppeln sich Gruppen voneinander ab – und lernen nicht mehr voneinander, was nicht nur die Lebenschancen der Einzelnen, sondern auch das Entwicklungspotential einer Gesellschaft beeinträchtigt. Zieht sich dazu noch der Staat aus manchen Regionen zurück, mündet der Prozess letztlich in einer Gettoisierung. Eine solche Anomie sieht Dahrendorf jedoch nicht allein für die underclass, sondern sie beschreibt ... einen alle Bereiche des sozialen Lebens durchdringenden Zustand. Dazu gehört der Mißbrauch von Kindern und die Vergewaltigung in der Ehe e-benso wie Steuerhinterziehung und andere Formen der Wirtschaftskriminalität. Menschen haben keinen Einsatz in der Gesellschaft und fühlen sich daher an ihre Regeln nicht gebunden. (242)

Die Folge ist, „daß das Vertrauen der Gesellschaft in ihre eigenen Regeln abgenommen hat; die Einhaltung von Regeln wird schlicht nicht mehr erzwungen." (242)

Mit dieser These verlegt Dahrendorf die Anomie auch in die Mehrheitsklasse hinein, die in leitenden Institutionen tätig ist und eigentlich eine Vorbildfunktion besitzen soll. Stattdessen entstehen neue Barrieren und soziale Lager. Der Lethargie und dem Gefühl, nicht dazuzugehören, entsprechen auf der Seite der Mehrheitsklasse hektische Grenzziehungen. Provokativ ließe sich sagen, dass auch die Mehrheit mit Ängsten vor sozialer Ausschließung lebt. Man fühlt sich von unten (den Klassen-Anderen) oder von der Seite (den kulturell Anderen) bedroht, und man reagiert darauf mit Abwehrkämpfen. Die Mehrheit versucht, dort Barrieren zu installieren, wo es Dahrendorf zufolge im Sinne einer Bürgergesellschaft keine geben sollte. Dahinter steht wie bei der Unterklasse der Verlust des Glaubens an gesellschaftliche Regeln, also Anomie. „Die Mehrheitsklasse hat ihr Selbstvertrauen verloren und wird in zunehmendem Maß protektionistisch." (254)

Über Dahrendorf hinausgehend könnte dieses Phänomen erneut in seinen Auswirkungen für die Unterklassen untersucht werden: Die Anomie der Mehrheitsklasse fällt auf die Unterklassen zurück. Weil die Beschäftigten in der Mehrheitsklasse nicht mehr recht an die eigene Leistung und durch eigene Kraft vorangebrachte Karrieren glauben (Neckel 1999), hat die Unterklasse eine Zukunft, die noch düsterer ist als ohnehin schon, insofern gesellschaftliche Vorbilder abhanden gekommen sind.

Fazit und Ausblick

Dahrendorf liefert mit dem Begriffspaar Angebote und Anrechte einen Rahmen, um verschiedene Länder auf dem Weg zur Bürgergesellschaft zu beobachten. Lebenschancen in diesen Gesellschaften sind von (wirtschaftlichen) Angeboten abhängig, obwohl sie allein keine Verbesserung beinhalten. Denn es muss auch beobachtet werden, ob und wie Angebote faktisch genutzt werden, und dies hängt von Anrechtsstrukturen ab. Selbst in weitgehend entwickelten Bürgergesellschaften können Anrechtsbarrieren vorhanden sein, und die Akteure müssen Anrechte auch wollen, d.h. für sie motiviert sein.

Dahrendorfs Gegenwartsdiagnose lautet, dass sich der Charakter sozialer Konflikte verändert hat. Es entstehen neue gesellschaftliche Trennlinien, die nicht zu organisierten Auseinandersetzungen (wie ehemals zwischen Kapital und Arbeit) führen, und zwar entweder, weil die Individuen auf individuelle Mobilität statt auf organisierte Interessenverbände setzen, oder weil sie die Motivation verlieren, überhaupt Ansprüche zu stellen. Der neue soziale Konflikt entbrennt zwischen denjenigen Gesellschaftsschichten, die sich etablieren beziehungsweise halten können und dies auch wollen, und denjenigen, denen sowohl das Können als auch das Wollen abhanden kommt. Neu ist zudem, dass im Prinzip jede soziale Gruppe in letzteren Zustand abrutschen kann. Schließlich kann auch der „Wiederaufstieg" durch Anrechtsbarrieren sowie durch ein fehlendes Wollen und Können verhindert werden, wobei die beiden letzten Aspekte nicht einfach durch ein mehr an Anrechten wieder wettzumachen sind. Ein „motiviertes Wollen" zu erzeugen ist nach Dahrendorfs Vorstellung eigentlich nur in einem natürlichen Miteinander verschiedenartiger Gruppen möglich (was Auseinandersetzungen nicht ausschließt). Dieser Faktor fehlt jedoch, wenn Gruppen exklusiv sein wollen und sich faktisch abgrenzen. Darüber hinaus ist zu beachten, dass die (relativen) Ausschließungen der einen sich auf die (bislang noch) eingeschlossenen anderen auswirken können und umgekehrt. Denn an wem sollen sich die „Deklassierten" noch orientieren, wenn auch zunehmende Teile der Mehrheit verängstigt oder perspektivlos sind?

Für die Probleme, die sich gruppenspezifisch sowie national differenzieren, kann es keine einheitlichen Lösungen geben. Über weite Strecken hilft analytisch das Begriffspaar Anrechte und Angebote weiter. Für die Gesellschaften in Osteuropa wird es nach der Ansicht des Autors zunächst verstärkt um Anrechtsfragen gehen (jedes wirtschaftliche Angebot wird sinnlos, wenn es nicht rechtlich garantiert ist). In vielen anderen Ländern der Welt muss dagegen gleichermaßen um Angebote und Anrechte gekämpft werden. Für die OECD-Länder schließlich wünscht sich Dahrendorf insbesondere für die jüngeren Generationen, dass sie jenen „Grundbestand an Regeln und Normen ... identifizieren, der tunlichst den Wechselwinden der normalen Politik entzogen bleiben sollte" (270). Der Respekt gegenüber Institutionen ist jedoch nur eine Voraussetzung „für die Eigentätigkeit von Menschen in Gruppen und Verbänden, Unternehmen und Organisationen" (271). Eine solche Assoziierung der Akteure, wie man sie etwa bei freiwilligen Helfern, Stiftungen und kirchlichen Gruppen findet, könnte u.U. auch die Situation der „Ghetto-Unterklasse" (266) verbessern, auch wenn dies angesichts von Dahrendorfs eigener Analyse eher als frommer Wunsch erscheint, und zumal nicht die Unterklasse, sondern die Relation zwischen Mehrheits- und Unterklasse den Kern der neuen sozialen Konflikte ausmacht.

Trotz und gerade aufgrund der angedeuteten neuen Konfliktkonstellationen gibt Dahrendorfs Soziologie nicht auf. Zu berücksichtigen sei, dass der Bürgerstatus und die Bürgergesellschaft, als Errungenschaften der Zivilisation, „immer wieder gefährdet, überall unvollkommen, aber doch zumindest möglich, weil sie immerhin hier und da wirklich waren und sind. Diese Errungenschaften bleiben jedoch so lange unbefriedigend, ja verstümmelt, wie sie mit dem Ausschluß anderer verbunden sind." (284)

Literatur

Dahrendorf, Ralf, 1992: Der moderne soziale Konflikt. Essay zur Politik der Freiheit. Stuttgart: Deutsche Verlagsanstalt.

Dahrendorf, Ralf, 1996: Widersprüche der Modernität. In: Max Miller / Hans-Georg Soeffner (Hrsg.), Modernität und Barbarei. Soziologische Zeitdiagnose am Ende des 20. Jahrhunderts. Frankfurt/M.: Suhrkamp, 194-204.

Neckel, Sighard, 1999: Blanker Neid, blinde Wut? Sozialstruktur und kollektive Gefühle. In: Leviathan 27, 145-165.

UWE SCHIMANK

Das „stahlharte Gehäuse der Hörigkeit", revisited – James Colemans „asymmetrische Gesellschaft"

James Coleman wurde 1926 in Bedford, Indiana, geboren. Er studierte Soziologie an der Columbia University, New York, war Assistant Professor an der University of Chicago und Associate Professor an der Johns Hopkins University. Seit 1973 war er Professor für Soziologie an der University of Chicago. Er starb 1995. Er war der profilierteste Vertreter der Rational-Choice-Perspektive in der amerikanischen Soziologie. Außer mit der Ausarbeitung einer so ausgerichteten allgemeinen Sozialtheorie beschäftigte er sich vor allem mit Fragen der Jugend- und Bildungssoziologie und der politischen Soziologie. Seine Hauptwerke sind: „The Adolescent Society" (1961), „Equality of Educational Opportunity" (1966, mit weiteren Mitautoren), „Medical Innovation" (1966, mit E. Katz und H. Menzel), „Power and the Structure of Society" (1974), „The Asymmetric Society" (1982, Die asymmetrische Gesellschaft), „Foundations of Social Theory" (1990).

Organisationsgesellschaft

Dass die moderne Gesellschaft eine Organisationsgesellschaft ist, gehört zu ihren augenfälligsten Merkmalen. Vielleicht ist es heutzutage schon gar nicht mehr augenfällig: Weil uns so selbstverständlich geworden ist, dass fast alle gesellschaftlichen Lebensbereiche von formalen Organisationen durchsetzt sind, ist uns kaum noch bewusst, dass frühere Gesellschaften diese Art von Sozialgebilde gar nicht oder höchstens in wenigen Teilbereichen – und auch dort in ganz anderer Form – kannten. So gab es zwar die „historic bureaucratic empires" (Eisenstadt 1963), etwa in Mesopotamien, oder die mittelalterliche katholische Kirche; doch zwischen solchen vormodernen Organisationsformen und der modernen „legalen Herrschaft mit bureaukratischem Verwaltungsstab" (Weber 1922: 125-130, 551-579) bestehen himmelweite strukturelle Unterschiede. Erst recht unvergleichbar mit früheren Zuständen ist eine Auflistung der Gesellschaftsbereiche, in denen heute überall Organisationen eine tragende Rolle spielen: Neben der Staatsverwaltung und Unternehmen sind dies Schulen und Hochschulen, Krankenhäuser, Gerichte, Forschungsinstitute, das Militär, Kirchen, Museen, Zeitungen, Fernsehsender, politische Parteien, Verbände, Genossenschaften, Vereine. Auch ohne Anspruch auf Vollständigkeit ist diese Liste schlagend.

Zur modernen Gesellschaft muss vielmehr umgekehrt gefragt werden, in welchen Bereichen es überhaupt noch relativ organisationsfreie Räume gibt. Neben dem Familienleben findet sich nicht mehr viel. Die ambulante Versorgung im Gesundheitswesen durch Arztpraxen ist ein solcher Bereich, der allerdings anderswo durchaus schon stärker formal organisiert ist beziehungsweise war – siehe die Polikliniken in der ehemaligen DDR sowie ähnliche Gesundheitszentren in den Vereinigten Staaten. Ansonsten ist allenfalls die Kunst ein Bereich, in dem wichtige Leistungen organisationsfrei erbracht werden. Künstler, Schriftsteller, Musiker sind meist nicht in formalen Organisationen beschäftigt. Spätestens die Distribution künstlerischer Produkte erfolgt freilich wiederum größtenteils über Organisationen.

Die Durchorganisiertheit der modernen Gesellschaft hat seit den Anfängen der soziologischen Gesellschaftsbeobachtung immer wieder Aufmerksamkeit auf sich gezogen. Dabei wurden die unterschiedlichsten Implikationen dieses Tatbestands für das Funktionieren oder für Funktionsdefizite der Gesellschaft herausgearbeitet (Schimank 1997). Eine Fragerichtung war von Anfang an: Was bedeutet es für die individuellen Gesellschaftsmitglieder, in einer Organisationsgesellschaft zu leben? Die Antworten hierauf fielen größtenteils besorgt, wenn nicht zutiefst düster aus. Um nur drei markante Analysen hierzu anzuführen: Max Weber sprach vom „stahlharten Gehäuse der Hörigkeit", in das die Individuen durch die unaufhaltsame Ausbreitung formaler Organisationen gesperrt würden; die Frankfurter Schule verlängerte diese Diagnose zur These vom „Ende des Individuums" in der „verwalteten Welt" (Adorno 1953); und Robert Presthus schilderte die Sozialcharaktere des „Aufsteigenden", des „Indifferenten" und des „Ambivalenten", die durch Organisationsmitgliedschaften geformt und jeder auf seine Weise beschädigt würden (Presthus 1962).

James Coleman führt in seiner 1982 veröffentlichten Betrachtung der „asymmetrischen Gesellschaft" diesen Topos soziologischer Gesellschaftsdiagnose fort.[1] Anders als die genannten Soziologen bemüht er sich allerdings darum, nicht nur die Gefahren der Organisationsgesellschaft für die Individuen darzulegen, sondern auch mögliche Gegenmaßnahmen zu durchdenken. Er teilt also nicht den Fatalismus, den die Organisationsgesellschaft üblicherweise hervorruft.

---

1   Wenn im Folgenden Quellenangaben nur mit Seitenzahlen vermerkt sind, beziehen sie sich auf dieses Werk.

Korporative Akteure

Als Sozialtheoretiker ist Coleman methodologischer Individualist, der Handeln als Rational Choice begreift.[2] Akteure handeln also so, dass ihnen dies den größten subjektiv erwarteten Nutzen bringt. Dieses methodologische Postulat ist nicht zwingend mit dem moralischen Postulat verknüpft, dass das Glück des Einzelnen oberster Maßstab für die Bewertung sozialer Zustände ist. Coleman allerdings stellt sich in diese utilitaristisch-liberale Tradition der modernen Sozialphilosophie. Gesellschaftliche Strukturen aller Art – also auch die Organisationsgesellschaft – müssen sich folglich daran messen lassen, was sie dem Einzelnen bringen. Unmissverständlich fragt Coleman im Hinblick auf die – noch aufzuzeigenden – Missstände der Organisationsgesellschaft: „Sind ... soziale Erfindungen denkbar, aus denen sich eine Sozialstruktur ergibt, die für natürliche Personen befriedigender ist als die, in der wir jetzt leben?" (53)

Individuelle Nutzenverfolgung gilt Coleman also nicht als etwas, das etwa per se moralisch verdächtig wäre, weil es möglicherweise die soziale Ordnung gefährden könnte. Sondern jede soziale Ordnung sollte umgekehrt so beschaffen sein, dass sie ein Maximum an individueller Nutzenverfolgung ermöglicht. Möglichst viele Gesellschaftsmitglieder sollten möglichst uneingeschränkt tun und lassen können, was sie wollen.[3] Vor diesem Hintergrund versteht Coleman *Kooperation* zwischen Individuen als etwas, worauf sich die Beteiligten nur dann einlassen, wenn es ihnen unter Nutzengesichtspunkten als relativ vorteilhafteste Bewältigung des jeweils anstehenden Problems erscheint. So müssen z.B. zwei Studierende, die beide eine Magisterarbeit zum selben Thema schreiben wollen, abwägen: Wenn sie eine Gruppenarbeit schreiben, können beide einiges an Arbeit sparen, weil sie u.a. ihre Literaturkenntnisse und Ideen „poolen" können. Allerdings kann sich dann keiner mit dieser Arbeit so gut wie mit einer Einzelarbeit auf dem Arbeitsmarkt profilieren, weil die Zurechenbarkeit der Leistung auf den einzelnen Bearbeiter nicht mehr so einfach ist. Ist das Leistungsniveau der beiden sehr unterschiedlich, wird dieser Gesichtspunkt den schlechteren Studierenden erst recht dazu bewegen, eine Gruppenarbeit vorzuschlagen, weil dann einiges von der Qualität des anderen auf ihn abfärbt; umgekehrt wird der Bessere dann eher zögern. Vielleicht einigen sich beide auch darauf, sich intensiv miteinander auszutauschen und gegenseitig zu beraten, aber jeder eine eigene Arbeit zu schreiben. Das wäre eventuell die für beide ertragreichste Form der Kooperation.

---

2 Als Überblick zu Rational Choice siehe Schimank (2000:71-106).

3 Dass diese anzustrebende Ordnung nicht mit völliger Anarchie gleichgesetzt werden kann, also jedem Gesellschaftsmitglied auch erhebliche Einschränkungen seiner Nutzenverfolgung auferlegen muss, dürfte ebenfalls klar sein. Denn es gibt zahllose Interdependenzen der Nutzenverfolgung verschiedener Akteure, und diese Interdependenzen müssen in einer Weise geregelt werden, die allen Seiten gerecht wird, also niemanden vollkommen unbeschränkt machen lässt, was er will.

Schon dieses kleine Beispiel zeigt, dass Kooperation nichts ist, was in bestimmten Situationen für alle Seiten einfach auf der Hand liegt. Oft genug allerdings stellen Akteure nach mehr oder weniger langem Abwägen und Verhandeln fest, dass sie miteinander kooperieren sollten – und sei es, dass der eine dem anderen unmissverständlich klar macht, dass sich die Kooperation deshalb für ihn lohne, weil eine Verweigerung empfindliche negative Sanktionen nach sich ziehen werde. Auch erzwungene Kooperation lässt sich so in der Nutzenlogik erfassen. Sobald Kooperation, wodurch auch immer motiviert, zu Stande kommt, spricht Coleman davon, dass die beteiligten Individuen einen *korporativen Akteur* bilden. Die Individuen handeln dann nicht mehr als solche, also – in der Sprache des Rechts – als „natürliche Personen", sondern als Bestandteile einer „fiktiven Person" (13-17).

Dieser korporative Akteur konstituiert sich, wie das Beispiel bereits andeutet, durch „*Ressourcenzusammenlegung*" (Coleman 1974; Vanberg 1982: 8-22). Ressourcen sind dabei alle Arten von Einflusspotentialen der individuellen Akteure, von Wissen – wie im Beispiel – über körperliche Fähigkeiten bis hin zu Macht und Geld. Wenn individuelle Akteure im Rahmen eines korporativen Akteurs miteinander kooperieren, geben sie damit die Verfügungsrechte über einen Teil ihrer je eigenen Ressourcen an den korporativen Akteur ab. Eine Idee, die einer der beiden Studierenden in die gemeinsame Diskussion einbringt, ist fortan beiden zugänglich, wird also nicht länger nur ihrem individuellen Urheber zugerechnet. Dies gilt erst recht, wenn die beiden eine Gruppenarbeit schreiben. Dann handelt es sich um eine Idee des Autorenkollektivs. Und wenn Arbeiter zur besseren Durchsetzung ihrer gemeinsamen Interessen eine Gewerkschaft gründen, verpflichten sie sich als deren Mitglieder, gewerkschaftliche Kampfmaßnahmen wie etwa Streiks mitzutragen – über die eigene Beteiligung daran und über Mitgliedsbeiträge, die die Streikkasse finanzieren. Korporative Akteure bündeln so die Einflusspotentiale ihrer Mitglieder; und wenn das für eine bessere Durchsetzung der je individuellen Interessen nützlich erscheint, ist dies ein wichtiger – allerdings noch nicht ausreichender – Antrieb zur Bildung eines korporativen Akteurs.

Die Logik der „Ressourcenzusammenlegung" ist am deutlichsten bei solchen korporativen Akteuren, die „von unten" gebildet werden: durch einen Zusammenschluss Gleicher auf der Basis gemeinsamer Interessen. Alle Arten von Verbänden und Vereinen sind in der modernen Gesellschaft diejenigen Organisationen, die diesem Muster der Interessenorganisation entsprechen. Genauso wichtig sind allerdings korporative Akteure, die „von oben" geschaffen werden. Hier fungiert ein Individuum oder eine kleine Gruppe von Individuen als Träger. Dieser Träger gründet den korporativen Akteur und leitet ihn auch weiterhin.[4] Zur Realisierung seiner Interessen durch den kor-

---

4 Wenn mehrere Individuen den Träger bilden, konstituiert sich dieser Kern des korporativen Akteurs als korporativer Akteur „von unten".

porativen Akteur benötigt der Träger weitere Individuen, die mit seinen Interessen nicht übereinstimmen, aber durch auf deren Interessen abgestimmte Anreize zur Kooperation motiviert werden können. Diesem Muster folgen alle Arbeitsorganisationen, die ihre Beschäftigten durch die Zahlung von Löhnen und durch Karrierehoffnungen dazu bewegen, dem korporativen Akteur solche Ressourcen – insbesondere Wissen und Fähigkeiten – bereitzustellen, die dieser braucht, um Leistungen zu erbringen, die letztlich den Trägerinteressen nützen. Nicht nur Unternehmen, auch alle anderen Organisationen, die Mitglieder als Lohnempfänger beschäftigen, gehören in diese Kategorie.

Interessen- und Arbeitsorganisationen sind also die zwei Typen von korporativen Akteuren, die die moderne Gesellschaft als Organisationsgesellschaft prägen. Wie treten nun diese korporativen Akteure, nachdem sie erst einmal entstanden sind und sich immer weiter verbreitet haben, fortan den Individuen gegenüber?

Korporative Akteure der alten und der neuen Art

Auch die Familie ist ein korporativer Akteur – aber einer „der alten Art: Ihre innere Struktur besteht aus Personen und nicht aus Positionen. Die Kontinuität der Familie hängt von kontinuierlicher Mitgliedschaft der besonderen Personen ab, die sie als Familie ausmachen." (169/170) In vormodernen Gesellschaften war die Familie derjenige korporative Akteur, „an den sich die Sozialstruktur anschloß." (173) Das galt nicht nur für Clans, Sippen, Stämme in archaischen Gesellschaften, sondern auch für Haushalte, Grundherrschaften und Stände in der mittelalterlichen Gesellschaft. Es handelte sich um lokal überschaubare Gruppen von Menschen, zwischen denen persönlich gefärbte Beziehungen bestanden. Repräsentiert wurde die Familie durch den Mann als „Oberhaupt", der für seine Frau, seine Kinder, das Gesinde oder die Sklaven sprechen und entscheiden konnte. Der korporative Akteur bestand also letztlich aus einer persönlichen Herrschaftsbeziehung, war eine auf eine bestimmte Person an seiner Spitze zugeschnittene „Ressourcenzusammenlegung".

Korporative Akteure der neuen Art – formale Organisationen – sind hingegen meist groß, manchmal sehr groß, und daher weitgehend anonym. Entsprechend anders ist deren Verhältnis zu ihren jeweiligen Mitgliedern: Jedes einzelne Mitglied bis ganz nach oben ist als Person austauschbar. Ob z.B. dieser oder jener Sachbearbeiter beim Finanzamt eine Steuererklärung bearbeitet, kommt aufs Gleiche heraus. Die neuen, in der modernen Gesellschaft aufkommenden korporativen Akteure kultivieren Unpersönlichkeit. Statt persönlicher Bekanntschaft zwischen Sachbearbeiter und Klient, vielleicht Sympathie – oder auch Antipathie! – regieren universalistische Regeln, wie Weber als ein grundlegendes Merkmal bürokratischer Organisationen betonte. Dies gilt auch für die Leitungsspitze, die ebenfalls ihre persönlichen Belange und das Interesse der

Organisation auseinanderhalten muss. So mag es z.b. noch so sehr Gerhard
Schröders persönlicher Ehrgeiz gewesen sein, ins Kanzleramt zu kommen: Nur
weil er seine Partei und die Wähler davon überzeugte, dass es gut für die SPD
beziehungsweise die Bundesrepublik Deutschland sei, wenn er Kanzler würde,
konnte er diesen Ehrgeiz gleichsam „im Huckepack" befriedigen. Ausschlaggebend waren Partei- und Staatsräson – also die Interessen dieser beiden korporativen Akteure.

Zwischen der Entstehung der korporativen Akteure der neuen Art und der
Individualisierung der Personen in der modernen Gesellschaft macht Coleman einen Zusammenhang aus. Die Ausbreitung solcher korporativer Akteure führt zu einer Sozialstruktur, „die aus Positionen und nicht mehr aus Personen besteht und in der Personen bloß Inhaber von Positionen sind." (169)[5]
Auf der einen Seite heißt das:

> Mit der Erfindung des modernen korporativen Akteurs und seiner weitreichenden
> Ausbreitung in allen Bereichen des Handelns blieb Freiheit nicht länger auf selb-
> ständige Handwerker und Händler oder auf die hohen Stände beschränkt. Freiheit
> wurde zu einer universalen Kategorie, weil die Person nicht länger nur Teil einer
> organisch gewachsenen hierarchischen Struktur war, sondern sich in einem freien
> und offenen Markt fand, keinem Herrn mehr untertan und in der Lage, selbständig
> Dienste anzubieten und dabei unter verschiedenen Alternativen auszuwählen.
> (39/40)

Auf der anderen Seite gilt damit auch:

> Die Person ist zwar frei, aber auch in einem ganz fundamentalen Sinne unerheb-
> lich. ... Ganz besonders deutlich wird dies, wenn eine Person, die eine bestimmte
> Position innehat, nicht von einer anderen Person, sondern durch eine Maschine
> ersetzt wird. In diesem Moment ist die völlige Bedeutungslosigkeit der Person
> ganz offenkundig. (40)

Die Organisationsgesellschaft führt also im doppelten, guten und schlechten
Sinne des Wortes zu einer *Freisetzung der Person*. Bedenkt man, dass korporative Akteure für Coleman gemäß dem Konzept der „Ressourcenzusammenlegung" aus individuellen Nutzenerwägungen hervorgehen, ist die Leitlinie
seiner Gegenwartsdiagnose nun erkennbar: Die Geschöpfe wenden sich gegen ihre Schöpfer. Die formalen Organisationen überwältigen die Individuen.

---

5 Genau diese Eigenart der modernen Gesellschaft wird in der soziologischen Rollentheorie und ihrem Akteurmodell des Homo Sociologicus auf den Punkt gebracht (Schimank 2000: 37-70).

Der unaufhaltsame Aufstieg korporativer Akteure
der neuen Art

Dabei fing alles recht unscheinbar mit ein paar juristischen Spezialproblemen an (18/19).[6] Da tauchte beispielsweise im Mittelalter die Frage auf, wer auf Seiten einer lokalen Kirche den Vertrag schloss, wenn diese Land kaufte oder verkaufte. Es war nicht der Geistliche, weil das Kirchenvermögen nicht ihm persönlich gehörte:

> Eine Zeitlang behalf sich das Recht mit fiktiven Rechtskonstruktionen, über die wir heute lächeln müssen: Wenn eine Kirche etwa nach St. Peter benannt war, dann war eben „St. Peter" der Besitzer des kirchlichen Eigentums und wurde als die natürliche Person angesehen, auf die das Handeln der Kirche zurückgeführt werden konnte – und das, obwohl der Hl. Petrus schon seit über einem Jahrtausend tot war. (19)

Dann aber wurde im 13. Jahrhundert eine Rechtskonstruktion gefunden, die die Kirche zur „juristischen Person" deklarierte. Der jeweilige Geistliche handelte im Namen dieses Akteurs; und wenn der Geistliche starb und sein Nachfolger kam, änderte sich an der „juristischen Person" gar nichts. Ein anderer, noch komplexerer Fall war die Verleihung von Stadtrechten. Dies waren mannigfaltige Rechte, die nicht bestimmten Personen, Familien oder Ständen zugesprochen wurden, sondern einer Stadt. Wiederum war es egal, wenn im Laufe der Zeit sämtliche Bewohner der Stadt als konkrete Personen wechselten: Die Stadt blieb als „juristische Person" dieselbe.

Probleme dieser Art sorgten dafür, dass die Fiktion der „juristischen Person" erfunden wurde. Das Recht passte sich mit der Erfindung dieser Fiktion einer gesellschaftlichen Realität an, die gewissermaßen vollendete Tatsachen geschaffen hatte. Einmal realisiert, war diese Rechtsfigur aber auch anderswo nutzbar – und dies führte zur gezielten Schaffung von korporativen Akteuren der neuen Art (19/20). Ein für die moderne Wirtschaft entscheidender Fall war die in England erfundene Unternehmensform der Gesellschaft mit beschränkter Haftung (GmbH): „Zwar konnten die natürlichen Personen, die sich zusammengeschlossen hatten, für korporative Schulden und Verpflichtungen herangezogen werden, aber nicht so, daß deren gesamtes Vermögen in Gefahr geriet." (19) Hier werden individuelle Einflusspotentiale aus individuellen Nutzenerwägungen zusammengelegt. Aber die Individuen gehen nicht mit Haut und Haaren in diesen korporativen Akteur ein, sondern nur partiell – so wie z.B. auch die Mitglieder eines Sportvereins nicht in dieser Mitgliedschaft aufgehen. In den Vereinigten Staaten wurde die Trennung zwischen korporativem Akteur und individuellen Trägern dadurch noch weiter getrieben, dass für die Billigung wichtiger Unternehmensentscheidungen einer GmbH nicht länger die Einstimmigkeit aller Aktionäre, sondern nur

---

6   Siehe hierzu auch bereits Coleman (1974).

noch Mehrheitsentscheidungen erforderlich waren. Die Manager als tagtägliche Lenker der GmbH konnten sich so freier bewegen – und das heißt: Der korporative Akteur verselbständigte sich gegenüber seinen Trägern. Ähnliches konstatierte Robert Michels (1911) für politische Parteien als „ehernes Gesetz der Oligarchie": eine sich durch Veränderungen der Modalitäten innerparteilicher Willensbildung allmählich vollziehende Verselbständigung der Führung und damit des korporativen Akteurs gegenüber der „Basis" – siehe auch die Entwicklung der „Grünen" als aktuelles Beispiel.

Aus begrenzten naturwüchsigen Entwicklungen entstanden, setzte sich der korporative Akteur der neuen Art, einmal juristisch abgesegnet, als strategische Erfindung zur besseren Realisierung individueller Interessen spätestens seit dem 19. Jahrhundert, und besonders rasant im 20. Jahrhundert, in immer mehr Gesellschaftsbereichen durch. Coleman führt für diesen Siegeszug einige empirische Indikatoren aus den Vereinigten Staaten an (21-24). So hat sich die Anzahl von Unternehmen zwischen 1916 und 1969 verfünffacht. Nimmt man hinzu, dass auch in anderen Gesellschaftsbereichen ein – wenngleich vermutlich geringeres – Wachstum der Menge korporativer Akteure stattgefunden hat und dies überall in den letzten drei Jahrzehnten noch weiter vorangeschritten ist, während das Bevölkerungswachstum viel geringer ausgefallen ist, wird klar:

> Es ist fast so, als hätte in dieser Zeit eine Masseneinwanderung stattgefunden, aber nicht von Menschen aus Europa, Asien, Afrika oder Südamerika, sondern von Marsmenschen, d.h. einer bislang in der Geschichte unbekannten Gattung von Personen. Und diese neue Art von Personen hat allmählich die natürlichen Personen aus den unterschiedlichsten Bereichen der Sozialstruktur verdrängt. (24)

Die gestiegene Bedeutung korporativer Akteure zeigt sich auch an zwei weiteren Fakten: Sie sind mittlerweile schon gleich häufig in Gerichtsverfahren involviert wie natürliche Personen – obwohl letztere doch zahlenmäßig nach wie vor deutlich überwiegen; und natürliche Personen stehen immer seltener im Zentrum der Aufmerksamkeit von Berichten auf der Titelseite der New York Times. Letzteres geht in seiner Bedeutung auf, wenn man weiß, wie sehr das massenmediale Bild der Wirklichkeit das verbreitete Gesellschaftsverständnis prägt.

Coleman geht kaum auf die Faktoren ein, die diese Ausbreitung formaler Organisationen vorangetrieben haben. Er benennt die erwähnten rechtlichen Opportunitätsstrukturen sowie technische Entwicklungen, die zum einen – etwa in Gestalt moderner Kommunikationstechnologien – Organisationsbildung ermöglicht und gefördert, zum anderen auch nahegelegt haben. Letzteres gilt etwa für die produktionstechnischen Vorteile, die – in den Worten von Karl Marx (1861: 483-504) – zu einer „Revolutionierung von Manufaktur, Handwerk und Hausarbeit durch die große Industrie" geführt haben. Man könnte, über Colemans Darstellung hinaus, noch etliche weitere begünstigende und nahelegende Faktoren nachliefern, die die Dynamik der Organisationsgesellschaft getragen haben und weiter tragen. Hingewiesen sei hier lediglich darauf, dass diese Dynamik sehr schnell eigendynamisch wird. Organisationsbildung erzeugt Organisationsbildung – vor allem deshalb, weil Erfolgsrezepte von anderen, insbesondere von Konkurrenten – kopiert werden. Wenn sich z.b. die Arbeitnehmer zu Gewerkschaften organisieren, dauert es nicht lange, bis es auch Arbeitgebervereinigungen gibt, weil die Arbeitgeber sonst je allein der geballten organisierten Macht ihrer Beschäftigten ausgesetzt wären.

Asymmetrische Sozialbeziehungen

Systematisiert man nunmehr die Arten von Sozialbeziehungen, die in der mit korporativen Akteuren der neuen Art durchsetzten heutigen Gesellschaft vorkommen, lassen sich analytisch drei Typen unterscheiden (32/33):

- Beziehungen zwischen individuellen Akteuren – beispielsweise zwischen einer Mutter und ihrem Kind;
- Beziehungen zwischen zwei korporativen Akteuren – beispielsweise zwischen einem Unternehmen und einer Kommunalbehörde;
- und Beziehungen zwischen individuellen und korporativen Akteuren – beispielsweise zwischen einem Konsumenten und einem Unternehmen.

Die ersten beiden Typen sind symmetrisch in dem Sinne, dass jeweils nur Akteure gleicher Art involviert sind. Hingegen ist der dritte Typ *asymmetrisch*, weil Akteure unterschiedlicher Art involviert sind. Coleman konstatiert: „Mit der enormen Zunahme an korporativen Akteuren in der modernen Gesellschaft hat auch diese asymmetrische Beziehungsform in der ganzen Gesellschaftsstruktur stark zugenommen." (33) Genau deshalb spricht er von der heutigen als einer „asymmetrischen Gesellschaft".

Diese Redeweise drückt mehr aus als die Tatsache, dass ungleichartige Akteure immer häufiger aufeinandertreffen. Die Ungleichartigkeit impliziert eine ungleiche Verfügung über Einflusspotentiale und eine ungleiche Abhängigkeit voneinander. In der Regel – so Coleman – sind korporative Akteure einflussreicher als Individuen und sind Individuen mehr von korporativen Akteuren abhängig als umgekehrt. Entsprechend verlieren in der Organisationsgesellschaft die Individuen immer mehr sozialen Einfluss an Organisationen und werden zudem immer abhängiger von diesen. Ersteres ergibt sich bereits daraus, dass jede Organisation Einflusspotentiale einer Mehrzahl von Individuen bündelt – insbesondere Macht, Geld und Wissen. Die einseitige Abhängigkeit ist ein Ausdruck dessen, dass Individuen, wie erläutert, in der modernen Sozialstruktur austauschbares Personal für die zeitweilige Besetzung sozialer Positionen darstellen – die noch dazu oft genug in Organisationen eingebunden sind. Hingegen stehen einem Individuum in der Regel nur begrenzte, gelegentlich gar keine Alternativen zur Verfügung, um einen bestimmten korporativen Akteur zu ersetzen. Das gilt besonders zugespitzt im Verhältnis zu allen staatlichen Behörden: Wer mit seinem Finanz- oder Einwohnermeldeamt nicht klarkommt, kann sich kein anderes suchen – es sei denn, er zieht ganz woanders hin. Aber um etwa das Verteidigungsministerium zu wechseln, muss man schon das Land verlassen. Beim Einkaufen oder Sporttreiben hat man demgegenüber mehr oder weniger viele Alternativen an korporativen Akteuren, mit denen man eine Beziehung aufnehmen kann. Ein Wechsel aufgrund von Unzufriedenheit zeigt freilich auch immer wieder, dass die Unterschiede – etwa zwischen den Supermärkten X und Y – so groß nicht sind. Anders gesagt: Die Angebotspaletten der verschiedenen korporativen Akteure, über die man bestimmte Interessen befriedigen kann, überschneiden sich oft erheblich. In der Terminologie Albert Hirschmans (1970) zusammengefasst: Individuen, die mit bestimmten korporativen Akteuren unzufrieden sind, besitzen ihnen gegenüber oftmals kaum Chancen des „Widerspruchs" – also effektive Potentiale der Beeinflussung – und auch nicht immer sehr viele Möglichkeiten der „Abwanderung".

Eine genauere Betrachtung dieser asymmetrischen Sozialbeziehungen müsste verschiedene Untertypen unterscheiden. Nicht systematisch zu Ende gedachte Überlegungen Colemans aufgreifend (38, 102), kann man zwei Beziehungsdimensionen heranziehen: erstens, ob der individuelle Akteur freiwillig oder unfreiwillig mit einem korporativen Akteur Kontakt hat, und zweitens, ob es sich um ein Binnen- oder ein Außenverhältnis des korporativen Akteurs handelt. Daraus ergeben sich vier Arten asymmetrischer Sozialbeziehungen:

- Das Individuum ist unfreiwillig in ein Binnenverhältnis mit dem korporativen Akteur involviert. Das gilt etwa für Gefangene und Insassen psychiatrischer Anstalten, für Wehrpflichtige oder für Schüler, solange sie der Schulpflicht unterliegen.
- Ein freiwilliges Binnenverhältnis mit einem korporativen Akteur unterhalten Vereins- oder Parteimitglieder oder die Beschäftigten und Aktionäre eines Unternehmens. Diese Akteure können meist entscheiden, ob sie diese Beziehung eingehen wollen – und sie können dann auch fast immer entscheiden, mit welchem korporativen Akteur.
- Ein freiwilliges Außenverhältnis besteht in der Regel zwischen Kunden oder Klienten und einem korporativen Akteur. Teilweise können sie ganz auf die Beziehungsaufnahme verzichten – also etwa nicht fernsehen, wenn ihnen kein Sender das bietet, was sie wollen, und statt dessen Zeitung lesen oder ins Kino gehen. Auch wenn Kunden beziehungsweise Klienten nicht auf die Beziehung verzichten können, also sich z.B. in irgendein Krankenhaus zur Behandlung begeben müssen, haben sie meist zumindest die Wahlfreiheit, an welchen der relevanten korporativen Akteure sie sich wenden – sofern kein Notfall vorliegt.

• Schließlich gibt es auch unfreiwillige Außenverhältnisse zwischen Individuen und korporativen Akteuren. So unterhalten wir als Bürger diesen Typ asymmetrischer Sozialbeziehungen zu Polizei, Gerichten und anderen Organisationen der Staatsgewalt, die unsere Gesetzestreue überwachen. Eine andere Ausprägung dieses Typs liegt vor, wenn wir von Externalitäten eines korporativen Akteurs betroffen sind – z.b. als Nachbar eines Chemieunternehmens, das die Luft verschmutzt.

Coleman geht davon aus, dass mit diesen unterschiedlichen Arten von asymmetrischen Sozialbeziehungen die Möglichkeiten der Individuen variieren, sich gegen den korporativen Akteur zur Wehr zu setzen. Kunden unterliegen anderen Bedingungen als Insassen oder Nachbarn. Über diese allgemeine Aussage und einige vage Vermutungen hinaus gelangt er allerdings nicht. Dies ist ein wichtiger Punkt, an dem weitere Ausarbeitungen seiner Gegenwartsdiagnose ansetzen müssten.

Die Verselbständigung der korporativen Akteure

Die bloße Tatsache, dass Organisationen zu Lasten der Individuen gesellschaftlich immer einflussreicher werden und diese auch in immer größerer Abhängigkeit halten, mag man bedauern, wenn man die Selbstbestimmung der Individuen und deren Fähigkeit, die gesellschaftlichen Verhältnisse gestalten zu können, hochhalten will. Das ist freilich nicht Colemans Maßstab. Es wäre ja durchaus denkbar, dass die Gesellschaftsmitglieder ihre individuellen Interessen weit besser befriedigen können, wenn sie sich formalen Organisationen unterwerfen. Zum einen könnten die Organisationen als kluge Wohltäter auftreten; und zum anderen könnten ja auf Seiten der Individuen Selbstbestimmung und Gesellschaftsgestaltung als Interessen klar hinter Wohlstand, Bequemlichkeit, Sicherheit u.ä. rangieren, was alles vielleicht in der Organisationsgesellschaft weit besser realisiert werden könnte als in Gesellschaftsformen, die mehr auf die Individuen setzen. Die Frage ist also: Was hat Coleman eigentlich gegen die Übermacht der korporativen Akteure?

Seine These lautet, dass die Organisationsgesellschaft für die Individuen „neue Risiken" hervorgebracht hat (106). Mit dem von Ulrich Beck geprägten Terminus ließe sich sagen: Die Organisations- ist eine „Risikogesellschaft". In ihr nehmen die „alten Risiken" ab, die entweder, wie z.B. Erdbeben, natürlichen Ursprungs sind oder von Individuen ausgehen, etwa in Gestalt von Gewalttaten. Coleman sieht vor allem vier Hinsichten, worin sich durch Organisationen erzeugte Risiken von den Risiken unterscheiden, die Individuen hervorbringen (113-115). Erstens hat Organisationshandeln „normalerweise weitreichendere Konsequenzen als das Handeln einer Person." (113) Organisationshandeln kann sich zeitlich weiter in die Zukunft erstrecken, sozial mehr Menschen betreffen und sachlich eine größere Bandbreite von Sachverhalten erfassen. So wie Organisationen im Positiven weit effektiver wirken können als einzelne Personen, können Organisationen auch einen weit größeren Schaden anrichten. Das ist die Zweischneidigkeit der „Ressourcenzusammenlegung". Zweitens ist in einer Organisation mit einer oftmals komplizierten und undurchsichtigen internen Struktur die Handlungsverantwortung schwieriger festzumachen und bleibt nicht selten letztlich ungeklärt. Organisationen können also leichter als Personen Verantwortung abschieben – für von ihnen produzierte Schäden ebenso wie für die Schadensbeseitigung. Drittens kann man bei einer Organisation, die jemanden schädigt, nicht an moralische Handlungsgrundsätze appellieren, wie sie Menschen anerzogen werden. Organisationen reagieren nur auf negative oder positive Sanktionen, was vergleichsweise aufwendige Beeinflussungen sind. Und viertens schließlich setzt auch eine Beeinflussung von Organisationen mittels Sanktionen voraus, dass man denjenigen Punkt in der internen Entscheidungsstruktur anspricht, der auf diese Sanktionen reagiert, und dass von dort das Handeln der Organisation entsprechend ausgerichtet werden kann – was beides angesichts des komplexen Innenlebens eines solchen korporativen Akteurs alles andere als einfach ist. Fast jeder hat schon mehr oder weniger kafkaeske Erfahrungen dabei gemacht, mit einem Anliegen in einer großen Organisation von Pontius zu Pilatus geschickt zu werden.

Organisationen produzieren also deutlich größere Schäden als Individuen, und man kann – insbesondere als Individuum – viel schlechter auf Organisationen einwirken, um sie zur Schadensvermeidung oder zumindest -beseitigung anzuhalten. Je stärker also Organisationen die Gesellschaftsstruktur prägen, desto mehr nehmen genau diese Risiken zu. Sieht man dies im Zusammenhang mit der gesellschaftlichen Übermacht der Organisationen über Personen, wird Colemans Besorgnis klar. Er verkennt keineswegs all die segensreichen Wirkungen der Organisationsgesellschaft für die Individuen. Aber er weist darauf hin, dass es leicht dazu kommen kann und teilweise schon gekommen ist, dass niemand mehr die Risikoproduktion der Organisationen unter Kontrolle hat. Dieser *Kontrollverlust* ist gewissermaßen das Meta-Risiko, das wir uns mit der Organisationsgesellschaft eingehandelt haben.[7]

Colemans Gegenwartsdiagnose ist also eine Variante der alten, für die Moderne so charakteristischen Geschichte von den Geistern, die man rief und dann, als sie übermächtig wurden und nur noch Unheil anrichteten, nicht mehr los wurde. Die Dynamik der Organisationsgesellschaft beruht auf *Rationalitätsbeschränkungen* und *-dilemmata*, die aus individueller Nutzenorientierung unweigerlich unvorhergesehene und ungewollte Selbstschädigungen hervorgehen lassen. So ist die Schaffung eines korporativen Akteurs oftmals für die

---

7 Siehe dazu auch sehr anschaulich das ins Absurde getriebene fiktive Beispiel der American Electric Company, das Coleman zitiert (55-58).

betreffenden individuellen Akteure höchst rational. Aber längerfristig kann er ihnen über den Kopf wachsen, ohne dass sie ihn dann noch abschaffen oder domestizieren können. Wenn der korporative Akteur – was oft genug der Fall, nicht selten die explizite Intention ist – weiteren, ihm nicht angehörenden Individuen Schaden zufügt, bleibt diesen wiederum meistens nichts anderes übrig, als zur Gegenwehr selbst einen neuen korporativen Akteur zu schaffen. Der kann sich dann ihnen gegenüber ebenfalls verselbständigen und zugleich durch Schädigungen noch anderer Individuen eine weitere reaktive Schaffung korporativer Akteure provozieren, so dass das Ganze immer größere Kreise zieht. All das hat auf Seiten der Individuen stets das eigene Wohlergehen im Blick, bringt jedoch für alle das genaue Gegenteil hervor.

Möglichkeiten der Resymmetrisierung

So hellsichtig Coleman die zwingende Logik der Heraufkunft einer „asymmetrischen Gesellschaft" aufdeckt, so wenig lehnt er sich angesichts dessen resigniert zurück. Er ist vielmehr der Überzeugung: „Wenn wir nicht anfangen, uns mit der Frage auseinanderzusetzen, welche Art von sozialen Strukturen wir entwickeln und in welcher Sozialstruktur wir leben wollen, könnten wir unversehens soziale Strukturen zulassen, die nur sehr schwer zu verändern sind", aber: „Wenn wir den derzeitigen Wandel genau erfassen, wird es uns meines Erachtens möglich, unsere Zukunft in einem strukturellen Sinne zu steuern" (49). Coleman hält dementsprechend nach Möglichkeiten Ausschau, wie sich die Sozialbeziehungen zwischen Individuen und korporativen Akteuren resymmetrisieren lassen, so dass erstere wieder mehr Kontrolle über letztere zurückgewinnen. Dabei nimmt er zwei Richtungen, in denen sich derartige Möglichkeiten auffinden lassen könnten, näher in den Blick: die staatliche Rechtsetzung und Tendenzen eines Einbaus von Marktmechanismen in Organisationen.

Der Rekurs auf *staatliche Rechtsetzung* bedient sich eines besonderen korporativen Akteurs, um die anderen korporativen Akteure in den Griff zu bekommen. Der moderne demokratische Staat ist ein „von unten" konstituierter korporativer Akteur, den alle Staatsbürger gemeinsam schaffen und aufrechterhalten. Er besitzt daher eine „Oberhoheit" (70) über die Individuen wie über alle übrigen korporativen Akteure. Der Staat kann als rechtsetzende gesellschaftliche Instanz „natürlichen" und „juristischen Personen" gleichermaßen Rechte verleihen und Pflichten auferlegen; und er verfügt mit seinem Gewaltpotential über effektive Mittel, diesen Rechten und Pflichten auch Geltung zu verschaffen. Von daher ist es verständlich, dass Individuen „vor allem auf die Hilfe des Staates" (35) gesetzt haben, um in der Organisationsgesellschaft ihre Interessen zu wahren.

Coleman arbeitet allerdings eine tiefgreifende Zwiespältigkeit dieses Rufes nach dem Staat heraus:

Der Einsatz des Staates zum Schutz und im Auftrag natürlicher Personen bei der Kontrolle und Regulierung des Handelns korporativer Akteure hat einen äußerst schwerwiegenden Nachteil: Wie beabsichtigt, verringert sich zwar das rechtliche Ungleichgewicht zwischen natürlichen Personen und der einen Art korporativer Akteure; aber weil dabei die Machtbefugnisse vergrößert werden, die der Staat bei sich versammelt, wächst zugleich das rechtliche Ungleichgewicht zwischen natürlichen Personen und dem Staat. Die korporativen Akteure neben dem Staat werden schwächer ... Aber diese Macht hört nicht einfach auf zu existieren; sie geht aber auch nicht auf die natürlichen Personen als Individuen über. Es ist der Staat als Beschützer natürlicher Personen, auf den sie übergeht. (88)

Die Individuen kommen so leicht vom Regen in die Traufe. In den europäischen Wohlfahrtsstaaten und in den damaligen staatssozialistischen Gesellschaften Mittel- und Osteuropas sah Coleman die Neigung zu dieser wenig hilfreichen, kurzsichtigen Resymmetrisierungsstrategie.

Um herauszuarbeiten, wie man sich staatlicher Rechtsetzung besser bedient, um die Interessen der Individuen zu stärken, unterscheidet Coleman zwischen "Beschützer-Gesetzen" auf der einen und Gesetzen, „die die Spielregeln ändern", auf der anderen Seite (87-91). Erstere sind solche, die die Übermacht des Staates vergrößern, also den Individuen letztlich wenig helfen. Hingegen könnte der Staat auch in der Weise zugunsten der Individuen intervenieren, dass er die „Spielregeln" der Auseinandersetzung zwischen Individuen und korporativen Akteuren so verändert, dass Erstere sich fortan selbst zu schützen in der Lage sind. Coleman kontrastiert beide staatlichen Vorgehensweisen so:

Zum Beispiel arbeitet die Behörde für Sicherheit und Gesundheit am Arbeitsplatz in den USA mit Hilfe von Regierungsvorschriften über Sicherheitsbedingungen am Arbeitsplatz. Ein alternatives Gesetz, das für die andere Strategie stehen könnte, hätte den Arbeitern mehr Mitspracherecht bei den Sicherheitsbestimmungen für ihre Arbeit gegeben. (88)

Er führt hier auch die deutsche Mitbestimmung als Beispiel an. Anstelle einer etatistischen Steuerung favorisiert Coleman also eine „prozedurale Steuerung" (Offe 1975: 264-284), bei der der Staat nur für ein ausgewogenes oder zumindest ausgewogeneres Kräfteverhältnis zwischen Individuen und korporativen Akteuren sorgt, den Individuen ansonsten aber die Durchsetzung ihrer Interessen selbst überlässt.[8] So wird nicht nur verhindert, dass hinterrücks der Staat zum übermächtigen korporativen Akteur wird: Zugleich kann man davon ausgehen, dass die Individuen selbst besser wissen, was sie wollen, als ein paternalistisch für sie eintretender Staat.[9]

---

8 Auch Andrew Dunsires (1993) Konzept der Steuerung durch „collibration" könnte Colemans Vorstellungen präzisieren.

9 Unter bestimmten Umständen können die Individuen freilich in der Wahrung ihrer eigenen Interessen kurzsichtiger sein als der Staat; und es kann vorkommen, dass die Individuen aufgrund ihrer Abhängigkeit vom jeweiligen korporativen Akteur erpressbar sind, also auf die Verfolgung der eigenen Interessen gerade dort verzichten, wo der Staat für sie eintreten

Nicht nur im Binnenverhältnis zwischen einem korporativen Akteur und dessen Beschäftigten, Mitgliedern oder Insassen, auch im Außenverhältnis eines korporativen Akteurs zu seinen Kunden, Klienten oder Nachbarn lassen sich Regelungen „prozeduraler Steuerung" installieren. So gehört z.b. auch die Stärkung der Verbraucherrechte, etwa von Rückgabe- und Klagerechten bei unbefriedigenden Produkten, zu dieser Art von Regelungen, ebenso wie die Einspruchs- und Beteiligungsrechte von Bürgern, die von bestimmten staatlichen Planungen betroffen sind.[10] Jedoch muss ständig darauf geachtet werden, dass aus „prozeduraler Steuerung" nicht wieder ein sich allmählich verselbständigender korporativer Akteur entsteht.

Die zweite Richtung, in der Coleman Möglichkeiten einer Resymmetrisierung des Verhältnisses korporativer und individueller Akteure sieht, sind Tendenzen eines *Einbaus von Marktelementen* in korporative Akteure (130-132). Während hinter „prozeduraler Steuerung" zumeist die explizite Absicht einer Resymmetrisierung steht, ist dies beim Einbau von Marktelementen nicht der Fall. Hierbei stehen für die Organisation interne Effizienzüberlegungen im Vordergrund; doch kann sich eine Resymmetrisierung als Nebeneffekt einstellen – was allerdings keineswegs zwangsläufig geschieht. Ein Beispiel wäre, wenn große Unternehmen ihre verschiedenen Abteilungen zu profit centers machen. Ein anderes, ähnliches Beispiel wären Franchise-Unternehmen. Mindestens im Außenverhältnis zu Kunden und Klienten ist dadurch eher gewährleistet, dass die Organisationsmitarbeiter ein Eigeninteresse daran haben, zufriedenstellende Leistungen abzuliefern: „Es liegt z.B. eher im Interesse des Besitzers eines Holiday-Inn-Lizenzbetriebs als in dem eines angestellten Managers eines Hotels mit einem zentralen Besitzer, dafür zu sorgen, daß die Einrichtungen seines Hotels für die Gäste keine Gesundheitsrisiken mit sich bringen." (131/132) Denn Ersterer haftet selbst, während bei Letzterem das Unternehmen für die Schäden einsteht.

Marktelemente bewirken eine Resymmetrisierung durch Verkürzung von Rückkopplungsschleifen. Diejenigen, die durch das Handeln eines korporativen Akteurs geschädigt werden, haben einen direkteren Zugriff auf die Schadensverursacher beziehungsweise auf Stellen, die den Schaden beseitigen. Coleman führt hierzu auch das „backward policing" bei Honda an, das andere Unternehmen inzwischen übernommen haben. Anstelle einer zentralen Qualitätskontrolle am Ende des Bandes kontrolliert jede Arbeitsgruppe am Band, was sie von der vor ihr arbeitenden Gruppe erhält. Dies wird weiter fortgesetzt bis zum

---

würde. Beispielsweise könnten Arbeitnehmer auf Arbeitsschutzmaßnahmen verzichten, wenn die Gesundheitsschäden erst in ferner Zukunft und nur mit einer gewissen Wahrscheinlichkeit eintreten, oder wenn das Unternehmen damit droht, dass es bei einem Beharren der Beschäftigten auf den Schutzmaßnahmen die Produktion still legt. Manchmal ist also Etatismus auch im Sinne der Individuen vorzuziehen.

10 Bei Letzterem geht es sogar um eine Resymmetrisierung des Verhältnisses der Individuen zum Staat als korporativem Akteur.

Endverkäufer in einem Honda-Autohaus. So können Fehler schnell entdeckt werden, und die Verantwortung ist eindeutig zugeschrieben (Coleman 1990: 431/432). Der Kunde erhält ein besseres Produkt, wodurch sein Verhältnis zum korporativen Akteur schon im Ergebnis resymmetrisiert wird. Zugleich hat er einen klareren Ansprechpartner, weil der ihm gegenüberstehende Verkäufer unmittelbar für die Qualität des verkauften Autos verantwortlich ist.

Derartige Elemente ließen sich auch in anderen Arten von korporativen Akteuren einbauen. In der öffentlichen Verwaltung könnte es sogar gesetzlich vorgeschrieben werden. Auch so wären, mindestens als willkommener Nebeneffekt, die Chancen der Individuen verbesserbar, gegenüber korporativen Akteuren die eigenen Interessen durchzusetzen.

Natürlich könnte und sollte auch noch nach weiteren Möglichkeiten Ausschau gehalten werden, wie die „asymmetrische Gesellschaft" resymmetrisierbar wäre. Coleman geht nicht davon aus, dazu bereits alles Wesentliche entdeckt zu haben. Vielleicht bringt die soziale Erfindungskraft der Menschen zukünftig sogar noch ganz ungeahnte Mechanismen hervor, die die Individuen weiterhin die großen Vorzüge der Organisationsgesellschaft genießen lassen und die Risiken des Kontrollverlusts in Grenzen halten.

Literatur

Adorno, Theodor W., 1953: Individuum und Organisation. In: Theodor W. Adorno, Soziologische Schriften Bd. 1. Frankfurt/M. 1972: Suhrkamp.

Coleman, James S., 1974: Power and the Structure of Society. New York: Norton.

Coleman, James S., 1982: Die asymmetrische Gesellschaft. Vom Aufwachsen mit unpersönlichen Systemen. Weinheim 1986: Beltz.

Coleman, James S., 1990: Foundations of Social Theory. Cambridge MA: Belknap Press.

Dunsire, Andrew, 1993: Manipulating Social Tensions: Collibration as an Alternative Mode of Government Intervention. Köln: MPIFG Discussion paper 93/7.

Eisenstadt, Shmuel N., 1963: The Political Systems of Empires. The Rise and Fall of the Historical Bureaucratic Societies. New York: Free Press.

Hirschman, Albert, 1970: Exit, Voice, and Loyalty: Responses to Decline in Firms, Organizations, and States. Cambridge MA: Harvard University Press.

Marx, Karl, 1861: Das Kapital. Bd. 1. Frankfurt/M. 1972: Verlag Marxistische Blätter.

Michels, Robert, 1911: Zur Soziologie des Parteiwesens in der modernen Demokratie. Untersuchungen über die oligarchischen Tendenzen des Gruppenlebens. Stuttgart 1989 (4. Aufl.): Kröner.

Offe, Claus, 1975: Berufsbildungsreform. Frankfurt/M.: Suhrkamp.

Presthus, Robert, 1962: Individuum und Organisation. Typologie der Anpassung. Frankfurt/M. 1966: Fischer.

Schimank, Uwe, 1997: Organisationsgesellschaft. In: Hagener Materialien zur Soziologie 2/97, 35-60.

Schimank, Uwe, 2000: Handeln und Strukturen. München: Juventa.

Vanberg, Viktor, 1982: Markt und Organisation. Tübingen: Mohr.
Weber, Max, 1922: Wirtschaft und Gesellschaft. Tübingen 1972: Mohr.

STEFAN LANGE

Auf der Suche nach der guten Gesellschaft – Der Kommunitarismus Amitai Etzionis

Amitai Etzioni wurde 1929 unter dem Namen Peter Falk in Köln geboren. Als Jude musste er zusammen mit seinen Eltern in den dreißiger Jahren Deutschland verlassen und emigrierte in das damalige Palästina. Nach der israelischen Staatsgründung studierte er in Jerusalem Soziologie und begann bald darauf in den USA an der Columbia University eine außergewöhnliche akademische Karriere. Heute lehrt er an der George Washington University und der Harvard Business School. Neben organisationssoziologischen Publikationen wie „A Comparative Analysis of Complex Organizations" (1961) und „Modern Organizations" (1964) legte Etzioni mit „Active Society" (1968) eines der weltweit bekanntesten Bücher über die Grundlagen und Probleme gesellschaftlicher Steuerung vor. Als politisch engagierter Sozialreformer trat er seit den siebziger Jahren unter anderem als Berater amerikanischer Präsidenten in Erscheinung. Heute gilt er als „spiritus rector" des amerikanischen Kommunitarismus. Auch in Deutschland wurde Etzionis Wirken gewürdigt: Die Deutsche Gesellschaft für Soziologie hat ihm 1998 die Ehrenmitgliedschaft verliehen; namhafte Publizisten legen ihren tagespolitischen Kolumnen und Appellen Thesen von Etzioni zugrunde.

Das Schlagwort, unter dem Etzionis Denken auch von ihm selbst eingruppiert wird, lautet *Kommunitarismus*. Zum einen wird unter Kommunitarismus eine seit den achtziger Jahren anwachsende Theorieströmung in den Geistes- und Sozialwissenschaften verstanden, die den westlichen Gesellschaften eine Tendenz zur sozialen Desintegration diagnostiziert und die philosophischen und sozialwissenschaftlichen Reflexionstheorien dieser Gesellschaften als zu einseitig dem liberalen Individualismus verhaftet kritisiert. Im Gegenzug wird ein Eigenwert der „Gemeinschaft" gegenüber „Individuum" und „Gesellschaft" proklamiert. Zum anderen tritt der Kommunitarismus – vor allem in seinem Ursprungsland: den USA – als eine soziale Bewegung auf, die, angeleitet von der akademischen Diskussion, eine Domestizierung des Egoismusprinzips in Wirtschaft und Gesellschaft durch eine neu zu begründende öffentliche Moral sowie durch die Stärkung lokaler Gemeinschaftsbildung (eben der „communities") praktisch einfordert. Der Kommunitarismus als soziale Bewegung versteht sich damit auch als Propagandist für eine alternative politische Ordnungskonzeption zwischen den Polen eines laissez-faire-Liberalismus und des ethischen Sozialismus.

Der Kommunitarismus in den Sozialwissenschaften entwickelte sich aus einer zunächst philosophisch-hermeneutischen Kritik an den anthropologischen Prämissen von John Rawls' „Theorie der Gerechtigkeit" einerseits (Sandel 1982) und der ökonomischen Theorie des rationalen Wahlhandelns (Rational Choice) andererseits (Etzioni 1988). Beide liberalen Theorieangebote lösen den Menschen als handelnde Person analytisch von seinem soziokulturellen Hintergrund ab, um so generalisierbare Annahmen über die Prämissen einer gerechten Gesellschaft (bei Rawls) oder die Präferenzen einer rationalen Wahl von Gütern beziehungsweise Mitteln zu deren Erreichung (bei Rational Choice) zu gewinnen. Wenn dieses Personenkonzept eines ungebundenen und isolierten Individuums nicht nur der liberalen Theorie, sondern auch dem heutigen gesellschaftlichen Selbstverständnis zugrunde liegt, dann würde das bedeuten, dass Menschen im Prinzip nur solchen Gemeinschaften beitreten, die sie durch eigenes, interessengebundenes Handeln aktuell hervorbringen, aber keine weitergehenden sozialen Verpflichtungen für solche Gemeinschaften entwickeln können, in die sie hineingeboren sind, wie zum Beispiel ihre Familie, ihre Nachbarschaft, ihre Ethnie oder ihre Nation (Sandel 1984: 25). Eine Gesellschaft, in der die Integrationskraft solcher konstitutiver Gemeinschaften durch den „Kürwillen" ungebundener rationaler Interessen aufgehoben wird, würde – so sah es Anfang dieses Jahrhunderts bereits der deutsche Soziologe Ferdinand Tönnies – latent zum Hobbesschen „bellum omnium contra omnes", dem Bürgerkrieg tendieren (Tönnies 1926: 241-256).

Der Kommunitarismus begnügt sich nicht mit den üblicherweise akzeptierten Aufgaben und Grenzen der Soziologie – nämlich die Gesellschaft lediglich beschreiben und erklären zu wollen. Er hat es sich vielmehr zur Aufgabe gemacht, mit den Mitteln der Beschreibung und Erklärung jene Defizite der untersuchten Gesellschaft herauszustreichen, die die real-existierende Gesellschaft von einer „guten", anzustrebenden oder zurückzugewinnenden Gesellschaft trennt. Was Etzioni von anderen kommunitarischen Intellektuellen unterscheidet, ist, dass er neben politischer Philosophie, Anthropologie und historisch-narrativen Erzählungen auch noch auf einen anderen Strang der Gesellschaftsanalyse zurückgreift, den er selbst in den sechziger Jahren maßgeblich mitgeprägt hat: den soziologischen *Funktionalismus*. Genau genommen vertritt Etzioni in seinen jüngeren Schriften einen soziologischen Äquivalenzfunktionalismus. Das heißt, er ist davon überzeugt, dass alle Gesellschaften Bestandserhaltungsprobleme haben, die, ebenso wie das menschliche Wesen, universeller Natur sind. Allerdings gibt es keinen Generalschlüssel zur Lösung dieser Probleme, wie es die soziologische Modernisierungstheorie der fünfziger Jahre vermutete. Das funktionale Paradigma, dass Etzioni (1997: 29) verwendet, „geht hingegen davon aus, daß es alternative Antworten auf jene universalen *Bedürfnisse* gibt, die in allen Gesellschaften existieren".

Die gute Gesellschaft: anthropologische Prämissen und Makro-Modell

Etzioni vertritt die Auffassung, dass es eine universelle menschliche Natur gibt, die allerdings von den beiden anthropologischen Hauptströmungen – dem pessimistischen Menschenbild und dem optimistischen Menschenbild – als zu statisch beschrieben wird. Der anthropologische Pessimismus (z.b. bei Hobbes) erklärt den Menschen für grundsätzlich sündig, verworfen und bestialisch. Kollektive Zwangsordnungen mit mächtigen Institutionen erachtet dieser Pessimismus als unabdingbar, um trotz der Verworfenheit des Menschen ein einigermaßen zivilisiertes Zusammenleben zu ermöglichen. Der anthropologische Optimismus (z.B. bei Rousseau) betrachtet andersherum den Menschen als von Natur aus gut und friedfertig. Diesem Optimismus gelten kollektive Ordnungen und Institutionen als Agenturen der Entfremdung und Entmenschlichung, die erst durch ihren Zwang aus dem guten einen schlechten Menschen machen.

Etzioni betrachtet beide Standpunkte als extreme Pole, die er in ein prozessuales Menschenbild integriert. Am Anfang – unmittelbar nach der Geburt – befindet sich der Mensch in einem Stadium, das dem anthropologischen Pessimismus entspricht. Würde ein Mensch in diesem Stadium sozial isoliert und nur mit Nahrung versorgt, bliebe er eine asoziale Bestie. Er kann sich nicht aus sich selbst heraus entwerfen und entwickeln. Das Neugeborene ist nur mit Hilfe anderer Menschen in der Lage, sich „zum guten", das heißt, zu einem zivilisierten und gemeinschaftsfähigen Wesen zu entwickeln. *Das Ich braucht das Wir*, wie Etzioni plakativ formuliert. Friedfertigkeit und Gutartigkeit sind somit kein anthropologischer Naturzustand, sondern ein im menschlichen Wesen angelegtes *Potential*, das nur interaktiv durch Sozialisation, vor allem durch die Internalisierung von Werten, entfaltet werden kann. Dabei kommt den Sozialisations- und Wertevermittlungsagenturen, wie Familie, Schule, Gemeinde etc. ein außerordentlich hoher Stellenwert bei der Entfaltung der menschlichen Potenzen zu. Sie alle sorgen dafür, dass sich in einem Menschen die *innere Stimme der Moral* einstellt, die während eines gelingenden Lebenszyklus den Betreffenden zur Selbststeuerung und damit zu freien und mit Blick auf die Gemeinschaft mit anderen Menschen verantwortungsvollen Entscheidungen anleitet.

Der Internalisierungsprozess hört freilich mit der Kindheit nicht auf: Etzioni konzipiert ihn als einen lebenslangen und ständig bedrohten Prozess.

Denn Stimmen der Moral sind innere Stimmen im Kampf zwischen dem triebgesteuerten und dem moralischen Selbst.[1] Die moralische Stimme bildet sich zwar primär durch Wertinternalisierungen in den ersten Lebensjahren, danach bedarf es aber eines ständigen Ausbaus und gezielter Auffrischung:

> Der Kommunitarismus geht davon aus, daß Internalisierungsprozesse zwar weitreichend wirken können, sieht aber zugleich, daß diese Prozesse nicht die alleinige Stütze der moralischen Ordnung sein können. Der Mensch bedarf in beträchtlichem Maße sekundärer (das heißt über den Zeitraum der Kindheit hinausgehender) Internalisierungen wie auch der wiederholten Bestärkung moralischer Verpflichtungen. (Etzioni 1997: 229)

Als wichtige Katalysatoren zur Auffrischung solcher Wertinternalisierungen gelten Etzioni neben einer intakten moralischen Infrastruktur in allen gesellschaftlichen Institutionen vor allem gemeinschaftliche Rituale. Solche Rituale symbolisieren gleichsam die dauerhafte Verpflichtung auf einen Kernbestand von mit ihnen verknüpften Werten. Die Zelebrierung von Graduierungsritualen in Schulen und Universitäten, von Hochzeitsritualen, Amtseiden sowie Feierlichkeiten zur Ehrung gemeinschaftsrelevanter historischer Begebenheiten (egal ob religiöser oder politischer Art) an eigens dafür geschaffenen Feiertagen erscheinen Etzioni (1997: 128/129, 235) als außerordentlich wichtig, um Wertbindungen beständig zu erneuern und damit die kommunitäre Potentialität des Menschen zu wahren.

Eine philosophisch und psychologisch fundierte Anthropologie ist jedoch nicht die einzige Grundlagentheorie, die Etzioni zur Stützung seiner Gegenwartsdiagnose und seines kommunitarischen Programms heranzieht. Als Soziologe konstruiert er als zusätzliches Analyseinstrument ein makrosoziologisches Gleichgewichtsmodell, in dem eine jeweilige Gesellschaft auf einer Skala zwischen den Polen „Ordnung" und „Autonomie" fixiert werden kann.

Der Pol „Ordnung"

Auf der Makro-Ebene der soziologischen Beobachtung entsprechen dem Pol „Ordnung" relativ unbewegliche Strukturen und Prozesse in Wirtschaft und Gesellschaft sowie ein starker Staat mit durchsetzungsfähigem Sanktionsapparat und einem hohen Maß an wohlfahrtsstaatlicher Regulierung. Auf der Mikro-Ebene entspricht dem Pol „Ordnung" ein durch Religion oder Ideologie sowie durch Status und Normen gebundenes Selbst: also ein hochgradig konditionierter „homo sociologicus". So, wie Etzioni diesen Pol beschreibt, assoziiert man ihn sofort mit Max Webers (1921: 835) „Gehäuse der Hörig-

---

1 Neben einer Potentialitätsanthropologie in aristotelischer Tradition greift Etzioni hier offenbar auf Leitmotive der Psychoanalyse zurück, die sich in zahlreichen Schriften Siegmund Freuds oder auch Erik H. Eriksons finden.

keit". Auf der Ebene der empirisch vorhandenen Gesellschaften ordnet Etzioni vor allem die südost-asiatischen Gesellschaften – insbesondere China, aber auch Japan, Malaysia etc. – diesem Pol zu. Etzioni verwirft Gesellschaftsmodelle, die ausschließlich auf Ordnung durch Zwang und Konditionierung abheben, betont aber gleichzeitig die gesellschaftskonstituierende und -erhaltende Leistung einer wohlverstandenen Ordnung, die den Gesellschaftsmitgliedern ein inneres Bedürfnis ist, weil sie mit der inneren Stimme der Moral des Einzelnen übereinstimmt:

> Um sich hauptsächlich auf normative Mittel stützen zu können, ist es für eine soziale Ordnung erforderlich, daß sich die Mehrzahl ihrer Mitglieder einer Reihe von Grundwerten verpflichtet fühlt und entsprechend diesen Werten auch zumeist verhält; nicht weil sie dazu genötigt werden, ihnen zu entsprechen, sondern weil sie von diesen Werten überzeugt sind. (Etzioni 1997: 37)

Der Pol „Autonomie"

Dem anderen Pol des Gleichgewichtsmodells, „Autonomie", entsprechen umgekehrt auf der Makro-Ebene sehr bewegliche Strukturen und schnelllebige Prozesse in Wirtschaft und Gesellschaft. Wohlfahrtsstaatliche Regulierungen werden durch Anspruchsinflation und eine ausgeprägte free-rider-Mentalität der Empfänger staatlicher Transferleistungen ad absurdum geführt. Die Nettozahler der Transferleistungen fühlen sich um den Lohn ihrer Arbeitsleistung betrogen und entziehen dem Staat ihre Loyalität: Er ist nunmehr ein schwacher Staat. Auf der Mikro-Ebene können wir einen „exzessiven Individualismus" lauter ungebundener, autonomer Selbstkonzepte verorten. Bar aller gemeinschaftlicher Bindungen sucht jeder seinen individuellen Nutzen. Das ist die Welt des reinen „homo oeconomicus".

Dieses Bild erweckt die Assoziation des Hobbesschen Kriegszustandes, ebenso wie die von Bentham bis Thatcher geteilte Fiktion, es gäbe nur Individuen, aber keine Gesellschaft. Empirisch liegt dieser holzschnittartigen Skizze des Autonomiepols die Entwicklungstendenz der heutigen amerikanischen Gesellschaft zugrunde, die wir gleich noch genauer betrachten werden. Die größte Gefahr erwächst der Autonomie laut Etzioni durch sich selbst beziehungsweise durch ihre Tendenz zur Selbstaufhebung, wenn sich die sozialen Bindungen in der Gesellschaft auflösen:

> Die Atomisierung der Individuen oder die Verwandlung von Gemeinschaften in einen Mob, was für das Individuum einen Verlust an Kompetenz und Individualität zur Folge hat, führte historisch betrachtet zu gesellschaftlichen Bedingungen, die im Totalitarismus endeten, einem überwältigenden Verlust von Autonomie ... Selbst wenn der Grad der Atomisierung noch keiner ‚Einladung' an totalitäre Regimes gleichkommt, führt diese doch im Ergebnis zu jenen Auswüchsen von Anomie, Entfremdung, Rückzugstendenzen und unsozialem Verhalten, die wäh-

rend der letzten Jahrzehnte in großen städtischen Zentren beobachtet wurden. (Etzioni 1997: 54)

Mit den Polen „Ordnung" und „Autonomie" sind bis jetzt die Extremwerte benannt, in die eine Gesellschaft in Etzionis Gleichgewichtsmodell kippen kann. Damit sich überhaupt ein Gleichgewicht einstellen kann, muss es noch ein drittes Element geben, das zwischen Ordnung und Autonomie liegt, beziehungsweise die Verschränkung der beiden Extremwerte repräsentiert: das ist Etzionis „gute" oder „kommunitäre" Gesellschaft. Eine gute, im Gleichgewicht befindliche Gesellschaft ist abstrakt formuliert diejenige, in der Ordnung und Autonomie so verschränkt sind, dass sie sich wechselseitig verstärken und nicht als ausschließlich zentripetale (bei einem Übergewicht der Ordnung) oder zentrifugale (bei einem Übergewicht der Autonomie) Kräfte die Gesellschaft zu komprimieren beziehungsweise zu zerreißen drohen. Etzioni (1997: 76) nennt das eine „inverse Symbiose".

Die Gemeinschaft: Basis des Gleichgewichts

Gemeinschaften zeichnen sich abstrakt-soziologisch gesprochen durch zwei Eigenschaften aus: sie sind „erstens, ein Netz affektgeladener Beziehungen zwischen den Individuen einer Gruppe, Beziehungen, die sich oftmals überschneiden und gegenseitig bestärken (und nicht lediglich Zweierbeziehungen oder aneinandergereihte individuelle Beziehungen); zweitens, ein Gefühl der Verpflichtung gegenüber gemeinsamen Werten, Normen und Bedeutungen, gegenüber einer gemeinsamen Geschichte und Identität – kurz, gegenüber einer bestimmten Kultur." (Etzioni 1997: 177) Der typischste empirische Fall einer solchen Gemeinschaft ist die Sozialstruktur des Dorfes. Sowohl als empirisches Phänomen wie als soziologischer Begriff ist „Gemeinschaft" jener Fluchtpunkt, auf den sich jedes kommunitarische Denken bezieht. Ein sowohl von der linksliberal-individualistischen Gegenkultur der sechziger Jahre als auch vom ökonomischen Neoliberalismus seit Ende der siebziger Jahre befeuerter Zeitgeist hatte dieses soziale Ordnungsmuster als antiquiert – und im Falle Deutschlands gar als durch die Geschichte diskreditiert (Probst 1996: 29-31) – ad acta gelegt. Etzioni selbst schildert die Verlustgeschichte der Gemeinschaft als eine Art Denunziationsgeschichte:

> Kaum zu glauben, aber wahr: Der Zerfall der Gemeinschaft ist lange als etwas Befreiendes verstanden worden. Die soziale Entwicklung, so hieß es, schreite von der engen ‚primitiven' oder dörflichen Welt zur freien, ‚modernen' oder urbanen fort. Erstere gründe auf Verwandtschaft und Loyalität (eine suspekte Angelegenheit!), letztere aber auf Vernunft (‚Rationalität'). Dieses Konzept entstand in einer Zeit, in der man die Fackel der Vernunft pries und die dunklen Schatten, die sie erzeugte, kaum sah. ... Weit davon entfernt, den Verlust der Gemeinschaft zu beklagen, schilderte diese optimistische Theorie der Moderne

die Dörfer und kleinen Städte als rückständig und beengend. Amerikanische
Schriftsteller wie Sinclair Lewis oder John O'Hara verspotteten die Kleinstadt als
engstirnig und klaustrophob, ihre Bewohner als Kleingeister. (Etzioni 1993: 137)

In Wirklichkeit ist die Gemeinschaft jedoch die ideale soziale Basis zur Entwicklung einer sozialintegrativen Moral in der und für die Gesellschaft. Sie
ermöglicht eine Wir-Orientierung, die dem Menschen als potentiell sozialem
Lebewesen entgegenkommt. Mit der modernistischen Glorifizierung der anonymen „Gesellschaft" ging eine weitgehende Ausblendung der Folgen des
Gemeinschaftsverlustes einher, mit dem sich Etzionis im Folgenden geschilderte Gegenwartsdiagnose der amerikanischen Gesellschaft beschäftigt.

Die Diagnose: Vom berechtigten Wunsch nach Autonomie zum exzessiven Individualismus

Die amerikanische Gesellschaft hat sich seit den sechziger Jahren von einer
Mittelposition zwischen Ordnung und Autonomie und damit vom Gleichge-
wichtszustand einer „guten" Gesellschaft gelöst und ist zunehmend in Richtung eines Zustandes gedriftet, der gleichermaßen durch ein hohes Maß an
Ordnungs- und Orientierungslosigkeit wie durch einen rücksichtslosen und
„exzessiven" Individualismus gekennzeichnet werden kann. Vor allem in den
USA haben sich die Antriebskräfte der Moderne keineswegs darin erschöpft,
den aus europäischer Antike und Mittelalter überlieferten Traditionen den
Garaus zu machen:

> Statt dessen haben sie [die Antriebskräfte der Moderne, S.L.] sich mit der letzten
> Generation (etwa seit den 60er Jahren) immer weiter ausgebreitet und die beste-
> henden, ohnehin schon geschwächten Fundamente der sozialen Tugenden weiter
> ausgehöhlt – stets in dem Bemühen, die Freiheit noch weiter auszudehnen. (Etzi-
> oni 1997: 18)

Im Folgenden sollen die empirisch-historischen Strukturentwicklungen in der
amerikanischen Gesellschaft betrachtet werden, an denen Etzioni seine These
validiert.

Die stabile Ordnung der fünfziger Jahre

Man hat Etzioni vorgeworfen, dass er die fünfziger Jahre übermäßig ideali-
siere (Hildebrandt 1998: 387). Etzioni scheint auf diesen Einwand vorbereitet
gewesen zu sein. Er begründet den Ausgangspunkt seiner Diagnose der USA
wie folgt:

Jede historische Analyse benötigt einen Ausgangspunkt, der sich auf ihre Erkenntnisse und Schlußfolgerungen auswirkt. Nimmt man die amerikanische Gesellschaft der 50er Jahre als Ausgangspunkt, so erscheint sie aus der Perspektive des Jahres 1990 als eine in hohem Maße geordnete; eine Einschätzung, die von früheren Generationen nicht unbedingt geteilt worden wäre. (Gleiches gilt in soziologischer Perspektive: Vergleicht man die amerikanische Gesellschaft mit einigen asiatischen Gesellschaften, kann man den Eindruck gewinnen, sie zeichne sich eher durch ein geringeres Maß an Ordnung aus; vergleicht man sie hingegen mit dem Rußland Mitte der neunziger Jahre, wird man ihr ein recht hohes Maß an Ordnung bescheinigen.) Diejenigen, die meinen, die fünfziger Jahre seien atypisch gewesen, mögen recht haben, aber ein ähnlicher Einwand könnte für jeden Zeitpunkt erhoben werden, und die Analyse muß von irgendeinem Punkt ausgehen. Das Jahr 1960 fungiert als Grenzlinie, da die Gesellschaft der 50er Jahre oft als Vorbild einer, mittlerweile verlorengegangenen, ordentlichen Gesellschaft betrachtet wird; einer Gesellschaft, in der bestimmten sozialen Werten der ihnen gebührende Rang zukam. (Etzioni 1997: 94)

Was sind nun aber die Indikatoren, die zu der Annahme berechtigen, dass die amerikanische Gesellschaft der fünfziger Jahre eine wohlgeordnete war? Zunächst einmal hatte die christliche Religion in dieser Zeit noch die Kraft, nicht nur das private, sondern auch das öffentliche Leben anzuleiten und durch christliche Wertmaßstäbe zu prägen. Christliche Schulgebete waren allgemein üblich. Ehescheidungen waren nicht nur juristisch schwierig und kostspielig (aufgrund von Gesetzen, die scheidungsverhindernde und nicht scheidungserleichternde Ziele hatten), sie waren auch allgemein verpönt, da sie einen Verstoß gegen den vorherrschenden Kanon der christlichen Werte darstellten. Abtreibungen waren ausnahmslos in allen amerikanischen Bundesstaaten verboten. Uneheliche Geburten kamen höchst selten vor; die meisten Familien waren noch intakt. Auch gewaltverherrlichende und pornographische Darstellungen in den Massenmedien gab es nicht: „Die kulturelle Verwahrlosung, die das Fernsehen mittlerweile charakterisiert, zeichnete sich allenfalls erst in Ansätzen ab" (Etzioni 1997: 95). Von weiterem soziologischen Interesse ist auch die allgemeine hohe Erwartungssicherheit in der amerikanischen Gesellschaft, die sich aus unbeschädigten und klar definierten Rollensets privater wie öffentlicher Art ergab. Zum einen waren die Geschlechterrollen klar definiert. Die sozialen Eigenschaften, Bedürfnisse und Anforderungen an Mann und Frau waren öffentlich vorgegeben und nicht – wie heute – Gegenstand individuell-privater Verhandlungen. Ältere Menschen und Amtsautoritäten wurden ebenso respektiert wie die meisten gesellschaftlichen Institutionen und insbesondere die Entscheidungen von Jurisdiktion und politischem System.

Insgesamt beruhte die gesellschaftliche Ordnung auf der Integrationskraft moralischer Normen und nicht – wie in autoritären Gesellschaften – ausschließlich auf Zwang. Anzeichen für asoziales Verhalten wie Gewaltverbrechen, Drogenmissbrauch, Alkoholismus etc. waren noch äußerst selten, man hatte auch nach Einbruch der Dunkelheit kaum Angst, Straßen und öffentliche Plätze zu betreten. Weitere Indikatoren für das allgemeine Sicherheitsgefühl, das die fünfziger Jahre prägte, sind so alltägliche Angewohnheiten wie unverschlossene Wohnungstüren, im Auto stecken gelassene Zündschlüssel und Kinder, die man ohne Aufsicht im Freien spielen ließ. „Die Mehrheit hatte den Eindruck, einer geordneten und relativ ruhigen Gesellschaft anzugehören." (Etzioni 1997: 98)

Etzioni betont aber auch die Schattenseiten der damaligen Verhältnisse. Diese Schattenseiten manifestieren sich in einer vergleichsweise gering ausgeprägten Autonomie für den Einzelnen und bestimmte gesellschaftliche Gruppen. Der individuelle Entscheidungsspielraum des einzelnen Gesellschaftsmitglieds war im Korsett der christlich-moralischen Normen erheblich eingeschränkt. Gesellschaftliche Gruppen, die außerhalb des normativen common sense standen, wurden offen diskriminiert. Diskriminierung und strukturelle Benachteiligungen trafen insbesondere unverheiratete Frauen, Homosexuelle und politisch Linksgerichtete (man denke nur an den McCarthyismus). Hinzu kam die ethnische und klassenbedingte Voreingenommenheit der amerikanischen Funktionseliten gegen die schwarze und indianische Minderheit im Lande. Polizeiwillkür gegen solche Minoritäten, Rassentrennung an den Schulen sowie die Beschneidung kreativer Möglichkeiten der Selbstinszenierung von Angehörigen dieser Gruppen waren an der Tagesordnung.

Der Bruch der sechziger Jahre

Aus den gerade angeführten Sachverhalten wird deutlich, dass Etzioni keineswegs ein Sozialromantiker der ‚Goldenen' Fünfziger ist, wie ihm manche Kritiker gerne vorwerfen. Die benannten Schattenseiten der moralisch-kulturellen Hegemonie, die das öffentliche Bewusstsein dieser Ära prägte, riefen ab Mitte der sechziger Jahre eine Gegenkultur auf den Plan, die fortan nicht nur gegen einige Benachteiligungen und Ungerechtigkeiten, sondern gegen diese hegemoniale Wertordnung als Ganze ankämpfte. Der Durchschlagskraft der Gegenkultur kam dabei die Erschütterung des amerikanischen Selbstvertrauens zugute, die sich aus dem unrühmlichen und zunehmend erfolgloseren militärischen Engagement der USA in Indochina – insbesondere in Vietnam – speiste. Auch die Stilisierung des Antikommunismus im eigenen Land, die bislang einheitsstiftend wirkte, verlor zusehends an Ausstrahlungskraft. In die entstehende normative Lücke stieß die Gegenkultur der sogenannten 68er-Bewegung vor, welche die alten kollektiven Ordnungsmuster – die *Pflichten des Einzelnen für die Gemeinschaft* betonten – Stück für Stück beseitigte und durch einen neuen, egozentrierten Individualismus ersetzte – der die *Rechte des Einzelnen gegen die Gemeinschaft* in den Vordergrund stellte:

Der Aufstieg der Gegenkultur in den 60er Jahren hatte eine weitere Schwächung
der Arbeitsmoral und Wirtschaftlichkeit zur Folge und erschütterte die Akzeptanz der meisten Verhaltensweisen, angefangen bei den Kleidervorschriften bis
hin zu den Tischmanieren und der Eßkultur. Während die Zahl derer, die sich
gänzlich der Gegenkultur verschrieben, relativ gering blieb (obgleich es sich
immer noch um Millionen handelte) und viele sich ihr nur vorübergehend an-
schlossen, übernahmen Millionen ‚ordentlicher' Amerikaner zumindest einige
der Grundsätze dieser Gegenkultur. Dem Aufstieg der Gegenkultur in den 60er
Jahren folgte in den 70er und vor allem in den 80er Jahren die starke Akzeptanz
einer neuen, eher instrumentellen Form des Individualismus. In der Folge dieses
Individualismus konzentrierte man sich eher auf sich selbst als auf die Verantwortung gegenüber der Gemeinschaft und sah in der Verfolgung des Eigeninte-
resses die bestmögliche Grundlage sozialer Ordnung und tugendhafter Gemein-
wohlorientierung. (Etzioni 1997: 99/100)

Indikatoren des praktischen ‚Erfolgs' der individualistischen Gegenkultur
gibt Etzioni in Hülle und Fülle: die Definitionsschwellen für Anomie, abweichendes Verhalten und für das akzeptable Niveau krimineller Aktivitäten
wurde seit Mitte der sechziger Jahre nach oben verschoben. In den achtziger
Jahren werden die alten Grundwerte der Amerikaner zwar noch von vielen
Angehörigen der Mittelschicht beschworen, gelebt wird freilich nicht mehr
nach ihnen. Allgemein muss ein Bedeutungsverlust der Ehe, ein Anwachsen
der Streitlust und ein Zerfall des Respekts vor Seniorität, Autorität und öffentlichen Ämtern diagnostiziert werden. Die gesellschaftlichen Funktionseliten und politischen Führer werden rücksichtslos verschlissen: ihre durch-
schnittlichen Amtsführungszeiten verringern sich auf ein Drittel des Tätig-
keitszeitraums, der ihren Vorgängern in den vierziger und fünfziger Jahren
zur Verfügung stand. Dem Elitenverschleiß korrespondiert eine wachsende
Apathie und sinkende Wahlbeteiligung in der Politik. Das allgemeine Vertrauen gegenüber den Mitmenschen sinkt von 58% aller Befragten im Jahre
1960 auf 37% im Jahre 1993. Teile amerikanischer Innenstädte mutieren zu
‚no-go-areas', in denen Recht und Ordnung von offenem Drogenhandel und
Bandengewalt verdrängt wurden.

Die neunziger Jahre: schwingt das Pendel zurück?

Wenn die zentripetal-integrierenden Kräfte der Normen und Werte einer Gesellschaft aufgerieben oder auch schlicht vergessen werden, „rufen viele
Menschen oft nach mehr Gesetzen, mehr Regeln, strengeren Strafen und
mehr Ressourcen zur Durchsetzung des Gesetzes. Tatsächlich kann man in
allen westlichen Gesellschaften leicht beobachten, daß der Ruf nach immer
mehr und strengeren Strafen, mehr Polizei und mehr Autorität für die öffentlichen Gewalten mit dem Zerfall der sozialen Ordnung innerhalb der letzten
Generation beständig lauter wurde." (Etzioni 1997: 191) Tatsächlich wurde

die Erosion der normativen Grundlagen der amerikanischen Gesellschaft durchaus frühzeitig registriert – freilich ohne dass daraus in Etzionis Sinne die richtigen Schlussfolgerungen gezogen worden wären.

Politik und Verwaltung reagierten auf die anomische Entwicklung der amerikanischen Gesellschaft und das damit einhergehende schwindende Vertrauen der amerikanischen Mittelschicht in die öffentliche Sicherheit ab Mitte der siebziger Jahre mit einer Trendwende, hin zu härterer Gesetzesanwendung, zu drakonischeren Strafen und zu mehr Polizeipräsenz. Der Wiedereinführung der Todesstrafe in 37 US-Bundesstaaten korrespondierte eine drastisch steigende Zahl von inhaftierten Straftätern. Parallel dazu entwickelte sich eine neue Gegenkultur als politische Bewegung im Herzen der amerikanischen Mittelschicht, die in ihrer gemäßigten Variante die ‚guten alten' amerikanischen Tugenden und Werte der fünfziger Jahre restaurieren will und in ihrer radikalen Variante eine christlich-fundamentalistische Ordnung einzuführen hofft, deren verhaltensregulierende Wirkung die Sanktionskraft des alten Wertekonsenses weit übertreffen würde. Diese Bürgerbewegung hat in den neunziger Jahren erheblichen Einfluss auf die Republikanische Partei gewonnen und ihr bei den Kongresswahlen von 1994 zu einem erdrutschartigen Sieg über die traditionell den Kongress beherrschende Demokratische Partei verholfen.

Sowohl die Ordnungsvorstellungen der neuen Gegenkultur der christlichen Rechten als auch der alten Gegenkultur der Linksliberalen begreift Etzioni als „Übersteuerung". Beide Lager glauben an die Kraft des staatlichen Gesetzes, wobei Erstere durch mehr Gesetze stärkere Verhaltensregulierung und härtere Strafverfolgung zu erreichen sucht, während Letztere durch Gesetze immer mehr Rechtsansprüche auf öffentliche Leistungen und Förderungen für vermeintlich minderprivilegierte Gruppen in der Gesellschaft anstrebt. Einer weiteren Aushöhlung der normativen Fundamente der jetzigen amerikanischen Gesellschaft durch Gesetzes- beziehungsweise Rechtsinflationierung leisten letztlich beide politisch-weltanschaulichen Lager Vorschub. Denn beide machen sich kaum Gedanken darüber, dass Gesetze einer moralischen Deckung bedürfen, die weit über das durch die beiden Lager repräsentierte Bevölkerungspotential hinausgehen muss, um tatsächlich die intendierte Steuerungswirkung entfalten zu können.

Zusammengefasst: Der von den Protagonisten der Gegenkultur der sechziger Jahre anvisierte Autonomiegewinn schlägt spätestens seit den achtziger Jahren in vielen Punkten in sein Gegenteil um und ruft darüber hinaus eine neue Gegenkultur auf den Plan, die mit religiösem Fundamentalismus auf die Zumutungen der in Anomie umschlagenden Autonomie reagiert. Kippte das gesellschaftliche Gleichgewicht seit den sechziger Jahren zu stark vom Ordnungspol zum Autonomiepol, so droht die amerikanische Gesellschaft in den neunziger Jahren wieder zu stark in Richtung des Ordnungspols zurückzukippen, statt sich in der Mitte – auf dem Niveau einer guten Gesellschaft –

einzupendeln. Hier sieht sich die kommunitäre Bewegung Amerikas – und
als ihr herausragendster Protagonist Etzioni selbst – in der Pflicht, ein Therapieprogramm populär zu machen, das beide Pole, Ordnung und Autonomie,
miteinander versöhnt, statt sie im Sinne eines radikalen Entweder/Oder gegeneinander auszuspielen. In Etzionis eigenen Worten benötigt Amerika „eine funktionale Alternative zu den traditionellen Werten: eine Mischung aus
freiwillig akzeptierter Ordnung und gut geschützter, aber dennoch gebundener Autonomie" (Etzioni 1997: 111).

Die Therapie: Wege zur guten Gesellschaft

Wir werden nun im Einzelnen sehen, mit welchen konkreten Forderungen
und Therapievorschlägen zu einer Erneuerung der amerikanischen Gesellschaft Etzioni an die Öffentlichkeit tritt. Wenn wir mit Lockwood (1964)
zwischen den Problemebenen der „Sozialintegration" und der „Systemintegration" unterscheiden, dann wird deutlich, dass Etzionis Therapieprogramm
in besonderem Maße auf die Sozialintegration des Menschen in der Gesellschaft fokussiert ist. Fragen der Systemintegration – vor allem mit Blick auf
die Funktionssysteme Politik, Recht, Wirtschaft und Massenmedien – werden von Etzioni zwar ebenfalls angesprochen; sie bleiben aber in ihren Konturen sehr viel blasser als die behandelten sozialintegrativen Aspekte. Insbesondere Etzionis Therapieangebot für das politische System ist in erster Linie
auf die spezifischen Merkmale und Strukturen der amerikanischen Demokratie zugeschnitten. In einer kurzen Zusammenfassung lassen sich hier Forderungen nach einer Ächtung von Korruption, erhöhter Transparenz bei der
Wahlkampffinanzierung, Anwendung des Subsidiaritätsprinzips, mehr Dis-
kussionskultur und Platz für politischen Diskurs im Fernsehen, Zurückfahren
von wohlfahrtsstaatlicher Übersteuerung und Rechtsinflation etc. benennen.
Wir werden hier auf eine detaillierte Behandlung verzichten und uns dem
Modus der Sozialintegration zuwenden.

Kindheit und Familie

Kein anderes kommunitäres Anliegen vertritt Etzioni mit solcher Vehemenz
wie die Rettung beziehungsweise Repopularisierung der Familie. Er beklagt,
dass die Kernfamilie, bestehend aus mindestens einem Kind und seinen leiblichen Eltern, heute zu einer bloßen „Life-style-Option" verkommen ist.
Selbst dort, wo sie noch existiert, ist den beiden Elternteilen das Engagement
für die jeweilige berufliche Karriere häufig wichtiger, als Zeit mit ihren Kindern verbringen zu können. Mangelnde soziale Zuwendung wird gerade von

gutsituierten Mittelschichtamerikanern häufig durch unmotivierte Geldzah-
lungen an ihre Kinder kompensiert. Für Etzioni sind das die denkbar schlech-
testen Voraussetzungen für die Entwicklung einer inneren Stimme der Moral
bei den betroffenen Kindern und damit letztlich auch für jenen Gleichge-
wichtszustand, der die gute Gesellschaft kennzeichnet:

> Wenn Kinder nur versorgt, aber moralisch nachlässig erzogen werden, dann reift
> zwar ihr Körper, nicht aber ihre Seele. Wenn die moralischen Repräsentanten der
> Gesellschaft das angeborene Vakuum der Kinder nicht füllen, übernehmen Fern-
> sehen und Straße das. Die Resultate dieser ‚Erziehung‘ sind uns nur allzu ver-
> traut, und wir beklagen sie oft. (Etzioni 1993: 64)

Etzioni fordert gerade von den Mittelschichtamerikanern einen Wertewandel
ein, der Kindeserziehung wieder vor Konsum und Karriere stellen müsste.
Eine auch moralisch engagierte Erziehung muss wieder ein „angesehener Beruf" werden. Allerdings: angesehen im Sinne einer Berufung und nicht im
Sinne einer Tätigkeit gegen Entgelt. Etzioni spricht sich energisch gegen die
linksliberale Forderung nach einer an beruflichen Standards orientierten Ent-
lohnung der Eltern für ihre Erziehungsleistungen aus. Dies würde die Eltern-
Kind-Beziehung, die in erster Linie eine ideelle und emotionale Beziehung
ist, zu stark rationalisieren und zugleich trivialisieren. Ein fest fixiertes Kin-
dergeld von staatlicher Hand, das – wie in Europa – den Charakter einer er-
mutigenden symbolischen Unterstützung hat, würde Etzioni aber auch für die
USA begrüßen.

Etzioni spricht sich auch ausdrücklich gegen eine an die Öffentlichkeit de-
legierte Kindeserziehung in Horten, Tagesstätten, Heimen oder im Kibbuz
aus. Das Erziehungspersonal ist häufig ebenso schlecht ausgebildet wie
schlecht bezahlt. Entsprechend hoch ist die Fluktuation in solchen Einrichtungen. Eine für die moralische Entwicklung gerade in den ersten Lebensjahren wichtige enge Vertrauensbeziehung zwischen Kind und Erzieherin kann
unter diesen Umständen jedenfalls nicht entstehen. Zu den leiblichen Eltern
in der Rolle der Erzieher gibt es somit kein funktionales Äquivalent. Keine
Rolle spielt es hingegen, ob unter den leiblichen Eltern die Frau oder der
Mann die Rolle der Hauptbezugsperson einnimmt. Die Hauptsache ist, dass
beide Elternteile Zeit in die Familie investieren. Insbesondere den von allen
Familienmitgliedern gemeinsam eingenommenen Mahlzeiten kommt für den
Familienzusammenhalt eine essentielle Bedeutung zu.

Einen Weg, die Familie als Keimzelle einer guten Gesellschaft wieder zu
stärken, sieht Etzioni in der Erschwerung der Eheschließung ebenso wie in
der Erschwerung von Ehescheidungen: „Um den Run auf die Scheidung zu
vermeiden, müssen wir den Run auf die Ehe bremsen." (Etzioni 1993: 91)
Die Gemeinschaften, in denen die Heiratswilligen und -fähigen leben, müssen diese besser auf die Konsequenzen einer Eheschließung vorbereiten. In
den USA weigern sich bereits immer mehr Priester, Pastoren und Rabbiner,

die Leute einfach „von der Straße weg" zu verheiraten. Statt dessen bitten die Geistlichen Hochzeitsaspiranten, vor der Heirat an Gruppengesprächen z.b. über gemeinsame Entscheidungsfindung und Verantwortung, die Wahrung von Achtung und Wertschätzung sowie familiäres Wirtschaften teilzunehmen. Auch Schulen könnten bereits im Vorfeld des heiratsfähigen Alters in Kursen über zwischenmenschliche Beziehungen ein sinnvolles Betätigungsfeld zur familiären Propädeutik finden. Je früher die Gemeinschaft in Gestalt ihrer Institutionen damit beginnt, junge Leute auf die *Pflichten*, die mit Ehe und Familie verknüpft sind, vorzubereiten, desto besser für deren künftige Stabilität. In die Verfahren zur Ehescheidung möchte Etzioni ähnliche ‚reflexive Hürden' eingebaut sehen:

> Wenn wir deutlich machen wollen, daß wir uns heute mehr um den Familienerhalt sorgen als in jener Blütezeit der Toleranz abweichenden Verhaltens, der Experimente in alternativen Lebensformen, der Antifamilienideologie, sollten wir die Scheidung erschweren. (Etzioni 1993: 98)

Als angemessene Mittel erscheinen ihm hier eine neunmonatige Bedenkfrist, in der Scheidungs- und Sorgerechtsfragen von den Noch-Eheleuten *einvernehmlich* zu klären sind, sowie eine längere Frist, die jemand zwischen der Ehescheidung und einer erneuten Eheschließung einhalten sollte.

Jugend und Schule

Von den Schulen verlangt Etzioni, der kognitiven Bildung der Kinder und Jugendlichen wieder eine wertbezogene Charakterbildung zur Seite zu stellen. Denn wenn die Kinder aus dem Elternhaus heraus- und in die Schule eintreten, werden sie mit einer erweiterten Form von Gemeinschaft konfrontiert, zu deren Bewältigung eben nicht nur kognitives Wissen, sondern auch eine Erweiterung der inneren Stimme der Moral notwendig ist. Von einer moralischen Bildungsoffensive in den Schulen erwartet sich Etzioni nicht nur eine Stabilisierung der künftigen Familien, sondern auch eine verbesserte Arbeitsmoral und eine Eindämmung des „staatsbürgerlichen Infantilismus" bei den späteren Erwachsenen (Etzioni 1993: 106/107). Unter staatsbürgerlichem Infantilismus versteht Etzioni hierbei jenen politischen circulus vitiosus, in dem das individuelle Anspruchsdenken mit Blick auf staatliche Leistungen hoch korreliert mit dem gleichzeitigen Klagen über zu hohe Steuern beziehungsweise der Weigerung, sie zu bezahlen. Um diesem Teufelskreis Herr zu werden, empfiehlt Etzioni u.a., junge Erwachsene für ein Jahr im Dienste der Nation zu verpflichten, um die Sensibilität für die Belange des Gemeinwohls zu erhöhen und die inneren Stimmen der Wir-Identität gegen die allgegenwärtige Trittbrettfahrermentalität zu stärken.

Auch mit Blick auf die kognitive Bildung beklagt Etzioni eine stetige Herabsetzung des Leistungsniveaus an den Schulen seit den sechziger Jahren. Die Lehrer aus der linken Gegenkultur irrten, wenn sie den Kindern unter Hinweis auf mögliche „Überforderung" keine Hausaufgaben mehr aufgäben. Gerade das Lösen von Hausaufgaben müsse, so Etzioni, wieder mehr forciert werden, da diese von Schülern ja in der Regel ohne Aufsicht gelöst werden müssen und somit ein hervorragendes Instrument zur Förderung der Selbstdisziplin und zum Erlernen von Belohnungsaufschub darstellen.

Gemeinschaft

Müssen wir wieder alle in einem Dorf oder einer Kleinstadt leben, um jene soziale Basis von sozialintegrativer Moral und Wir-Orientierung zu entwickeln oder zu bewahren, wie sie eben nur von solchen lokalen Gemeinschaften gestiftet werden kann? Etzioni verneint diese Frage, denn in modernen Gesellschaften mit ihrem hohen Maß an Arbeitskonzentration sowie Kapital- und Investitionsfluktuation wird einer Vielzahl von Menschen ein hohes Maß an geographischer Mobilität abverlangt, so dass es wie Hohn klänge, wollte man jedem ernsthaft die Rückkehr ins Dorf nahe legen. Fruchtbarer ist es, nach funktionalen Äquivalenten für die Interaktionsnetzwerke dörflicher Gemeinschaften zu fahnden. Hier ist zunächst einmal der Run der amerikanischen Mittelschichten auf die *suburbs* als Positivum zu verzeichnen. Positiv deshalb, weil in diesen Vorstädten der amerikanischen Metropolen der Charakter ursprünglicher Kleinstädte zumindest versuchsweise imitiert wird. Aber auch in den Metropolen selbst lassen sich Ansätze zu dorfähnlichen Integrationsmustern beobachten. Hier rekurriert Etzioni auf Herbert Gans' (1962: 14/15) soziologische Untersuchungen über die „urban villages". Gemeinschaften müssen sich aber nicht zwangsläufig nach dem Territorialprinzip organisieren. Sie können auch durch funktionale und professionale Beziehungen konstituiert werden. Campusgemeinschaften an den Universitäten zählen dazu, aber auch Anwaltssozietäten und kollegiale oder freundschaftliche Netzwerke, die sich am Arbeitsplatz, in der Firma entwickeln. Etzioni geht sogar soweit zu behaupten, dass Gemeinschaftsbildung auch ohne Interaktion möglich ist. Er hat hier vor allem jene Kommunikationsgemeinschaften der PC-Benutzer im Auge, die sich seit einigen Jahren im World Wide Web bilden.

Als wichtigste gemeinschaftliche Einheiten für die Sozialintegration der Gesellschaft jenseits von Familie und Schule sind nach Etzioni die guten alten lokalen Gemeinschaften zwar um weitere Gemeinschaften ergänzbar, jedoch nicht vollständig ersetzbar. In den Städten und Gemeinden muss wieder stärker beachtet werden, dass Institutionen wie die Gemeinde- oder Stadtteilschule, die Ortskirche, das lokale Museum und die bürgernahe Polizei nicht nur Dienstleistungsträger, sondern vor allem Kristallisationspunkte des Gemeinschaftslebens sind:

> Wenn man die Institutionen mehrerer Gemeinschaften im Namen der Effizienz zusammenlegt, höhlt man die Gemeinschaften oft aus. Nehmen wir beispielsweise die kommunalen Schulen. Sie sind häufig mehr als nur ein Ort, an den die Eltern ihre Kinder schicken. Das Schulhaus und die Sportmannschaften der Schule sind Objekte der Identifikation. Denn in der Schule finden Bürgerversammlungen und Tanz- und Musikveranstaltungen statt, erhalten Opfer von Naturkatastrophen Obdach. Wenn irgendwelche Erbsenzähler aus Spargründen die Schulen mehrerer Gemeinden zusammenlegen, verlieren viele ihre verbindende Institution ... Bezieht man ... den Verlust an Gemeinschaft und die daraus resultierenden sozialen Kosten in die Rechnung mit ein, könnte die Beibehaltung vieler dieser Schulen sehr wohl gerechtfertigt sein. (Etzioni 1993: 160)

Auch die Abschreckung und Bestrafung von Gesetzesbrechern sollte wieder stärker in den Schoß der lokalen Gemeinden und damit die Verbrechensprävention in die Verantwortung der Bürger zurückgeführt werden. Zur Integration der staatlichen Polizei in die Gemeinschaftsstrukturen empfiehlt Etzioni das Prinzip der Fußstreife: „Durch die Fußstreife wird die Polizei zum integralen Teil der Gemeinde, statt eine Art Besatzer zu sein, die mit dem Terrain wenig vertraut und daher suspekt ist." (Etzioni 1993: 163)

Die Polizeiaufsicht wird sinnvollerweise ergänzt durch nachbarschaftliche Eigeninitiative („crime watch"-Nachbarschaften). Auch andere öffentliche Ordnungsleistungen von der Feuerwehr bis zur Straßenreinigung können und sollten von den Bürgern in Eigenregie durchgeführt werden. Auch eine begrenzte Wiedereinführung der peinlichen Strafen scheint als Äquivalent zu schwerfälligen und kostspieligen Strafverfahren diskussionswürdig. Z.B. könnte die Stigmatisierung eines Alkoholsünders durch eine über längere Zeit am Auto anzubringende Plakette („Wegen Trunkenheit am Steuer verurteilt") nicht nur moralisch wertvoller, sondern auch effizienter und für den Betroffenen eine weniger gravierende Freiheitsbeschneidung sein, als eine hohe Geldstrafe oder gar Gefängnis.

Gesellschaft als Mosaik: die Gemeinschaft der Gemeinschaften

Etzioni gehört nicht zu denjenigen Kommunitariern, die in den Formen der partikularen Vergemeinschaftung das allein glückselig machende Ordnungsprinzip menschlichen Zusammenlebens sehen. Er sieht, ganz im Gegenteil, auch das repressive Potential, das Gemeinschaften auf den Einzelnen oder auch auf andere Gemeinschaften ausüben können. Gefährdungspotential I – Repression des Individuums – scheint dabei in westlichen Gesellschaften kein hinreichendes Argument gegen die Förderung von Gemeinschaften zu sein: die meisten Menschen sind Mitglieder in mehreren Gemeinschaften (Dorf, Stadtteil, Kirche, Firma, Sportverein etc.); sie können ausweichen, wenn ihnen eine dieser Gemeinschaften zu erdrückend wird.

Gefährdungspotential II – Abschottung und Repression anderer Gemeinschaften – ist für Etzioni das drängendere Problem, welches sich einer durch Gemeinschaften integrierten Gesellschaft stellt:

> Die Mitglieder vieler Gemeinschaften würden gerne die Zugbrücken einholen, an den Toren Wachposten aufstellen und sich nur den Mitgliedern der eigenen Gemeinschaft moralisch verbunden fühlen. Diese Selbstbezogenheit von Gemeinschaften spiegelt sich auch darin wider, daß sie in der Regel alles dafür tun, um die Ansiedlung risikoreicher Projekte bei sich zu verhindern und andere Gemeinschaften damit zu belasten, selbst wenn mit solchen Projekten neue Dienstleistungen und Arbeitsplätze verbunden sind. Zu solchen abgelehnten Einrichtungen gehören Müllverbrennungsanlagen, Asylheime, Gefängnisse, Drogenrehabilitationszentren und Atomkraftwerke, Wiederaufbereitungsanlagen oder Atommülllager. (Etzioni 1997: 249)

Um solch übersteigerten Partikularismus und andere damit zusammenhängende Phänomene wie z.B. Ethnozentrismus zu vermeiden, aktiviert Etzioni die Gesellschaft. Allerdings nicht eine Gesellschaft der rein rationalen und anonymen Vertragsbeziehungen – wie sie von Tönnies der Gemeinschaft entgegengestellt wurde –, sondern eine Gesellschaft als „Gemeinschaft der Gemeinschaften". Ihre Aufgabe ist es, in den Beziehungen *zwischen* den partikularen Gemeinschaften „Achtung sowohl für Ordnung als auch für Autonomie zu sichern", denn ansonsten könne es nur „kommunitäre Inseln in einem nicht-kommunitären Meer geben" (Etzioni 1997: 248).

Neben die bisher schon entfalteten dichotomen Gleichgewichtspaare Tradition/Moderne und Ordnung/Autonomie tritt nun noch ein drittes hinzu: Partikularismus versus Universalismus. Um hier zu einem Gleichgewicht zu kommen, darf man die Auswahl der Werte, die die Sozialintegration gleichsam steuern, bewahren und erneuern soll, *nicht allein* den partikularen Gemeinschaften und Familien überlassen. Es muss einen Kernbestand allgemein akzeptierter und befolgter Werte geben, der auch die Gemeinschaften untereinander verbindet. Aus welchen Werten das integrative Werte-Set sich im Einzelnen zusammensetzt, kann nur von der „Gemeinschaft der Gemeinschaften" verhandelt und entschieden werden. Die Gemeinschaft der Gemeinschaften, vorgestellt als „Mosaik", kontrastiert Etzioni mit zwei anderen Leitbildern, die bislang der amerikanischen Gesellschaft – die ja im Gegensatz zu den europäischen Gesellschaften schon von ihrem historischen Ursprung her eine Einwanderungsgesellschaft ist – den Weg weisen sollten. Das älteste Leitbild ist die Metapher des „Schmelztiegels", in dem die alten Gemeinschaftsbindungen und kulturellen Identitäten der einwandernden Ethnien umgeschmolzen werden sollten in ein „homogenes Amalgam": den vollständig assimilierten Amerikaner. Ein jüngeres Leitbild ist die von der

Schwarzenbewegung geprägte Metapher der „Regenbogengesellschaft", in
der die verschiedenen ethnischen und kulturellen Gemeinschaften bei Gewährung gleicher Rechte ihre Ursprungsidentitäten bewahren: wie die Farben
eines Regenbogens existieren sie nebeneinander, ohne ineinander zu verlaufen.[2]

Beide Leitbilder hält Etzioni für historisch überholt. Die reine Assimilationspolitik des Schmelztiegels gilt ihm als zu ordnungsverliebte Übersteuerung, die reine Identitätspolitik des Regenbogens ist dagegen zu autonomie-
verliebt und wirkt desintegrierend. Das Gleichgewicht zwischen beiden Extremen stellt das Mosaik dar:

> Ein Mosaik zeichnet sich durch Elemente unterschiedlichster Formen und Farben
> aus, die aber von Leim und Rahmen zusammengehalten werden. Das Mosaik
> symbolisiert eine Gesellschaft, in der die verschiedenen Gemeinschaften ihre
> kulturellen Eigenheiten (von der Religion über die Sprache bis hin zu Küche und
> Musik) bewahren und sich selbstbewußt auf ihre spezifische Tradition beziehen
> können. Gleichzeitig sind sich die unterschiedlichen Gemeinschaften bewußt,
> daß sie selbst jeweils integraler Bestandteil eines umfassenden Ganzen sind. Dar-
> über hinaus verbindet sie miteinander eine starke Verpflichtung gegenüber dem
> gemeinsamen ‚Rahmen'. (Etzioni 1997: 251/252)

Dieser Rahmen zeichnet sich dadurch aus, dass er einige substantielle Grundwerte enthält, deren Achtung für jedes Individuum und für jede Gemeinschaft
verbindlich ist: Grundwerte also, die die innere Stimme der Moral jederzeit ak-
tualisieren, und die das kommunitäre Gleichgewicht der gesamten Gesellschaft
bewahren. Folgerichtig hat Etzioni „Kernstücke" eines Grundwertekatalogs er-
arbeitet. Neben einigen sehr allgemeinen Postulaten wie der Wahrung von
Neutralität, Toleranz und Achtung bei wertgeladenen Konflikten, abgestuften
Loyalitätsbezügen zwischen gemeinschaftlichen und gesellschaftlichen Verpflichtungen sowie der Forderung nach einer eingeschränkten Identitätspolitik
und Versöhnung sind folgende drei Punkte hervorzuheben:

I. *Demokratie* ist nicht nur als eine unter mehreren möglichen Herrschafts-
formen zu betrachten und auch nicht nur als ein formales Verfahren. Sie ist
vielmehr ein substantieller Grundwert, den die Gesellschaftsmitglieder unter
gar keinen Umständen preisgeben dürfen.

II. Die *Verfassung* mitsamt der in ihr verbürgten Grund- und Freiheits-
rechte ist ein wesentlicher Bestandteil des gesellschaftlichen Rahmens und
steht nicht zur Disposition einzelner Gemeinschaften. Für die moralische Integrationskraft einer Verfassung ist weniger entscheidend, wie detailliert sie
formuliert ist – oft sind die am wenigsten detaillierten Verfassungen die besten –, noch ob sie überhaupt schriftlich fixiert ist. Großbritannien z.B. hat
überhaupt keine geschriebene Verfassung. Gleichwohl ist die britische Gesellschaft kommunitärer als die amerikanische. Wichtiger ist, dass die in der

---

2 In Deutschland entspräche dies den Positionen des „Multikulturalismus".

Verfassung oder in äquivalenten Texten verbürgten Werte auch mit den mehrheitlich geteilten Werten der Gesellschaftsmitglieder übereinstimmen. III. *Gesellschaftsweite Dialoge* sind nötig, um die innere Stimme der Moral auch für Bezüge von gesamtgesellschaftlicher Bedeutung zu sensibilisieren. Insbesondere die Formen der Auseinandersetzung zwischen den Werten verschiedener Gemeinschaften soll durch solche Dialoge zivilisiert werden, „um sie nicht in Kulturkriege umschlagen zu lassen" (Etzioni 1997: 269). Zu den Kulturkriegen, die in den USA mit z.T. ungeheurer Militanz ausgetragen werden, zählen z.B. der Konflikt um die Legitimität von Schwangerschaftsabbrüchen oder um die Legitimität zentralstaatlicher Administration in den Einzelstaaten. Beide Kulturkriege haben bereits eine erhebliche Anzahl von Menschenleben gekostet; sie mittels einer prozeduralistischen Diskursethik à la Habermas zu zivilisieren, scheint illusorisch. Etzioni schlägt deshalb statt prozeduraler Dialoge *substantielle „Überzeugungsdialoge"* vor. In solchen Dialogen zählt dann weniger, wer das vernünftigste Argument vorweisen kann, sondern wer den besten Kompromiss zwischen den eingebrachten Wertvorstellungen erzielt. Überzeugungsdialoge können nicht nur lokal, sondern dank öffentlicher Medien, modernster Telekommunikationstechnologie und Computervernetzung landes- oder gar weltweit geführt werden (Etzioni 1997: 294296).

Kommunitarismus und soziale Bewegung

Als Motor für Überzeugungsdialoge, Verfassungspatriotismus und substantielle Demokratie muss man die von Etzioni geführte soziale Bewegung der Kommunitarier selbst begreifen. Dabei handelt es sich nicht in erster Linie um eine typische Protestbewegung von ökonomisch Unterprivilegierten oder ökologisch Betroffenen, wie wir sie aus Deutschland kennen, und auch nicht um eine dogmatische Gegenbewegung gegen den vorherrschenden Linksliberalismus. Reese-Schäfer weist darauf hin, dass es sich beim Kommunitarismus nach Etzionis Art um einen überaus autochthonen Typus von sozialer Bewegung handelt: „Bewegungen müssen keineswegs immer nur von Randgruppen ins Leben gerufen werden, die um ihren Platz in der Gesellschaft kämpfen müssen. Auch eine *middle class movement* ist vorstellbar, wenn diese soziale Schicht eine Realitätswahrnehmung entwickelt, nach der ihre Wertvorstellungen in ihrem Lebensumfeld nicht mehr hinreichend zur Geltung kommen und ihre Repräsentation im politischen System nicht hinreichend gesichert ist." (Reese-Schäfer 1997: 398) Allerdings muß die kommunitarische Bewegung den Beweis noch erbringen, dass sie mehr darstellt als den momentan organisierten und mit intellektuellem Vokabular aufgeladenen Ausdruck einer in der Öffentlichkeit verbreiteten Denk- und Gefühlsströmung. Die hohe Zustimmungsfähigkeit von Etzionis gesellschaftlichem Therapieprogramm birgt nämlich den nicht zu unterschätzenden Nachteil, dass es im Sinne einer allgemeinen „Seid-nett-zueinander-Kampagne" (Tönnies 1996: 14) zur Jedermannfloskel für politische Sonntagsreden mutieren kann und gerade deshalb wirkungslos versickert.

Literatur

Etzioni, Amitai, 1988: Die faire Gesellschaft. Jenseits von Sozialismus und Kapitalismus (amerik. Original: The Moral Dimension. Towards a New Economics). Frankfurt/M. 1996: Fischer Taschenbuch Verlag.

Etzioni, Amitai, 1993: Die Entdeckung des Gemeinwesens. Ansprüche, Verantwortlichkeiten und das Programm des Kommunitarismus (amerik. Original: The Spirit of Community. Rights, Responsibilities, and the Communitarian Agenda). Frankfurt/M. 1998: Fischer Taschenbuch Verlag.

Etzioni, Amitai, 1997: Die Verantwortungsgesellschaft. Individualismus und Moral in der heutigen Demokratie (amerik. Original: The New Golden Rule. Community and Morality in a Democratic Society). Frankfurt/M., New York: Campus.

Gans, Herbert, 1962: The Urban Villagers: Group and Class in the Life of Italian-Americans, New York 1982: The Free Press.

Hildebrandt, Mathias, 1998: Bereichsrezension: Kommunitarismus. In: Soziologische Revue 21, 386-392.

Lockwood, David, 1964: Soziale Integration und Systemintegration. In: Wolfgang Zapf (Hrsg.), Theorien des sozialen Wandels. Köln, Berlin 1969: Kiepenheuer & Witsch, 124-137.

Probst, Lothar, 1996: Gesellschaft versus Gemeinschaft? Zur Tradition des dichotomischen Denkens in Deutschland. In: Aus Politik und Zeitgeschichte B 36/96, 29-35.

Reese-Schäfer, Walter, 1997: Grenzgötter der Moral. Der neuere europäisch-amerikanische Diskurs zur politischen Ethik. Frankfurt/M.: Suhrkamp.

Sandel, Michael J., 1982: Liberalism and the Limits of Justice. Cambridge MA.: Cambridge University Press.

Sandel, Michael J., 1984: Die verfahrensrechtliche Republik und das ungebundene Selbst. In: Axel Honneth (Hrsg.), Kommunitarismus. Eine Debatte über die moralischen Grundlagen moderner Gesellschaften. 3. Aufl., Frankfurt/M., New York 1995: Campus, 18-35.

Tönnies, Ferdinand, 1926: Gemeinschaft und Gesellschaft. Grundbegriffe der reinen Soziologie. Darmstadt 1963: Wissenschaftliche Buchgesellschaft.

Tönnies, Sibylle, 1996: Kommunitarismus – diesseits und jenseits des Ozeans. In: Aus Politik und Zeitgeschichte B 36/96, 13-19.

Weber, Max, 1921: Wirtschaft und Gesellschaft. Grundriß der verstehenden Soziologie. 5. Aufl., Tübingen 1980: Mohr.

THOMAS BRÜSEMEISTER

Die Gesellschaft als organisierte Erwartungs-Enttäuschungs-Spirale – George Ritzers These der McDonaldisierung

George Ritzer, geboren 1940, 1968 Ph.D. an der Cornell University, ist heute Professor für Sozialwissenschaften an der Universität von Maryland. Schwerpunkte seiner Arbeit sind „organizational behavior" und soziologische Theorien. Seit den 70er Jahren setzt er sich u.a. mit Max Weber und dessen Überlegungen zum modernen Rationalisierungsprozess auseinander. Dies führte zu dem 1993 erschienenen Buch „The McDonaldization of Society". Weitere Hauptwerke: „Sociology" (1990, mit Kenneth Kammeyer und Norman Yetman), „Contemporary Sociological Theory" (1992).

Max Weber befürchtete Anfang dieses Jahrhunderts, dass immer mehr Bereiche der Gesellschaft nach Maßgabe rationaler bürokratischer Systeme organisiert würden, so dass sich die Menschen schließlich – in den Worten von George Ritzer – „in einem eisernen Käfig des Rationalen wiederfinden, aus dem es kein Entkommen ... geben könnte." (8)[1] Um „Weber zeitgemäßer zu interpretieren" (11), wählt Ritzer den Begriff der McDonaldisierung. Diese hat nach seiner Ansicht „ein breites Spektrum von Unternehmen und sogar die gesamte Lebensweise in einem beträchtlichen Teil der Welt beeinflußt", und zwar hinsichtlich Effizienz, Berechenbarkeit und Vorhersagbarkeit – Kriterien, die auch für Weber moderne Bürokratie kennzeichnen. Ritzer sieht dabei McDonald's „als ‚Modellfall' für einen weitreichenden Vorgang, den ich McDonaldisierung nenne; das ist der Vorgang, durch den die Prinzipien der Fast-food-Restaurants immer mehr Gesellschaftsbereiche in Amerika und auf der ganzen Welt beherrschen" (15). Mit anderen Worten: Es wirken sich heute die bürokratischen Prinzipien der Effizienz, Berechenbarkeit und Vorhersagbarkeit nicht nur in den modernen Schnellrestaurants aus, „sondern auch auf die Ausbildung, Arbeitswelt, Reisen, Freizeitgestaltung, Ernährung, Politik, Familie und praktisch sämtliche anderen gesellschaftlichen Berei-

---

1 Wenn nicht anders erwähnt, beziehen sich alle Zahlenangaben in Klammern auf Ritzer (1993).

che." (15/16) Die Menschen unterwerfen sich immer mehr einer formalen Rationalität:

> Man läßt also nicht zu, daß der einzelne sich seiner eigenen Hilfsmittel bedient, wenn er nach dem besten Weg sucht, um eine Aufgabe zu erfüllen, sondern es gibt Regeln, Vorschriften und Verfahrensweisen, welche die optimale Methode entweder vorherbestimmen oder bei ihrer Entdeckung helfen. (43)

Diese Passage deutet Ritzers Gegenwartsdiagnose an: Die moderne, McDonaldisierte Welt ist eine extrem verwaltete, bürokratische Welt, in welcher die Menschen keine eigenen Entscheidungen mehr treffen, sondern dies den Vorschriften und Verfahrensweisen überlassen, die von Organisationen stammen. Doch wie konnte es zu dieser Entwicklung kommen?

Ausdehnung der McDonaldisierung

Das Fast-food-Restaurant McDonald's begann seinen Siegeszug in den USA der dreißiger Jahre. Zunächst war es nur in amerikanischen Vororten zu finden, drang dann aber in die Großstädte vor, und dies nicht nur in den Vereinigten Staaten, sondern in sehr vielen Ländern der Erde. Darüber hinaus eroberten McDonald's und ähnliche Anbieter immer mehr Territorien, etwa Bahnhöfe, Flughäfen, die Armee, Colleges und Schulen. So liefert eine Pizza-Firma in 20 Bundesstaaten der USA etwa 120 Millionen Schulmahlzeiten pro Jahr, dafür landen Äpfel, Joghurt und Milch im Papierkorb. Schon früh werden Kinder in der Schule an Fast-food gewöhnt, und die Firmen tragen das Ihre dazu bei, insofern z.B. McDonald's-Filialen in Illinois den Schülern mit den besten Noten einen Cheeseburger versprechen.

Einen weiteren Schub erhielt die McDonaldisierung durch Mikrowellengeräte. Heute lassen sich nach Ritzer

> eigentlich alle Arten von Fast-food zu Hause genießen, ohne daß man sich in ein Fast-food-Restaurant begeben muß. Solche „hausgemachten" Fast-food-Gerichte scheinen in mancherlei Hinsicht sogar effizienter zu sein, als es einem Fast-food-Restaurant möglich ist. Statt sich ins Auto zu setzen, zum Restaurant ... zu fahren und dann nach Hause zurückzukehren, braucht man das gewünschte Gericht nur noch in die Mikrowelle zu schieben. Auf der anderen Seite sinkt die Effizienz der häuslichen Zubereitung in der Mikrowelle, weil man erst einmal in den Laden fahren und die Fertiggerichte einkaufen muß. (84)

Solche Effizienzerwägungen werden jedoch nach der Beobachtung von Ritzer die Menschen in Wirklichkeit kaum anstellen, geben sie sich doch in der Regel mit allgemeinen Vorstellungen darüber zufrieden, dass manche Dinge effizienter als andere seien. Es sind gerade solche Fiktionen, die der McDonaldisierung zum Durchbruch verhelfen:

In einer McDonaldisierten Gesellschaft neigen Menschen zu Tätigkeiten, die zu der effizienten Kategorie zählen, und andere, die als ineffizient gelten, werden vermieden. Dabei wird zwischen den Dingen, die man für effizient hält, kaum differenziert. Zum Teil ist das eine Erklärung für die Tatsache, daß das zu Hause zubereitete Mikrowellengericht den Umsatz der Fast-food-Restaurants nicht nennenswert beeinträchtigt. (85)

Im Gegenteil ist sogar eine wechselseitige Steigerung der vielen McDonaldisierten Produkte plausibel (dazu unten mehr). Doch was bedeuten Effizienz und Berechenbarkeit genauer besehen?

Effizienz und Berechenbarkeit

Für diese Prinzipien ist der Hamburger der McDonald's-Filialen ein Paradebeispiel. Herstellung und Verkauf unterliegen wie schon bei den Brüdern Mc Donald in den dreißiger Jahren einer minutiösen Kalkulation, was die rationelle Grundlage für eine stürmische Expansion von McDonald's war und immer noch ist.

Die Brüder Mc Donald eröffneten 1937 in Kalifornien ein Imbissrestaurant. Um Durcheinander zu vermeiden, boten sie eine sehr begrenzte Speisekarte an, verzichteten auf persönliche Bedienung sowie zeitaufwendige Zubereitung. Einfache Gerichte ermöglichten einfache Tätigkeitsprofile für den „Griller", „Shaker" und „Frittierer". Ein Betriebsbuch hielt in allen Einzelheiten fest, wie Milchshakes zu zapfen, Kartoffeln zu frittieren und Hamburger zu grillen sind. Damit zogen Taylorisierung und Fließbandarbeit in die Restaurants ein:

> Die Griller wurden angewiesen, die Hamburger von rechts nach links nebeneinander auf den Grill zu legen, und zwar in sechs Reihen zu je sechs Frikadellen. Und da die beiden ersten Reihen am weitesten von den Heizelementen entfernt sind, wurde ihnen vorgeschrieben (was bis heute gilt), die dritte Reihe zuerst zu wenden, dann die vierte, fünfte und sechste, und zum Schluß die beiden ersten. (64)

Sogar für das, was die Beschäftigten den Kunden sagen sollten, entwickelten die Brüder Mc Donald Vorschriften. Ray Kroc war schließlich derjenige, der das Rationalisierungspotential dieser „exakten" Restaurantorganisation mit der Idee einer landesweiten Restaurant-Kette verband. Mit dem Franchise-Prinzip legte er zu Beginn der fünfziger Jahre den Grundstein für ein Imperium. Weil nur Einzellizenzen vergeben wurden, konnten sich einzelne lokale Betreiber nicht zusammenschließen, und so ließ sich die gesamte Kette der Restaurants stark kontrollieren. Durchschlagend waren die niedrigen Lizenzen von damals 950 Dollar. Kroc belohnte zudem Verbesserungsvorschläge, die von den Lizenznehmern kamen. So expandierte das System, blieb aber seinem Grundprinzip, dem Angebot einfach herzustellender Speisen, treu.

Noch heute sind in einer McDonald's-Filiale alle Zutaten genauestens bemessen. Die Frikadelle für den Burger wiegt 45 Gramm, hat 9,8 cm Durch-
messer, das Brötchen 8,9 cm. Der Fettgehalt der Frikadelle muß 19% betra-
gen, sonst würde sie beim Braten zu sehr schrumpfen und könnte nicht mehr
über den Rand des Brötchens hinausragen, um die Illusion von Größe zu
vermitteln. Ein wachshaltiges Papier zwischen den Fleischscheiben ermöglicht, dass diese problemlos auf den Grill gleiten. Und KassiererInnen tippen
dank Computerkassen auf Symbole für die Gerichte, statt die Preise mühsam
einzeln einzugeben. Insgesamt ist die Zubereitung der Speisen, die Innenein-
richtung und die Bedienungsmannschaft darauf eingerichtet, eine große Zahl
von Kunden schnell durch das Restaurant zu schleusen. Kurze Zeiten bei der
Zubereitung und dem Verzehr der Speisen werden als Maßzahlen des Erfolgs
gerechnet, und der basiert auf einer extrem berechnenden Organisation. In vielen Schnellrestaurants, die wie McDonald's organisiert sind, müssen die Kunden nichts bezahlen, wenn sie nach wenigen Minuten ihr Essen noch nicht erhalten haben. Und selbst in einem kein Fast-food anbietenden amerikanischen
Restaurant kann ein europäischer Besucher beobachten, dass sowohl die Kell-
ner als auch andere Gäste es kaum verstehen, wenn man mehrere Gänge gemütlich verzehren möchte – alles ist mehr oder weniger stillschweigend auf einen
effizienten, d.h. schnellen Verzehr ausgerichtet.

Eine solche „Kultur" der Berechenbarkeit und Effizienz hat sich nach Ritzers Ansicht heute in allen Poren der Gesellschaft festgesetzt. Sie dehnt sich
auf Lebensbereiche aus, die bislang „lebensweltlich", nach Gefühl, Geschmack oder Sympathie, und nicht nach Rationalitätsgesichtspunkten entschieden wurden. Webers These vom „Gehäuse der Hörigkeit" bringt diese
Entwicklung für Ritzer auf den Punkt.

Zum einen besagt die These, dass sich die Menschen selbst der Berechenbarkeit als einem neuen Imperativ der Kultur unterwerfen – dem zufolge sie
z.B. auch in der Liebe auf die verwendete Zeit, auf einen möglichst geringen
Mitteleinsatz achten, was natürlich einer echten Liebe zuwiderläuft. Zum anderen meint Ritzer, dass die Berechenbarkeit von McDonaldisierten Firmen
ausgeht und entsprechend bekämpft werden kann. Dazu muss aber zunächst
erkannt werden, dass und wie die McDonaldisierung Menschen geschickt in
ihre Organisation einspannt. Wenn etwa die Kunden selbst noch ihre Tabletts
wegbringen müssen oder (wie in manchen Warenhäusern in den USA) selbst
ihre Waren über Scannerkassen schieben sollen, dann werden sie Teil rationaler Maschinen, ohne für ihre Tätigkeiten bezahlt zu werden. Das Schnell-
restaurant verkauft diese Selbsteinbindung mit Argumenten, die an die Bequemlichkeit und Zeitersparnis der Kunden appelliert (es ist weniger auf-
wendig, zu McDonald's zu fahren, als sich sein Essen selbst zuzubereiten).
Eine ähnliche „Servicefreundlichkeit" bieten Geldautomaten, an denen man
sich rund um die Uhr selbst bedienen darf. Die vermeintliche Rationalität
solcher Einrichtungen bezieht sich nach Ritzer genau genommen nur auf die

betriebsinterne Organisation und wird zu einer irrationalen Externalität, sobald man darüber hinausblickt. Berge von Verpackungsmüll, Warteschlangen vor den Kassen und brüchige Familienbeziehungen (weil man Mahlzeiten nicht mehr gemeinsam zubereitet und einnimmt) machen die scheinbaren Vorteile der McDonaldisierung wieder zunichte.

Berechenbarkeit bedeutet also zweierlei. Für die Firma beinhaltet sie einen bis ins Kleinste kalkulierten Umgang mit dem Produkt, bei Vertrieb und Vermarktung, was straffe Hierarchien und strenge Kontrollen verlangt.[2] Für den Kunden beinhaltet Berechenbarkeit zunächst einmal die Illusion eines leistungsfähigen Produkts, das nicht nur in seiner Qualität immer gleich gut und überall jederzeit erhältlich ist, sondern auch viel fürs Geld bietet. Dieser Eindruck entsteht, weil etwa die Pommes-Frites bei McDonald's in kleine Tüten gequetscht werden, so dass sie oben immer etwas herausragen und nach „Mehr" aussehen. In Wirklichkeit sei der Wert der Pommes gering, die Gewinnspanne erheblich und die Rechnung des Verbrauchers falsch: „Er bekommt eben nicht viel für wenig Geld." (114) Und er muss, wie gesagt, für sein Produkt noch unbemerkt mitarbeiten.

Effizienz und Berechenbarkeit, so Ritzer, fordern in der McDonaldisierten Welt mitunter zur menschlichen Kreativität heraus. So entwickeln etwa manche „Griller" beim fließbandartigen Wenden der Burger artistische Fähigkeiten. Für die meisten Menschen sind jedoch Berechenbarkeit und Effizienz zweischneidig. Erstens stellt sich die Frage, welche Folgen sich im kulturellen Miteinander einstellen, wenn die Effizienzkriterien nicht von Menschen, sondern von Organisationen vorgegeben werden. Hier scheint sich nach Ritzer der Trend zu einer schnellebigen Gesellschaft, die den geringsten Mitteleinsatz für die Zielerreichung fordert, immer mehr durchzusetzen, und zwar so, dass die Menschen auch dort plötzlich Geld und Zeit kalkulieren, wo sie es früher nicht taten. Wenn sie es tun, stützen sie sich nicht auf eigene Urteile, sondern auf Effizienzkriterien rationaler Organisationen. So werden andere, „lebensweltliche" Entscheidungskriterien immer mehr in den Hintergrund gedrängt. Schließlich sieht sich kaum jemand mehr in der Lage, Familienfeiern oder Kindergeburtstage selbst auszurichten. Es erscheint einfacher, dies einer kompetenter erscheinenden Organisation zu überlassen oder z.B. die Lust an Reiseüberraschungen gegen Sicherheit, Standardisierung und Vorhersagbarkeit einzutauschen. Keine Experimente!, so lautet die Devise. Sogar in den Bereichen, in denen es um Entspannung geht, setzen sich die Menschen nun unter Erfolgsdruck. Zweitens kommen nach Ritzer die Zeit- und Kostenvorteile, die mit der McDonaldisierung einhergehen, in Wirklichkeit hauptsächlich den Firmen und weniger den Menschen zugute, auch wenn knappe Kalkulationen und große Gewinnspannen erst die massenhafte Verbreitung der Produkte ermöglichten. Die Kosten sind

---

2 Vermutlich weil sie diese Kontrolle der Betriebsführung behindert, duldet McDonald's in Deutschland keine gewerkschaftliche Organisation seiner Arbeitnehmer.

in Wirklichkeit viel größer, vor allem in kultureller Hinsicht, denn was in der rationalen Kalkulation immer weniger Platz findet, sind Gespräche, Plaudereien, individuelle Wünsche. Würde der Kunde an der McDonald's-Theke seinen Hamburger nach eigenen Vorstellungen belegt, seine Pommes-Frites extra frittiert haben wollen, so würde er die Effizienz-Kalkulation des Restaurants zunichte machen. Damit spricht Ritzer die Frage an – ohne dass er systematisch zwischen Angebot und Nachfrage unterscheidet –, ob die Kunden so berechnend mit dem Angebot umgehen, wie es das Angebot nahelegt. Tatsächlich wird die Berechenbarkeit der Restaurantkette oft gesprengt, wenn man beobachtet, dass sich einige Besucher gemütlich stundenlang an einem einzigen Getränk oder einem Burger festhalten, obwohl die Sitzmöbel in den Schnellrestaurants offensichtlich bewusst so gestaltet wurden, dass man auf ihnen nicht längere Zeit verweilen mag.

Nicht zu leugnen bleibt nach Ritzer, dass von den an Berechenbarkeit und Effizienz orientierten Organisationen ein neuer Impetus auf alle Lebensbereiche ausstrahlt. Auch wenn die Menschen die neuen Angebote nicht vorbehaltlos nutzen, so unterhöhlen diese doch die traditionellen Regeln der Lebensorganisation. In diesem Sinne zersetzt die McDonaldisierung alte Institutionen und Bräuche, ohne etwas Neues an deren Stelle zu setzen, obwohl manche Amerikaner den goldenen Doppelbogen von McDonald's und andere Symbole der McDonaldisierten Gesellschaft als neue „heilige" Institutionen interpretieren (21). Insbesondere befürchtet Ritzer wie viele Amerikaner eine Zerstörung des Familienlebens. Statt gemeinsamer Mahlzeiten, die ja auch eine zwanglose erzieherische Funktion haben, sitzt überspitzt gesagt jeder allein mit seinem Hamburger vor dem Fernseher. Die McDonaldisierung beinhaltet in dieser Hinsicht einen Wertezerfall, sie lobpreist Rationalität als einzigen Wert, und es wird begründungspflichtig beziehungsweise zur Ausnahme, wenn die Familie zu Hause kochen will, wo das gleiche Ziel doch bei McDonald's billiger und schneller erreicht werden kann. Auch wenn man diesen Rationalitätsimpuls angesichts von Hamburgern und Fritten, die bestimmt nicht jeder mag, leicht abtun könnte: Wer zieht es schon vor, seine Reise von A bis Z selbst zu planen, anstatt sie von einem Reisebüro buchen zu lassen? Ein solches Unternehmen ist, wie McDonald's, nichts anderes als eine riesige Bürokratie, die vorgibt, individuelle Bedürfnisse effizient zu befriedigen. Aber kann dies mit standardisierten Angeboten überhaupt gelingen?

Vorhersagbarkeit und Standardisierung

Egal wo heute eine Reise hinführt, überall findet man die gleiche Dichte von Fast-food-Restaurants oder anderen McDonaldisierten Organisationen. Dies macht nach der Auffassung von Ritzer die Welt extrem vorhersagbar. Damit verbunden ist eine Standardisierung des Angebotes, die so recht nicht zu individualisierten Gesellschaften passen mag. Nicht nur Speisende, auch Reisende oder Zeitungsleser können in den Vereinigten Staaten an beinahe jedem Ort die gleichen Produkte beziehungsweise den gleichen Service erwarten. Als Beispiel nennt Ritzer Hotelketten, die in Amerika mit dem flächendeckenden Verkehrsnetz entstanden. Während früher der Besuch eines Motels eine Art Abenteuer war – niemand wusste genau, was einen erwartet –, warben Hotelketten wie Holiday Inn oder Motel 6 sozusagen mit Vorhersagbarkeit und Sicherheit an jedem Ort der Welt, was Preise und den Unterkunftsstandard betrifft. Ähnliches lässt sich beobachten, wenn der New Yorker in San Francisco aus dem Flugzeug steigt. Ihn lacht die gleiche Aufmachung der Tageszeitung „USA Today" an, die wie immer in den vertrauten Verkaufskästen bereit liegt, auch wenn die Redaktion an der Westküste eine andere ist als die an der Ostküste. Nachrichten werden jedoch dort wie hier genauso standardisiert zubereitet, ganz ähnlich wie Hamburger: eine politische Schlagzeile hier, ein Happen Sportbericht dort.

Was Ritzer an all diesen Beispielen beobachtet, sind Menschen, die möglichst keine Überraschungen mehr erleben wollen. Dies mutet paradox an: Tausende besuchen Europa, steigen aber immer seltener aus dem Bus, um die Kultur wirklich kennen zu lernen. Die Gastländer versuchen, auf die Wünsche der Reisenden einzugehen, was zu umfangreichen Planungen führt, aus denen letztlich alle echten Überraschungen entfernt wurden – wer möchte schon gern in einer europäischen Altstadt von Verkäufern belästigt, durch unsauberes Wasser oder Lebensmittel krank werden? So überziehen Millionen Besucher die Gastländer gleichsam mit einer standardisierten Kultur, die darauf zielt, neue Situationen möglichst zu eliminieren und die Reise zu einem vorhersagbaren "schönen" Erlebnis werden zu lassen. Die McDonaldisierung läuft bezüglich der Vorhersagbarkeit darauf hinaus, jegliches Erleben des Fremden zu verbannen, insofern es nicht geplant ist. Eine solche kulturelle Verarmung geht gleichzeitig einher mit einer massenhaften Verbreitung dieser „Einheits"-Kultur – im Prinzip kann sich heute jeder jederzeit Pauschalreisen leisten. Insofern lockt die McDonaldisierte Gesellschaft mit vorhersagbaren Annehmlichkeiten für alle.

Viele andere Bereiche haben es den Pauschalreisen oder dem standardisierten Fast-food nachgemacht, indem sie aus ihren Produkten beziehungsweise Dienstleistungen Überraschungen ausgeschaltet haben. Obwohl dieses Unterfangen von der Sache her z.B. beim Haareschneiden kaum möglich ist, weil jeder Frisör etwas anders schneidet und jeder Kunde etwas andere Haare hat, wird auch hier versucht, ängstliche Kunden zu beruhigen, indem alle Läden einer Kette die gleiche äußere Aufmachung und innere Einrichtung bekommen. Symbole sorgen für eine greifbare, rituelle Struktur, die das Haareschneiden zu einem berechen- und vorhersagbaren Erlebnis macht.

Ein weiteres Beispiel für Vorhersagbarkeit stellt die Universität dar. Während die europäischen Universitäten im geistes- und sozialwissenschaftlichen

Bereich, vereinfacht gesagt, eine Palette von Fächern und speziellen Fachthemen anbieten, zwischen denen sich der Studierende selbst entscheiden muss, werden in Amerika oftmals Lehrinhalte samt Stundenplänen eng vorgegeben. Ritzer spricht von „Lehrmaschinen" (237), in welchen schließlich auch die Noten anhand von unpersönlichen Multiple-Choice-Prüfungen ermittelt werden. Ähnliche Trends lassen sich in den hiesigen Universitäten beobachten. Nicht nur sind die Lehranstalten hier wie dort zu Masseneinrichtungen geworden, sondern dies schlägt sich als Standardisierung und Verschulung des Angebots nieder. Den Studierenden und ihren gleichsam natürlichen Eigeninteressen kommt dies zum Teil entgegen, da nur noch eine begrenzte Textmenge gelernt werden muss. Auch Professoren sehen darin manchmal die einzige Chance, um die große Zahl von Studierenden noch bewältigen zu können. Aber auf diese Weise lesen im Endeffekt immer mehr Studenten die immergleichen Texte, was dem Geist der Universitäten als offener Lehranstalten eigentlich widerspricht. Würde sich der Trend zur Standardisierung und zur Vorhersagbarkeit dessen, was gelernt werden soll, durchsetzen, würde sich kaum jemand mehr selbst die Mühe machen, die verschiedenen und durchaus widersprüchlichen Sinnangebote einer Universität auf eigene Faust in eine Beziehung zu bringen. Studierende erwarten heute schon viel von standardisierten Vorgaben, die jedoch nur vordergründig befriedigen, weil sie eben nicht die ganze Universität ausmachen. Wenn schließlich immer mehr Universitätsbesucher auf jene „effizienten" Erfolgsmöglichkeiten setzen, die ihnen mit den standardisierten Leistungsangeboten offeriert werden, sind sie immer weniger zu eigenen Erfahrungen mit dem schwierigen „Text" der Universität bereit – die McDonaldisierung beginnt, auch in diesem Bereich Wurzeln zu schlagen.

Ein wieder anderes Beispiel stammt aus der Medizin. Ähnlich wie für individuelle Beziehungen zwischen Professor und Student in der standardisierten Massenuniversität kaum mehr Platz ist, kann auch ein Arzt im Krankenhaus auf die individuellen Sorgen und Nöte seiner Patienten nur noch selten eingehen. Insofern sie unter einem starken Kostendruck „operieren" müssen, tendieren Universitäten und Krankenhäuser dazu, bürokratische Maschinerien zu werden. So bemerkt Ritzer: „Heute ist der Arzt ein Verteiler, der die Patienten zu verschiedenen Maschinen und Spezialisten schickt. Die ärztliche Beurteilung wurde zumindest teilweise durch technische Befunde ersetzt. Es gibt schon die ersten Computerprogramme zur Diagnose von Krankheiten." (193) Grundsätzlich gehe der Trend „von den unvorhersehbaren, subjektiven Entscheidungen des Arztes zur eher objektiven Beurteilung, die durch verschiedene hochkarätige technische Entwicklungen vorgegeben werden." (167) In einem solchen System sind die Kunstfertigkeit eines Arztes oder der individuelle Wunsch eines Patienten Störfaktoren.

Zum Ausgleich versprechen gleichsam die Maschinen, die standardisierten Produkte und Dienstleistungen, dass alle Wünsche an allen Orten der

Welt auf die gleiche Weise befriedigt werden können. Dies bedeutet auf den ersten Blick ein erheblich verbessertes Angebot von Waren und Dienstleistungen für ein immer größeres Publikum. Aber auf den zweiten Blick sind dies oft nur Fiktionen, mit denen die McDonaldisierung Akteure anzieht. Viele Nachteile bleiben unberücksichtigt. Dazu gehört auch die höhere soziale Kontrolle, die in den McDonaldisierten Produktions- und Konsumtionsabläufen steckt.

Kontrolle

Die Dimension der Kontrolle ergibt sich aus den standardisierten, auf Effizienz und Berechenbarkeit ausgerichteten Arbeitsprozessen der McDonaldisierung. Eingespannt in fließbandförmige Arbeitsabläufe werden die Menschen Ritzer zufolge von Technologien und bürokratischen Regeln geführt, die ihnen sagen, was sie tun und lassen sollen. McDonaldisierte Unternehmen sind bestrebt, die von Menschen ausgehende Unsicherheit zu beseitigen, denn eine Firma, die Millionen Brote maschinell backt, kann es sich nicht leisten, wenn ein Bäcker die Brote mal etwas dunkler und mal etwas heller ausfallen lässt. Tatsächlich werden in den modernen Produktionsstätten die wichtigsten Arbeitsschritte technologisch gesteuert und durch Maschinen ausgeführt. Und die Technologien übernehmen auch eine – nun indirekte – Kontrolle der Tätigkeiten, die in traditionellen Arbeitsorganisation noch face to face zwischen Vorgesetzten und Untergebenen ausgeübt wurde. Wenn in der bis ins Kleinste durchorganisierten Produktion ein Teil nicht zur rechten Zeit am rechten Platz ist, kommt der Arbeitsablauf ins Stocken, und deshalb ist das kontrollierte Ineinandergreifen das A und O.

Die starke technologische Durchsetzung McDonaldisierter Betriebe macht zudem qualifizierte Fachkräfte weitgehend überflüssig – man benötigt keine Facharbeiter mehr, um Pommes-Frites nach einem Klingelzeichen aus der Friteuse zu nehmen. Im Gegensatz zu qualitativ bestimmten Arbeiten – etwa das Kreieren von verschiedenen Menüs durch den Küchenchef – herrscht nun das Gesetz der großen Zahl. Gut ist, wenn das Restaurant viele Gäste bedient, der Arzt viele Überweisungen ausstellt etc. Jeder Einzelne trägt mit seiner Arbeit zu dieser rationalen Maschinerie bei, deren Organisations- und Erfolgskriterien ihn genauer kontrollieren. Zudem stellt McDonald's (als Modellfall der McDonaldisierung) oft Teenager ein, weil sie sich ohnehin „leichter als Erwachsene damit abfinden, daß sie sich mit ihrer Selbständigkeit den Maschinen, Richtlinien und Vorgehensweisen unterwerfen müssen." (179)

Darüber hinaus werden auch die Kunden in der McDonaldisierten Gesellschaft kontrolliert, beispielsweise wenn sie durch die Organisation des Restaurants dazu angehalten werden, dieses möglichst schnell wieder zu verlassen, wenn Geräte angeben, wann Gerichte fertig sind, wenn Reiseleiter oder Diätpläne in Zeitschriften empfehlen, was man tun oder lassen sollte. Ähnlich kontrolliert werden die Menschen nach Ritzer durch die modernen Einkaufs- und Vergnügungsparks geschleust. Wenn es nach den McDonaldisierten Konsumangeboten geht, sind der individuelle Geschmack und überhaupt individuelle Wünsche beim Kochen oder Einkaufen störend. Denn die technologischen Wunderwerke à la Disneyland behaupten, den Kunden viel effizienter, verbunden mit einem Erlebnisversprechen, von A nach B, d.h. von seinem Alltag in eine Reizlandschaft, überführen zu können. Dahinter steht jedoch nach Ritzer nichts anderes als ein enormer bürokratischer Apparat, der den Kunden mit einem Netz von Vorschriften und Regeln kontrolliert. Wenn die Menschen dies nicht bemerken, sind sie in ein „Gehäuse der Hörigkeit" eingebunden.

Nach der Ansicht von Ritzer ist die Effizienz versprechende Technologie letztlich inhuman. Sie wendet sich gegen den Menschen. Wenn sie im Zuge der McDonaldisierung auf das automatische Einchecken in Hotels warten, sich in Schlangen vor Bankautomaten einreihen, ihr Fast-food nach Herstelleranweisungen in der Mikrowelle zubereiten, Waren aus dem Katalog bestellen oder ins Fitness-Studio gehen, überlassen sie diese Bereiche des Lebens bürokratischen Organisationen und deren Regeln. Für die Individuen bedeutet die McDonaldisierung nicht mehr, sondern weniger Lebensqualität, insofern sie den Menschen außer der Konsumtion eigentlich alles abnimmt. Und die Akteure werden selbst zu aktiven Trägern einer in sich widersprüchlichen Maschinerie gemacht, deren zerstörerische Mechanik aus einem Wechsel von verlockenden Angeboten und Enttäuschungen besteht.

Anspruchs-Enttäuschungs-Spirale

Verlockend ist die McDonaldisierung deshalb, weil sie bei aller Vorhersagbarkeit und Eliminierung des Unbekannten gleichzeitig Erlebnis-, Unterhaltungs- oder Abenteueraspekte verspricht, die sie aufgrund der extremen Standardisierung jedoch nicht beinhaltet. Ob es sich nun um die institutionelle Organisation einer Nahrungsaufnahme, eines Kindergeburtstages oder eines Studiums handelt: irgendwie fühlt man sich hinterher nicht befriedigt. Genau deshalb kann man dazu gedrängt werden, entweder noch höhere Ansprüche an den Erfolg McDonaldisierter Organisationen zu stellen oder die Enttäuschungen, die in dem einen McDonaldisierten Lebensbereich entstehen, durch McDonaldisierte Produkte aus anderen Bereichen auszugleichen. McDonaldisierte Gesellschaften bieten dabei eine ganze Kette von Möglichkeiten, die einander wechselseitig als Ersatzbefriedigungen dienen können (nach dem nicht ganz gelungenen Kindergeburtstag bei McDonald's fährt man das nächste Mal zu Disneyland oder reagiert sich im Fitness-Studio ab).

Innerhalb der McDonaldisierung befriedigen natürlich auch die Ersatzbefriedigungen nicht richtig, da die McDonaldisierten Produkte zu einem gewissen Teil nur den Schein von Qualität vorspielen, so dass zu wieder anderen McDonaldisierten Produkten gegriffen werden muss, um sich Befriedigung zu verschaffen – unter dem Strich wird jedoch das unbefriedigende Gefühl nur verstärkt, was den Griff nach den Ersatzprodukten erneut stärker werden lässt etc.

Das Gesagte lässt sich als *„Anspruchs-Enttäuschungs-Spirale"* der McDonaldisierung bezeichnen. Obwohl Ritzer diesen Begriff nicht verwendet, scheint genau darin eines der Erfolgsgeheimnisse der McDonaldisierung zu liegen. Der Kernmechanismus besteht darin, überhaupt von Organisationen etwas zu erwarten, was man früher selbst bewerkstelligte. Driften die Individuen einmal von ihren traditionellen Gewohnheiten ab beziehungsweise öffnen sie sich einmal den Effizienz-Fiktionen der modernen Organisationen, dann warten gleichsam auf der Stelle hunderte derartiger Organisationen mit solchen Fiktionen auf, die dann vom Einzelnen tatsächlich nicht mehr auf ihre wirkliche Effizienz überprüft werden können. Die Individuen haben gleichsam einen teuflischen Pakt mit den Organisationen geschlossen, wenn sie etwas von ihnen erwarten, denn dann können sie enttäuscht und in die Erwartungs-Enttäuschungs-Spirale hineingezogen werden.

Um aus dem Mechanismus auszubrechen, müssten die Fiktionen der Effizienz, wie sie von den Organisationen verbreitet werden, durch ein Vertrauen in die eigene Urteilskraft ersetzt werden. Ist man aber an die McDonaldisierung und ihre Prinzipien erst einmal gewöhnt, nämlich mit den geringsten Mitteln das Bestmögliche schnellstens zu erreichen, dann erscheinen die Mühen eigener Wege und Entscheidungen tatsächlich als Aufwendungen, die unsichere Erfolge und Mühen beinhalten. Erst wenn die Kunden ihre eigenen Unlustgefühle in die Rechnung mit einbeziehen – was ja durch den effizienz- und erfolgversprechenden Konsum von McDonaldisierten Angeboten immer wieder hintangestellt werden kann –, wäre derjenige Zirkel entlarvt, der den McDonaldisierten Organisationen zugute kommt: dass nämlich Leistungsansprüche, die von Organisation erfüllt werden sollen, enttäuscht werden, was zu noch höheren Ansprüchen sowie zu abermaligen Enttäuschungen führt etc.

Zu der Anspruchs-Enttäuschungs-Spirale gesellen sich widersprüchliche Botschaften der McDonaldisierung, die ihre Durchschlagskraft auf kulturellem Gebiet erhöhen. Die erste Botschaft verspricht Vorhersagbarkeit, Effizienz, Berechenbarkeit und Risikolosigkeit, die zweite lockt mit Übersteigerungen, Erleben, Spaß und Risiko. Genau genommen ist diese zweite Botschaft den Angeboten nur äußerlich aufgeklebt, trägt aber maßgeblich zu der immensen Verbreitung der McDonaldisierung bei, denn der Unterhaltungswert des Produktes ist im Prinzip grenzenlos, während der Magen irgendwann mit Hamburgern gefüllt ist.

Im Prinzip könnte die McDonaldisierte Gesellschaft – was Ritzer nicht sagt – eine Art Kopie von älteren, segmentären Gesellschaften im Sinne von Durkheim (1981) sein, deren Mitglieder gleichsam rituelle Tänze um goldene Kälber aufführen und sich vorkommen, als ob sie sich dabei in Richtung eines größeren Erlebnisreichtums überschritten hätten. Dabei bleiben die Akteure in Wirklichkeit fortwährend auf dem sicheren Boden, den ihnen die gewohnten Rituale bieten. Dieser Widerspruch, sich überschreiten zu wollen und es gleichzeitig nicht zu tun –, wird jedoch nicht durchschaut, und so bleiben die Gesellschaftsmitglieder letztlich im Status quo befangen. Dies ist die Voraussetzung, das Ritual immer wieder zu spielen.

Eine andere Variante, die man mit Horkheimer und Adorno (1969)[3] an Ritzer anschließen könnte, lautet: Die Akteure nutzen zwar die Angebote ihrer Massenkultur, durchschauen aber ansonsten deren Scheinheiligkeit. Sie ahnen aus einer Rollendistanz heraus, dass die McDonaldisierung – die Größe des Hamburgers und sein vermeintlich geringer Preis, das „Erlebnis" einer Pauschalreise – größtenteils Illusion ist. Aber man will wenigstens gut betrogen werden.

Fazit

Die McDonaldisierung und ihre technologischen Errungenschaften wie automatische Zapfhähne, Scannerkassen, vorgegebene Lehrpläne oder selbstkochende Suppen besitzen nach Ritzer dehumanisierende Auswirkungen, da sie Menschen auffordern, sich moderner Fließbänder zu bedienen, um Bedürfnisse schneller und damit „effizienter" zu befriedigen. Über kurz oder lang werden auf diese Weise kulturell unterschiedliche Lebensweisen eingeebnet und, ausgehend von der Bürokratie, entindividualisieren sich die Menschen, insofern sie nichts anderes mehr wollen als bequeme, McDonaldisierte Produkte. Obwohl der Grad der McDonaldisierung in einzelnen Bereichen unterschiedlich ist, so geht doch nach Ansicht von Ritzer der allgemeine Trend dahin, nicht mehr selbst Mittel und Ziele festzulegen, sondern dies Organisationen zu überlassen. Diese sind jedoch dazu genau genommen nicht in der Lage, denn Effizienz und Berechenbarkeit, Vorhersagbarkeit und Kontrolle sind nichts anderes als organisationsinterne Kriterien. Aus der Sicht des einzelnen wird das Versprechen von Effizienz zunichte gemacht, wenn Tausende mit ihren Familien „mal eben" zu McDonald's fahren wollen, dann aber im Stau stecken bleiben. Auch die Gesamtgesellschaft hat mit den Kosten

---

3   In ihrer Antisemitismusforschung betonen Horkheimer und Adorno (1969) einen mehrschichtigen Prozess, in welchem der Rassist ahnt, dass ihn der autoritäre Führer betrügt; aber da der Betreffende zugleich autoritätshörig ist, lenkt er die dabei auftretenden Aggressionen auf schwächere Dritte sowie sich selbst um.

der McDonaldisierung zu kämpfen, wenn man z.b. an den Verpackungsmüll der Schnellrestaurants denkt (dessen Beseitigung letztlich wieder dem Einzelnen aufgebürdet wird).

Ziele und Mittel wählt das Individuum normalerweise nach sehr heterogenen Gesichtspunkten aus, was jedoch nicht automatisch weniger sinnvoll ist. Darauf nimmt die McDonaldisierung strategisch Rücksicht, denn in den standardisierten Produkten wird an der Oberfläche die bunte Vielfalt von Lebenswelten simuliert, ohne freilich an der Standardisierung des Kerns etwas zu ändern. So verkauft etwa McDonald's sein begrenztes Sortiment unter systematisch variierenden Namen in mexikanischen, italienischen, spanischen etc. Werbewochen. McDonaldisierte Firmenriesen spielen somit beständig den Reiz des Neuen vor, womit sie auf der einen Seite die Neugierigen an sich binden. Auf der anderen Seite ahnen viele, dass dahinter das Ritual des Immergleichen steht, welches jedoch aus der Firmensicht geeignet ist, auch die Unsicheren und Ängstlichen an sich zu binden. So entgeht letztlich kaum jemand der McDonaldisierung.

Aufgrund dieses Doppelspiels ist auch der Ausweg, den Ritzer am Ende des Buches angibt, nämlich McDonaldisierte Produkte einfach zu meiden, etwa Saisonprodukte zu kaufen, zu Hause zu kochen oder nicht zum McDentist zu gehen, kein gangbarer Ausweg. Denn der Doppelmechanismus, der den Ängstlichen „erlebnisreiche Sicherheiten" und den Neugierigen „sichere Überraschungserlebnisse" bietet, ist so noch nicht ausgehebelt.

Zudem lässt sich, über Ritzers Analyse hinausgehend, eine Anspruchs-Enttäuschungs-Spirale erkennen, die durch Appelle nicht einfach zu umgehen ist. Werden die Erwartungen nach der Konsumtion McDonaldisierter Produkte nicht erfüllt, steht eine Vielzahl von Ersatzangeboten parat, die den Kunden unter dem Strich jedoch genau so unbefriedigt zurücklassen und ihn noch tiefer in die McDonaldisierung hineinlocken. Der Mechanismus wird nur durchbrochen, wenn neben den Effizienzversprechen der McDonaldisierung auch eigene Unlustgefühle mit eingerechnet werden. Dann sieht die Rechnung vielfach anders aus.

Eine etwas distanziertere Sicht auf die Anspruchs-Enttäuschungs-Spirale und andere Prozesse der McDonaldisierung lässt sich mit der Frage nach der gesellschaftlichen Verteilung erreichen: Wer ist überhaupt von der McDonaldisierung betroffen beziehungsweise wer entzieht sich ihr vielleicht von vornherein? Zwar besagt die Steigerungslogik der McDonaldisierung im Grundsatz, dass es allen immer besser gehen soll. Im Konsumbereich ist dies besonders offensichtlich. Dort gilt in vielen Bereichen (etwa bei Computern): Ein Produkt ist veraltet, sobald man es kauft. Es müsste eigentlich morgen durch das neuere, bessere ersetzt werden. Einem solchen Steigerungszwang können sich aber einige entziehen, nämlich diejenigen, denen es schon gut geht, wie den Oberschichten. Sie können sich kaum noch vorstellen, durch welches Produkt sie ihre soziale Lage noch verbessern könnten, da sie schon

fast alles besitzen. Ähnliches gilt für die Mittelschichten. Auch sie sind im
Konsumbereich relativ gesättigt, gleichwohl sich gerade Mittelschichtler untereinander anheizen können, sich durch ein wechselseitiges Übertrumpfen
mit dem besseren Auto oder der schickeren Brille die eigene Leistungsfähigkeit zu demonstrieren. Damit bleiben die Unterschichten als die eigentlichen
Ansprechpartner der McDonaldisierung im Konsumbereich übrig. Wenn man
die McDonaldisierung auf ihre gesellschaftliche Verteilung hin betrachtet –
was Ritzer nicht tut –, lässt sich vermuten, dass gerade diese Schichten von
der Steigerungslogik, die in den McDonaldisierten Produkten steckt, am besten angesprochen werden. Denn sie besitzen in Relation zu den anderen
Schichten am wenigsten. Ihre sozialen Lagen sind am verbesserungswürdigs-
ten. Und warum sollte man die Verbesserung des eigenen Lebens nicht mit
dem geringsten Aufwand erreichen? Genau dies versprechen ja die McDonaldisierten Konsumwaren. Tatsächlich scheinen in den McDonaldisierten
Restaurants überproportional Menschen aus unteren Schichten zu speisen.
Auf der anderen Seite lässt sich vermuten, dass die McDonaldisierung gerade
für Ober- und Mittelschichten besonders attraktiv ist, nämlich z.B. bezüglich
eines Erlebnisversprechens. Für dieses ist man vielleicht empfänglich, gerade
weil man mit materiellen Dingen schon relativ gesättigt ist.

Unabhängig von solchen schichtspezifischen Differenzierungen, die man
nicht bei Ritzer findet, lässt sich festhalten, dass er mit seiner Gegenwartsdiagnose eine *gesellschaftsbezogene* Betrachtung von Organisationen liefert,
die Max Webers These vom „Gehäuse der Hörigkeit" auf heutige Verhältnisse überträgt. Wie Weber sieht auch Ritzer in Effizienz und Wirtschaftlichkeit
zentrale Triebkräfte, die zur Durchsetzung der McDonaldisierung geführt
haben. Genauer als Weber beschäftigt er sich jedoch mit der Frage, warum
die Menschen eine Gesellschaft wollen, die dem frei entscheidenden Individuum eigentlich entgegensteht. Eine erste Antwort lautet, dass die
McDonaldisierung zu einem Wert an sich aufgestiegen ist, den die Menschen
übernommen haben, ohne genauer darüber nachzudenken; viele sind unter
McDonaldisierten Lebensbedingungen sozialisiert worden und führen ihre
Kinder wieder in diese Welt ein. Eine zweite Antwort ergibt sich aus der Betrachtung der Angebotsmechanismen: Die Versprechen von Effizienz, Bere-
chen- und Vorhersagbarkeit appellieren unmittelbar an die inneren Entscheidungskriterien der Akteure und nehmen sie ihnen gleichzeitig mit Hilfe von
Organisationen ab. So scheint sich auf der einen Seite Webers Prognose zu
bestätigen:

> Er sah eine Gesellschaft voraus, in der die Menschen in eine Reihe rationaler Struk-
> turen eingeschlossen sind und nur noch die Wahl haben, sich von einem rationalen
> System zum anderen zu bewegen. Sie würden sich also von einer rationalisierten
> Ausbildungsinstitution an einen rationalisierten Arbeitsplatz begeben und von einer
> rationalisierten Freizeiteinrichtung in ein rationalisiertes Zuhause. Letztlich gibt es
> dann keinen Ausweg mehr aus dem Rationalen ... (48/49)

Auf der anderen Seite beobachtet Ritzer Gegenbewegungen, etwa wenn Firmen bewusst nicht mehr expandieren wollen und zu geschmackvollen Produkten zurückkehren, wenn Umweltschützer durch öffentliche Kampagnen die Schnellrestaurants zu einem etwas umweltfreundlicheren Verhalten zwingen, wenn Ärzte weniger verschreiben und zu persönlichen Beratungen zurückkehren oder wenn Gemeinden sich gegen eine weitere McDonald's-Filiale wehren. Ob dies mehr darstellt als bloße Schönheitsoperationen, ist zu bezweifeln, denn auch wenn z.b. regionale Anbieter wieder an Wert gewinnen, werden sie oft von größeren, McDonaldisierten Unternehmen geschluckt, die aber das alte Etikett beibehalten. So setzt sich die McDonaldisierung oft unterhalb einer vermeintlichen Angebotsvielfalt durch.[4]

Literatur

Alfino, Mark/John S. Caputo/Robin Wynyard, 1998: McDonaldization Revisited. Critical Essays on Consumer Culture. Westport (Conn.): Praeger.

Durkheim, Emile, 1981: Die elementaren Formen des religiösen Lebens. Frankfurt/M.: Suhrkamp.

Horkheimer, Max/Theodor W. Adorno, 1944: Dialektik der Aufklärung, Frankfurt/M. 1969: Fischer

Ritzer, George, 1993: Die McDonaldisierung der Gesellschaft. Frankfurt/M. 1997: Fischer.

Ritzer, George, 1998: The McDonaldization Thesis. Explorations and Extensions, London: Sage.

---

4 Solche und andere neuere Entwicklungen hat Ritzer (1998) in seinem Buch „The McDonaldization Thesis. Explorations and Extensions" beschrieben. Siehe weiterhin Alfino et al. (1998).

STEFAN LANGE

Universale Zivilisation oder Kampf der Kulturkreise? Samuel P. Huntingtons Thesen zur internationalen Politik

Den Amerikaner Samuel P. Huntington, geboren 1927, kann man als einen der politisch einflussreichsten Sozialwissenschaftler der zweiten Hälfte des 20. Jahrhunderts bezeichnen. Er ist Professor für Politik- und Regierungswissenschaft sowie Direktor des John M. Olin Instituts für strategische Studien an der Harvard University. Huntington ist einer der Star-Autoren des Fachjournals „Foreign Affairs" – einer Zeitschrift, deren Beiträge und Debatten schon häufig die Doktrin der amerikanischen Außen- und Verteidigungspolitik (vor)geprägt haben. Darüber hinaus ist Huntington langjähriger Berater der amerikanischen Regierung in Fragen der nationalen Sicherheit. In der internationalen Wissenschaftlergemeinde genießt er großes Ansehen: Der ehemalige Präsident des Fachverbandes der amerikanischen Politikwissenschaftler hat sich insbesondere durch vergleichende Länderstudien zu Modernisierungs- und Demokratisierungsprozessen einen Namen gemacht. Hier gelten „Political Order in Changing Societies" (1968) sowie „The Third Wave. Democratization in the Late Twentieth Century" (1991) als die wichtigsten Referenzwerke.

Im Sommer 1947 veröffentlichte ein gewisser „X" einen Artikel in *Foreign Affairs*, der für über 40 Jahre die Ausrichtung der amerikanischen Außen- und Verteidigungspolitik und damit die internationalen Konfliktlinien für die ganze Welt prägen sollte. Der Artikel war betitelt „The Sources of Soviet Conduct". George Kennan, der Mann hinter dem Pseudonym „X", analysierte hier die Hintergründe für die zunehmend aggressivere Politik der Sowjetunion in Mitteleuropa und forderte die amerikanische Regierung zu Maßnahmen der Eindämmung („Containment") des sowjetischen Expansionismus auf. Damit leitete Kennan einen Paradigmenwechsel in der amerikanischen Außenpolitik der Nachkriegszeit ein: Nach dem Zusammenbruch der europazentrierten Weltordnung als Folge zweier Weltkriege hatte zunächst kurze Zeit der politische Idealismus die amerikanische Politik bestimmt. Präsident Franklin D. Roosevelt hatte sich zum Ziel gesetzt, unter Einbeziehung der Sowjetunion und der Länder Mittel- und Osteuropas eine neue Weltordnung des Friedens und der Zusammenarbeit aufzubauen. Diese Politik wurde von

Roosevelts Nachfolger Harry S. Truman ad acta gelegt. „Containment" war das Zauberwort einer neuen Realpolitik der Blockkonfrontation (Menzel 1998: 70/71).

Zu Beginn der neunziger Jahre ist die Situation ähnlich. Die alte Weltordnung des ideologischen Ost-West-Konflikts ist zusammengebrochen und mit ihr Kennans „Containment"-Paradigma. Nicht wenige – unter ihnen die US-Präsidenten George Bush und Bill Clinton – beschworen eine neue Weltordnung der Unipolarität: Die Welt sollte „Eine Welt" sein, eine universale Zivilisation auf der Grundlage des westlichen Verständnisses der Menschenrechte, mit Demokratie westlichen Typs und freiem Handel. Als institutionelle Zentren der Einen Welt würden die USA als einzig verbliebene Supermacht und eine nicht mehr ideologisch polarisierte Weltorganisation – die UNO – fungieren. Im Bereich der Geistes- und Sozialwissenschaften hat die Idee der universalen Zivilisation ihren prominentesten Fürsprecher in dem japanischstämmigen Amerikaner Francis Fukuyama gefunden. In Anlehnung an das geschichtsphilosophische Denken Hegels hielt Fukuyama 1989 „Das Ende der Geschichte" (so sein programmatischer Buchtitel) für gekommen. Die politische Menschheitsgeschichte habe am Ende des 20. Jahrhunderts nach der Überwindung zweier Totalitarismen und mehrerer autoritärer Regime in der Universalisierung der liberalen Demokratie ihr letztes Stadium, die „definitive Regierungsform des Menschen" erreicht, die Evolution der politischen Ideengeschichte und der von ihr angefeuerte Krieg der Ideologien sei beendet (Fukuyama 1992: 11). Die internationale Politik der Zukunft könne sich nun auf die kooperative Lösung ökonomischer und technologischer Menschheitsprobleme beschränken.

Inmitten dieser Atmosphäre des Optimismus und Harmoniedenkens stellte Samuel P. Huntington 1993 ein neues und der Eine-Welt-Euphorie diametral entgegengesetztes Paradigma für die internationalen Beziehungen vor: ein Paradigma, das besagt, dass auf den Krieg der politischen Ideologien ein Krieg der Kulturen folgen könnte, für den Amerika gerüstet sein müsse. „Clash of Civilizations?" fragte Huntington in *Foreign Affairs*. Der Artikel bekam schnell eine ähnlich strategisch-paradigmatische Stellung zugesprochen wie 1947 der Artikel von „X". Das 1996 nachfolgende Buch „Clash of Civilizations or the Remaking of World Order", das größtenteils der empirischen Beweisführung für das neue Paradigma gewidmet ist, wurde ein internationaler Bestseller und gilt in Politik und Wirtschaft als unentbehrliche Lektüre für Entscheider. Nichts desto trotz sind die politischen, publizistischen und wissenschaftlichen Diskussionen beziehungsweise Kontroversen über Huntingtons „Kulturknalltheorie" bis heute nicht abgerissen.[1] Worum

---

1 Einen guten Überblick über die kaum mehr überschaubare Anzahl von Repliken, Gegenrepliken und weiterer Sekundärliteratur gibt die Literaturliste bei Menzel (1998: 91-96).

geht es also in den sogenannten Huntington-Thesen, wie werden sie begründet und welche Schlussfolgerungen können aus ihnen gezogen werden? Huntington will ein neues Paradigma für die Betrachtung globaler Politik liefern, „das für Wissenschaftler gehaltvoll und für die Macher der Politik nützlich ist." (Huntington 1996a: 12) In Anlehnung an den Wissenschaftshistoriker Thomas S. Kuhn geht Huntington davon aus, dass es nicht darum geht, ob das von ihm vorgeschlagene Paradigma alles und jedes erklären kann, was in der internationalen Politik empirisch vor sich geht. Die Probe auf Gehalt und Nützlichkeit seines Paradigmas besteht vielmehr darin, ob es insgesamt und für einen längeren Zeitraum eine nützlichere und gehaltvollere Perspektive auf die Entwicklungen in der internationalen Politik erlaubt als andere konkurrierende Erklärungsangebote. Huntington schränkt den Erklärungsanspruch seines Paradigmas in der Zeitdimension dahingehend ein, dass es internationale Politik am Ende des 20. und zu Beginn des 21. Jahrhunderts erklären können soll (Huntington 1996: 12). Es ist somit eine Gegenwartsdiagnose der internationalen Beziehungen mit einigen prognostischen Zügen und zugleich ein Programm mit ausgeprägtem handlungsanleitenden Charakter für die amerikanische Politik.

Kulturknall und Kulturkreise

Ausgangspunkt von Huntingtons Diagnose ist die Überlegung, dass das 21. Jahrhundert weder im Sinne der Eine-Welt-Idealisten konflikt- und gewaltfrei sein wird, noch dass sich mögliche Konflikte primär an konträren politischen Ideologien oder entgegengesetzten Handelsinteressen entzünden werden. Die Hauptkonfliktquelle im internationalen System ist vielmehr die zunehmend wichtige Bedeutung von Kultur und kultureller Identität für das Selbstverständnis und die Beziehungen der Staaten:

> It is my hypothesis that the fundamental source of conflict in this new world will not be primarily ideological or primarily economic. The great divisions among humankind and the dominating source of conflict will be cultural. Nation states will remain the most powerful actors in world affairs, but the principal conflicts of global politics will occur between nations and groups of different civilizations. The clash of civilizations will dominate global politics. The fault lines between civilizations will be the battle lines of the future. (Huntington 1993: 22)

Huntington versteht unter „civilizations" die höchsten sinnstiftenden und kulturellen Einheiten, denen Menschen aus verschiedenen Dörfern, Städten, Regionen oder auch Menschen unterschiedlicher Nationalität zugehören können.[2] Eine „civilization" beziehungsweise ein Kulturkreis konstituiert und

---

2 Huntingtons deutscher Übersetzer hat den Begriff „civilizations" meist mit „Kulturkreisen" übersetzt. Dieser Übersetzung wird hier gefolgt. Im angelsächsischen und

unterscheidet sich von anderen Kulturkreisen durch Geschichte, Sprache, Kultur, Tradition und – vor allem – durch Religion:

> The people of different civilizations have different views on the relations between God and man, the individual and the group, the citizen and the state, parents and children, husband and wife, as well as differing views of the relative importance of rights and responsibilities, liberty and authority, equality and hierarchy. These differences are the products of centuries. They will not soon disappear. They are far more fundamental than differences among political ideologies and political regimes. (Huntington 1993: 25)

Im Unterschied zu den politisch-ideologischen Konflikten, die die Ära des Kalten Krieges prägten, werden die Konflikte, die dort entstehen, wo die unterschiedlichen Kulturkreise, ihre Religionen und Werte aufeinanderprallen, sehr viel fundamentaler, unmittelbarer und gewalttätiger sein. Denn in kulturellen und religiösen Konflikten geht es um existentielle Letztkategorien des Menschseins. Die entscheidende Frage ist nicht länger „Auf welcher Seite stehst Du?" – dies war immerhin eine Situation, in der man die Seite auch mal wechseln konnte.[3] Die Kernfrage des 21. Jahrhunderts wird lauten: „Was bist Du?" „And as we know from Bosnia to the Caucasus to the Sudan, the wrong answer to that question can mean a bullet in the head." (Huntington 1993: 27)

Huntington unterscheidet insgesamt sechs verschiedene Kulturkreise, die im internationalen System eine wichtige Rolle spielen und voraussichtlich die Hauptakteure der Konflikte des 21. Jahrhunderts sein werden:

1. Der *sinische Kulturkreis*: Kernstaat China, Kernreligion: Konfuzianismus, starke Diasporagemeinschaften in Südostasien (Malaysia, Indonesien); gegenwärtig der Kulturkreis mit dem höchsten Wirtschaftswachstum.
2. Der *japanische Kulturkreis*: auf den Staat Japan beschränkt, Kernreligion: Schintoismus; die japanische Kultur ist eine eigenständige Interpretation

---

französischen Denken meint Zivilisation im Allgemeinen alle Errungenschaften, die das Selbstbewusstsein des Okzidents auf einen Begriff bringen. Dazu zählen im Unterschied zum deutschen Begriff der Kultur nicht nur besondere künstlerische, philosophische oder sittliche Leistungen, sondern die gesamte Haltung („behaviour") des Menschen sowie Leistungen der politischen, technologischen und militärischen Entwicklung (Elias 1939: 1-7). Während Eine-Welt-Idealisten exakt dieses angelsächsisch-französische Zivilisationsverständnis zur Idee der universalen Zivilisation verdichten und der ganzen Welt andienen möchten, löst Huntington den Begriff der „civilization" aus dem engen okzidentalen Kontext, um ihn als Gattungsbegriff zur Differenzierung einer Vielzahl von Kultur(kreis)en mit jeweils eigenständigen nicht-okzidentalen Errungenschaften zu verwenden.

3 Viele der während der bipolaren internationalen Ordnung blockfreien Staaten haben genau dies getan: zum Zwecke der eigenen Nutzenmaximierung bei der Gewährung von Wirtschafts- und Militärhilfe haben sie gelegentlich die USA und die Sowjetunion gegeneinander ausgespielt, indem sie die Seiten gewechselt oder damit gedroht haben.

der sinischen Kultur; Japan gilt nicht nur als erfolgreichstes, sondern mangels kulturell verwandter Bundesgenossen auch als „einsamstes Land" im südostpazifischen Raum.

3. Der *hinduistische Kulturkreis*: Kernstaat: Indien, Kernreligion: Hinduismus, starke Diaspora auf Sri Lanka, Diasporagemeinden in Großbritannien. Indien steht wirtschaftlich möglicherweise vor einer ähnlich dynamischen Entwicklung, wie China sie zurzeit erlebt.

4. Der *islamische Kulturkreis*: kein Kernstaat, Kernreligion: Islam, Ausbreitung von der arabischen Halbinsel nach Nordafrika, Zentralasien, auf den indischen Subkontinent und nach Südostasien, zurzeit Expansion in den eurasischen Raum, starke Diasporagemeinden in Europa (Deutschland und Frankreich); gegenwärtig der demographisch und militärisch expansivste Kulturkreis.

5. Der *westliche Kulturkreis*: heutiger Kernstaat: USA, Kernreligion: Christentum, kulturelle Schwerpunkte in Europa, Nordamerika, Australien und teilweise in Lateinamerika. Seit ca. 500 Jahren der global dominierende Kulturkreis.

6. Der *orthodoxe Kulturkreis*: Kernstaat: Russland, Kernreligion: orthodoxes Christentum. Gegenwärtig ein zerrissener Kulturkreis im Selbstfindungsprozess, verwickelt in ausgeprägte Bruchlinienkonflikte mit dem islamischen Kulturkreis.[4]

Von herausragender Bedeutung für die internationale Politik des 21. Jahrhunderts erscheinen Huntington drei dieser sechs Kulturkreise: zum einen der Westen, dessen internationale Dominanz und Macht er verfallen sieht, und zum anderen der sinische und der islamische Kulturkreis. Letztere waren im letzten Viertel des 20. Jahrhunderts die beiden dynamischsten Kulturkreise; beide haben in den neunziger Jahren vehement die Überlegenheit ihrer eigenen Kulturen gegenüber der westlichen betont; und beide werden – so lautet Huntingtons Prognose – die Macht des Westens im internationalen System herausfordern.

---

4 Zu diesen sechs gesellen sich noch zwei Quasi-Kulturkreise, deren internationale Bedeutung aber zurzeit gering ist: Lateinamerika und Afrika. Im Falle Lateinamerikas haben wir es mit einer spezifischen Vermengung von katholischem Christentum und europäischer Sprache (Spanisch und Portugiesisch) mit karibischem Voodoo-Kult und indianischen Stammesreligionen sowie diversen Dialekten zu tun. Die politischen Eliten Lateinamerikas sind uneins über die Frage, ob sie sich zur westlichen Kultur rechnen oder ihre kulturelle Eigenständigkeit reklamieren sollen. Afrika ist in noch stärkerem Maße ein „may be"-Kulturkreis: zurzeit viel zu heterogen, fragmentiert und chaotisch, um einen spezifischen kulturellen Status proklamieren und eine weltpolitische Rolle spielen zu können.

Sinkende kulturelle Attraktivität des Westens

Nach der dritten Welle der Demokratisierung in diesem Jahrhundert (in Lateinamerika und Mitteleuropa) schien sich der Westen mitsamt der Werte,
der politischen Verfahren und wirtschaftlichen Strukturprinzipien, die seine
Zivilisation ausmachen, auf dem Höhepunkt seiner internationalen Ausstrah-
lungsfähigkeit zu befinden. Die Unwiderstehlichkeit der über satellitenge-
steuerte Massenmedien verbreiteten amerikanisch-westlichen Lebensweise,
das Vordringen amerikanisch-westlicher Konsumprodukte in die entlegens-
ten Winkel und der Umstand, dass Englisch sich als lingua franca der globalen Wirtschafts- und Informationseliten etabliert hatte, würden weitere An-
gleichungseffekte in Richtung universaler (= westlicher) Weltzivilisation zei-
tigen. Diese Hoffnungen beschreibt Huntington als Illusionen der *Davos-
Kultur*.[5] Die Davos-Kultur und mit ihr viele westliche Politiker und die meisten westlichen Intellektuellen gehen davon aus, dass wirtschaftliche Modernisierung, die überall auf der Welt gewünscht wird, zwangsläufig mit kultureller Verwestlichung einhergehen müsse. Erfolgreiche Wissens- und Tech-
nologietransfers sind – so sieht es auch die soziologische Modernisierungstheorie – ohne die traditionszerstörenden Mitnahmeeffekte westlicher Wert-
haltungen nicht zu haben (Hartmann 1998: 291-294). Huntington dreht den
Spieß um. Die wirtschaftliche Modernisierung ist in den meisten Schwellen-
und Entwicklungsländern nicht nur von keiner Inkorporation westlicher Werte begleitet, sondern führt geradewegs in einen „cultural backlash":

> Modernization and economic development neither require nor produce cultural
> westernization. To the contrary, they promote a resurgence of, and renewed
> commitment to, indigenous cultures. At the individual level, the movement of
> people into unfamiliar cities, social settings, and occupations breaks their tradi-
> tional local bonds, generates feelings of alienation and anomy, and creates crisis
> of identity to which religion frequently provides an answer. At the societal level,
> modernization enhances the economic wealth and military power of the country
> as a whole and encourages people to have confidence in their heritage and be-
> come culturally assertive. As a result, non-Western societies have seen a return
> to indigenous cultures. It often takes a religious form, and the global revival of
> religion is a direct consequence of modernization". (Huntington 1996b: 37)

Dem Einfluss westlicher Lebensstile und Konsumgewohnheiten auf die anderen Kulturkreise wird dadurch keineswegs widersprochen. Den Protago-

---

5 Im schweizerischen Davos treffen sich jedes Jahr ca. 1.000 Angehörige der politischen
   und wirtschaftlichen Eliten aus aller Herren Länder zum „Internationalen Weltwirt-
   schaftsforum". Huntington (1996a: 78) weist darauf hin, dass die dort postulierte und
   praktizierte globale Kultur ein reines Elitenphänomen ist und bleibt, das kaum Aus-
   strahlung in die jeweiligen Herkunftsgesellschaften hinein entfaltet. Multiplikatorenef-
   fekte mit einberechnet, ist vielleicht ein zehntel Prozent der Weltbevölkerung in die
   Davos-Kultur eingebunden.

nisten der „Coca-colonization"-These unterläuft jedoch ein fundamentaler Fehler, wenn sie glauben, der Genuss von Limonade, das Tragen ausgeblichener Jeans und die Partizipation an westlicher Popkultur würde die innere kulturelle Disposition und die Geisteshaltung junger Russen, Chinesen, Türken etc. quasi automatisch verwestlichen: „Drinking Coca-Cola does not make Russians think like Americans any more than eating sushi makes Americans think like Japanese." (Huntington 1996b: 28/29) Darüber hinaus lässt sich die westliche Kultur nicht lediglich auf die triviale Ebene der materiellen Pop-Kultur reduzieren, denn: „The essence of Western culture is the Magna Charta, not the Magna Mac." (Huntington 1996b: 29) Islamische Terroristen trinken ohne weiteres Cola, tragen Jeans, hören Rap-Musik und bedienen sich modernster Telekommunikationstechniken, während sie an Bomben basteln, mit denen sie im Namen des *djihad* amerikanische Botschaften in die Luft jagen.

Zusammengefasst: Die Annahme, materielle Modernisierung und kulturelle Verwestlichung gingen in der Welt des ausgehenden 20. Jahrhunderts Hand in Hand, ist „misguided, arrogant, false and dangerous" (Huntington 1996b: 29). Der Westen war westlich, lange bevor er modern war. Seine wirklich grundlegenden Werte wie Individualismus, Liberalismus, Konstitutionalismus, Menschenrechte, Gleichheit, Freiheit, Rechtsstaatlichkeit, Demokratie, freie Märkte und die Trennung von Kirche und Staat sind – natürlich noch in rudimentären Formen – bereits im vormodernen England kodifiziert worden. Der Westen kann seine Werte fremden Kulturkreisen nicht länger gegen deren Willen aufzwingen. Er sollte vielmehr lernen, dass er sich zukünftig in einer multipolaren und multikulturellen Weltordnung bewegen wird. Gerade der Kernstaat des Westens – die USA – muss in den neunziger Jahren die paradoxe Erfahrung machen, dass politische Führer von Staaten, die von den USA im Namen der internationalen (= westlichen) Gemeinschaft und im Namen der (westlichen) Menschenrechte als Führer von Schurkenregimen angeklagt werden, sich offenbar mit zunehmender Diabolisierung eines wachsenden Rückhalts bei der eigenen Bevölkerung, sowie auch klammheimlicher Sympathie seitens anderer nichtwestlicher Staaten, sicher sein können. Letztlich setzen sich die USA bei den nichtwestlichen Kulturkreisen immer stärker den Vorwürfen eines Menschenrechtsimperialismus aus und geraten selbst in den Ruf, eine „rogue superpower" zu sein (Huntington 1999: 3942).

Die nichtwestlichen Kulturkreise haben drei Möglichkeiten, auf das kulturelle Hegemoniestreben des Westens zu reagieren: 1.) durch Isolation, 2.) durch Anpassung („bandwagoning") und 3.) durch Gegengewichtsbildung („balancing"). Die Strategie der Isolation ist wenig erfolgversprechend. Die Beispiele Nord-Koreas und Birmas zeigen, dass Isolation mit unverhältnismäßig hohen Folgekosten für das jeweilige Land einhergehen. Zum erwünschten Schutz vor dem Eindringen westlicher Wertvorstellungen gesellt sich der sehr viel größere unerwünschte Effekt einer Abkopplung von globalem Handel, globalem Informations-, Wissens- und Technologietransfer, kurz gesagt: von Modernisierung überhaupt.

Für die Strategie der Anpassung gibt es drei Beispiele, zwei historische und ein aktuelles: die Türkei seit der Regierung Kemal Atatürks, Russland seit der Regentschaft Zar Peters des Großen und das heutige Mexiko seit der Präsidentschaft Carlos Salinas'. In allen drei Fällen hat der Versuch, wirtschaftliche Modernisierung durch kulturelle Anpassung an den Westen zu unterstützen, zerrissene Länder („torn countries") erzeugt (Huntington 1996a: 218-245). Während die Bevölkerungen der heutigen Türkei und Russlands sich zunehmend wieder ihrer alten kulturellen Traditionen besinnen und ihre politischen Führungen unter Indigenisierungsdruck setzen, ist das Ende von Salinas' Experiment, Mexiko aus dem lateinamerikanischen Kulturkreis zu lösen und Nordamerika anzupassen, noch ergebnisoffen. Die Erfahrungen mit der *Zapatistischen Befreiungsbewegung* im mexikanischen Chiapas zeigen aber auch hier die Grenzen und Widerstände einer von der Politik oktroyierten kulturellen Anpassung auf.

Huntington ist sich sicher, dass die Mehrheit der Schwellen- und Entwicklungsländer langfristig auf die Strategie des „balancing" setzen wird. Sie werden sich zu überregionalen Koalitionen und – im Vergleich zu lockeren internationalen Regimen wie ASEAN oder MERCOSUR – zu festeren regionalen Blöcken zusammenschließen um dem Westen Paroli zu bieten oder ihn im Laufe des 21. Jahrhunderts gar zu überrunden.

Asiatisch-sinischer Triumphalismus

Die gute wirtschaftliche Entwicklung Chinas und anderer asiatischer Gesellschaften lieferte dem sinischen Kulturkreis insgesamt das Selbstbewusstsein und die Ressourcen, um im Umgang mit dem Westen konfrontativer und fordernder aufzutreten. Gerade die Chinesen standen nach dem Zusammenbruch des Kommunismus in Mittel- und Osteuropa vor der Frage, an welchen gesellschaftsleitenden Grundsätzen sie sich künftig orientieren sollten. Die Strategie des „bandwagoning", also einer kulturellen Anlehnung an den Westen, konnte 1989 weder die entscheidenden Personen im Machtapparat der kommunistischen Partei noch die 800 Millionen Bauern Chinas für sich gewinnen. Die politische Führung Chinas ließ die Rebellion der westorientierten Intellektuellen niederschlagen und entschied sich für eine Wiederauflage des Ti-Yong-Prinzips, das China seit seiner erzwungenen Öffnung durch den Westen schon häufiger in Orientierungskrisen angewandt hatte: „Kapitalismus und Beteiligung an der Weltwirtschaft einerseits, verbunden mit politischem Autoritarismus und neuem Engagement für die traditionelle chinesische Kultur andererseits" (Huntington 1996a: 161). Die Chinesen empfinden am Ende des 20. Jahrhunderts nationalistischer als je zuvor in ihrer Geschichte und haben im

Konfuzianismus nicht etwa eine Quelle der Rückständigkeit entdeckt – so Max Webers Analyse zum Beginn des Jahrhunderts –, sondern geradezu eine Quelle für Fortschrittlichkeit und ökonomische Prosperität. Auch die Führer Singapurs und Taiwans haben es verstanden, den Konfuzianismus erfolgreich als Motor des sinischen Aufschwungs in Szene zu setzen.

Der Stadtstaat Singapur hat in den neunziger Jahren sicherlich am dezidiertesten zur internationalen Wahrnehmung des „asiatischen Triumphalismus" beigetragen. Im Zuge der „Singapurer Kulturoffensive" wurde stolz die Überlegenheit asiatisch-konfuzianischer Werte gegenüber westlicher Dekadenz gepriesen:

> Von Lee Kuan Yew [Singapurs Ex- Premierminister, S.L.] abwärts verkündeten führende Persönlichkeiten Singapurs den Aufstieg Asiens in Beziehung zum Westen und rühmten die Vorzüge der asiatischen, grundsätzlich konfuzianischen Kultur, denen dieser Erfolg zu verdanken war – Ordnung, Disziplin, Familienzusammenhalt, harte Arbeit, Kollektivismus, Enthaltsamkeit –, gegenüber Hemmungslosigkeit, Faulheit, Individualismus, Kriminalität, minderwertiger Bildung, Mißachtung der Autorität und ‚geistiger Verknöcherung', die für den Niedergang des Westens verantwortlich waren. (Huntington 1996a: 165)

Huntington macht darauf aufmerksam, dass im heutigen sinischen Kulturkreis der Westen genauso einseitig und verfälscht dargestellt wird, wie zu Beginn des 20. Jahrhunderts die westliche Orientalistik den asiatischen Osten präsentiert hatte: als kulturell erstarrt, unbeweglich und rückständig. Der Westen, und hier vor allem die USA, hätten jetzt von den ostasiatischen Gesellschaften zu lernen. Westlich-europäische Werte – so klärte Malaysias Premier Mahathir auf einer Konferenz die verdutzten europäischen Regierungschefs auf – seien eben nur europäische und damit nur partikularistische Werte. Asiatische Werte dagegen, mit ihrem Primat des Gruppeninteresses vor dem Eigeninteresse, seien universelle Werte.

Islamische Erneuerung

Länder mit überwiegend muslimischer Bevölkerung haben sich im letzten Viertel des 20. Jahrhunderts wieder zunehmend dem Islam als Quelle von Identität, Sinn, Stabilität, Legitimität, Entwicklung, Macht und Hoffnung zugewandt. Der islamische Kulturkreis akzeptiert und begehrt heute die materiellen Artefakte der westlichen Moderne, lehnt aber gleichzeitig die kulturelle Verwestlichung entschieden ab. Der von Huntington (1996a: 168) zitierte Saudi-Araber Bandar bin Sultan bringt den Sachverhalt auf den Punkt:

> Der Islam ist für uns nicht bloß eine Religion, sondern eine Lebensform. Wir Saudis wollen uns modernisieren, aber wir wollen uns nicht unbedingt verwestlichen.

Die islamische Erneuerung ist – so paradox dies auf den ersten Blick klingen mag – selbst in ihren fundamentalistischen Varianten ein Produkt der Modernisierung in den muslimischen Gesellschaften. Träger der radikalen Islamisierung sind weder bäuerliche Analphabeten noch das demographische Segment der Alten, sondern mobile und technologisch modern ausgerichtete junge Menschen. Indigenisierung und islamische Erneuerung starteten in den siebziger Jahren in den bevölkerungsreichsten muslimischen Gesellschaften, und dort an den Universitäten. Besonders auf die Studenten ingenieur- und mathematisch-naturwissenschaftlicher Fakultäten und technischer Colleges übte der islamische Fundamentalismus eine hohe Anziehungskraft aus. Junge, gebildete Frauen waren ebenfalls sehr empfänglich für islamistische Parolen; in der Türkei z.b. entspann sich ein regelrechter Generationenkonflikt zwischen laizistischen Müttern und ihren islamistisch orientierten Töchtern. Wichtigste gesellschaftliche Stütze der islamischen Erneuerung sind die modernen Mittelschichten muslimischer Gesellschaften. Unter den islamistischen Aktivisten befinden sich überdurchschnittlich viele sozial etablierte Akademiker wie Ärzte, Juristen, Ingenieure, Lehrer etc. Gemeinsam mit den Kleingewerbetreibenden und Bazarbesitzern bilden sie das Rückgrat der islamistischen Wohlfahrtsorganisationen, die in der Türkei, in Ägypten, Algerien und anderswo die bürokratischen Wohlfahrtsinstitutionen des laizistischen Staates an organisatorischer Effizienz bei weitem übertreffen. Die islamistischen Wohlfahrtsorganisationen spielen auch eine Schlüsselrolle bei der Rekrutierung der zahlenmäßig größten Gruppe für die islamische Sache: dem gewaltigen Heer der sozial entwurzelten, vom Land in die Stadt immigrierten Tagelöhner (Huntington 1996a: 174/175).

Wurde der Triumphalismus des sinischen Kulturkreises durch spektakuläre Raten des Wirtschaftswachstums angeheizt, so ist das Stimulans der kulturell-religiösen Erneuerung der muslimischen Gesellschaften ein beispielloses Bevölkerungswachstum. Der islamische Kulturkreis erlebt seit den frühen siebziger Jahren einen wahren Jugend-Boom. In allen muslimischen Gesellschaften macht der Anteil der 15-24jährigen über 20% der Gesamtbevölkerung aus. Dies ist deshalb von Bedeutung, weil ein Jugend-Boom immer ein Indikator für gesellschaftliche Unruhe und zumindest zeitweilige Instabilität ist. Jugendliche sind überall auf der Welt die Protagonisten von Protest, Reform und Revolution, und gerade die europäische Geschichte zeigt eine hohe Korrelation zwischen Zeiten demographischen Jugend-Booms und gesellschaftlichen Umbruchs. Die protestantische Reformation, die Revolutionen des 18.-19. Jahrhunderts, Industrialisierung und Imperialismus, Faschismus, Kommunismus und 68er Revolte: Dies waren allesamt Bewegungen, die erfolgreich einen gesellschaftlichen Überschuss an jungen Leuten durch die Aussicht auf klare Identitäten, Ressourcen und Macht rekrutieren konnten.

Fakt ist, dass die islamische Erneuerung gepaart mit dem aktuellen Jugend-Boom in den muslimischen Gesellschaften einen unerschöpflichen Ressourcen-Pool für den militanten islamischen Fundamentalismus darstellt. Islamische Fundamentalisten haben heute nicht nur zwei Staaten (Iran, Afghanistan) unter ihrer Kontrolle, sie setzen auch gemäßigte und säkulare Regierungen im gesamten islamischen Kulturkreis unter Indigenisierungsdruck. Der Westen, der noch vor kurzem von den muslimischen Gesellschaften Demokratisierung verlangt hatte, muss nun entsetzt feststellen, dass ausgerechnet demokratische Wahlen fundamentalistische Machtergreifungen begünstigen. Er hat sich deshalb klammheimlich auf die Förderung feudaler und autokratischer Regime verlegt, sofern sie für Stabilität in der Region sorgen. Auch Verfassungsbrüche und die Annullierung demokratischer Wahlen toleriert der Westen, wenn diese wie in Algerien zu unerwünschten Ergebnissen geführt haben. Die frappierende Diskrepanz zwischen Theorie und Praxis, die der Westen bei der Propagierung und Durchsetzung seiner politischen und moralischen Standards an den Tag legt, hat ihm nicht nur den geballten Hass fundamentalistischer Gotteskrieger, sondern auch die offene Verachtung gemäßigter Muslime eingebracht.

Der islamische Kulturkreis setzt den Westen heute in zweifacher Hinsicht unter Druck. Zum einen durch eine Welle des internationalen Terrorismus, getragen von militanten Fundamentalisten, die dem gottlosen Westen den *djihad*, den Heiligen Krieg, erklärt haben.[6] Zum anderen durch starke Migrationswellen, die in den neunziger Jahren vor allem einige europäische Gesellschaften (insbesondere Deutschland und Frankreich) unter inneren Druck gesetzt haben. Ein weiteres Problem, das den Westen noch nicht direkt betrifft, liegt in der Gefahr blutiger Grenzkriege, mit denen der islamische Kulturkreis seine nicht-muslimischen Nachbarn überzieht. Der Islam ist nach Huntington (1996a: 431/432) eine mit Blick auf die Koexistenz mit anderen Kulturen „unverträgliche Kultur". Dort wo sich der Kulturkreis des erneuerten Islam in den neunziger Jahren mit anderen Kulturen eine gemeinsame Grenze teilen musste oder wo er sich gar mit anderen Kulturkreisen überlappte, ist es überall zu blutigen Konflikten gekommen: von Zentralasien über Nordafrika, von Indonesien bis zum Kaukasus und nicht zuletzt auf dem Balkan. Huntington betrachtet es als eine Art Ironie der Geschichte, dass auf dem Balkan eine kurzsichtige westliche Politik zur Etablierung des ersten de facto islamischen Staates (Bosnien), mit starken Verbindungen zum Iran, im Herzen Europas beigetragen hat.[7]

---

6 Islamisten hassen den Westen oder auch Russland nicht so sehr als Vertreter des Christentums. Noch viel mehr als die Andersgläubigkeit bringt sie der Umstand in Rage, dass die christlichen und orthodoxen Gesellschaften heute in ihrem Lebensstil a-religiöse und damit moralisch verkommene und dekadente Gesellschaften sind.

7 „Idealismus, Moralismus, humanitäre Instinkte, Naivität und Unkenntnis der Verhältnisse auf dem Balkan: dies alles bewog die Amerikaner, probosnisch und antiserbisch zu sein." (Huntington 1996a: 477)

Revival der Religionen: ein globaler Trend

„The unsecularization of the world", so George Weigel, „is one of the domi-
nant social facts of life in the late twentieth century" (zitiert nach Huntington
1993: 26). In allen Kulturkreisen – besonders jedoch in den nichtwestlichen
– erleben Religionen einen ungeahnten Aufschwung. Der ausschlaggebende
Grund für dieses unerwartete Revival ist genau derjenige, der den üblichen
westlichen Vorstellungen zufolge eigentlich den Tod der Religion bringen
sollte: die soziale, wirtschaftliche und kulturelle Modernisierung, die am Ende des 20. Jahrhunderts die gesamte Welt erfasst hat. Die sinischen, muslimischen und hinduistischen Gesellschaften waren bis vor kurzem noch überwiegend Agrar-, zum Teil auch noch Nomadengesellschaften, die seit den
fünfziger Jahren einen ungeheuren Modernisierungsschub erlebten. Gerade
im sinischen Kulturkreis hat sich in den letzten 40 Jahren eine Modernisierung vollzogen, für die der Westen fast 400 Jahre gebraucht hat.

Sei es die islamische Erneuerung, das Wiederaufblühen des Konfuzianismus
oder die aktuell zu beobachtende Politisierung des Hinduismus: Religion ist
wieder auf dem Vormarsch und wird auch die künftigen internationalen Beziehungen nachhaltig prägen. Insbesondere dem Konfuzianismus im sinischen
Kulturkreis, noch viel ausgeprägter jedoch der islamischen Erneuerung in den
muslimischen Ländern, spricht Huntington (1996a: 153) dabei jenen Stellenwert im Modernisierungsprozess zu, den Max Weber einst für Europa und die
Vereinigten Staaten in der protestantischen Ethik entdeckt hatte.

Was sollte der Westen tun?

Selbst wenn man davon ausgeht, dass das zweistellige Wirtschaftswachstum
Südostasiens nicht ewig dauern kann und dass demographische Expansion
und Jugend-Boom in den muslimischen Gesellschaften irgendwann ihren
Scheitelpunkt überschritten haben werden: Der Westen muss sich laut Huntington in den nächsten dreißig Jahren auf äußerst turbulente Szenarien in
den internationalen Beziehungen einstellen, und er sollte dafür gewappnet
sein.

Zunächst einmal empfiehlt Huntington dem Westen – und hier zuvorderst
seinem Heimatland, den USA –, sich kognitiv gleichermaßen aus den veralteten Denkschablonen der Bipolarität des Ost-West-Konflikts zu befreien, wie
auch den durch die Wirklichkeit nicht gedeckten und damit für die Außenpolitik gefährlichen Illusionen über das Zustandekommen einer universalen
Weltzivilisation nach amerikanisch-westlicher Façon zu entsagen. Naivität,
Selbstüberschätzung und Menschenrechtsromantizismus treiben die USA zur
Beteiligung in kulturellen Bruchlinienkriegen, wie auf dem Balkan, die sie

erstens nicht dauerhaft lösen können und in denen es zweitens für die USA keinerlei harte Interessen zu verteidigen gibt. Im Gegenteil: Die falsche amerikanische Selbsteinschätzung, als siegreiche Supermacht des Kalten Krieges jetzt das zivilisatorische Zentrum einer auf sie hin ausgerichteten Welt zu sein, schwächt das amerikanische Ansehen in der Welt; die Diskrepanz zwischen großsprecherischem moralischen Auftritt, militärischen Ressourcen und geringem echten Willen, in anderer Leute Kulturkriege unter Inkaufnahme größerer eigener Verluste zu intervenieren, lassen die USA international als „hollow hegemon" erscheinen (Huntington 1999: 40). Die amerikanische Außenpolitik sollte sich daher von ihrem in der Praxis undurchführbaren Menschenrechtsidealismus lösen und sich wieder den realen machtpolitischen Interessen Amerikas zuwenden.

Eine solche echte machtpolitische Herausforderung sieht Huntington gegenwärtig in der Entstehung einer sinisch-islamischen Achse der Waffenproliferation im internationalen System. Wäre eine solche Koalition von Dauer, so würde sich das internationale Machtverhältnis der Kulturkreise sehr zu Ungunsten des gesamten Westens verschieben. Der Westen wäre deshalb gut beraten, einer solchen künftigen Bedrohung präventiv zu begegnen. Huntington empfiehlt eine doppelseitige Präventionsstrategie: die Stärkung einer dezidiert westlichen kulturellen Identität im politischen Innen- wie im Außenverhältnis.

Außenpolitisch plädiert Huntington für eine Vertiefung der transatlantischen Beziehungen. Nordamerika und das westlich-christliche Europa sollten noch enger zusammenrücken als bisher. Im Rahmen eines Paradigmas, das nicht mehr vom Ost-West-Konflikt, sondern vom Kampf der Kulturkreise beherrscht wird, erscheint die Vertiefung der Europäischen Integration heute als ein Anachronismus, der den Westen nicht eint, sondern spaltet. Eine EU mit einheitlicher Währung und politischen Institutionen gilt Huntington als genuin französisches Projekt einer antihegemonialen Koalition gegen die USA in Europa. Ob der weitere Integrationsprozess die Realisierung einer engeren transatlantischen Kooperation begünstigt oder verschlechtert, wird im Wesentlichen davon abhängen, inwieweit es den USA und ihrem europäischen Verbündeten Großbritannien gelingt, Deutschland auf ihre Seite zu holen und damit dem machtpolitischen Einfluss Frankreichs zu entziehen (Huntington 1999: 45-48). Als positives Ereignis für den kulturellen Schulterschluss des Westens führt Huntington die NATO-Osterweiterung ins Feld: Sie bindet weitere westlich-christliche Länder Europas in die transatlantischen Verteidigungsstrukturen ein und festigt Identität und Machtressourcen des westlichen Kulturkreises. Die NATO-Mitgliedschaften Griechenlands und der Türkei sollten dagegen überdacht werden. Beide gehören nichtwestlichen Kulturkreisen an und werden sich voraussichtlich nach dem Ende der kommunistischen Bedrohung, die sie vorübergehend an den Westen band, mehr und mehr auf ihre ‚natürlichen' kulturellen Verbündeten – d.h.

auf ihre orthodoxen und islamischen „kin-countries" – zu bewegen. Da beide
zudem untereinander auf Zypern und in der Ägäis einen kulturellen Bruchli-
nienkonflikt führen, sind sie eher eine Belastung als eine Bereicherung der
westlichen Gemeinschaft. Huntington bringt seinen außenpolitischen Rat an
die politischen Praktiker der westlichen Länder letztlich auf folgende Formel:

> United the West will remain a formidable presence on the international scene;
> divided, it will be prey to the efforts of non-Western states to exploit its internal
> differences by offering short-term gains to some Western countries at the price of
> long-term losses for all Western countries. The peoples of the West, in Benjamin
> Franklin's phrase, must hang together or most assuredly they will hang sepa-
> rately. (Huntington 1996b: 44)

Die Stärkung des westlichen Zusammenhalts bedarf auch einer Rückbesin-
nung auf die Wir-Identität und Machtressourcen der westlichen Völker im
Innen-Verhältnis: einer westlichen Erneuerung.

Plädoyer für eine Erneuerung der westlichen Kultur

Kulturkreise, die sich, wie der Westen nach dem Ende des Kalten Krieges,
selbst als Höhepunkt und Abschluss der Zivilisationsgeschichte begreifen, sind
häufig Kulturkreise im Niedergang. Auf das „Goldene Zeitalter" folgt rasch der
innere Verfall und schließlich die Invasion durch dynamische, hungrigere Kulturen. Der Selbstinterpretation des Westens als Nabel einer universalen Weltzivilisation stehen in der Wirklichkeit deutliche Anzeichen der inneren Fäulnis
und des sozialen wie moralischen Verfalls gegenüber: sinkende Wirtschafts-
wachstums-, Spar- und Investitionsraten, stetiger Geburtenrückgang und Über-
alterung, in Europa schwindende Bedeutung des Christentums für das private
und öffentliche Leben, rapide Zunahme des asozialen Verhaltens (Kriminalität,
Drogenkonsum, generell: Gewalt), Zerfall der Familien, Rückgang gemeinnüt-
zigen Engagements und damit einhergehend Zerfall der intermediären Institutionen, Kult um individualistische Selbstverwirklichung, Absinken der akademischen Leistungen etc. Es sind diese Verfallsmomente der westlichen Zivilisation, aus denen asiatisch-sinischer Triumphalismus und islamische Erneuerung
ihre moralischen Überlegenheitsansprüche gegenüber dem Westen ableiten.
Zur inneren Auszehrung der westlichen Zivilisation gesellt sich der äußere
Druck der Immigrationswellen in den Westen, die wiederum den kulturellen
Verfall im Innern weiter anheizen. Die in großer Zahl aus anderen Kulturkreisen in den Westen eingewanderten Immigranten (USA: Hispanics, Ostasiaten –
Europa: Muslime, Afrikaner) suchen dort lediglich ihren materiellen Vorteil
und verweigern die kulturelle Assimilation. Sie hören nicht auf, die Werte, Ge-
bräuche und kulturellen Riten ihrer Herkunftsgesellschaften zu praktizieren und
zu propagieren. Auch hier zeigt sich wieder das Phänomen, dass technologi-

sche Modernisierung kulturelle Divergenz statt kulturelle Homogenität im Sinne des Westens erzeugt. Die Diasporagemeinden der Immigranten können dank modernster Telekommunikationstechniken und Verkehrsmittel auch in der Fremde mühelos den Anschluss an ihren Kulturkreis wahren. Die klassische Assimilationspolitik von Einwanderungsgesellschaften wie den USA versagt unter diesen Umständen zusehends. Misslingt jedoch die Assimilation der Einwanderer an die Kultur des Westens vollständig, geraten Länder wie die USA, Frankreich und Deutschland in Gefahr, zu kulturell zerrissenen, damit innenpolitisch schwachen und international handlungsunfähigen Staaten zu werden.

Die aktuell größte Bedrohung für die kulturelle Identität des Westens ist jedoch das Werk einer kleinen, aber äußerst einflussreichen Minderheit von linken Intellektuellen und Publizisten: der Multikulturalismus. Folgt man James Kurth (1994), so tobt zwischen Multikulturalisten und Bewahrern des westlichen Kulturerbes der „Real Clash" der Kulturen. In den USA attackieren Multikulturalisten die bisherige Identifikation ihres Landes mit dem westlichen Kulturkreis. Sie leugnen die Existenz einer gemeinsamen, für alle Amerikaner gültigen amerikanischen Kultur mit ihren europäischen Wurzeln und werben dafür, an dessen Stelle ein Pluriversum aus rassischen, ethnischen oder sonstigen partikularistischen Identitäten zu setzen (Huntington 1996a: 502). Das europäische Erbe der amerikanischen Kultur setzen Multikulturalisten in eins mit den europäischen und amerikanischen „Verbrechen" an allen möglichen Urbevölkerungen und Kulturkreisen dieser Welt. Ihnen steht – so Arthur M. Schlesinger Jr. – „der Sinn danach, die Amerikaner von ihrem sündigen europäischen Erbe zu befreien und erlösende Infusionen aus nichtwestlichen Kulturen anzubringen" (zitiert bei: Huntington 1996a: 502). Multikulturalisten wollen – ähnlich wie einst Stalin den „Sozialismus in einem Land" propagierte – die Utopie der „Einen Welt" in einem Land verwirklichen. Die bundesstaatliche Administration unter US-Präsident Bill Clinton hat wie keine amerikanische Regierung vor ihr die Anliegen der Multikulturalisten und damit die kulturelle Heterogenität Amerikas gefördert. Dies ist einmalig in der Geschichte Amerikas, widerspricht es doch diametral dem Gründungsmotto der amerikanischen Nation: *e pluribus unum*. Alle amerikanischen Führer sahen bisher die Förderung der nationalen Einheit und nicht der multikulturellen Verschiedenheit als einen Grundpfeiler für amerikanischen Erfolg und Wohlstand an. Huntington warnt:

> If the United States becomes truly multicultural, American identity and unity will depend on continuing consensus on political ideology. Americans have thought of their commitment to universal values such as liberty and equality as a great source of national strength. The ideology, Myrdal observed, has been ‚the cement in the structure of this great and disparate nation'. Without an underlying common culture, however these principles are a fragile basis for national unity. (Huntington 1997: 34)

Die Aufgabe des westlichen Erbes als kultureller Leitidee Amerikas käme dem kulturellen Selbstmord nicht nur der Amerikaner, sondern des gesamten Westens gleich. Deshalb hängt das Schicksal des Westens nicht unwesentlich von der Frage ab, ob die Amerikaner – aber selbstverständlich auch die Europäer – den „konfliktstiftenden Sirenengesängen des Multikulturalismus" (Huntington 1996a: 505) eine Absage erteilen und den Identitätsbezug zu ihrem europäisch-jüdisch-christlichen Erbe wieder intensivieren können; kurzgefasst: ob sie sich als Teil einer umfassenden westlichen Kultur erneuern können.

Literatur

Elias, Norbert, 1939: Über den Prozeß der Zivilisation: soziogenetische und psychogenetische Untersuchungen. Bd. 1, Bern 1969: Francke.

Fukuyama, Francis, 1992: Das Ende der Geschichte. Wo stehen wir? München: Kindler.

Hartmann, Heinz, 1998: Konflikt und Modernisierung: Schwerpunkte im „Kampf der Kulturen". In: Soziologische Revue 21, 289-294.

Huntington Samuel P., 1993: The Clash of Civilizations? In: Foreign Affairs 72, Summer 1993, 22-49.

Huntington, Samuel P., 1996a: Der Kampf der Kulturen. Die Neugestaltung der Weltpolitik im 21. Jahrhundert. (amerik. Original: The Clash of Civilizations and the Remaking of World Order) München, Wien: Europaverlag.

Huntington, Samuel P., 1996b: The West: Unique, Not Universal. In: Foreign Affairs 75, November/ December 1996, 28-46.

Huntington, Samuel P., 1997: The Erosion of American National Interests. In: Foreign Affairs 76, September/ October 1997, 28-49.

Huntington, Samuel P., 1999: The Lonely Superpower. In: Foreign Affairs 78, March/ April 1999, 35-49.

Kurth, James, 1994: The Real Clash. In: The National Interest, No. 37, 3-15.

Menzel, Ulrich, 1998: Globalisierung versus Fragmentierung. Frankfurt/M.: Suhrkamp.

THOMAS BRÜSEMEISTER

Das überflüssige Selbst – Zur Dequalifizierung des Charakters im neuen Kapitalismus nach Richard Sennett

Richard Sennett, geboren 1943 in den USA, studierte bei David Riesman und Talcott Parsons an der Harvard University Soziologie. Nach dem Ph.D. – 1969 in Harvard – war Richard Sennett von 1974 bis 1998 an der New York University. Dort lehrte er Soziologie und Geschichte. Gegenwärtig ist er Professor für Soziologie an der London School of Economics. Zu seinen Interessenschwerpunkten zählt Sennett „urban sociology", „art/music", „family", „history of ideas" und „history of the body". Wichtige Werke sind: „The Hidden Injuries of Class" (1972, mit Jonathan Cobb), „The Fall of Public Man" (1977, Verfall und Ende des öffentlichen Lebens), „Authority" (1980), „Families against the City" (1984), „The Conscience of the Eye" (1990), „The Problem of Disorder" (1992), „Flesh and Stone" (1994, Fleisch und Stein) sowie das hier zu besprechende Buch „The Corrosion of Character" (1998, Der flexible Mensch).

„Flexibilität" ist nach Richard Sennett die Formel, mit der sich der neue globale Kapitalismus auf den Begriff bringen lässt. Dieser bringt in einem Prozess der schöpferischen Zerstörung nicht nur sich immer schneller umwälzende Arbeitsformen hervor, sondern auch eine „Corrosion of Character", so der Titel und Tenor seiner 1998 erschienenen Zeitdiagnose (Sennett 1998a).[1] Wenn die Charakterbildung davon lebt, sich an langfristigen Zielen zu orientieren, und wenn dies von dauerhafteren mitmenschlichen Beziehungen abhängt, wie reagiert der moderne Mensch dann auf eine ‚ungeduldige Gesellschaft', „die sich nur auf den unmittelbaren Moment konzentriert" (12), insofern eine permanente berufliche Mobilität verlangt ist? Was passiert hinsichtlich der sozialen Integration, wenn in Gemeinden überwiegend hochmobile Berufstätige leben, die vor Ort kaum mehr bereit sind, etwas zu investieren, da sie schon den nächsten Umzug vor Augen haben? Welche Folgen hat der flexible Charakter für die biographische Identität?

---

1 Alle Seitenzahlen ohne Jahresangaben beziehen sich auf dieses Werk in seiner deutschen Ausgabe.

„Drift"

Solche Fragen erörtert Sennett an vier Fallbeispielen. Zudem stützt er sich auf viele andere Daten, bündelt mehrere Stimmen oder spaltet sie auf, was von der Methode her implizit Max Webers Idealtypenbildung nahekommt.

Das erste Fallbeispiel handelt von dem jungen Mann Rico, den Sennett auf einem Flughafen wiedertrifft; Sennett und Richard Cobb hatten Ricos Vater, Enrico, bereits vor 25 Jahren im Rahmen einer Studie über die amerikanische Arbeiterklasse interviewt (Sennett/Cobb 1972). Enrico arbeitete damals als Hausmeister und setzte in den USA als italienischer Einwanderer große Hoffnungen in seine beiden Söhne, die studieren sollten. Er und seine Frau, die in einer chemischen Reinigung arbeitete, benötigten 15 Jahre, um das Geld für ein Haus in einer besseren Vorortsiedlung zusammenzusparen. Das Leben der beiden verlief linear. „Jahr um Jahr gingen sie Arbeiten nach, die sich von Tag zu Tag kaum unterschieden. Entlang dieser Zeitlinie war der Erfolg kumulativ: Enrico und Flavia überprüften jede Woche das Anwachsen ihrer Ersparnisse" und maßen den Erfolg an den Verbesserungen ihres Hauses. Diese berechenbare Lebensweise basierte auf einer bürokratischen Struktur, „die den Gebrauch der Zeit rationalisierte", wozu vor allem ein an das Dienstalter geknüpftes Lohnsystem der Gewerkschaft beitrug (16).

Enrico habe sich sein Leben als „lineare Erzählung" verständlich machen können, „die von Reparatur zu Reparatur, von Ratenzahlung zu Ratenzahlung verlief." (17) Seine Geschichte sei dabei keineswegs simpel, denn Enrico musste gleichsam eine doppelte Integrationsarbeit leisten. Tatsächlich fühlte er sich sowohl seiner Einwanderergemeinschaft als auch der neuen Vorortsiedlung verbunden.

Kumulativer Erfolg, Berechenbarkeit der Zeit, eine stützende bürokratische Struktur sowie eine klare Lebensgeschichte, die linear erzählt werden kann, sind Dinge, die Enricos Sohn Rico nicht besitzt. Während Enricos Lohn im unteren Viertel der Einkommensskala lag, „kletterte Rico in die oberen fünf Prozent." (19) Er heiratet eine Frau aus einer bessergestellten Familie, hat zwei Kinder, und schon im Studium bereiten sich beide darauf vor, aufgrund ihrer Berufe häufiger umziehen zu müssen. Tatsächlich ist Rico in vierzehn Arbeitsjahren viermal umgezogen – zuletzt, weil sein Arbeitsplatz einer Umstrukturierung zum Opfer fiel. Jetzt hat er eine kleine Consulting-Firma gegründet.

Oberflächlich ist dies eine Erfolgsgeschichte. Doch untergründig hat Rico beträchtliche Angst, die Kontrolle über sein Leben zu verlieren. Rico fühlt sich als Berater von „Personen abhängig ..., die in keiner Weise gezwungen sind, auf ihn einzugehen." Er hat keine feste Rolle in einer Institution, „die es ihm erlauben würde, zu anderen zu sagen: ‚Das ist meine Arbeit, hierfür bin ich verantwortlich.'"(21) Durch seinen Lebensstil, den der Konkurrenzkampf in der modernen Wirtschaft erzwingt, befürchtet er, „jede innere Sicherheit zu verlieren, in einen Zustand des Dahintreibens zu geraten. „Diese „Drift" entsteht durch häufige Arbeitsplatzwechsel, und auch in den Schlafstädten müssen Rico und seine Familie immer wieder von vorne anfangen. Die „Flüchtigkeit von Freundschaft und örtlicher Gemeinschaft" ist der Hintergrund „für die tiefste von Ricos Sorgen, seine Familie." (22/23) Er macht sich Sorgen „wegen der Anarchie, in die seine Familie regelmäßig versinkt", und fürchtet, seine Kinder könnten zu „Mall-Ratten" werden, die nachmittags in Shopping-Centern herumhängen. Schließlich plagt ihn die Angst, „der Inhalt seiner Arbeit könne für seine Kinder kein Beispiel moralischen Verhaltens abgeben." (24) Denn durch das „Driften" in der Arbeitswelt gibt es kaum bleibende Erfahrungen, die an sie weitergegeben werden könnten.

„Nichts Langfristiges" als Bedrohung des Charakters

Das Motto des neuen flexiblen Kapitalismus, in dem Rico arbeitet, lautet: „nichts Langfristiges" (25). Heute müsse ein junger Amerikaner damit rechnen, „in vierzig Arbeitsjahren wenigstens elfmal die Stelle zu wechseln und dabei seine Kenntnisbasis wenigstens dreimal auszutauschen" (25) – dies im Gegensatz zu traditionellen Laufbahnen, die gleichsam automatisch Schritt für Schritt weiterführten und Enricos Generation auf der Basis einer institutionalisierten Trias von Wirtschaft, Gewerkschaften und Staat eine stabile Zeitordnung bescherten. Für die jüngeren Generationen sei „‚nichts Langfristiges' … ein verhängnisvolles Rezept für die Entwicklung von Vertrauen, Loyalität und gegenseitiger Verpflichtung." (27/28) Während sich in vielen Berufen immer mehr flexible Netzwerke mit schwachen Bindungen im Gegensatz zu „Stellen", durchsetzen, „hängen starke Bindungen von langem Zusammenhalt ab." (29) Viele Wirtschaftsberater meinen, weil Wissen eine immer kürzere Lebenserwartung habe, sei „Loyalität zu einer Institution eine Falle." (29) Erst wenn die Angestellten verstehen, dass sie sich nicht auf eine Firma verlassen können, seien sie marktgängig, erklärt ein Manager, der eine Entlassungswelle bei IBM moderierte. Dem Einzelnen droht dann jedoch das „Driften". „Wenn ich Ricos Dilemma weiter fasse", schreibt Sennett, „so bedroht der kurzfristig agierende Kapitalismus seinen Charakter, besonders jene Charaktereigenschaften, die Menschen aneinander binden und dem Einzelnen ein stabiles Selbstgefühl vermitteln." (31)

Gegen die Gefahr oberflächlicher Bindungen, „gegen die bewußte Amnesie seiner Nachbarn und gegen die Drohung, daß seine Kinder zu ‚Mall-Ratten' werden könnten", bringt Rico „die Idee bleibender Werte in Stellung" (33/34). Eltern müssten ihren Kindern bei Gelegenheit Nein sagen können und man selbst sollte in der Gemeinde mitarbeiten. Ricos Furcht vor der „Drift" schlägt hier aber nur hilflos ins andere Extrem um, einen Werterigorismus, ohne dass damit dem „Driften" ein Ende bereitet wäre. Was zwischen

„den polaren Gegensätzen des Driftens und der festen Charaktereigenschaft eines Menschen fehlt, ist eine Erzählung, die Ricos Verhalten organisieren könnte." Erzählungen seien mehr als einfache Chroniken, sie gestalten vielmehr „die Bewegung in der Zeit, sie stellen Gründe bereit, warum gewisse Dinge geschehen, und sie zeigen die Konsequenzen." Die flexible Welt hat dagegen „weder ökonomisch noch sozial viel Narratives" zu bieten (36). Während die neue Ökonomie auf das Schumpetersche Ideal der kreativen Zerstörung setzt, würden die meisten Menschen Veränderungen nicht so gleichgültig aufnehmen (37). „Nichts Langfristiges" als Motto des neuen flexiblen Kapitalismus bedroht die Fähigkeit der Menschen, „ihre Charaktere zu durchhaltbaren Erzählungen zu formen" (38), und in der inneren Drift verliert sich der Sinn für Gemeinschaften.

Flexibilität als Aufweichen von Routinen

Der flexible Kapitalismus wendet sich vor allem gegen Routinen des bisherigen Systems, die jedoch nach Sennett insoweit schützenswert sind, als sie geregelte Tätigkeiten und somit durchhaltbare Lebenserzählungen erlaubten. Enrico bewegte sich seit den sechziger Jahren in einer stabilen Routinezeit, die in einem fordistischen Arrangement zwischen Gewerkschaften, Kapital und Arbeit ausgehandelt wurde. Der Name dieser Produktionsweise ging auf die riesigen Fabriken à la Ford zurück, in denen sich alle zur Produktion benötigten Materialien unter einem Dach befanden und die Arbeiter von einer großen Zahl von Managern sowie den Gewerkschaften bürokratisch kontrolliert wurden. Entsprechend wurde auch die Zeit planbar gemacht. In einem solchen System können sich langfristige Erwartungen ausbilden, und es gibt viele Routinen, die zwar einerseits lähmend sind; andererseits verschaffen sie, wie Enrico zeigt, „einen sinnvollen Erzählrahmen" für das Leben (54).

Sennett ist der Überzeugung, dass Menschen Alternativen überhaupt nur auf der Basis von Gewohnheiten und Bewährtem erproben können. Dafür benennt er mehrere Kronzeugen:

> Routine ist nicht geistlos. Diderot nahm an …, die Wiederholung lehre den Menschen, eine gegebene Aktivität zu verändern. Der „Rhythmus" der Arbeit bedeutet, daß wir lernen, zu beschleunigen und zu verzögern, zu variieren, mit Material zu spielen und neue Verfahren zu entwickeln – genau wie ein Musiker lernt, beim Spielen eines Musikstücks die Zeit zu gestalten. (42)

Den flexiblen Kapitalismus vor Augen, der gewissermaßen keinen Stein auf dem anderen lassen will, erscheinen auch die Routinen im Fordismus als schützenswerte Voraussetzungen für den menschlichen Charakter. Nach Sennett stehen wir derzeit vor einer „historischen Wasserscheide" (56), denn einerseits tut der flexible Kapitalismus gut daran, allzu starre Zeit- und Arbeitsordnungen der fordistischen Großbetriebe aufzubrechen. Andererseits schießt er dabei über das Ziel hinaus, insofern mit jeder Vergangenheit gebrochen werden soll. Dies wird, damit ein Betrieb modern und marktfähig sein soll, von den ‚Flexibilisierungsmanagern' gefordert, hat jedoch fatale Folgen für den Charakter, wie Ricos Beispiel zeigt.

Macht der Organisation ohne Zentralisierung

Die Organisation der Arbeit in diesem neuen flexiblen Kapitalismus wird nun von Sennett genauer betrachtet. Sein Ergebnis lautet: Dieser Kapitalismus beinhaltet eine noch größere Macht und Bürokratie als die, die er vorgab, zu bekämpfen. Er zerstört alte pyramidenförmige Hierarchien und setzt lockere Netzwerke dagegen, die jedoch erst recht zur Macht und zu stärkeren Kontrollen einladen. Im Endeffekt sind die Beschäftigten deshalb nicht engagierter oder besitzen mehr Freiheit, sondern sind stärker kontrolliert sowie überdies noch entwurzelt.

Drei Elemente auf der Institutionenebene sind für einen solchen Prozess verantwortlich:

a) *Diskontinuierlicher Umbau von Institutionen*: Moderne Manager versuchen, Firmen zu einer radikalen Marktanpassung zu bewegen, insofern sämtliche Erfahrungswerte aufgegeben werden sollen. Hier liegt ein entscheidender Kritikpunkt des Autors, denn nach seiner Auffassung bedarf jede Innovation eines stabilen Fundamentes in Gewohnheiten.

Die Zauberformel für Umstrukturierungen nach neoliberalem Modell heißt dagegen Re-engineering. Sie zielt erstens darauf, durch Einsparungen und Verschlankung mit weniger Menschen mehr zu produzieren, so dass es zu Entlassungen kommt. Ricos Fall muss nach Sennett (1998b: 308/309) um die zunehmende Zahl jener Personen aus den Mittelschichten ergänzt werden, die mit Phasen der Arbeitslosigkeit zu kämpfen haben; sie sind einer Dequalifizierung zum Opfer gefallen, die ihnen das Gefühl der Nutzlosigkeit gibt, obwohl sie einen hohen Ausbildungsstandard besitzen.

Zweitens beinhaltet Re-engineering für die Noch-Beschäftigten den Druck, alle routinisierten Arbeitserfahrungen über Bord zu werfen. Den Systemingenieuren, Betriebswirten, Versicherungskaufleuten und Programmierern wird weis gemacht, dass es auf ihre Informationskompetenz und auf eine aufgabenflexible Arbeit ankommt, was an ihre persönliche Autonomie appelliert – hat man jedoch erfolgreich gearbeitet, kann das dazu führen, dass der betreffende Bereich ersatzlos gestrichen wird (Sennett 1998b: 309). Die gebildete Mittelklasse wird also einerseits aufgewertet, insofern sie als wirtschaftliche Elite an der Spitze einer neuen Ökonomie mitarbeiten darf; um so gravierender sind die charakterlichen Konsequenzen, wenn man selbst durch den radikalen Umbau der Organisationen auf der Straße landet, selbst wenn es nur für eine gewisse Zeit ist. Solche Umstrukturierungen beschwören zwar Bilder von strafferen Organisationen herauf. Doch selbst Manager, die an diesen Umstrukturierungen mitgewirkt haben, meinen, die meisten Versuche des Re-engineering würden scheitern, weil während des Personalabbaus Funktionsstörungen auftreten: „Erprobte Geschäftsstrategien werden ausgemustert und revidiert, erwartete Vorteile stellen sich als minimal heraus, das Unternehmen verliert Energie und kommt vom Kurs ab" (62). Zudem breche durch Entlassungen die Arbeitsmoral ein. Deshalb sei zu bezweifeln, dass der Bruch mit der Vergangenheit, mit Routinen und Erfahrungen wirklich produktiver sei, aber nach wie vor werde in der „Phantasiewelt der Consultingbüros" (61) jedes Aufbrechen einer Organisation als Gewinnversprechen gedeutet.

b) *Flexible Spezialisierung der Produktion*: Die ehemals monolithischen Großfirmen des Fordismus lagern Inseln von kleineren Zulieferfirmen um sich, die innerhalb von Wochen, ja sogar Tagen auf innovative Nachfragen reagieren können.[2] Der Markt wird in viele kleine Segmente unterteilt. Jedes Segment soll von einer Unternehmenseinheit bedient werden, wobei die Beschäftigten unmittelbar dem Marktdruck ausgesetzt sind. Jeder Einheit gibt man nach Ansicht eines IBM-Betriebsrates die Weisung: „Tut was ihr wollt, aber ihr müßt profitabel sein" (Glißmann 1999). Und unter dem Druck dieser maßlosen, zugleich jedoch unspezifischen Profiterwartung liegt es nahe, dass bei den Beschäftigten systematische Gefühle des schlechten Gewissens entstehen. Weil aus der Firmensicht im Prinzip nie genug am Markt abgesetzt werden kann, gehören charakterliche Selbstvorwürfe („Liegt es vielleicht doch an mir?") zum Produktionsfaktor.

c) *Konzentration der Macht ohne Zentralisierung*: Der flexible Kapitalismus behauptet, er dezentralisiere Macht und gebe den Einzelnen mehr Kontrolle. In Wirklichkeit würden die modernen elektronischen Informationssysteme der Führungsetage ein derart umfassendes Bild liefern, dass man kaum Möglichkeiten hat, „sich innerhalb des Netzwerkes zu verstecken" (69). Neue Produktionsformen beinhalten eine subtile Machtkonzentration, weil sie unsichtbar ist. Auf der Mesoebene behält das Großunternehmen „das wechselnde Ensemble abhängiger Firmen fest im Griff und gibt Einbußen ... an seine schwächeren Partner weiter." (70) Und auf der Mikroebene trifft immer noch die Führung die Entscheidung, welches der vielen Teams den Auftrag übernimmt. Jede Einheit kann zwar formell frei entscheiden, wie sie Gewinnvor-

---

2 Hierbei gibt es jedoch Sennett zufolge große Unterschiede zwischen den Vereinigten Staaten und Europa, insofern der Staat in Europa viele Firmen bei einer Kooperation untereinander unterstützt, während die Firmen in den USA gemäß dem Neoliberalismus sowohl gegen die Einmischung des Staates kämpfen als auch auf eine Vernichtung des Gegners abzielen.

gaben umsetze, doch dies sei „eine vorgegaukelte Freiheit", denn flexible Organisationen würden Ziele oft sehr hoch setzen, so dass die Einheiten unter dauerndem Druck stehen, „weit mehr zu produzieren ... , als in ihrer unmittelbaren Macht steht" (71). Die Macht im flexiblen Kapitalismus ist also potenziert worden, u.a. weil sich die vielen Teams gegeneinander ausspielen lassen. Und weil flexible Arbeitsplätze knappe Güter sind, um die konkurriert wird, kann dies wiederum machtstrategisch genutzt werden. Schließlich macht die offizielle Ideologie des guten Teamworks es schwerer, Machtkonzentrationen überhaupt anzusprechen.

Unsicherheit

Für die Akteure, die in flexible Arbeitssysteme hineinkommen, ist die Arbeit „nicht wie der Ferienkalender" (74), bei dem man wisse, was zu erwarten ist. Diese Unsicherheit ist auf der „endgültige(n) Insel des neuen Regimes" (75), der Heimarbeit, noch verstärkt, insofern man fürchten muss, elektronischer Überwachung hilflos ausgeliefert zu sein. Heimarbeit stellt gleichsam den Endpunkt des flexiblen Kapitalismus dar, in welcher die unsichtbar zentralisierte Macht der Organisation am stärksten wirken kann – und zugleich die größte Gefahr des „Driftens" entsteht.

Das ideale Menschenbild des flexiblen Kapitalismus, „die Fähigkeit, sich von der eigenen Vergangenheit zu lösen" (79), trifft in Wirklichkeit nur für die Industrieführer zu, etwa Bill Gates, der Sennett zufolge seine gewaltige Firma von einem Augenblick auf den anderen auf das Internetgeschäft umschwenken ließ. Anders Menschen wie Rico. Er hat zwar im flexiblen Kapitalismus Erfolg, leidet aber *dadurch* an Unsicherheit und Entwurzelung. Rico arbeitet in immer neuen flexiblen Netzwerken, die einer größeren und unsichtbaren Macht unterworfen sind. Zwar sieht die Flexibilisierung wie die Befreiung von Macht- und Bürokratisierungszwängen aus. Aber in modernen Organisationen, „die Konzentration ohne Zentralisierung praktizieren, ist die organisierte Macht zugleich effizient und formlos." (71) Für den Einzelnen bedeutet dies permanente Unsicherheit. Jederzeit kann es neue Zielvorgaben geben, die mit dem Zwang zum Umziehen verbunden sein können, also tief in persönliche Lebenskonzepte eingreifen. Eine „moderne" Organisation braucht dabei Macht nicht mehr wie früher offen auszuüben. Sie beobachtet nur die Bereitschaft zur Flexibilität. Wer sich ihr nicht unterwirft, ist „draußen". Und wer sich ihr unterwirft, muss mit dem unsicheren Leben eines „Drifters" rechnen.

Unlesbarkeit

Am Beispiel einer weiteren Fallgruppe, ArbeiterInnen einer Brotfabrik, die
Sennett ebenfalls mit Cobb schon einmal untersuchte, wird „Unlesbarkeit" als
weiteres Kennzeichen des neuen Kapitalismus ausgemacht, die sich zur Unsicherheit gesellt. In der alten Fabrik waren die meisten Bäcker griechischer Ab-
stammung. Die Griechen grenzten sich gegen Schwarze ab, die in ihrer Sicht
nicht bereit waren, mit ehrlicher Arbeit voranzukommen, wie es die Griechen
von sich selbst glaubten. So voreingenommen ihre Sicht auch war, so folgte
daraus ein Gemeinschaftsgefühl. Dies auch deshalb, weil in der Fabrik schon
mehrere Generationen von Griechen tätig waren, die die Stellen unter sich
gleichsam vererbten. Zudem kümmerte sich die Gewerkschaft um die Griechen. In der neuen Fabrik, die nun einem großen Nahrungsmittelkonzern gehört, ist davon kaum etwas übrig. Statt der Griechen arbeitet nun eine junge po-
lyglotte Mannschaft. Zeitarbeitsverträge dominieren, und die Macht der Bä-
ckergewerkschaft gibt es nicht mehr (85). Da Brot im Zuge der Automatisierung gleichsam ein Bildschirmsymbol geworden sei – Brotsorten können per
Mausklick gewählt werden –, stehen die Arbeitenden manchmal kopflos herum, wenn die Maschinen nicht funktionieren. „Als programmabhängige Arbeitskräfte" besitzt die Mannschaft „kein praktisches Wissen." (87) Häufig
würden die Leute nach Hause gehen, „wenn gerade eine mißglückte Ladung
aus dem Ofen kommt" (88), die dann in Mülltonnen landet, was der früheren
verantwortungsvollen Belegschaft nicht passierte. Nun ist nur noch der Vorar-
beiter „wütend über die blinde Gleichgültigkeit" (89), mit der die Tätigkeiten
verrichtet werden. Man interessiert sich aufgrund der Computerisierung kaum
für die Arbeitsabläufe. Und im Vergleich zu früher herrscht auch keine klare
Vorstellung darüber, was ein guter Arbeiter ist. Diese Entwicklung fasst Sennett mit „Unlesbarkeit" zusammen:

> Wie mir klar wurde, ist es die Benutzerfreundlichkeit der Bäckerei selbst, welche
> zum Teil die Verwirrung der Menschen verursacht, die backen, sich aber nicht
> als Bäcker fühlen. Bei jeder Arbeit, von der Bildhauerei bis zum Kellnern, identi-
> fizieren sich die Menschen mit Aufgaben, die sie herausfordern. (92)

Die neue Arbeitsordnung brüstet sich jedoch gerade damit, durch Abläufe, die
einfach und sofort verständlich sind, alle Schwierigkeiten eliminiert zu haben.
Es entsteht ein „schreckliches Paradox" (92), weil man die Arbeit erleichtert, a-
ber sich dadurch niemand mehr an sie gebunden fühlt. So sind die flexiblen BäckerInnen dazu verurteilt, „an der Oberfläche zu bleiben" (96). Die berufliche
Identität der BäckerInnen driftet in Richtung einer Identitätslosigkeit (96).
Kaum jemand ist an Bindungen zur Arbeit oder an sozialen Bindungen interessiert, die sich aus ihr ergeben könnten. Was während der Arbeit eigentlich vor
sich geht, bleibt den Menschen verborgen. Diese „Trennung macht es den Menschen schwer, die Welt um sich herum und auch sich selbst zu ‚lesen'." (97)

Das Leben als Würfelspiel?

Warum wird die neue Arbeit überhaupt angenommen, wenn sie solche Nachteile besitzt? Dies erörtert Sennett exemplarisch am Werdegang von Rose, einer Witwe mittleren Alters, die in Manhattan recht erfolgreich eine Bar für Stammkunden betrieb. Auch ihr ging es eigentlich gut – bis auf das unbestimmte Gefühl, nichts aus sich gemacht zu haben. Deshalb ergreift sie die Gelegenheit, für zwei Jahre in eine Werbeagentur zu gehen, um in einem Team Kampagnen für alkoholische Getränke zu erarbeiten. Zum Glück verpachtet Rose ihre Bar nur, denn schon nach einem Jahr kommt sie frustriert zurück.

Sie berichtet nach Sennett, in New York, der Welthauptstadt der Werbebranche, sei es vor allem um die Kultivierung eines Images des Erfolges gegangen, wobei es keine objektiven Maßstäbe dafür gegeben habe, was eine erfolgreiche Tätigkeit überhaupt sei. Erfolg hatten allenfalls diejenigen, denen man keine Fehlschläge anhängen konnte. Eine solche ‚Negativbegründung‘ war offensichtlich der kleinste gemeinsame Nenner der Menschen, die in einem flexiblen Netzwerk tätig waren. Noch wichtiger sei es gewesen, Beziehungen zu pflegen. „Wer nach der Vorstellung der neuen Wodkawerbung nur zum Drink und wer auch zu dem Dinner danach eingeladen wird – dies sind Anzeichen dessen, was sich im Büro tatsächlich tut." (103/104) Rose' Erfahrungen fanden dagegen im jungen Team kein Gehör. Alles im Büro sei auf den unmittelbaren Augenblick fixiert gewesen. So findet Rose keinen Ankerpunkt, an dem sie hätte ein Weiterkommen festmachen können. Stattdessen fängt sie bei jeder ihrer Tätigkeiten immer wieder bei Null an.

In der Werbeagentur sind offensichtlich überwiegend jüngere Menschen tätig gewesen, denen man keine längerfristigen Stellen angeboten hat. So sehen sie sich nicht in der Lage, Loyalität und längerfristige Bindungen aufzubauen. Sie verstehen, ganz anders als die älteren Beschäftigten, ihre Job nur noch als Sprungbrett, um Kontakte zu knüpfen, aus denen sich vielleicht wieder andere Jobs ergeben. Verallgemeinert heißt dies: Im flexiblen Kapitalismus muss sich der Einzelne gleichsam fortwährend umtopfen. Und es wird jenseits aller biographischen Erfahrungen verlangt, Risiken einzugehen, und zwar sowohl am einzelnen Arbeitsplatz als auch bei Wechseln zwischen Arbeitsplätzen – niemand weiß genau, wie sicher der nächste Job sein wird. Der Erfolg von Strategien wäre vielleicht erkennbar, würden nicht immer neue Risikoeinsätze einander ablösen.

Der Einzelne gerät damit in eine Situation ähnlich einem Würfelspiel: „der nächste Wurf kann gut oder schlecht sein" (108). Jeder beginnt bei den Arbeitseinsätzen oder bei einem Stellenwechsel wieder bei Null. Allem Risiko wohnt nach Sennett deshalb „der Drift inne". Und dem permanenten Eingehen von neuen Risiken fehle „die Qualität einer Erzählung, bei der ein Ereignis zum nächsten führt und dieses bedingt" (109). Inmitten relativ stabiler sozialer Strukturen und einer stabilen Zeitordnung ist es möglich, dass sich die Menschen an den Verhältnissen gleichsam abarbeiten. Sie können die Überzeugung gewinnen, dass ihre Erfahrungen mehr sind als die Folge zufälliger Ereignisse (Sennett 1998b: 310). In der Kultur des flexiblen Kapitalismus wird jedoch eine längerfristigen Zielverfolgung verhindert. Man bewegt sich nur noch okkassionalistisch, kurzfristige Gelegenheiten ausnutzend, von Augenblick zu Augenblick, ohne dass zwischen den Einzelgeschehnissen Zusammenhänge hergestellt würden. So werden das Selbstbewusstsein und das soziale Gedächtnis allmählich fragmentiert.

Die Ursachen für diese Entwicklungen liegen, wie erwähnt, in flexiblen Berufen, Diskontinuitäten in Netzwerken und der Lockerung von Hierarchien in sowie zwischen Unternehmen. All dies erfordert, Risiken einzugehen. Damit wird aber auch die Unsicherheit zu einem Basiserleben. Sie betrifft alle gesellschaftlichen Gruppen, insbesondere auch die Mittelschichten, die früher weitgehend von Dequalifizierungen und entsprechenden Unsicherheitserlebnissen verschont blieben.

Drei Arten von Unsicherheiten

Im flexiblen Kapitalismus lassen sich drei Unsicherheiten differenzieren:

a) *Mehrdeutige Seitwärtsbewegungen*: Darunter versteht Sennett eine Person, die glaubt, beruflich vorwärts zu kommen, während sie sich in Wirklichkeit seitwärts bewegt. Solche Bewegungen nach Art des Krebsgangs sind möglich, weil die Stellenkategorien in der flexiblen Arbeit gestaltloser werden und ein Akteur eigentlich erst erkennt, was ihn in einer beruflichen Position erwartet, wenn er diese Position verlassen und durch eine andere ersetzt hat. Weil es nur vage Anhaltspunkte für einen Erfolg gibt, ist es jedoch nicht nur möglich, auf eine sichere alte Position zurückzukehren, wie im Beispiel von Rose. Vielmehr ist auch eine biographische Suchdynamik möglich: Man erwartet, dass die nächste Position sichere Anhaltspunkte für einen Erfolg besitzt und strebt deshalb nach ihr. Wenn die neue Position das Versprechen nicht hält, wird erneut gewechselt, und so weiter und so fort. Ob es sich dabei jeweils um eine Vorwärts-, Seitwärts- oder Rückwärtsbewegung handelt, wird oft erst im Nachhinein deutlich.

b) *Aushalten retrospektiver Verluste*: In flexiblen Arbeitswelten sind Menschen mit retrospektiven Verlusten konfrontiert. Oft liegen erst nach einem Wechsel präzisere Informationen über die Arbeitsanforderungen vor. Wenn jedoch ein Akteur erkennt, ein Risiko falsch eingeschätzt zu haben, hat er sich aber bereits festgelegt und muss die Folgen sowie die damit verbundene Unsicherheit aushalten.

c) *Unvorhersehbare Einkommensentwicklungen*: Bei der Risikoabwägung für einen Stellenwechsel orientiert man sich gewöhnlich an der Bezahlung. Gegenwärtige Entwicklungen von Einkommen seien jedoch entmutigend: „Heutzutage wirkt sich ein Wechsel des Arbeitsplatzes für mehr Menschen negativ als positiv aus: 34% verlieren nennenswert, 28% gewinnen nennenswert." Obwohl Sennett mit Zahlen vorsichtig sein möchte, wagt er die Einschätzung, dass die „berufliche Mobilität in der heutigen Gesellschaft häufig ein undurchschaubarer Vorgang" sei (113/114).

Wechseln als Imperativ

Wichtiger als Statistiken sind jedoch qualitative Befunde, wie sie sich etwa am Beispiel von Rose entwickeln lassen. Was bei ihr auffällt, ist die Tatsache, dass Menschen überhaupt das Risiko von Veränderungen auf sich nehmen, obwohl sie keine eindeutigen Anzeichen für einen Erfolg besitzen. Nach Sennett wissen sie oft nicht, was sie suchen, sind jedoch davon überzeugt, nicht bleiben zu können. Er bezeichnet dies als „moderne Kultur des Risikos". Sie „weist die Eigenheit auf, schon das bloße Versäumen des Wechsels als Zeichen des Mißerfolgs zu bewerten. ... Das Ziel ist weniger wichtig als der Akt des Aufbruchs." (115) Der neue kulturelle Imperativ entstand aufgrund einer gewaltigen Veränderung in der Institutionenlandschaft. Im Zuge einer Entstrukturierung von Institutionen scheinen „auch die handfestesten Immobilien ... in Fluß geraten zu sein. Da will niemand zurückbleiben. Wer sich nicht bewegt, ist draußen." (115)

Weil sich die Menschen seitwärts bewegen und die Verhältnisse undurchschaubarer werden, funktionieren auch die bisherigen Wegweiser des Klassensystems nicht mehr, etwa Einkommenskategorien oder soziale Abgrenzungen, wie sie die griechischen Bäcker gegen die schwarzen Arbeiter vornahmen. Dabei sei es

> nicht so, daß Ungleichheiten und soziale Abstufungen verschwunden wären – ganz im Gegenteil. Vielmehr ist es so, als habe man durch die eigenen Bewegungen plötzlich deren Wirklichkeit aufgehoben; man sucht nur nach dem strukturellen Loch, ohne viel zu kalkulieren oder rational abzuwägen, einfach in der Hoffnung, durch den Wechsel werde sich etwas bieten. (116)

Dies geschieht jenseits der akademischen Vorstellung einer genauen Gewinn- und Verlustrechnung. Vor allem jüngere Menschen mit einer formal höheren Bildung würden sich von Wechseln etwas versprechen, wobei sich in der Gesellschaft „eine ungeheure Verschiebung" von den weniger qualifizierten Arbeitnehmern zu einer neuen technologischen Aristokratie abzeichne. Durch ihre höheren Bildungsabschlüsse würden Millionen amerikanischer Hochschulabsolventen zu einer Überschätzung der eigenen Erfolgschancen verleitet. Und

ohne ein bürokratisches System, welches Wohlstandszuwächse innerhalb einer
Hierarchie verteilt, würden nur wenige die Spieltische abräumen, „während die
Masse der Verlierer das Wenige teilt, was übrigbleibt" (118/119).

Somit ist in der flexiblen Gesellschaft „der Imperativ, Risiken auf sich zu
nehmen", zu einer vermeintlichen „Charakterprobe" geworden, in der das Entscheidende sei, angeregt durch augenblickliche Gelegenheiten „den Sprung zu
wagen". Dabei werde der größere Zusammenhang ausgeblendet, „das langfristige Denken ... aufgehoben" (120/121).

Scheitern der Mittelschichten

Ricos Beispiel macht deutlich, dass die Gewinner und gleichzeitigen Opfer des
flexiblen Kapitalismus vor allem die Mittelschichten sind, weil sie sich aufgrund ihrer höheren Bildung selbst unter starken Veränderungsdruck setzen:

> Betriebsverschlankungen und Umstrukturierungen setzen die Mittelschicht plötz-
> lich Katastrophen aus, die im früheren Kapitalismus sehr viel stärker auf die Ar-
> beiterklasse begrenzt waren. Kommt man aber den Forderungen nach Flexibilität
> und Mobilität nach, verfolgt einen auf subtilere, aber ebenso mächtige Weise das
> Gefühl, als Familienvater oder -mutter zu scheitern. (159/160)

Angesichts der heutigen Notwendigkeit, Risiken eingehen und wiederholt bei
Null anfangen zu müssen, wird die Normalkarriere aus der früheren Arbeitswelt retrospektiv gleichsam zur „moralischen Kategorie" aufgewertet, insofern sie mit der Entschlossenheit einherging, „die eigene harte Arbeit in eine
lebenslange Erzählung umzugestalten" (163). Eine zielgerichtete Arbeit am
eigenen Charakter konnte sich an äußeren Kriterien, einer steigenden Entloh-
nung oder am Zurückbleiben anderer Schichten, bemessen. „Der Mensch, der
eine Karriere verfolgt, definiert für sich langfristige Ziele, Verhaltensmaßre-
geln im Berufs- und Privatleben und ein Verantwortungsgefühl." (163) Dagegen scheint die „Kurzfristigkeit und die Flexibilität des neuen Kapitalismus ... ein Arbeitsleben im Sinne einer Karriere auszuschließen." (165) Dies
deutet Sennett als moralischen Verlust, da die Arbeit am eigenen Charakter
abgebrochen wird.

Über Narrationen vom Modernisierungsverlierer zur Gemeinschaft

Die Programmierer mittleren Alters, die von IBM entlassen wurden – von Sennett als letzte Fallgruppe vorgestellt –, empfinden deshalb nicht nur Statusver-
luste, sondern auch ein Versagen vor sich selbst. Auf den ersten Blick ist diese
Gruppe prototypisch für die „Drifter". Doch ihr Schicksal ist komplexer.

Sennett beobachtet, dass sie zunächst glaubten, von ihren Vorgesetzten in die Irre geführt worden zu sein. Sie konnten einfach nicht verstehen, dass der milliardenschwere Konzern plötzlich so tief stürzte. Aber die Verschwörungstheorien, die zuerst kursierten, konnten die Ereignisse nicht erklären. „Also konzentrierten sie sich in der zweiten Phase ihrer Deutung der Vorgänge auf äußere Kräfte ... , denen man die Schuld geben konnte." (172) Die globale Wirtschaft wurde als Unheilsquelle ausgemacht. Auch diese Phase währte jedoch nicht lange, denn die Betroffenen begannen, über ihre früheren Karrieren, ihre professionellen Standards und das, was sie vielleicht hätten tun sollen, zu sprechen. Dies stellt für Sennett einen Wendepunkt dar, denn die Programmierer stellen sich ihrem Scheitern. Sie suchen nun umgekehrt nicht alle Schuld bei sich, und es ist auch fraglich, ob sie die Zukunft hätten vorhersehen können (die bei IBM in PC's und nicht in Großrechnern bestand). Entscheidend ist, dass sie überhaupt über ihre Karrieren reden und versuchen, dem Scheitern „in den Begriffen ihrer eigenen Charaktere einen Sinn" zu geben. So brechen sie „das Tabu, welches das Scheitern umgibt, sie bringen es an die Oberfläche" (178). Die letzte Version, mit der die Programmierer ihre Schicksalsschläge zu verarbeiten suchen, enthält eine ethische Qualität im Sinne einer Charakterbildung:

> Die erste Version wird durch das Wissen der Männer um IBM's Zustand entwertet, die zweite durch ihren Glauben an den technologischen Fortschritt und ihr Gefühl für professionelle Qualität. Die dritte Version aber hält stand. Jetzt bekommt die Geschichte einen klaren Verlauf. Sie hat ein deutliches Zentrum: „Ich". (179/180)

Die Männer übernehmen nun Verantwortung für ihre Schicksale, und dies beinhaltet eine Abkehr vom „Driften". In den Gesprächen, welche die Betroffenen miteinander führen, liegt eine „Art der Selbstheilung". Wichtig an den Erzählungen sei nicht ihr gutes Ende. „Statt dessen erkennt und prüft eine gute Erzählung die Realität all der Möglichkeiten."(183) Es wird erörtert, wie sich das eigenen Handeln mit sozialen Umständen verwob – statt sich mit kollektiven Vorurteilen, etwa der Abhängigkeit der amerikanischen von einer globalen Wirtschaft, zufrieden zu geben. Diesseits von hilflos-wütenden Schuldzuschreibungen wird eine längerfristige Problemverarbeitung in Angriff genommen. Und zweitens ist das Erzählen in der Gruppe ein gemeinschaftlicher Akt; man beginnt, sich aufeinander einzulassen. Die „Leistung" der Programmierer (dies sei genau das richtige Wort) bestünde darin, „die Furcht vor Verletzung in einem selbst zu überwinden" (196) sowie in einem reflexiven Akt zum wechselseitigen Vertrauen zurückzufinden. Die so entstehende Gemeinschaft basiert auf dem Eingeständnis von Verletzlichkeit und Konflikt. Sie bricht mit dem Tabu des flexiblen Kapitalismus, der dem Einzelnen in seiner Bindungslosigkeit nahe legt, sich das Scheitern selbst anzulasten.

Fazit und Ausblick

Sennetts Buch beschäftigt sich mit den Folgen für die Biographie des Einzelnen und für Gemeinschaften, wenn neue Produktionsformen Flexibilität predigen. In flexiblen Netzwerken sollen sich die Individuen auf alles Neue einlassen und dabei ihre Gewohnheiten und Erinnerungen über Bord werfen.
Dies lädt erstens zu strategischen Interventionen von Seiten der Firmen ein,
die im Gegensatz zu den vereinzelten Akteuren, die immer wieder bei Null
beginnen sollen, sehr wohl ein Gedächtnis – und zwar eines der Macht – besitzen. Zweitens bringt die neue Produktionsweise eine biographische und
kollektive Entfremdung mit sich, die „Drift".

In einer an Durkheim erinnernden Tradition setzt Sennett gegen den flexiblen Kapitalismus, der vereinzelte „Drifter" erzeugt, die Gemeinschaft
der Betroffenen, in welcher die rituelle Vergegenwärtigung der Schicksale
zum Teil schon jene Bindungslosigkeit aufhebt, welche das wesentliche
Element der neuen Ökonomie darstellt. Dabei sollen keine Lösungen her-
beigeredet, sondern es soll überhaupt erst einmal wieder miteinander gesprochen werden. Die im kollektiven Erzählen sich konstituierende Gemeinschaft predigt keine statischen Werte, so wie es Rico tat, als er sich
plötzlich auf rigide Erziehungsprinzipien besann. Vielmehr erkennt sie
Konflikte an. Mit Lewis Coser (1976) meint Sennett, dass eine solche Gemeinschaft, deren Mitglieder Differenzen aushalten, weniger flach ist als
Gemeinschaften im Sinne der Kommunitaristen. Während diese das „ober-
flächliche Teilen gemeinsamer Werte" propagieren (198), stellt das Erzählen der Programmierer eine faktische Verantwortungsübernahme dar. Konflikte werden von ihnen ernst genommen, während sie im Kommunitarismus als bloße Bedrohung abgewertet würden (197). Und deshalb gehen
nur diese Akteure wirklich aufeinander ein, bilden ein echtes „Wir" im
Sinne einer Gemeinschaft.

Menschen in ihren Gemeinden zu sehen, wird am Ende des Essays als so-
zialstrukturelle Plattform gegen den flexiblen und global operierenden Kapitalismus erkennbar (siehe auch Sennett 1994). Orte haben Macht, weil die
neuen Ökonomien in ihnen arbeiten müssen. Keineswegs schwebe die globale Wirtschaft „draußen im Weltall" (188). Zwar halten sich die Gemeinden
bislang durch die Drohung von Firmen, ihre Produktion abzuziehen, davon
ab, über die Bedingungen dieser Produktion zu streiten. Dennoch machen die
Programmierer als Gemeindemitglieder einen Anfang. Sie haben durch ihre
Erzählungen noch nicht alle strukturellen Aspekte der Flexibilität verändert,
setzen jedoch schon ihre realen Bindungen gegen unsichtbare Machtkonzentrationen – jene Verpflichtungen, die die Consulter gerne austreiben möchten.
Die wenig lesbaren Formen des flexiblen Kapitalismus werden von den Betroffenen öffentlich sichtbar gemacht, und im Erzählen sind sie immerhin zu
Mitgliedern einer Problemgemeinschaft geworden. Freilich bedarf es institu-

tioneller Sicherheiten und einer politisch engagierten Öffentlichkeit, um die „Drift" zu beenden. Denn, so Sennett:

> In der Moderne übernehmen die Menschen Verantwortung für ihr Leben, da sie es ganz als ihre Leistung betrachten. Aber wenn diese ethische Kultur der Moderne mit ihrer Semantik der persönlichen Verantwortlichkeit und des persönlichen Lebenserfolges in eine Gesellschaft ohne institutionellen Schutz übertragen wird, zeigt sich dort nicht Stolz auf das eigene Selbst, sondern eine Dialektik des Versagens inmitten von Wachstum. (Sennett 1998b: 313)

Literatur

Coser, Lewis, 1976: The Social Functions of Conflict. New York: Free Press.

Glißmann, Wilfried, 1999: Der Gewinn bin ich. Mehr Selbständigkeit, mehr Ausgrenzung. In: Wochenzeitung „Freitag", Nr. 37, vom 10.9.1999.

Sennett, Richard, 1994: Fleisch und Stein. Der Körper und die Stadt in der westlichen Zivilisation. Berlin 1995: Berlin Verlag.

Sennett, Richard, 1998a: Der flexible Mensch. Die Kultur des neuen Kapitalismus. Berlin: Berlin Verlag.

Sennett, Richard, 1998b: Der neue Kapitalismus. In: Berliner Journal für Soziologie 8, 305-316.

Sennett, Richard/Jonathan Cobb, 1972: The Hidden Injuries of Class. New York: Knopf.

Index

Autorenverzeichnis

Heinz Abels, Prof. Dr. Dr., geboren 1943, ist Professor im Lehrgebiet Soziologie I an der FernUniversität in Hagen. Seine Forschungsschwerpunkte sind soziologische Theorien, Kultursoziologie, Sozialisations- und Jugendforschung.

Thomas Brüsemeister, PD Dr., geboren 1962, ist Privatdozent an der FernUniversität in Hagen. Arbeitsschwerpunkte: Empirische Bildungsforschung, Differenzierungstheorien, Soziologische Gegenwartsdiagnosen, Ökonomisierung der Gesellschaft, Qualitative Methoden der Sozialforschung.

Ralf Heming, Dr., geboren 1961, ist wissenschaftlicher Mitarbeiter im Landtag Nordrhein-Westfalen. Interessenschwerpunkte: Soziologische Gesellschaftstheorie, politische Steuerung, Theorien und empirische Forschung zu den Bereichen Öffentlichkeit und sozialregulativer Politik.

Martin Horacek, geboren 1970, ist Lufthansa-Pilot mit Simulationserfahrung.

Thomas Kron, PD Dr., geboren 1970, ist Heisenbergstipendiat der Deutschen Forschungsgemeinschaft an der FernUniversität in Hagen. Arbeitsschwerpunkte: Analytische Soziologie, Soziologische Theorien, Soziologische Gegenwartsdiagnosen, Sozionik, Terrorismus.

Stefan Lange, Dr., geboren 1967, ist wissenschaftlicher Assistent am Stiftungslehrstuhl für Wissenschaftsorganisation, Hochschul- und Wissenschaftsmanagement an der Deutschen Hochschule für Verwaltungswissenschaften Speyer. Arbeitsschwerpunkte: Governance und Organisationsentwicklung von Hochschulen im internationalen Vergleich, Forschungspolitik im Deutschen Föderalismus, Governance- und Steuerungstheorien, New Public Management.

Uwe Schimank, Prof. Dr., geboren 1955, ist Professor im Lehrgebiet Soziologie II an der FernUniversität in Hagen. Arbeitsschwerpunkte: Theorien der modernen Gesellschaft, Theorien gesellschaftlicher Differenzierung, Soziologische Gegenwartsdiagnosen, Sportsoziologie, Wissenschaftssoziologie und Organisationssoziologie.

Ute Volkmann, Dr., geboren 1963, ist wissenschaftliche Mitarbeiterin im Lehrgebiet Soziologie II an der FernUniversität in Hagen. Arbeitsschwerpunkte: Theorien gesellschaftlicher Differenzierung, Soziologische Gegenwartsdiagnosen, Soziologie des Journalismus, Soziologie sozialer Ungleichheit, Prozesse gesellschaftlicher Ökonomisierung.

Theorie

MIX
Papier aus verantwortungsvollen Quellen
Paper from responsible sources
FSC® C105338

If you have any concerns about our products,
you can contact us on
ProductSafety@springernature.com

In case Publisher is established outside the EU,
the EU authorized representative is:
Springer Nature Customer Service Center GmbH
Europaplatz 3, 69115 Heidelberg, Germany

Printed by Libri Plureos GmbH
in Hamburg, Germany